JN442403

장애인복지론

석말숙 유영준 송근창 김행란 박종균 신준옥 김승돈 정금숙 공저

YANGSEOWON
양서원

머리말

현대사회의 급격한 환경 변화 속에서 장애인의 다양한 욕구와 복잡한 문제에 대응하여 더 나은 삶의 질을 추구하고 조화로운 사회를 이룩하는 데 기여하기 위하여 장애인복지는 새로운 도전과 성장을 모색해야 하는 사명을 가지고 있다. 장애인복지는 사회복지의 핵심이며 장애인에 대한 편견과 차별이 심한 우리나라에서는 사회복지에서 가장 우선적으로 관심을 가져야 할 분야이다.

장애에 대한 관점은 장애인의 문제를 어떤 관점으로 바라보는가에 따라 각 시대에 따라 그 접근방식에 차이가 있어 왔으며, 그 시대적 가치나 이념에 따라 접근방식은 변화를 요구해 왔다고 할 수 있다. 따라서 과거 시혜와 동정의 관점에서 주어졌던 장애인복지서비스의 개념은 이제 당사자주의와 권리의 관점에서 차별금지·인권증진의 패러다임으로 진화하고 있다. 이러한 복지환경의 변화와 더불어 장애인에 대한 인식 변화는 이에 대한 적극적인 정책과 서비스 대응을 요구하고 있다.

우리나라의 경우 1980년대를 장애인복지의 기초단계로 보고 있고, 1990년대를 제도화의 단계, 2000년대를 서비스구축단계로 보고 있다. 이러한 한국사회 장애인복지의 발전은 장애운동의 성과에 힘입은 바가 크다고 할 수 있다. 장애운동 영역과 시민사회단체의 노력으로 1989년 심신장애자복지법이 장애인복지법으로 개정되었고, 1990년 장애인 고용촉진 및 직업재활법 제정, 1993년 특수교육진흥법 개정, 2005년 교통약자의 이동편의증진법 제정, 2007년 장애인차별금지법 제정, 2010년 장애인연금법이 도입되었다. 또한 장애인의 생존권, 교육권, 근로권, 학습권, 평등권을 확보하기 위한 장애운동영역의 노력은 현재에도 자립생활과 이동권 확보를 위한 적극적인 활동으로 이어지고 있다.

장애인 복지정책과정에서 자립생활(Independent living) 이념의 등장은 행정 관료와 전문가, 서비스 제공기관에게 적지 않은 자극을 주었다고 생각된다. 그 이유는 기존의 장애인복지서비스가 제공자 중심의 서비스 모형으로 구축되어 왔고 그것이 당연한 것처럼 여겨져 왔던 시대에서 장애인 당사자 중심 서비스로 전환되어 가는 서비스 패러다임의 방향을 제시했기 때문이다.

최근 장애인복지서비스 영역에서는 점차 대규모 거주시설의 이용 정원은 감소하는 대신 공동생활가정, 체험홈 등의 소규모 거주시설이 증가하고 있고, 지역사회 재활시설인 주간보호센터도 늘어나고 있다. 이용자 선택으로 서비스가 제공되는 장애아동재활치료와 장애인활동지원제도 등 사회서비스 바우처사업이 점차 확대되고 있으며, 장애인복지서비스전달체계 개편의 일환으로 국민연금관리공단을 주축으로 장애서비스센터가 운영되고 있다. 또한 성년후견제도의 시행도 무연고 시설거주 장애인 및 지역사회 취약계층 장애인의 복지서비스 이용 및 인권증진에 일정한 영향을 미치고 있다.

지역사회 내 장애인복지관은 이용자에게 종합적인 서비스를 제공하고, 사회서비스제공기관으로서의 책임성 있는 운영을 해내면서 이용자의 역량강화와 권익옹호사업, 장애인 가족지원, 지역사회 연계사업에 더욱 집중하라는 사회적 요청을 받고 있다. 한편 장애인자립생활지원센터는 장애인복지의 새로운 패러다임으로 '자립생활'을 제시하면서 권익옹호, 정보제공 및 의뢰, 동료상담활동, 거주 및 고용지원, 보조기구지원, 이동성 확보 등의 활동영역에서 점차 역할과 영향력을 높여가고 있다.

이처럼 장애인복지 실천현장에서 이용자(당사자) 중심, 지역사회 중심, 자립생활운동 패러다임이 강화되고 있는 가운데 장애인거주시설, 장애인자립생활지원센터, 장애인복지관은 각자의 정체성을 확립하고 제 역할을 충분히 감당하는 것과 동시에 지역사회 장애인복지서비스 발전을 위해 장애인복지 실천현장에서 파트너십 구축방안을 지혜롭게 모색해 나가야 할 것이다.

지금까지 살펴본 바와 같이 장애인복지의 패러다임이 변화하여 더 이상 장애인들이 대상자가 아닌 주체로 서고자 하는 흐름이 생겨나고 있지만 현장에서는 각 개별 기관의 철학이나 방향성에 따라 이러한 변화의 흐름을 타기도 하고 여전히 과거의 모습 그대로 유지하고 있기도 하다. 또한 파편적인 전달체계는 서비스현장에서 영역 간의 연대, 서비스 제공기관 간의 연계를 어렵게 하고 있다. 장애인복지서비스전달체계의 합리적 개선은 각각의 서비스들이 가지고 있는 목표를 달성하는 데 필수적으로 검토되어야 할 과제이다.

뿐만 아니라 장애인복지예산은 장애인의 삶과 직접적인 관련이 있는 핵심요소이다. 예산총액 크기와 예산지출 영역에 따라서 장애인의 삶에 실제적이고 의미 있는 변화를 만들어 낼 수 있다. 그러나 2016 장애통계연보에 따르면 우리나라의 장애인복지예산은 2014년 기준 GDP 대비 0.61%에 불과하다. 이러한 수치는 OECD 국가의 GDP 대비 장애인복지지출 평균 비율인 2.11%보다도 훨씬 낮은 수치로 OECD 국가 중에서도 하위권에 속한다. 따라서 우리나라 장애인복지의 양적·질적 향상을 위해서는 장애인복지 예산 확보가 우선되어야 할 것이다. 재정자립도가 높은 지자체에서 낮은 장애인예산 확보수준을 보이고 있는 것은 지자체의 장애인정책에 대한 인식이 부족하기 때문이다. 장애인의 사회참여와 통합을 이루기 위한 장애인의 욕구는 더욱 다양해지고 복잡해지고 있는 상황에서 지자체의 지속적인 관심을 통한 정책수립, 예산증대를 위한 노력이 절실하다고 할 수 있다.

한편 급격한 사회·환경적 변화와 더불어 장애인복지의 영역이 확대되고 있는 시점에서 장애인복지전문직의 역할과 기능은 점점 더 중요해지고 있다. 따라서 이 책은 장애인들의 삶의 과정에서 장애인복지 정책과 실천이 추구해야 할 가치와 이념, 그리고 제도적·실천적 측면에서 다음과 같은 내용으로 구성하였다.

이 책은 총 4부 14장으로 구성되었다. 제1부에서는 장애인복지에 대한 기본적 이해로서, 장애 개념, 장애유형별 개념 및 특성, 그리고 장애인복지의 이념과 역사적 발전과정을 살펴본 후 장애인복지의 최근 동향을 분석하였다.

제2부에서는 장애인복지 실천과정에 대한 이해를 위해서 우선 장애인복지의 다양한 관점과 변화과정, 이에 따른 서비스접근모델 이해, 생애주기접근에 따른 장애의 이해, 그리고 장애인복지 시설에 대한 이해를 하는 과정으로 구성하였다.

제3부에서는 장애인복지 정책과정에 대한 이해로서 장애인에 대한 소득보장, 고용보장, 교육보장, 그리고 의료보장을 다루었다. 특히 정책적인 환경 변화가 급속하게 이루어지고 있으므로 최근의 정책내용 중심과 관련법 내용을 포함하였다.

마지막으로 제4부에서는 장애인복지의 핵심이슈와 과제에 대한 이해를 위하여 장애인복지 전달체계, 장애와 접근권, 장애와 자립생활, 장애인과 다양한 사회서비스에 대하여 살펴보았다.

장애인복지론은 장애인의 다양한 욕구와 복합적인 문제에 개입하기 위한 과학적인 방법론을 소개하고 사회복지사로서의 자질과 전문성을 연마하도록 하는 교과목이다. 따라서 이 책은 장애인복지에 입문하는 학생들에게 장애인복지의 최근 관점과 이념을 제공하고, 그에 입각한 복지서비스의 지식과 기술을 습득할 수 있는 기회를 제공하고자 하였다. 장애인복지현장에서는 우리나라 실정에 맞고 현실감 있는 교육을 요구하고 있고 학계에서는 이론에 기반한 실천이 이루어져야 함을 강조하고 있는 상황이다. 이러한 과제를 해결하고 장애인복지 현장실무역량을 강화하고자 하는 학생들에게 필요한 교재를 마련하기 위하여 저자들은 장애인복지 실무경력이 있는 현직교수들과 장애인복지 실천현장에서 풍부한 경험으로 리더 역할을 하고 있는 현장전문가들로 구성되었다. 장애인이 지역사회와 모든 관계를 유지하면서 일상생활과 사회생활의 능력을 회복하고 동시에 사회생활상의 기본적 욕구를 지역사회에서 충족할 수 있는 방향으로 장애인복지가 발전해야 한다는 신념을 가지고 나름대로 열심히 집필하였다. 특히 자신의 세부전공과 현장경력에 따른 전문성을 살려 각 장들을 집필하였다. 이 책이 대학에서 장애인복지론을 공부하는 학생들뿐 아니라 현장에서 일하는 사회복지사들의 참고도서로도 활용될 수 있기를 기대해 본다. 아직은 부족한 게 많은 것을 느끼나 앞으로 더 많은 연구와 현장경험을 통해 더 좋은 책, 더 필요한 교재로 수정·보완하고 계속 노력할 것을 약속드린다.

출판이 예상했던 시간보다 상당히 지연되었음에도 묵묵히 기다려 주시고, 책에 대하여 많은 기대를 해주신 양서원 박세원 대표님과 직원분들께 감사의 마음을 전한다.

2020년 9월

저자 일동

차 례

Part 02 장애인복지 실천과정

Part 03
장애인복지 정책과정

Part 04
장애인복지의 핵심이슈와 과제

Part

01

장애인복지에 대한 기본적 이해

Chapter
01
장애에 대한 이해

학습 목표

1. 장애 개념과 변화과정에 대하여 알아본다.
2. 국제장애분류의 변천과정과 세부적인 내용에 대하여 알아본다.
3. 우리나라와 외국의 장애범주에 대하여 알아본다.

핵심 용어

장애인, 개별적 모델, 사회적 모델, ICIDH(손상, 장애, 사회적 불리), ICIDH-2(손상, 활동, 참여, 상황요인), ICF(신체의 기능 및 구조, 활동, 참여, 상황적 맥락)

1 장애 개념

1) 장애의 개념 및 변화

장애(disability) 개념은 장애의 원인과 특성, 역사적 배경에 따라 전제된 신념, 가치, 모델, 실천과정 등의 면에서 복잡하고 다양하기 때문에 단정적으로 규정하기란 쉽지 않다(Myers, 1999). 즉 장애의 범주와 정의는 그 나라의 사회문화적 · 경제적 · 정치적 여건과 수준에 따라서 조금씩 다를 수 있다. 또한 장애인에 대한 정의를 어떻게 규정하느냐에 따라 장애인과 관련된 정책과 서비스의 기본적 방향과 규모가 달라진다. 따라서 장애인복지에 있어서 장애에 대한 올바른 정의와 개념 이해가 가장 기본적이다(이채식 외, 2010).

즉, 장애를 정의하는 시도는 그 사회가 어느 정도의 범위에 속하는 사람들에게 사회정책에 의하여 어떤 내용의 서비스를 제공할 것인가에 대한 주관적인 사회적 합의에 기반을 둘 수밖에 없다. 따라서 사회적 약자에 대한 적극적인 옹호와 보호를 강조하는 사회에서는 광범위한 영역을 장애로 인정할 것이고, 사회적 약자에 대한 보호에 소극적인 사회에서는 최소한의 사람들만을 장애로 규정하고 이들에 대한 최소한의 정책수단들을 강구하게 될 것이다. 결국, 장애 개념에 대한 정의는 그 사회가 장애를 어느 정도로 인식하고 받아들이는가 즉, 어떠한 사람을 장애인이라고 규정하는가에 따라 달라질 수 있다(양희택 외, 2011).

우리나라는 장애인복지법 제2조에 근거하여 장애인은 신체적 · 정신적 장애로 오랫동안 일상생활이나 사회생활에서 상당한 제약을 받는 자로서, 장애인으로 등록된 자에 한하여 복지적인 조치를 받게 된다. 우리나라는 장애인의 범위를 주로 의학적 모델(medical model)에 입각하여 신체구조 및 신체기능상의 장애로 판정하고 있음을 알 수 있다.

그러나 최근 들어 장애인의 능력은 얼마든지 향상될 수 있으며, 장애인도 사회의 한 구성원이 되어야 한다는 장애인 인권의 관점에서 장애인에 대한 경계가 점점 무너지고 있다. 미국에서는 장애인이란 호칭을 신체적 혹은 정신적 결함이 있다는 "handicapped"라는 표현보다는 긍정적인 용어인 "person with disabilities", 즉 "장애를 가진 사람"이라고 하는데, 중요한 것은 장애가 아니라 사람을 강조하고 있다는 점이다. 또한 비장애인들을 "일시적으로 유능한 사람(temporary able-bodies)", "제3의 장애인 (third-party handicapped)"이라고 부르기도 한다.

표 1-1 우리나라의 법적 장애인에 대한 정의

관련법	정 의
장애인복지법	신체적 · 정신적 장애로 인하여 장기간에 걸쳐 일상생활 또는 사회생활에 상당한 지장을 받는 자
장애인 · 노인 · 임산부 등의 편의증진보장에 관한 법률	생활을 영위함에 있어 이동과 시설이용 및 정보에의 접근 등에 불편을 느끼는 자
장애인고용촉진 및 직업재활법	신체 또는 정신상의 장애로 인하여 장기간에 걸쳐 직업생활에 상당한 제약을 받는 자
장애인차별금지법	신체적 · 정신적 손상 또는 기능상실이 장기간에 걸쳐 개인의 일상 또는 사회생활에 상당한 제약을 초래하는 상태의 자

한편, 장애에 대한 인식은 개인적인 문제로 보는 시각에서 사회적인 문제로 바라보는 관점으로 변화되었으며, 신체적 손상을 강조하는 관점에서 탈피하여 사회적인 역할을 수행하는 데 있어 지속적인 어려움을 가지고 있는 상황으로 간주되고 있다.

장애에 대한 관점은 개별적 모델과 사회적 모델이라는 두 개의 광범위한 범주로 분류되어 왔다. 개별적 모델(individual model)은 장애를 개인적 비극의 산물 또는 건강 이상으로 인해 나타나는 결과로 보며, 의료적 보호 및 치료가 필요하다고 간주한다(조한진, 2006). 사회적 모델(social model)은 장애를 주위 환경과의 맥락 과정으로 보는 관점이다. 이는 장애인들이 직면하는 문제의 원인을 개인적인 제한이나 한계가 아니라 적절한 서비스를 제공하지 못하는 사회의 문제로 보는 것으로, 손상 그 자체로서의 원인보다 손상을 입은 사람들이 경험하는 활동의 제약, 차별, 배제 등을 강조하는 것이다(서은철, 2015). 즉, 사회적 모델은 장애가 제도적 차별, 분리교육, 각종 서비스에서의 배제 등으로 인해 발생한다고 보며 장애인에게 있는 개별적인 제한이 아니라 사회 내에 존재하는 것으로 본다(허숙민, 박진화, 김문수, 2012).

오늘날의 장애에 대한 인식은 개별적 모델과 사회적 모델이라는 이분법적 사고를 벗어나 통합적 모델로 전환되고 있으며 장애의 개념을 좀 더 종합적이고 포괄적인 관점에서 바라보아야 한다는 주장이 많다(신은경, 2004).

이처럼 장애에 대한 개념과 정의가 변화됨에 따라 장애를 바라보는 시각과 장애인에 대한 인식이 바뀌고 있으며 장애인복지의 정책과 서비스도 변화하고 있다. 이러한 변화의 특징을 다음과 같이 요약해 볼 수 있다. 첫째, 재활의 접근방향이 변화하고 있다. 즉, 장애인 개인의 재활을 위한 치료, 교육 및 훈련 차원에서 장애인에게 영향을 주는 각종 환경의 개선과 변화를 요구하고 있다. 둘째, 장애인과 가족의 참여 기회를 확대하고 있다. 재활의 주체인 장애인 당사자의 자기결정과 선택에 대한 강조와 가족 참여의 기회를 확대하여 장애인의 삶의 질 향상에 주력하고 있다. 셋째, 분리적 접근의 사고에서 통합적 접근의 사고로 전환되고 있다. 장애인관련 정책이 장애인만 차별 또는 역차별적 분리접근에서 비장애인과 동등한 통합적 시민권리로서 보장을 요구하고 있다.

표 1-2 개별적 모델과 사회적 모델의 비교

개별적 모델	사회적 모델
• 개인적 비극이론	• 사회억압이론
• 개인적 문제에 관심	• 사회적 문제에 관심
• 개별적 치료	• 사회적 행동
• 의료화	• 자조
• 전문가의 지배	• 개별적 · 집합적 책임
• 개별적 정체성	• 집합적 정체성
• 목표에 대한 전문가의 통제	• 장애인의 목표 선택
• 개별적인 적응	• 사회변화
• 환자 보호	• 소비자의 권리

2) 장애분류 변천

장애의 개념은 다양한 수준의 장애 개념이 혼재되어 있는 상태로 시대의 변천과 사회의 발전과 함께 변화하고 있다. 세계보건기구(WHO)에서는 장애의 개념을 전 세계에서 사용할 수 있는 범주로 분류하고자 노력해 왔으며, 장애 패러다임의 변화에 따라 이를 반영한 새로운 장애 개념과 분류기준을 제시하고자 노력해 왔다(임종호 외, 2010).

(1) 국제장애분류(ICIDH)의 개념

WHO에서는 1980년에 장애분류모델(international classification of impairments, disabilities, and handicaps: ICIDH)을 발표하였다. 국제질병분류(international classification of diseases: ICD)를 근간으로 장애를 개인적인 특성인 손상(impairment), 손상으로 인한 기능적 제한인 기능장애와 이로 인하여 파생되는 능력장애를 포함한 장애(disability), 그리고 장애의 사회적 결과인 불리(handicap)로 분류하고 있다. 〈그림 1-1〉은 ICIDH의 장애 개념을 도표화한 것이다.

손상(impairment)은 절단, 마비, 상실(injured), 기능 정지 등 신체적 · 심리적으로 이상성(abnormal)의 상태를 일컫는다. 이러한 신체손상은 그 자체로 곧바로 기능장애와 능력장애를 포함한 장애상태로 이어지는 경우도 있고, 이어지지 않는 경우도 있다.

장애(disability)는 손상으로 야기된 기능장애와 이로 인하여 파생된 능력장애를 포함하고 있다. 기능장애는 심리적 · 생리적 · 해부학적 구조나 기능의 손실 또는 비정상을 의미하는 신체구조상의 외적인 손상뿐만 아니라 내적인 손상까지도 포함하고 있어, 질병보다 더 포괄적인 개념으로서의 기능상실을 의미한다. 능력장애는 기능장애에서 야기된 것으로 인간에게 정상적인 것으로 간주되는 범위 내에서 활동을 수행하는 능력의 제약이나 결여를 뜻한다. 능력장애는 기능장애의 직접적인 결과로써 또는 신체적 · 감각적 또는 기타 다른 기능장애에 대한 개인적인 반응으로써 일어날 수 있다. 시력이 남아 있지 않아 앞을 볼 수 없거나 다리기능이 손상되어 걸을 수 없는 것과 같이 신변처리, 일상생활 활동수행의 장애가 포함된다. 능력장애의 대분류에는 행동장애,

의사소통장애, 자기관리장애, 운동장애, 신체적 장애, 동작장애, 상황적 장애, 활동장애 등이 포함된다.

사회적 불리(handicap)는 기능장애와 능력장애를 포함한 장애에서 야기된 것으로 연령, 성, 사회문화적 요인에 따른 정상적인 역할의 수행을 제약 또는 방해하는 개인 또는 집단의 불이익을 의미한다. 기능장애나 능력장애가 사회화된 것을 의미하며, 사회적 불리의 분류는 동일한 연령의 다른 사람들에 비해 장애를 가진 사람을 상대적으로 불이익에 처하게 하는 상황들의 분류라 할 수 있다. 즉, 장애인이 경험하는 취업행위나 일상적인 사회생활을 유지하는 데 있어 심각한 차별화를 사회적 장애로 규정한 것이다. 그러나 이것은 신체적 결함이 장애인의 기준이 되어 의학적 차원에서 장애를 분류한 것으로 신체적 장애가 없어도 개인의 성격적 · 문화적 · 환경적 차이로 인해 사회생활에 어려움을 겪는 사회적 장애에 대한 설명은 포함시키지 않았다(강영실, 2010).

기능장애를 가진 사람이라 할지라도 반드시 활등능력에 제약이 있는 것이 아니며, 활동능력에 제약이 있는 능력장애인이라 할지라도 반드시 사회적 불이익상태에 놓이게 되는 것은 아니다. 예를 들면 중도의 손상이 있다 하더라도 능력장애를 가볍게 하는 것이 가능하며, 환경이나 그 사람의 직종에 따라서 사회적 불리는 크게 변할 수 있다.

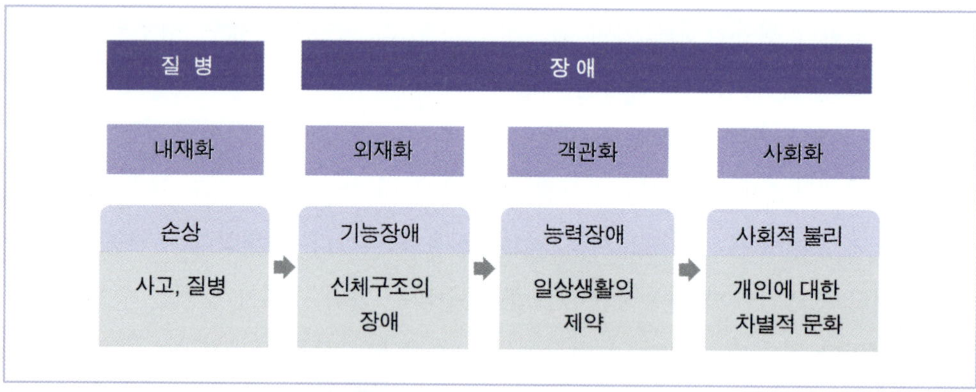

그림 1-1 ICIDH(1980)의 장애 개념

표 1-3 ICIDH의 장애 개념

구 분	개 념	차 원
손상 (impairment)	생물학적 장애로 기능의 감소를 가져다 준 영구적 또는 일시적 병리적 상태(시각장애: visual impairment, 청각장애: hearing impairment 등)	신체적 차원
능력장애 (disability)	일상생활을 영위함에 있어서 기능적 능력의 감소, 정신적 · 신체적 손상의 결과 혹은 개인의 적응결과, 활동상의 능력제한이 발생함	개인적 차원
사회적 불리 (handicap)	개인 활동상의 능력 제한에 대하여 참여제한이라는 사회적 반응 발생. 독립생활, 교육, 취직 등이 저해되고 있는 상태	사회적 차원

ICIDH의 세 차원은 1차 장애, 2차 장애, 3차 장애라고도 불리며 인과적, 시간적으로 연속적 관계에 있다. 세 차원에 대한 정책적 행동지침 및 대안으로는 1차적 손상은 예방, 2차적 능력장애는 재활, 3차적 사회적 불리는 기회의 균등화로 제시하고 있다(임종호 외, 2010).

ICIDH의 문제점 ICIDH는 장애분류를 통하여 장애 개념을 체계화시켰다는 점과, 장애를 단순한 질병이나 이상(disorder)의 수준에서 탈피시켰다는 장점과 함께 몇 가지 문제를 동시에 내포하고 있다(양희택 외, 2011).

첫째, 의학적 차원에서 손상을 체계화하여 기능장애를 정의하고 있으나 기능장애의 원인이 해명되지 않았다. 기능장애는 먼저 구조장애가 발생하고 그 이후에 발생하게 된다. 즉, 구조로 인한 장애상태의 발생이 일어날 수 있으나 이러한 부분을 간과하였다는 점이다. 예를 들어, 보행에 있어서 어려움을 가지고 있는 사람에게, 보행에 장애되지 않는 제반 환경을 구축하였을 경우 보행기능장애로 인식되지 않을 수 있다.

둘째, 의학적 차원에서 무능력을 체계화하였기 때문에 능력장애의 구성요소인 인간의 주체성이 빠져 있다. 즉, 인간의 주체성이 빠진 단순동작 기능장애를 능력장애로 체계화하였다. 예를 들어, 마비로 인한 기능장애가 존재함에도 불구하고 장애인 자신의 선택과 노력에 의하여 마비 자체가 일상생활이나 사회생활 능력에 어려움을 초래하지 않은 경우를 말한다.

셋째, ICIDH가 체계화한 손상에서는 인간으로서 주체성과 사회적 장애의 여지가 빠져 있기 때문에 현실적으로 손상을 곧바로 사회적 불리로 연결시켜 정리하는 문제를 내포하고 있는 것이다. 즉, ICIDH는 환경인자가 고려되지 않고 사회적 불리의 원인을 오로지 손상이나 장애에서 구하고 있다는 비판을 받고 있다. 또한 이들 개념 간에는 시간의 경과에 따른 변화를 고려하지 않고 '기능장애', '능력장애', '사회적 불리'라는 한 방향으로의 흐름을 갖는 구조도의 형태 면에서 선형모델이라는 지적을 받고 있다.

(2) ICIDH-2의 개념

WHO의 ICIDH가 장애와 사회환경과의 상호관계를 고려하지 않았다는 지적이 대두되면서 1997년 WHO는 장애의 개념, 범주 등에 대하여 ICIDH-2를 새롭게 발표하였다. ICIDH가 질병의 결과로 나타나는 장애에 초점을 맞추었다면 ICIDH-2는 신체의 구조와 기능에 따른 사회적인 활동의 제약이라는 측면에서 다루었다. ICIDH-2는 장애에 대한 정의를 손상(impairment), 활동(activities), 참여(participation), 상황요인(contextual factors)으로 구분하면서 손상과 활동은 개별적 모델의 개념을, 참여와 상황요인은 사회적 모델의 개념을 제시하고 있다. ICIDH가 건강상태에 따라 손상, 능력제약, 사회적 불리가 일직선상에서 발생하는 것이라고 보는 것과 달리 새로운 분류의 주요한 특징은 장애를 규정함에 있어 ICIDH와 같이 질병이나 손상만을 전제로 하여 기능장애나 사회적 불리가 발생하는 것이 아니라 환경과의 상호적인 관계성 속에서 발생한다고 정의하여 보다 포괄적으로 장애를 규정하고 있다는 점이다. 〈그림 1-2〉는 ICIDH-2의 장애 개념을 도표화한 것이다.

손상(impairment)은 신체구조나 물리적 · 심리적 · 기능상의 상실이나 비정상성을 의미한다.

활동(activities) 또는 활동제한은 개인적 수준에서 나타나는 일상생활과 관계된 개인의 활동을 다룬다.

참여(participation) 또는 참여제한(participation restriction)은 사회적 현상을 다루면서 개인의 참여 정도와 참여를 촉진하거나 방해하는 사회적 반응을 의미한다.

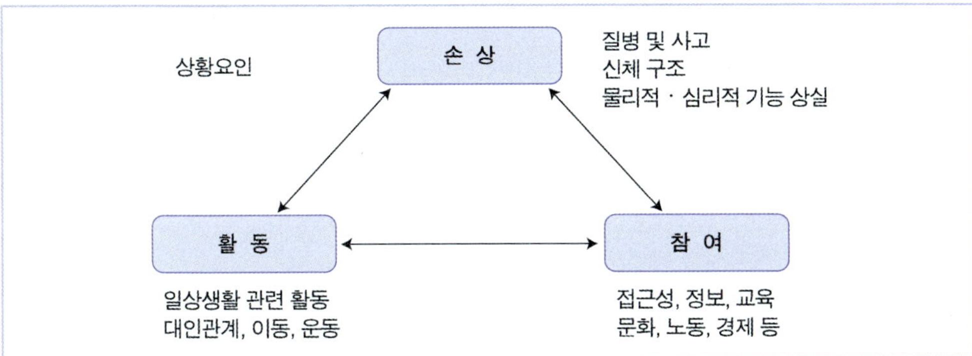

그림 1-2 ICIDH-2(1997)의 장애 개념

상황요인(contextual factors)은 개인적인 환경에서 일반적인 환경까지 모두 확대된다. 여기서 환경적 요인은 사회적 태도, 건축장벽의 특징, 법체계들을 의미하며, 개인적 요인은 성, 나이, 보건상태, 삶의 형식, 습관, 양육태도, 성격, 사회적 배경, 교육 정도, 전문성, 과거와 현재의 경험, 심리적 사상이나 특성을 의미한다. 즉, 이 개념은 나병과 같은 활동제한이 없는 손상이나 명백한 손상은 없으나 많은 질환으로 일상생활에 제한이 있는 사람, 후천성면역결핍증(AIDS)과 같이 손상이나 활동제한은 없으나 사회참여문제를 가진 사람들을 어떤 장애로 분류할 것인지에 대한 명백한 해답을 준다(남연희 외, 2010).

ICIDH-2에서 제시한 손상, 활동, 참여라는 세 차원은 장애인뿐만 아니라 모든 개인에게 적용 가능한 것으로서 장애와 비장애의 경계가 점차 무너지고 있는 추세이다. 시대가 변함에 따라 장애문제는 더 이상 장애인 당사자와 가족의 문제가 아니라 사회적 문제와 국가적 책임으로 확대되고 있다.

ICIDH-2에 의하면 장애는 처음의 장애 분류처럼 신체적 기능손상이 능력장애나 사회적 불리로 발전되는 것이 아니라 특수한 사회환경에서 활동의 제약을 받게 되면서 사회참여에도 제한을 받게 되는 것을 의미한다. 즉, 장애는 사회가 만든 사회적 상태인 것을 말하며, 결국 신체적 기능손상으로 장애와 비장애를 구분하는 것이 아닌 모든 사람을 포함하는 것이다. 기능손상으로 인한 장애분류는 장애에 대한 부정적인 인식을 심화시킬 수 있지만, 장애를 환경과의 상호적인 관계성에서 나타나는 복합적인 것으로 이해한다면 장애문제는 사회제도적인 측면에서 해결해야 할 것이며, 이를 수용하게 된다는 것이다(강영실, 2010).

표 1-4 ICIDH-2의 장애 개념

구분	손상	활동(제한)	참여(제약)	상황요인
기능수준	신체 (신체의 부분)	개인 (전체로서의)	사회 (사회와의 관계)	환경적 요인 (기능상의 외부적 영향) 개인적 요인 (기능상의 내부적 요인)
특성	신체기능과 구조	개인의 일상활동	상황에의 개입	신체적 · 사회적 · 태도적 측면의 실제
긍정적 측면	기능적 · 구조적 통합	활동	참여	촉진자
부정적 측면	손상	활동제한	참여제약	장벽, 어려움

출처: WHO(1997).

ICIDH-2는 장애 개념이 근본적으로 크게 확대되는 것을 의미하며, 개인뿐만 아니라 사회환경 맥락이 더욱 강조되고 있음을 보여준다. 개인의 문제는 없으나 의도적인 따돌림이나 사회적 오명 등으로 적절한 사회적 관계에 제한을 받게 되는 경우에도 참여의 제한이라는 측면에서 장애가 될 수 있다. 이와 같은 분류에 의한 장애의 정의를 수용한다면 장애의 종류와 범위도 지금보다는 훨씬 확대될 수 있으며, 장애인을 위한 정책적인 접근 역시 환경요인을 포함하여 보다 다양하게 시도될 수 있을 것이다(양희택 외, 2011).

ICIDH-2의 문제점 첫째, 심신기능 · 신체구조 · 활동 · 참여 등으로 인간의 기능을 분류해서 장애를 체계화하고 있으나 인간의 전인적 존재 형태와는 관계없이 단순분류에 머물고 있다. 이는 사람을 강조하는 구분(또는 정의)이라기보다는 장애에 초점을 두는 분류이다.

둘째, 전인적 존재 형태를 기준으로 체계화되어 있지 않기 때문에 장애에 대처하는 각 전문 영역을 통합할 수 있는 근거가 미약하다. 유기체적 접근뿐만 아니라 사회적인 측면(사회적 관계, 사회환경 등)이 반드시 동시에 이루어져야 하지만, 이 분류법에서는 이를 간과하고 있다는 것이다.

셋째, 심신기능장애와 신체구조장애를 장애구성부문에 넣고 있으나 이 두 개의 장애가 상호 관련 없는 별개의 부분으로 체계화되고 있어 결국 장애의 원인과 결과를 무시하고 있다. 즉, 구조가 기능장애를 초래할 수 있지만 이를 누락하였다는 것이다.

넷째, 인간의 전인적 형태와는 관계없는 단순분류로, 서비스의 각 단계에서 전문가들이 보다 용이하게 전문영역별로 서비스를 제공하기 위해 전문가들에 의해 만들어진 고도의 전문적인 분류에 가깝다. 보다 유용한 장애분류체계가 되기 위해서는 인간의 전인적인 존재 형태를 근거로 각각의 장애요소가 상호 관계하고 있음을 고려해야 한다.

(3) ICF

① ICF의 개념 및 이해

국제기능장애건강분류(International Classification of Functioning, Disability and Health, Geneva, ICF, 2001)는 ICIDH의 개정판에 해당하는 것으로서, 현장 검증(field trial)과 국제적인 논의를 거쳐 개발되어, 2001년 5월 22일 제54차 WHO 총회에 의해 승인(결의 WHA 54.21)되어 국제적으로 사용하게 되었다.

이는 ICIDH-2에서 제시되고 있는 대부분의 내용을 계승하면서 장애분류체계와 언어사용을 보다 긍정적이며 환경지향적인 맥락에서 수정한 결과라고 할 수 있다. 또한 ICF는 장애에 대한 개별적 모델과 사회적 모델의 통합을 위한 노력의 결과라고 할 수 있으며, 국제질병분류체계인 ICD(International Classification of Diseases)-10과 병행해서 상호 보완적으로 사용하도록 만들어졌다. ICD-10은 질병의 진단에 초점을 두고 있지만, ICF는 기능에 대한 풍부한 정보를 제공하도록 되어 있으며(ICF 한국번역출판위원회, 2003), 장애인에 한정되어 적용될 수 있는 것이 아니라 모든 사람의 건강과 관련된 요소들을 설명해 줄 수 있는 보편적인 적용이 가능한 틀이다.

ICF는 개인적 장애나 질병과 상황적 맥락(환경적 요소와 개별적 요소)과의 상호작용에 의하여 기능과 장애를 설명하고 있다. 즉, 특정 영역에서의 개인들의 기능수준은 건강상태와 상황적 맥락의 상호작용 결과로 볼 수 있다. 개인의 기능은 신체의 기능과 구조, 활동, 참여의 맥락에 속하는 환경요소(사회적 인식, 건축물의 장애요소 정도 등)와 개인적 요소(성, 연령, 인종, 습관, 대처양식 등)의 양 측면에서 영향을 받는다. 이처럼 기능성은 신체, 개인, 사회라는 세 가지 기본적인 차원에 따라 개념화된다. 예를 들어, 지능의 심각한 제한(신체기능 요인)은 적응기술(활동 요인)의 심각한 제한의 "원인"이 될 수 있다. 또한, 개인의 지역사회 참여가 제한될 때(예를 들면, 시설에 수용된다거나, 직업이 없다거나, 지역사회에 지속적으로 나아가지 않는 것) 그 사람은 "참여제한"을 경험한다. 이러한 것들은 적응기술이나 지능의 제한이라기보다는 적절한 지역사회 자원의 결여, 지역사회 사람들의 거부, 교통수단의 결여와 같이 환경과 더욱 관련될 수 있다.

표 1-5 ICF의 장애 개념

<table>
<tr><th></th><th colspan="2">제1부 : 기능과 장애</th><th colspan="2">제2부 : 배경요인</th></tr>
<tr><td>구성요소</td><td>신체기능 및 구조</td><td>활동 및 참여</td><td>환경요인</td><td>개인요인</td></tr>
<tr><td>영역</td><td>신체기능
신체구조</td><td>생활영역
(임무, 일상행위)</td><td>기능 및 장애에 영향을 미치는 외적 요소</td><td>기능 및 장애에 영향을 미치는 내부적 요소</td></tr>
<tr><td>구성개념</td><td>• 신체 기능상의 변화(생리적 변화)
• 신체구조상의 변화(해부학적 변화)</td><td>• 능력(capacity) : 표준환경에서의 임무 수행 능력
• 수행(performance) : 실제 환경에서의 임무 수행 정도</td><td>• 물리적 · 사회적 · 인식적 측면에서 촉진 또는 방해하는 요소</td><td>• 개인의 특성이 미치는 효과(개별 특성에 의한 영향)</td></tr>
<tr><td rowspan="2">긍정적인 측면</td><td>기능과 구조면에서 완전</td><td>활동 · 참여</td><td rowspan="2">촉진 요인</td><td rowspan="2">적용 불가</td></tr>
<tr><td colspan="2">기능</td></tr>
<tr><td rowspan="2">부정적인 측면</td><td>손상</td><td>활동제한
참여제한</td><td rowspan="2">방해요 인/
저해 요인</td><td rowspan="2">적용 불가</td></tr>
<tr><td colspan="2">장애</td></tr>
</table>

출처: WHO(2004).

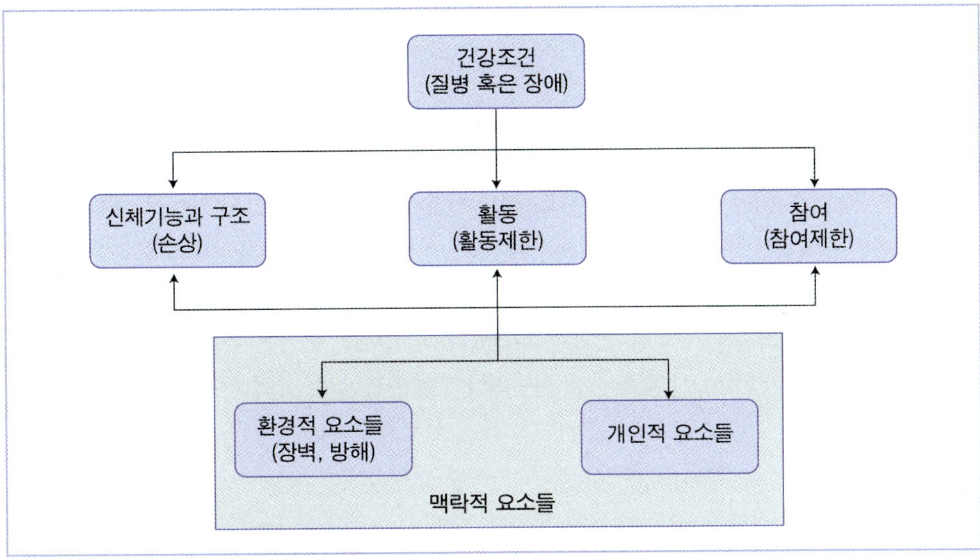

그림 1-3 ICF의 구성요소 간의 상호작용관계

출처: WHO(2004).

장애는 단순히 주요한 손상(예를 들면, 지적 기능성의 심각한 제한)의 실제만으로 설명될 수 있는 것이 아니라, 과거와 현재의 사회적·생리적·심리적 틀 안에서 이해되어야 한다. 세 가지 차원 가운데 어느 한 차원만이라도 적절히 지원한다면 개인의 기능성 상태에 영향을 미칠 수 있으며 나아가 장애의 본질과 정도에도 영향을 주게 된다.

예를 들면 특정한 건강 상태에 있는 동일인물이라 하더라도 환경이 다르면 그 영향도 달라질 수 있다. 방해요소가 있거나 촉진요소가 결여된 환경은 개인의 '수행'에 제약을 가하며, 반대로 촉진요인을 지닌 환경은 개인의 '수행'을 강화시킨다. 사회는 접근이 어려운 건물과 같은 방해요인을 만들어 내거나 보조기구와 같은 촉진요인을 제공하지 않으면 개인의 '수행'을 어렵게 할 수 있다.

TIP 정상과 비정상의 상대성

20세기 중반부터 활발하게 논의되어 왔던 포스트모더니즘은 20세기 전반을 지배했던 모더니즘의 해체에 따른 대안적 변화였다. 포스트모더니즘은 다중 패러다임적인 성격을 띠면서 다면화된 현대사회의 변화를 선도하고 있다. 진보성(progress), 보편성(university), 규칙성(regularity)이라는 모더니즘의 틀을 깨뜨리고 차이성(difference), 특정성(particularity), 불규칙성(irregularity)을 강조하였다.

이와 같은 인식론의 변화는 장애를 바라보는 시각에도 변화를 가져오게 되었다.

모더니티가 지배하던 사회에서 장애는 하나의 낙인으로서, 전체 사회의 틀 속에 동화될 수 없는 특수하고 독특한 실재였다. 동질과 평등을 지향하는 사회에서 장애는 두드러진 특이한 현상일 수밖에 없었다. 그러나 다원화되고 다면화된 가치가 공존하는 현대사회에서 장애를 보는 시각에 변화가 일어났다. 가치의 다원화는 그동안 장애의 잣대로 작용해 왔던 획일적인 판단에 문제를 제기하기에 이르렀다. 이로 인해, 사회가 다양화되면서 우리가 통념처럼 구분지어 왔던 정상(normal)과 비정상(abnormal)을 구분한다는 것이 어렵게 되었다. 따라서 정상이라는 개념은 하나의 상대적인 개념으로, 우리가 장애아동들을 정상과 비정상으로 나누어 구분하는 것도 결국 사회적인 통념상 규정되는 여러 척도, 예를 들어 통계적 기준, 의학적 기준, 사회학적 기준 등에 의한 것으로, 그 대부분이 지극히 주관적인 것임에 틀림없다.

따라서 이러한 주관적인 기준으로 장애아동을 사회적 소외집단으로 치부하거나 그들의 교육적 요구를 특별한 것으로 규정지어 별도로 관리하는 것 자체가 커다란 모순일 수 있으며, 통합의 장에서 이 사회의 주류적 문화를 규정하는 데에도 좀 더 많은 고민이 필요할 것으로 보인다(나혜숙, 2010).

2 장애범주

1) 우리나라의 장애범주

장애범주는 그 나라의 정치적 · 사회적 · 경제적 · 문화적 환경에 따라 법으로 정해진 장애의 정의를 따른다. 법적으로 어느 범위까지 장애인에 포함되는가가 그 나라의 장애범주를 실질적으로 규정해 준다고 할 수 있다. 우리나라의 경우에 1988년 11월 장애인등록사업이 전국적으로 확대 실시되었고, 1989년 장애인복지법에서는 지체장애, 시각장애, 청각장애, 언어장애, 정신지체장애의 다섯 가지 유형만을 법적인 측면에서 장애인으로 인정했었으나, 제1차 '장애인복지발전 5개년계획'의 일환으로 1999년 개정된(2000년 시행) 장애인복지법에서 뇌병변장애, 발달장애(자폐), 정신장애, 신장장애, 심장장애의 다섯 개 범주가 추가되어 총 10개로 확대(1차 장애범주 확대)되었다. 그동안 뇌병변장애는 지체장애 판정을 받아왔으나 지체장애와는 다른 병변으로 인한 인지, 판단, 운동, 언어 등의 복합적 장애의 어려움이 있어 지체장애와 구별하여 등록하게 되었다.

표 1-6 장애인복지법에 따른 장애분류 및 장애범주

대분류	중분류	소분류	세분류
신체적 장애	외부 신체 기능의 장애	지체장애	절단장애, 관절장애, 지체기능장애, 변형 등의 장애
		뇌병변장애	중추신경의 손상으로 인한 복합적인 장애
		시각장애	시력장애, 시야결손장애
		청각장애	청력장애, 평형기능장애
		언어장애	언어장애, 음성장애, 구어장애
		안면장애	안면부의 추상, 함몰, 비후 등 변형으로 인한 장애
	내부 기관의 장애	신장장애	투석치료 중이거나 신장을 이식받은 경우
		심장장애	일상생활이 현저히 제한되는 심장기능 이상
		간장애	일상생활이 현저히 제한되는 만성·중증의 간기능 이상
		호흡기장애	일상생활이 현저히 제한되는 만성·중증의 호흡기기능 이상
		장루·요루장애	일상생활이 현저히 제한되는 장루·요루
		간질장애	일상생활이 현저히 제한되는 만성·중증의 간질
정신적 장애	발달장애	지적장애	지능지수와 사회성숙지수가 70 이하인 경우
		자폐성장애	소아청소년 자폐 등 자폐성장애
	정신장애	정신장애	정신분열병, 분열형정동장애, 양극성정동장애, 반복성우울장애

출처: 보건복지부(2011).

이후 2003년 7월 2차로 장애범주가 확대되었는데, 장애의 중증도, 생활수준, 사회적 편견 및 불편, 객관적인 판정기준의 개발 가능성 및 사회의 요구 등을 종합적으로 검토하여 만성·중증의 호흡기장애, 간장애, 안면장애, 장루·요루장애, 간질장애의 다섯 개 범주이다. 이것은 인구의 노령화, 급격한 산업화에 따른 산업재해, 교통사고를 비롯한 각종 사고, 완치가 어렵고 치료를 통한 기능 회복이 곤란한 질병의 상대적 증가, 수술 후 여러 장애를 남기는 각종 병의 발생 증가 등 후천적 장애를 유발시키는 다양한 요인들에 기인한다. 또한 2007년 10월 개정된 장애인복지법에 따라 정신지체는 지적장애로, 발달장애는 자폐성장애로 개칭되어 관련복지관과 협회도 명칭이 바뀌었다.

유럽이나 미국 등의 국가에서는 신체, 정신의 기능적 장애를 가진 사람과 노동능력 및 사회환경적 요인에 의해 불이익을 받는 조건을 가진 사람까지도 추가하여 포괄적으로 장애를 인정한다. 그러나 우리나라는 장애의 범주를 의학적 판단에 의한 신체구조 및 기능상의 장애로 제한하고 있다(강영실, 2010). 따라서 국제적 기준이나 경제적 여건, 장애인의 욕구수준 등을 바탕으로 장애범주를 단계적으로 확대해 나가야 할 것이다(임종호 외, 2010).

2) 외국의 장애범주

우리나라의 장애범주가 계속하여 확대되고 있기는 하지만, 아직까지도 신체·정신 등 장애의 개인적인 속성에 초점이 맞추어져 있어 협소한 반면, 유럽·미국 등 서구 선진국의 경우에는 대개 세계보건기구(WHO)에서 정한 장애분류에 의거하여 장애범위를 매우 포괄적으로 정하고 있다. ① 신체나 정신의 기능적 장애 외에도, ② 특정한 일을 어느 정도 수행할 수 있는지의 여부에 의한 노동능력 측면에서의 장애, ③ 개인적 요인뿐만 아니라 환경적 요인에 의해 불이익을 받는 조건 등 사회적 의미의 장애 등을 포괄하여 장애범위를 채택하고 있다. 특히 일부 국가에서는 암, AIDS 등의 난치병 질환자를 장애로 인정하기도 하며, 의사소통이 어려운 외국 이민자나 타인 의존자 등을 장애인으로 인정하기도 한다.

우리나라 장애인구 출현율은 5.39%로 보고(보건복지부, 2017)되고 있는데, 이는 WHO

가 제시하는 장애출현율(10%)보다 낮은 수치이다. 이와 같이 장애인구수가 적은 것은 장애인 규모가 작기 때문이 아니라 기본적으로 법적인 장애의 범위가 15가지 종류로 되어 있어 사회적 지원이 필요하나 복지서비스를 받을 수 있는 대상이 제한되어 있기 때문이라 할 수 있다. 유럽이나 미국 등 서구 선진국의 경우에는 개발도상국에 비하여 일반적으로 장애인의 범위가 매우 포괄적인 특징을 가지고 있다. 장애의 포괄적인 정의를 통한 범위 확대는 보다 많은 예산이 장애인을 위한 복지서비스에 투입되어야 하는 것을 전제하기 때문에 이에 대한 사회적 합의가 필요하다.

표 1-7 장애범주의 국제 비교

국가	장애인구(연도)	장애인 범주
한국	5.39% (2017)	• 신체장애 – 외부 신체기능장애 : 지체장애, 뇌병변장애, 시각장애, 청각장애, 언어장애, 안면장애 – 내부(기관)장애 : 신장장애, 심장장애, 간장애, 호흡기장애, 장루·요루장애, 간질장애 • 발달장애(지적, 자폐성 포함), 정신장애
일본	• 신체 : 366만 명(2006) • 지적 : 55만 명(2005) • 정신(알츠하이머 포함) : 323만 명(2008)	• 지체장애, 시각장애, 청각장애, 언어장애 • 지적장애, 정신장애 • 내부장애 : 심장, 호흡기, 신장, 방광 및 직장, 소장기능장애
미국	12.0% (2009)	• 신체장애(지체, 시각, 청각, 언어), 외형적 추형, 신경계, 근골격계, 감각기관장애 • 정신질환, 발달장애, 정서장애, 학습장애, 알코올중독 • 내부장애 : 생식기, 소화기, 비뇨기, 피부, 혈액·내분비계, 암, AIDS
스웨덴	근로가능연령(20~64세) 장애자가판정비율 18.1% (2010)	• 신체장애(지체, 시각, 청각, 언어) • 지적장애, 학습장애, 정신장애, 정서장애, 약물·알코올중독 • 내부장애 : 폐질환, 심장질환, 알레르기, 당뇨 • 사회적 장애 : 의사소통이 어려운 외국 이민자, 타인의존자
호주	12.0% (2003)	• 신체장애(지체, 시각, 청각, 언어, 안면기형) • 지적장애, 정신장애, 정서장애, 알코올중독, 약물중독 • 내부장애 : 심장, 신장, 호흡기, 당뇨, 암, AIDS 등
독일	중증장애인 : 7,101,682명 (2009)	• 신체장애(지체, 시각, 청각, 언어, 추형) • 지적장애, 정신질환, 정서장애 • 내부장애 : 호흡기, 심장·순환기, 소화기, 비뇨기, 신장, 생식기, 신진대사, 혈관, 피부

출처: 양희택 외(2011)에서 재인용

TIP 장애인이란....

영화 〈아이 엠 샘(I Am Sam)〉을 통해서 우리가 가지고 있는 장애와 장애인의 개념에 대해서 생각해 보기로 하자.

이 영화는 2001년 제시 넬슨 감독이 제작하였다. 지적장애로 약 7세의 지능을 가지고 살아가는 순수한 아버지 샘 도슨에게는 아주 예쁘고 착한 딸 루시 다이아몬드 도슨이 있다. 루시의 어머니는 루시를 낳자마자 샘과 루시를 두고 사라져 버려서 샘과 루시는 단 둘이서 살았다. 샘에게는 언제나 많은 도움을 주는 애니가 있고, 주위에는 비슷한 정신질환이 있는 친구들이 있다. 어느덧 루시는 일곱 살이 되어 학교에 다니게 되었다. 루시는 아버지보다 똑똑해지는 것이 싫어서 배움을 거부하고, 아동복지기관에서는 샘이 아버지로서 적합하지 않다며 루시를 양부모에게 입양시키려 한다. 그러나 지적장애를 지녔다 해도 샘은 보통 아버지들과 같은 혹은 그보다 더욱 자상한 눈으로 아이의 입장에서 바라볼 줄 알았으며, 루시에 대한 사랑이 매우 컸다. 하지만 아이의 양육권을 둘러싼 재판 속에서 그는 그저 지적장애를 가진 한 명의 장애인에 불과하였다.

그를 돕는 여변호사 역시 처음엔 아무 승산 없이 자신의 이익을 챙기기 위해 변호를 시작했다가 점차 샘의 진실한 모습을 보고 진정한 아버지의 큰 사랑을 느낀다. 그리고 양육권을 되찾기 위해 노력하지만, 결국 마지막 재판을 남겨 놓고 샘은 스스로 포기 아닌 포기를 해 버린다.

영화에서처럼, 우리 사회는 누가 장애인이고 누가 장애인이 아닌지 분명한 선을 그을 수가 없다. 지역사회에서는 오히려 샘과 루시를 갈라놓고 재판을 통해 상처를 안겨 주었다. 이처럼 현실 속에서 장애인이 지역사회에 적응하는 데는 많은 어려움이 존재한다.

"자폐장애인을 경험해 보니, 그들은 自閉人이 아니라 自開人이다." 자신과 같은 표현 방식을 사용하지 않는다고 하여 그들을 불쌍한 사람 혹은 괴물 같은 사람으로 인식했을 수도 있다. 〈레인맨(Rainman)〉이나 〈카드로 만든 집(House of cards)〉에서 주인공은 숫자라는 매개체를 통하여 끊임없이 사회와 소통을 시도하고 자신의 감정을 표현했지만, 우리는 그러한 방식에 대해 관심을 갖지 않았다.

우리 주위에서 만나게 되는 사람 중에서 걷거나 앉는 데 어려움을 겪는 사람, 잘 듣지 못하거나 듣는 데 힘들어하는 사람, 말로 표현하는 데 어려움을 겪는 사람, 보는 데 불편함을 겪는 사람 등 가정이나 사회에서 살아가는 데 여러 가지 어려움을 겪는 사람들을 우리는 장애인이라고 부른다(최윤영 외, 2010).

생각해 볼 과제

1. 장애범주 확대 시 새롭게 법정장애로 추가되어야 한다고 생각하는 장애유형과 추가되어야 할 필요성에 대해 토의해 보시오.
2. 세계보건기구는 장애의 개념을 전 세계에서 사용할 수 있는 범주로 분류하고자 하였으며 장애 패러다임의 변화에 따라 이를 반영한 새로운 장애 개념과 분류기준을 제시하고자 노력해 왔다. 장애 개념의 변화 경향을 설명해 보시오.
3. 장애를 소재로 한 영화 한 편을 선정하여 감상하고, 영화 속에서 비쳐진 장애와 장애인상에 대해서 느낀 점을 서로 나누어 보시오.
4. 우리 사회에서 장애인은 누구라고 생각하는지 토의해 보시오.

참/고/문/헌

강영실 (2010). **장애인복지의 이해**. 신정.

권선진 (2007). **장애인복지론**. 청목출판사.

김경미, 김미옥 (2006). 한국장애인복지학 연구동향에 관한 분석과 고찰: 장애인복지학의 이론적 패러다임을 중심으로. **한국사회복지학**, 58(3).

김용득, 김진우, 유동철 (2007). **한국장애인복지의 이해**. 인간과 복지.

나혜숙 (2010). **장애인복지론**. ㈜중앙경제.

남연희, 설진화, 이기량 (2010). **장애인복지론**. 공동체.

보건복지부 (2004). 국제기능 · 장애 · 건강분류.

보건복지부 (2017). 2017년 장애인실태조사결과 요약.

보건복지부 (2011). 장애등급 판정기준.

서은철 (2015). 장애개념의 다중패러다임과 잠재변수모형을 적용한 장애인스포츠 인식척도 개발. 단국대학교 대학원 박사학위논문.

신은경 (2004). 국제 기능장애 건강 분류의 국내 활용 방안. **장애인고용**, 52, 25-38.

양희택, 최 영, 이승민 (2011). **장애인복지 이해와 실천**. 정민사.

이채식, 이은영, 이형렬, 김재익, 전영록 (2010). **장애인복지론**. 창지사.

임종호, 이영미, 이은미 (2010). **장애인복지론**. 학지사.

조한진 (2006). 장애의 이론 모델과 실천 모델의 전환에 입각한 장애인복지법 개정방향. **특수교육학 연구**, 40(4), 233-256.

최윤영, 이경준 (2010). **장애인복지론**. 학지사.

허숙민, 박진화, 김문수 (2012). TV 드라마 속 장애인 이미지 분석: 장애이론 모델과 미디어 프레임 방식을 중심으로. **한국장애인복지학**, 19, 1-22.

ICF 한국번역출판위원회 (2003). 국제기능 · 장애 · 건강분류 오픈 포럼.

Myers, L. (1999). "*People with Disabilities and Abuse: Implications for Centers for Independent Living*". http://www.ilru.org.

Oliver, M. (1996). *Understanding disability-from theory to practice*. New York, St: Martin's Press.

WHO (1980). *ICIDH: International classification of impairments, disabilities and handicaps*. Geneva: Author.

WHO (1997). *ICIDH-2: International classification of impairments, activities and participation. A manual of dimensions of disablement and functioning. Beta-1 draft for field trials*. Geneva: Author.

WHO (2001). *ICF: International classification of functioning, disability and health*. Geneva: Author.

Chapter

02

장애유형별 개념 및 특성

학습 목표

1. 장애유형별 개념과 원인 및 특성에 대하여 알아본다.

핵심 용어

지체장애, 뇌병변장애, 시각장애, 청각장애, 언어장애, 안면장애, 신장장애, 심장장애, 호흡기장애, 간장애, 장루·요루장애, 뇌전증장애, 지적장애, 자폐성장애, 정신장애, 장애인등록제도, 장애등급제 폐지

장애유형은 장애를 어떻게 정의하느냐에 따라서 그리고 기준을 어디에 두느냐에 따라 분류를 달리할 수 있다. 장애인복지법의 규정에 따른 장애유형은 크게 신체적, 정신적 장애로 분류된다. 신체적 장애는 주로 주요 외부 신체기능의 장애와 내부 기관의 장애를 말하며, 외부 장애는 지체장애, 뇌병변장애, 시각장애, 청각장애, 언어장애, 안면장애 그리고 내부 장애는 신장장애, 심장장애, 호흡기장애, 간장애, 장루·요루장애, 뇌전증장애를 말한다. 정신적 장애는 지적장애와 자폐성장애, 정신장애로 구분된다.

1 신체적 장애

1) 외부 신체기능의 장애

(1) 지체장애

① 정의 및 원인

지체장애란 질병이나 외상(교통사고, 추락 등) 등으로 몸통과 사지의 골격, 근육, 신경 중 어느 하나의 일부나 전체에 기능장애가 발생하여 운동장애 또는 감각장애의 증상이 영구적으로 나타나게 되는 것을 말한다. 지체장애는 발생인구가 가장 높은 비중을 차지하는 장애유형으로, 절단장애, 관절장애, 지체기능장애, 신체변형 등의 장애로 구분된다.

- 절단장애 : 절단장애는 사지의 일부를 잃은 상태를 말한다. 하지절단의 경우에는 주로 보행에 지장이 있으며, 상지절단의 경우에는 대부분 일상생활동작과 작업에 지장을 받게 된다. 절단은 선천적으로 발생되는 경우는 매우 드물며, 대부분 후천적 요인으로서 교통사고, 산업재해, 전상 등에 의한 외상으로 인한 절단과 동맥경화증, 버거스씨병, 당뇨병 합병증 등 주로 혈액순환장애에 의한 질병, 그 외 뼈나 근육에 생긴 암 및 만성골수염 또는 심한 화상이나 기형이 있을 경우 수술적으로 절단한 경우다.

- 관절장애: 관절장애는 주로 관절연골의 파괴와 관절 주위 조직의 유착으로 해당 관절의 강직, 근력의 약화 또는 마비, 불안정하여 관절이 제 기능을 할 수 없게 되고 심한 통증이 지속되어 신체활동에 심한 제한을 받게 되는 경우를 말한다. 이러한 관절장애의 원인은 주로 결핵성관절염, 류머티즘관절염 등의 관절질환과 퇴행성관절염과 같은 연골손상이나 관절 내 골절 등을 들 수 있다.
- 지체기능장애: 지체기능장애는 소아마비, 척수손상, 신경, 근육, 골격계의 손상, 근육이양증 등의 원인으로 인하여 팔, 다리, 척추 등에 부분적인 기능 상실이 나타나는 것으로 팔, 다리장애와 척수장애로 구분된다.
- 신체변형 등의 장애: 신체변형 등의 장애는 신체의 어떤 부분의 외관상에 있어 모양이 정상과 다른 것을 말하며 주로 척추손상, 유전병, 바이러스 감염 등으로 인하여 근육이나 뼈에 이상이 생김으로써 나타나게 된다.

② 특성

지체장애는 다양한 원인에 의해 발생하며 주로 후천적 장애가 많으므로 공통적인 특성을 찾기가 어렵다. 일반적으로 운동장애나 신체기능장애는 주로 이동이나 손동작의 곤란을 야기하며, 심리적 발달이나 사회성발달에 영향을 미친다. 이러한 곤란은 유아기에 탐색활동을 제한시키고 또한 어려서부터 다양한 경험의 기회가 주어지지 않아 학습에 대한 자극이 부족하여 학습부진이 일어나기 쉽다. 청소년기에는 다양한 신체운동을 할 수 없어 이에 대한 열등감과 스트레스를 해소하는 방법이 제한적이므로 심리적 문제를 야기할 수도 있다. 가정에서 과보호로 인한 사회성 미숙과 의존성, 무관심으로 인한 심리적 위축과 자아존중감 결여 등이 나타나기도 한다. 지체장애는 부위와 원인에 따라 잘 관리해야 하며 후속장애로 인해 합병증이 우려되기도 한다(박영숙 외, 2010). 즉, 신체운동은 근육과 관절의 움직임으로 이루어지는데, 근육이나 관절을 오래 사용하지 않거나 마비가 장기간 지속되면 대부분 근력이 약해져 근위축이나 근경직 또는 관절경직이 나타나기 때문에 정상적으로 움직일 수가 없다. 그리고 척수장애 같은 신경계 이상으로 인한 지체장애는 신체변형, 마비, 절단과는 달리 뇌와 신체의 전달 통로인 척수의 손상으로 운동신호와 감각신호가 전달되지 못하면서 다른 합병증까지 불러올 수 있다. 특히 후천적으로 지체장애를 가지게 되는 사람은 과거에 가졌던 신체능력과 생활방식에 대한 상실감이 크기 때문에 장애를 수용하고 극복하는 의지와 적응하는 기술이 요구된다(이채식 외, 2010).

TIP 이동이 부자연스러운 신체장애 클라이언트와의 의사소통

신체적으로 이동제한이 있지만 상체 부분의 사용이 가능한 클라이언트는 의사소통에 아무런 제약이 없다. 사회복지사는 클라이언트의 얼굴표정이나 몸짓, 눈빛 등을 통해 클라이언트의 기쁨이나 슬픔, 분노, 좌절 등의 정서적인 반응을 이해하고 적정하게 대응하는 것이 바람직하다. 이동이 자유롭지 못한 신체장애 클라이언트에게 관심을 넓히고 대화에 있어 음성의 크기 또는 용어의 신중한 선택이 고려되어야 한다. 특히 클라이언트가 사용하고 있는 언어적 방법을 사용하고 이해하지 못한 부분은 서로 확인하면서 클라이언트와 정확하고 원활한 의사소통이 이루어져야 한다(양희택 외, 2011).

(2) 뇌병변장애

① 정의 및 원인

1999년 장애인복지법 개정에 따라 기존의 지체장애 속에 포함되었던 뇌병변장애를 별도로 분류하였다. 뇌병변장애란 중추신경의 손상으로 인한 복합적인 장애로 뇌성마비, 뇌졸중, 외상성 뇌손상 등 뇌의 기질적 병변에 기인한 신체적 장애로서 보행이나 일상생활동작에 제한을 받는 상태를 말한다. 뇌에 병변이 있는 경우는 편마비가 대부분이다.

- 뇌성마비 : 뇌성마비는 하나의 질병이 아니라 비슷한 임상적 특징을 가진 증후군들을 집합적으로 일컫는 용어로 미성숙한 뇌에 대한 비진행성 병변 혹은 손상으로 인하여 생기는 운동과 자세의 장애를 보이는 임상증후군이라고 통상적으로 정의(전용호, 2001)하고 있다. 뇌성마비는 운동과 자세의 이상뿐만 아니라 지적장애,

간질, 언어장애, 시·청각장애 등 여러 장애를 동반하지만 마비가 더 이상 진행되지 않는 것이 특징이다. 뇌성마비의 발생은 산모의 풍진감염, 약물중독 등으로 인한 태아의 뇌 발육 부족, 출산 시 난산으로 인한 산소 결핍, 산모와 태아의 혈액형 불일치 등이 원인이 될 수 있지만 뇌성마비의 약 20% 정도에서는 그 원인을 찾을 수 없으며 유전은 되지 않는다(정무성, 2006).

- 뇌졸중: 뇌졸중은 일반적으로 중풍이라고 불리는데, 어느 나라에서나 주요 사망 원인이 되며, 성인에게 장애를 일으키는 원인질환의 1위를 차지한다. 뇌졸중은 뇌혈관의 일부가 파열되어 뇌에 피가 고이거나, 뇌혈관이 막혀서 영양이나 산소 공급을 받지 못하는 혈관장애로서, 전자를 뇌출혈, 후자를 뇌경색이라고 한다. 뇌졸중은 여러 요인이 복합적으로 작용하여 발생하는데, 고혈압, 심장병, 나이, 이전의 뇌졸중 병력, 흡연 및 당뇨병, 음주, 혈청지질이상, 경구용피임약 등이 주요한 발생 원인이다. 뇌졸중의 증상은 편마비, 기억력 장애, 언어장애, 시각장애, 안면마비 등 다양한 장애를 동반한다.
- 외상성 뇌손상: 외상성 뇌손상은 교통사고, 산업재해, 운동 등 각종 사고로 인해 뉴런의 지원세포의 손상, 혈액 공급의 파열 등으로 뇌기능이 손상되어 신체적 기능, 인지기능 및 정신적 기능에 장애를 가져온다.

② 특성

뇌병변의 장애는 마비로 인한 신체장애뿐만 아니라 언어장애, 지적장애, 청각장애 등을 수반할 수도 있어 복합적이며 중복의 장애를 가지고 있다. 재활치료를 장기적, 적극적, 포괄적으로 해야 하는 상태이며 내과, 신경정신과, 재활의학과, 안과, 비뇨기과적 문제를 수반하고 있고 심리적·사회적인 문제도 있어 다양한 전문가의 치료에 팀워크가 필요하다. 중도에 다치는 장애 중 가장 큰 비율을 차지하고 있어 장애인 당사자뿐만 아니라 가족에 대하여 적극적인 개입이 필요하다.

지체장애인과 뇌병변장애인에 대한 예의(윤삼호 외, 2009)

1. 외형적으로 두드러지는 외모를 가진 사람일수록 시선에 민감하다. 지체장애인과 우연히 마주치더라도 보통 사람들처럼 대하는 것이 제일 좋으며, 가벼운 눈웃음으로 친근감을 표시하는 것도 좋을 것이다.
2. 길거리에서 지체장애인이 어려움을 겪고 있으면, 다가가서 도울 일이 없는지 물어보는 것이 먼저이다. 무턱대고 도우려 하거나 사소한 일까지 돕겠다고 달려들 경우 오히려 반감을 살 수 있다.
3. 지하철이나 버스의 옆자리에 지체장애인이 앉아 있을 때, 껌이나 과자를 건네주는 행위 같은 과잉친절은 피해야 한다. 그 행위가 선의라 할지라도 장애인 당사자에게는 불쾌감을 줄 수 있다.
4. 휠체어 사용자가 계단을 오르도록 도울 때는 2~3명이 호흡을 맞추어 휠체어의 평형을 유지하는 것이 안전을 위해 중요하다. 그리고 비나 눈이 오는 날, 휠체어나 목발을 이용하는 장애인을 만나면 우산을 함께 쓰자고 한 마디 건네는 것도 무방할 것이다.
5. 언어장애가 있는 뇌성마비인과 대화할 때는 좀 답답하더라도 끝까지 잘 듣고 성실하게 대답을 해주는 여유를 가지는 것이 중요하다.
6. 중증 장애인에게 휠체어는 몸의 일부이다. 우리 몸을 함부로 만지면 기분이 언짢듯이 휠체어를 함부로 만진다거나 갑자기 뒤에서 잡고 밀어주면 당사자는 놀라고 불쾌해 한다. 행동에 앞서 “도와드릴까요?”라고 묻는 것이 예의이다.
7. 뇌성마비인이나 양 팔에 손상이 있는 장애인에게 음료수를 권할 때는 빨대를 함께 가져다 주는 것이 좋다.
8. 뇌성마비인이 비틀거리면서 걷고 있다고 해서 무턱대고 부축하려 드는 것은 실례가 될 수 있다. 비록 비틀거리더라도 나름대로 균형 감각과 요령으로 걷고 있는 것이니만큼 꼭 도와야 할 상황이면 “도와드릴까요?”라고 먼저 물어보는 것이 순서이다.
9. 휠체어를 탄 장애인과 대화를 나눌 때는 자세를 낮춰 눈높이를 맞추는 것이 중요하다.
10. 의수를 사용하는 절단장애인과 악수를 할 때는 의수를 사용하지 않는 손 쪽으로 자신의 손을 내민다.

(3) 시각장애

① 정의 및 원인

시각장애는 시각적 손상으로 인해 시력교정을 하여도 일상생활 또는 사회생활의 수행에 제약을 주는 상태를 의미한다. 시각장애는 시력장애와 시야결손장애로 구분하고 있다.

시각장애의 원인은 운동, 교통사고, 폭발물, 화공약품, 장난감, 각종 이물질에 의한 외상, 약물중독, 백내장, 녹내장, 망막변성, 각막혼탁, 안구위축 등 안질환, 영양장애, 당뇨병, 류머티즘 관절염, 고혈압 등에 의한 전신질환, 매독, 결핵, 뇌막염, 디프테리아, 홍역, 신장염 등 후천적 원인인 감염성 질환으로 발생하는 경우가 많으며, 유전성 질환이나 심리적 원인, 확실한 원인을 알 수 없는 경우도 있다.

② 특성

시각장애는 인간이 살아가는 데 필요한 정보습득을 귀와 감각에만 의존해야 하므로 정보습득의 제약으로 인한 학습에 문제가 있을 수 있다. 지적인 능력에 있어서는 비장애아동과 의미 있는 차이가 없지만 지적능력이 다양한 감각의 자극으로 발달하므로 시각적 경험이 없는 경우 학습능력에서 차이가 있고 통합능력도 떨어진다. 시각장애인은 점자를 사용하며, 이 점은 6개로 이루어져 있고 비장애인이 사용하는 문자는 묵자라고 부른다. 주요 특성으로는 자존감 결여, 환경과의 현실적 접촉능력 상실, 이동능력 제한, 개인의 독립성 상실, 운동기능 저하 등을 들 수 있다. 시각장애인은 다른 장애에 비해 직업선택이 제한적이며 주로 안마사, 침술사, 피아노 조율, 철학관 운영 등에 종사하고 있다. 특히 안마의 경우 시각장애인에게 직업적 혜택을 주고 있는데 이에 대해 비장애인들이 직업선택권에 대한 제한이라고 시각장애인의 생존권에 맞서 위헌소송을 했으나 패소하였다. 이처럼 비장애인의 장애인에 대한 인식이 매우 부족한 상태이며, 시각장애인의 다양한 직업선택을 위한 직종 개발이 필요하다.

시각장애인의 상당수는 명암을 구분할 수 있는 광각이 있거나 희미하게나마 색깔을 구분할 수 있거나 또는 여러 가지 정도의 잔존 시각기능을 이용하여 그것을 일상생활에 중요하게 활용하고 있다.

TIP 시력손상을 입은 클라이언트와의 의사소통

시력장애를 가진 클라이언트는 대부분 의사소통을 하는 데에는 큰 어려움이 없다. 그러나 사회복지사의 손짓이나 몸짓 등의 비언어적 의사소통에 대해서는 메시지의 일부를 잘못 이해하거나 내용의 일부를 누락할 수 있다. 따라서 사회복지사는 시력장애를 가진 클라이언트와 함께 실천을 할 때에는 가급적 몸의 움직임을 최소화하고 비언어적 의사소통을 할 때에는 클라이언트가 확실히 이해할 수 있도록 확인하는 과정이 필요하다. 초기 면담과정에서는 사회복지사는 “제가 잘 보이십니까?”, “지금 저를 보는 것이 편안하십니까?”, 또는 “제가 여기 앉으면 괜찮겠습니까?” 등의 질문을 통해 클라이언트의 반응을 살피고 상담을 시작한다. 시력장애를 가진 클라이언트를 안내할 때는 넓은 통로나 장소, 주변 건물의 특이한 모습, 특히 계단이나 출입문 등을 접근하기 전에 알려주어야 한다. 또한 상담실에 착석할 때에도 클라이언트가 사회복지사의 팔을 잡아 이동하며 의자를 클라이언트의 다리 뒷부분에 가볍게 대고 착석할 수 있도록 배려한다. 시력장애를 가진 클라이언트의 가정을 방문할 때에는 가급적 가구 배치 등은 언급하지 않으며 조명이 너무 어둡게 느껴지면 클라이언트에게 “조명을 높여도 괜찮겠습니까?”라고 물어 허락을 얻어 조명을 밝히거나 커튼을 걷는다. 사회복지사는 자신이 어떤 자리에 앉는지도 클라이언트에게 확인하는 것이 바람직하다(양희택 외, 2011).

시각장애인에 대한 예의(윤삼호 외, 2009)

1. 시각장애인이 길거리에서 두리번거리면서 도와줄 사람을 찾고 있으면, 다가가서 도움이 필요한지 먼저 묻고, 그렇다고 대답하면 적절하게 도우면 된다.
2. 시각장애인이 길을 물으면 “저쪽에 있어요”와 같은 모호한 말 대신 “오른쪽으로 10m쯤 가서 왼쪽으로 다시 5m쯤 가세요”처럼 구체적으로 가르쳐 주어야 한다.
3. 시각장애인을 안내할 때에는 흰 지팡이의 반대편에서 팔을 잡게 하고, 반보 앞에서 걷는 것이 좋다. 이때 흰 지팡이를 든 손을 만지거나, 잡아끌지 않도록 주의해야 한다.

4. 시각장애인과 식사를 할 때에는 식기의 위치와 내용물을 작은 소리로 설명하고, 음식물의 위치는 시계 방향으로 설명해 주는 것이 좋다. 만약 시각장애인이 음식점에 찾아오면 메뉴를 가격과 함께 설명해 주고 식사를 내온 다음에는 음식의 위치를 설명해 주는 것이 예의다.
5. 시각장애인은 영화나 TV를 전혀 볼 수 없다고 생각하는 건 잘못이다. 화면 해설 서비스를 제공하거나 누군가 옆에서 내용을 간단히 설명해 주면 시각장애인들도 함께 즐길 수 있다.
6. 평소 안면이 있는 시각장애인을 만나면 자신이 누군지부터 정확하게 소개한 다음, 인사를 나눈다.
7. 시각장애인의 가정이나 사무실을 방문했을 때는 물건의 위치를 바꾸어 놓아서는 안 된다. 시각장애인들은 물건들을 늘 두는 곳에 두어야 다음에도 쓸 수 있기 때문에 다른 사람이 위치를 옮겨버리면 큰 혼란을 겪게 된다.

참고 안내견

사회복지사들은 시각장애인을 위한 안내견에 대해 올바른 인식을 가져야 한다. 첫째, 애완견처럼 먹을 것을 주거나 관심을 보이거나 호의나 애정을 보여서는 안 된다. 둘째, 안내견은 주인과 함께 일하기로 길들여져 있으며 분리해서는 안 된다. 사회복지사는 클라이언트가 안내견을 보호해 달라는 요구가 없는 한 다른 곳에서 머물게 해서는 안 된다. 일반 개의 출입이 금지된 곳도 안내견은 들어갈 수 있다. 셋째, 안내견은 특별한 복장에 마구를 걸치며 가죽끈을 묶는다. 마구는 시각장애인을 안내하는 역할을 하며 가죽끈은 서거나 앉거나 위치를 바꾸는 역할을 한다. 마지막으로 큰 안내견이 사회복지사나 주위 사람들에게 불편하거나 두려움을 준다면 이를 인정하고, 시각장애인에게 사실을 알려 통제할 수 있도록 한다(양희택 외, 2011).

(4) 청각장애

① 정의 및 원인

청각장애는 청각기관의 결함이나 청력이 손실되면서 듣는 능력이 일시적이거나 영구적으로 저하되거나 결여된 상태를 의미한다.

청각장애의 원인은 선천적 원인으로 임신 중 산모의 풍진감염, 모자혈액형 불일치, 영양실조, 약물중독, 감염 등이며, 대부분 후천적 원인으로서 중이염, 내이질환, 바이러스 감염, 외상성 고막 파열 등 각종 질환과 사고가 대표적이다.

② 특성

청각손상의 일차적인 장애는 소리를 잘 듣지 못하는 것이고, 이차적인 장애는 소리를 듣지 못함으로 인해 파생되는 것으로 가장 흔한 것이 언어장애이다. 어려서부터 청각장애인의 경우 대부분 언어장애를 수반하므로 이로 인해 조기에 교육받기 어렵고 사회적인 관계도 제한적이어서 취미생활, 스포츠, 오락, 종교생활 등 사회 전반에 걸쳐 참여 기회가 부족하다. 이들은 주로 청각장애인끼리 만나기 때문에 그들만의 독특한 문화(고유문화)를 형성한다. 그러므로 비장애인에 대한 신뢰는 낮은 반면 동일한 장애인에 대한 믿음은 매우 강해 오히려 사회적인 문제에 공동으로 연루되는 경우가 많다. 청각장애인은 음성언어를 익히지 못해 의사소통에 어려움이 있어 구화, 수화, 필담(지필) 그리고 손이나 몸짓으로 의사소통을 한다. 청각장애인 부부의 자녀를 양육할 때 지원을 해야 하며 현대사회는 정보사회이므로 사회참여를 위해서는 의사소통을 도와주는 재활공학적 접근을 고려해야 하며 특히 청각장애인들의 정보접근권을 위해서는 유비쿼터스 디자인이 필요하다.

평형기능을 터득하는 반고리관에 손상이 있는 경우에는 신체의 균형을 잡기가 어려우며, 폐활량이 점차 적어져 운동능력은 다른 사람들에 비해 다소 지체되어 있다. 청각장애인은 사회, 행동적 문제는 없으나 의사소통의 제약을 받으므로 자신을 타인이 정확하게 이해했는지 등의 심리적 불안을 갖는 경우가 많다.

TIP 청각기능의 손상이 심각하지 않은 클라이언트와의 관계

청각기능의 손상 정도에 따라 사회복지사는 의사소통의 방법을 다르게 할 수 있다. 먼저 클라이언트가 청각기능의 손상에 대해 지원을 필요로 하는지 확인한다.
청각기능의 손상을 가진 클라이언트는 사회복지사에게 자신의 문제나 욕구를 이야기하는 것에 대해 어려움을 느낄 수 있다. 따라서 사회복지사는 클라이언트와 의사소통을 향상시키기 위해 클라이언트의 몸짓이나 얼굴표정 등의 비언어적 의사소통의 내용을 관찰하고 자신과의 대화에 흥미를 느끼고 있는지 클라이언트의 감정과 상황을 인식할 수 있어야 한다. 사회복지사가 표현하고 있는 언어나 단어에 클라이언트가 밀접하게 반응하는지 등을 파악한다.

청각기능의 손상이 한쪽 귀에 국한되어 있을 때는 잘 들리는 귀의 방향에서 의사소통을 하고, 입술을 읽는 구화의 경우에는 클라이언트의 앉는 자리와 방향, 그리고 위치 등 클라이언트가 사회복지사의 목소리를 듣는 최상의 조건을 만들어야 한다. 사회복지사는 청각기능의 손상을 입은 클라이언트가 자신의 손상에 관한 정보를 소개하도록 분위기를 만들고, 클라이언트와 의사소통 방식에 적응함으로써 편안하게 클라이언트가 이야기를 할 수 있어야 한다(양희택 외, 2011).

TIP 전혀 소리를 들을 수 없는 청각장애를 가진 클라이언트와의 관계

전혀 소리를 들을 수 없는 청각장애를 가진 클라이언트는 공인된 수화나 구화 등을 배워 사람들과 의사소통을 하게 된다. 사회복지사가 클라이언트가 사용하는 수화를 사용하면 클라이언트와 관계형성에 유리할 것이고 그렇지 못하면 사회복지사는 관계형성에 부정적인 영향을 미칠 수 있다. 그러나 청각장애를 가진 클라이언트와 사회복지사의 관계에서 중요한 것은 청각장애인에 대한 올바른 이해이다.

청각장애인의 문화는 사회에서 하나의 독특한 문화로 인식되고 있으며 청각장애인들의 조직 또한 매우 체계적이다. 청각장애인을 위한 각종 정보 제공이나 교육, 옹호활동 등 다양한 프로그램과 서비스가 제공되고 있으며, 청각장애인의 일상생활에 대한 지원도 활발하게 이루어지고 있다. 사회복지사는 이러한 청각장애인만의 독특한 문화와 특성을 이해하는 것에 상당한 시간과 노력을 투입해야 한다.

청각장애인이라고 해서 모두 수화를 사용하지 않는다. 오히려 후천적으로 청각기능의 손실을 가진 장애인들은 수화를 사용하지 못하는 경우가 대부분이다. 사회복지사는 구화를 사용하는 클라이언트의 의사소통 능력을 사전에 파악하고 방 안에 밝은 조명을 갖추고 큰 소리로 말을 하는 것보다는 클라이언트가 사회복지사의 입술을 읽을 수 있도록 세심한 주의가 필요하다(양희택 외, 2011).

(5) 언어장애

① 정의 및 원인

언어장애란 말이 다른 사람의 말과 달라서 말 자체에 주의를 끌게 하거나, 의사소통을 방해하거나, 말을 하는 사람이나 듣는 사람을 괴롭히는 원인이 되어 듣는 사람이 비정상적이라고 느끼게 되고, 본인도 비정상임을 인식하게 되어 두려움 · 걱정 · 회피 현상이 생겨 사회적응에 문제를 초래하는 경우를 말한다.

언어장애 원인은 선천적 원인보다 후천적 원인에 기인하는 경우가 많지만 그 원인이 복잡하고 다양하다. 대부분의 경우 음성기관 이상, 언어중추 이상, 지능지수 저하, 언어발달지체 등의 원인을 들 수 있다.

- 언어발달지체 : 정상적인 언어발달 단계에서 기대된 시기에 언어의 조직이나 구성이 지체되어 언어의 이해와 표현에 어려움을 겪는 경우이다. 대부분 지적장애아동에게서 나타나며 뇌성마비, 자폐, 행동장애, 정서장애, 청각장애 아동들에게도 공통적으로 나타난다. 아주 드물게 정상적인 일반 아동에게서도 언어발달 지체가 나타나는 경우도 있다.

- 조음장애 : 조음장애는 조음기관(입술, 혀, 입천장, 인두강, 비강)의 기형이나 손상으로 인해 발음의 장애가 생긴 경우를 말한다. 조음장애는 말할 때 말소리를 생략, 대치, 왜곡 또는 첨가하는 것을 말한다. 예를 들면 아버지를 아지, 가위를 가뷔, 가위야, 사자를 아자, 해바라기를 해라바기 등으로 왜곡되게 발음한다.

- 음성장애 : 음성장애란 성대, 후두, 구강, 비강 등의 장애로 인하여 말소리와 높낮이, 크기, 음질이 비장애인과 다른 차이를 보이는 경우를 말한다. 음성장애의 주 증상은 성대피로, 기식화된 소리, 성량 감소, 실성증, 부적절하게 높은 소리, 쥐어짜는 소리, 떨림 등이다.

- 실어증 : 왼쪽 대뇌반구에 있는 언어중추 장애로 인하여 말하기 · 듣기 · 읽기 · 쓰기 등 언어능력의 일부 또는 전부를 잃은 상태를 말한다. 실어증의 형태는 대뇌의

손상부위와 정도에 따라 다양하며, 그 특성에 따라 여러 종류의 실어증으로 나타난다. 말을 못하는 실어증, 남이 말하는 것을 이해하지 못하는 실어증, 대상의 이름을 대지 못하거나 단어를 올바르게 연결하지 못하는 실어증 등이 있다.

- 유창성 장애 : 유창성 장애는 말의 흐름 장애로서 말더듬과 속화증이 포함된다. 말더듬은 말을 시작할 때 혹은 도중에 호흡, 발성 및 구음에 관계되는 기관에 경련을 일으켜 유창한 발음을 할 수 없는 경우를 말한다. 속화증은 발음하려는 의욕과 언어운동능력 사이의 불균형에 의한 언어의 발육지연, 조급한 성격, 주의력 산만 등의 원인으로 말의 속도가 빠르며 구두어를 내는 데 어려움이 있고 문장구조가 조직화되지 않아 조음의 문제를 갖는다.

② 특성

언어장애는 언어형성기를 거쳐 연령이 2년 6개월에 이르러서도 언어발달이 적절하지 못할 때 언어발달지체라고 한다. 언어장애는 대부분 청각장애를 동반하는 경우가 많으나 청각장애 외에도 지적장애나 뇌성마비 등에 의해서도 수반된다. 외관상 신체장애는 없으나 힘이나 운동협응 검사에서 낮은 수준을 보이는 경우가 많다.

언어장애를 가지고 있는 사람의 공통점은 의사소통이 부자유스럽기 때문에 사회생활을 영위하는 데 있어 많은 어려움을 가지게 된다는 것이다. 따라서 이들은 대인관계나 사회적응력에 문제를 보이는 경우가 있다. 또한 언어자극의 결핍으로 인해 사고나 추리력 발달에 지체가 보이거나 적절한 학습과정을 방해하기 때문에 지능발달의 지체를 가져올 수 있다. 언어장애인은 열등의식을 가질 수 있기 때문에 정서발달에도 지체를 보일 가능성이 높다.

TIP 언어기능 손상을 입은 클라이언트와의 의사소통

언어기능에 손상을 입은 클라이언트는 부호화, 전송, 수신, 해석, 확인 등의 의사소통 과정에서 어려움을 갖게 된다.

일부 뇌졸중 등으로 장애를 가진 클라이언트는 신체상의 마비와 함께 언어장애도 동반하게 된다. 이들 중에는 입술을 움직이는 일은 가능하나 목소리가 나오지 않아 소리를 들을 수 없는 경우가 있는가 하면 신체상의 마비로 글을 쓸 수 없고 몸을 움직일 수 없을 뿐만 아니라 말을 전혀 하지 못하는 경우도 있다. 사회복지사는 언어기능에 손상을 입은 클라이언트와 의사소통을 위한 대체수단, 가령 수화통역사나 언어통역사 등을 찾아 클라이언트의 생각과 의견을 통역하여 전달하게 된다.

후천적 장애로 언어기능에 손상을 가진 클라이언트는 대부분 구화사용이 가능할 수 있다. 따라서 사회복지사는 클라이언트가 구화사용이 가능한지 확인하고 입술의 움직임을 잘 파악할 수 있는 밝은 장소에서 클라이언트를 만난다. 사회복지사는 "내가 하는 말이 무슨 이야기인지 알겠어요?", "예" 또는 "아니요"를 말하도록 하여 클라이언트의 구화능력을 확인한다.

사회복지사도 클라이언트의 말을 정확하게 이해할 수 없을 경우에는 반복적으로 이야기를 해달라고 클라이언트에게 부탁한다. 일반적으로 입술의 움직임으로 상대방의 메시지를 파악하는 구화는 매우 어려운 의사소통 기술이다. 따라서 사회복지사는 클라이언트와 원활한 의사소통을 위해 구화 이외에 새로운 대안적인 의사소통의 방법을 찾아야 한다(양희택 외, 2011).

청각(언어)장애인에 대한 예의(윤삼호 외, 2009)

1. 청각장애인과 대화를 나눌 때에는 입 모양을 크게 하여 천천히 말하는 것이 바람직하다. 필요하면 글로 써서 의사소통을 할 수 있지만, 비장애인들도 수화를 할 수 있다면 그것이 가장 바람직할 것이다.
2. 청각장애인이 듣지 못한다고 생각하여 함부로 말하거나 반말을 해서는 안 된다. 청각장애인도 다른 사람의 입 모양과 주변 상황을 보고 대화 분위기를 얼마든지 감지할 수 있다.
3. 청각장애인이 전화를 걸어달라고 부탁하면, 당황하지 말고 원하는 내용을 충분히 파악한 다음에 도와주면 된다.

4. 청각장애인들끼리 수화로 대화하는 것을 힐끗힐끗 쳐다보면서 쑥덕거리는 것은 아주 무례한 행동이므로 삼가야 한다.
5. 청각장애인이 길을 물으면, 당황하지 말고 종이와 연필을 꺼내 상세한 약도를 그려주면 된다. 물론 가까운 곳이면 근처까지 안내해 주는 게 제일 좋을 것이다.
6. 수화통역사와 함께 있는 청각장애인과 대화를 할 때, 당사자와 얼굴을 보면서 이야기를 해야지 수화통역사를 쳐다보고 대화하는 것은 예의에 벗어난 행동이다.

(6) 안면장애

① 정의 및 원인

안면장애는 안면부위의 변형 또는 기형으로 인하여 사회생활을 하는 데 있어 상당한 제한을 받는 경우를 말한다. 안면장애는 면상반흔, 거대색소성 모반증(큰 점), 색소침착, 모발결손, 조직의 비후나 함몰, 결손 등이 얼굴 등 노출 부위에 나타나는 경우이다.

안면장애의 주된 원인은 선천적으로 혈관종이나 혈관기형, 신경섬유종증, 거대모반증이 대표적이며, 후천적 원인으로는 교통사고, 화상, 피부질환, 피부암 등을 들 수 있다.

② 특성

안면장애를 가지면 원인질환 자체로 겪는 어려움과 동시에 경우에 따라 미용수술로 분류되어 보험혜택을 받을 수 없는 비싼 수술비로 인한 경제적 부담이라는 이중고를 겪게 된다. 그보다 심각한 것은 이로 인해 외출이 자유롭지 못해 정신과적 질환을 유발할 가능성이 높으며, 성격이 소심하게 변해 사회적응상의 문제와 피부변형과 건조로 인해 각종 질환을 유발한다. 용모와 인상을 강조하는 우리나라 문화에서는 대인관계의 어려움이 있고 경제활동 기회의 제한 때문에 당사자뿐 아니라 가족 모두가 큰 고통과 어려움을 겪고 있다. 특히 화상으로 인한 안면장애의 경우 후유증인 외상성 증후군으로 인한 심리적 문제가 더 심각하다.

2) 내부 신체기관의 장애

(1) 신장장애

① 정의 및 원인

신장장애는 일반적으로 만성신부전증을 의미하는 말로 신장기능이 90% 이상 소실되어 혈액투석이나 복막투석 등 지속적인 치료와 관리를 받아야 하거나, 신장기능의 영속적인 장애로 인하여 일상생활 활동이 상당히 제한을 받는 경우를 말한다.

신장장애의 원인은 만성 사구체신염, 만성신우신염, 당뇨병성신증, 고혈압성 사구체 경화증 등으로 우리나라의 경우 당뇨병성신증이 가장 높은 비율을 차지하고 있다.

신장질환의 증상은 소변을 자주 보거나 오줌에 검은 피가 섞여 나오며, 배뇨 시 통증이 있다. 눈 주위, 팔목, 발목에 부종이 나타나며, 안색이 창백하고 거무스름하며 혀에 백태가 끼는 등의 증상을 나타내기도 한다.

② 특성

신장장애는 정상적인 타인의 신장을 말기 신부전 환자에게 이식함으로써 정상적인 기능을 유지할 수 있지만 경제적인 문제와 신장공여자의 수가 적어 신장장애인들은 혈액정화를 위한 투석요법을 시행하고 있다. 이 투석요법은 주 2~3회 병원을 가야 하며 한 번 투석 후에는 몇 시간 동안 안정을 취해야 하는 등의 어려움으로 취업 및 사회적 활동에 많은 제한을 받는다. 또한 의료비 부담으로 경제적인 문제가 심각하여 의료보호를 받고자 가족이 해체되는 극단적인 상황을 감수하기도 한다. 또한 음식물 섭취에도 제한이 있어 대인관계나 사회생활에도 어려움이 있다.

(2) 심장장애

① 정의 및 원인

심장장애는 심부전증 또는 협심증, 심근경색증 등 심장의 기능 부전으로 인한 호흡곤란 등의 장애로 인하여 일상생활을 하는 데 있어 상당한 제한을 받는 경우를 말한다.

심장장애의 원인은 기질적인 심질환으로 인한 심장판막결손, 심장근육질환 등 심장의 손상이나 동맥폐쇄질환, 혈전후증후군 같은 혈관의 손상, 고혈압과 같은 혈압의 장애가 대표적인 원인이 되어 나타난다.

심장장애에 따라 좌심부전의 경우에는 호흡곤란이 수반되고, 심부전이 가벼울 경우에는 운동할 때에 증상이 나타나지만, 병세가 진행되며 가만히 있을 때도 호흡이 곤란하게 된다. 우심부전의 증상은 신체 말초조직에서 심장으로 운반하는 정맥의 확장과 수분 및 전해질의 저류이며, 이들에 의해 경정맥, 부종 등의 장애가 발생된다.

② 특성

심장장애인도 일상적인 생활에서뿐만 아니라 사회생활에 큰 어려움을 겪게 되며, 특히 직업생활이 어려운 경우가 많아서 경제적인 어려움 또한 가중되고 있다. 따라서 정기적인 진단이나 약 복용 등으로 인하여 무리한 직업에는 취업하기에 부적합하므로 선진국에서는 이들의 직업재활을 위한 재택근무, 시간제 근무 등의 직무 재배치가 시도되고 있다(한국장애인고용촉진공단, 1999).

(3) 호흡기장애

① 정의 및 원인

호흡기장애는 폐나 기관지 등 호흡기관의 만성적 기능부전으로 인한 호흡기능의 장애로 일상생활을 하는 데 있어 상당한 제한을 받는 경우를 말한다.

호흡기장애는 가장 흔한 만성 호흡기질환으로 만성 폐쇄성 폐질환, 만성 제한성 폐질환, 만성 환기장애 질환군, 만성 폐혈관 질환군 등이 있다.

- 호흡곤란 : 호흡기장애의 대상은 만성호흡곤란으로 처음에는 운동 시에만 호흡곤란을 호소하지만 점차 지속적으로 악화되어 휴식 시에도 호흡곤란이 나타난다.
- 기침과 가래 : 만성 폐쇄성 폐질환이 있는 환자에게서 자주 나타나며, 1년 중 최소한 3개월 이상 다량의 기침과 가래가 지속되며, 가래를 만드는 기침이 특별한 원인이나 이유 없이 2년 이상 지속, 발생되는 경우에 해당한다.

- 천명: 기도폐쇄의 가장 특징적인 증상으로 부분적인 기도폐쇄로 인하여 호흡할 때 쌕쌕 또는 가랑가랑하는 호흡음이 나타나는 현상이다.
- 청색증과 곤봉지: 청색증은 동맥혈 산소농도가 75% 이하인 경우 나타나는 것으로 피부가 청자색으로 푸르게 변한다. 청색증이 오래 지속되는 경우 손가락 끝이 곤봉 모양으로 변하기도 한다.

② 특성

기침이 심해지면서 가슴이 아프고 숨이 차며 입맛이 떨어지고 머리가 아프다. 급성 기관지염을 잘 치료하지 않으면 만성 기관지염으로 넘어가거나 처음부터 만성으로 경과하는 경우도 있다. 만성 기관지염일 때에는 열이 나거나 가슴소견에서 특별한 것은 없으나 찐득찐득한 가래가 목에 붙어서 잘 떨어지지 않으며 양은 적다. 만성 기관지염이 심해지면 급성 기관지염의 증상들이 나타나면서 고름이 섞인 가래가 많이 나온다. 기관지염을 예방하기 위하여서는 항상 몸을 단련하여 저항성을 높여야 한다. 증세로는 아침 저녁으로 기침이 심하며 겨울에는 더욱 심해진다. 화농성 가래 또는 피가 섞인 가래를 배출하기도 한다. 또 운동 시에 호흡곤란이 잘 나타나며 안정 시에도 호흡곤란이 있으면 폐쇄성 질환의 진행이 의심된다.

평상시에는 비교적 안정적인 만성 호흡기 장애 환자라도 급성 악화의 요인이 생기면 생명을 위협할 수 있는 치명적 장애이며, 비장애인에게는 큰 문제가 되지 않는 간단한 감기나 그 밖의 호흡기 감염증이 가장 흔한 급성 악화의 요인이 될 수 있다. 따라서 호흡기장애인의 재활은 무엇보다도 환자의 폐질환에 대한 이해와 치료에 대한 적극적 참여가 중요하며 병의 진행 상태를 회복시키는 치료와 함께 호흡기장애의 호전을 위하여 이루어져야 한다.

(4) 간장애

① 정의 및 원인

간장애는 간의 만성적 기능부전과 그에 따른 합병증 등으로 인한 간기능장애로 일상생활을 하는 데 있어 상당한 제한을 받는 경우를 말한다. 간은 체중의 3%를 차지하는 체내 최대 장기로서 각종 영양소를 가공 처리하고 중요한 영양소들을 합성 공급하며, 혈액을 저장하는 역할, 담즙의 생성과 장으로 배출하는 역할, 외부에서 섭취 또는 체내에서 생성된 이물, 약물 등의 여러 가지 독소를 해독하는 작용을 한다.

간장애 원인은 급성간염, 만성간염, 간경변증, 간암 등이며, 이러한 질환으로 인한 주요 증상은 전신피로감, 구토, 소화불량, 피부변화, 황달, 복부 팽만감, 호르몬 이상, 부종, 복수 등 다양한 증상이 나타난다. 또한 간 비대와 심하면 간성혼수에 빠지기도 한다.

② 특성

간장애가 있을 경우 전신권태감, 식욕부진, 소변의 농염(소변의 색이 홍차처럼 짙어지는 것), 더 나아가 황달 등이 있다. 잇몸과 코에서 피가 나고 남자의 경우 성욕 감퇴와 고환이 수축되기도 하며, 여성의 경우는 생리가 없어지기도 한다. 얼굴이 흑갈색으로 변하거나 목이나 가슴에 거미줄 모양의 혈관종이 생기고, 비장이 커지고 복수가 차고 배가 부르며, 부종과 혈변을 보기도 한다. 말기 증상은 간세포기능장애와 합병증이다. 대체로 간암을 제외한 중증의 간장애인은 고령층 이상으로 병원에서 지속적으로 치료를 받아야 하므로 일상생활과 사회생활에 어려움이 많다. 그러나 자각적으로는 아무런 이상한 징조가 없으며 자연적으로 치유되기도 한다.

(5) 장루 · 요루장애

① 정의 및 원인

장루 · 요루장애는 배변기능 또는 배뇨기능의 장애로 인하여 장루 또는 요루를 시술하여 일상생활을 하는 데 있어 상당한 제한을 받는 경우를 말한다. 장루 · 요루는 복벽을 통해 체외로 대소변을 배설하기 위하여 만든 구멍으로서, 장루는 복부의 우하복부에 위치하는 회장루와 상복부 중앙에 위치한 결장루, 좌하복부에 위치하는 요루로 구분한다.

- 결장루 : 장루는 복부를 통해 결장부위에 수술로 만들어진 개구이다. 사람이 장루 수술을 받게 되면, 대변은 더 이상 항문을 통해 배출되지 않는다. 대신, 대변은 결

장을 통해 배출된다.

- 회장루: 회장루는 아랫배를 관통하여 소장에 수술로 만든 개구이다. 궤양성 대장염이나 대장의 질병과 같은 상처나 질병으로 인해 직장 및 항문과 함께 결장을 수술로 제거할 수도 있다.
- 요루: 요루는 소변을 몸 밖으로 배출하게 해 주기 위해 아랫배에 수술로 만든 개구이다. 상처, 선천적 결함 또는 암과 같은 질병으로 인해 만들어진다.

장루·요루장애의 발생원인은 드물게 각종 사고로 인한 경우도 있지만 대부분이 선·후천적 질병으로 발생된다. 우리나라 장루의 원인은 95% 이상이 직장암이나 대장암 등의 악성 종양이며, 흔치는 않으나 장결핵, 거대결장증, 척추기형, 무항문증 등이 원인이 되기도 한다. 요루의 원인 질병은 대부분이 방광암이며, 흔치 않게 방광결핵, 방광경화증 등으로 방광자율신경이 마비되는 경우, 요도의 종양 등에도 요루를 시술하게 된다.

② 특성

장루는 항문 괄약근을 가지고 있지 않으므로, 장루 수술을 받은 사람은 배변활동을 스스로 조절할 수 없다. 대신, 대변을 모으기 위한 일회용 주머니를 착용한다.

회장루에 의한 대변은 소장에서 직접 나오기 때문에 대변이 피부에 매우 자극이 될 수 있는 소화효소를 포함하고 있을 수 있다. 이로 인해, 착용한 주머니는 인공 항문 주변에 맞는 보호용 피부벽을 가져야 한다. 사람이 요루 수술을 받게 되면 소변은 더 이상 요도를 통해 배출되지 않는다. 대신, 소변은 요루를 통해 배출된다. 요루는 항문 괄약근을 가지지 않으므로, 요루 수술을 한 사람은 언제 소변을 본다는 것에 대한 자기 스스로의 조절능력이 없다. 대신, 소변을 모으기 위한 일회용 주머니를 착용한다.

암 발병으로 인한 장루 또는 요루장애인은 암의 치료를 위해 큰 수술을 받고 항상 재발을 걱정하면서 살아가는 상황에 있다. 일정한 치료비용을 지속적으로 지출하는 부담을 안게 되며 장루의 변형으로 인해 사회생활에 많은 지장을 받게 되면서 대인관계를 기피하게 되기도 한다.

(6) 뇌전증장애

① 정의 및 원인

뇌전증장애는 신경세포에서 나타나는 무질서한 전기신호가 주변 뇌 세포로 퍼지면서 나타나는 간질발작이나 반복되는 경련으로 인하여 일상생활 또는 사회생활을 하는 데 있어 상당한 제한을 받아 다른 사람의 도움이 필요한 경우를 말한다.

간질 원인은 아직 정확하게 밝혀지지 않았으나, 대체로 발작의 형태로 그 원인을 추측하고 있다. 국소성 간질은 후천적으로 신경세포의 손상을 초래하여 간질을 일으키는 것으로, 그 원인은 간질의 발병연령에 따라 다양하다. 즉, 신생아나 소아기에는 선천성 뇌기형, 대사장애, 분만 시 합병증, 중추신경계 감염증이 주된 원인이 되고, 청소년기-성인기에는 선천성 뇌기형, 뇌외상 등이 많으며, 중장년-노인에서는 뇌졸중, 뇌종양, 퇴행성 뇌질환 등이 주요한 원인으로 알려져 있다. 따라서 간질은 모든 연령층에서 발생되지만, 특히 뇌손상이나 뇌질환이 호발하는 신생아기와 노년기에 가장 많이 발생한다. 전신간질의 경우는 원인불명인 경우가 많으나 유전적 요인과 전신성 대사성 질환이나 독성물질, 음주, 약물복용 및 남용 등이 그 원인으로 추측되고 있다.

간질 발작은 종류에 따라 그 양상이 다양하여, 환자의 발작하는 모습과 뇌파 소견을 참조하여 분류한다.

② 특성

뇌전증장애의 특성은 발작으로 인해 뇌의 기능이 일시적으로 정지되는 증상이 계속될 경우 뇌세포에 영향을 주어 학습장애, 기억력 감퇴, 집중력 저하, 지능 저하, 사회적응능력에 영향을 미친다. 간질발작은 언제 어디서나 재발할 수 있는 만성적 질병 상태로 일상생활은 물론 가정생활과 직장생활에 어려움이 많다. 특히 여성이 임신 중일 때는 더욱 위험하므로 의사와 상의해야 한다. 단순 부분발작은 경련하는 동안 의식이 있으면서 얼굴표정의 위축이나 손을 끄덕인다든지 하는 경련을 말한다. 복잡 부분발작은 경련하는 동안 의식이 혼탁한 상태로 고개가 돌아간다든지 하는 경련을 말한다.

뇌전증장애인은 정신장애와 유사한 편견으로 인해 사회생활에 고통을 받는 경우가 많다. 지속적인 치료비 지출 때문에 대부분이 경제적 부담을 안고 있고, 간질발작으로 인해 운전을 하지 못하므로 직업을 선택하는 데 있어 제한을 받게 되며 취업이 어려운 경우가 많다. 행동, 능력, 정서적인 면에서는 비장애인과 차이를 보이지 않으나 주변의 상황에 따라 성격장애를 유발할 가능성이 있다.

2 정신적 장애

1) 발달장애

(1) 지적장애

① 정의 및 원인

지적장애는 일반적으로 지적능력이 떨어지거나 적응행동 수준이 낮은 상태를 말한다. 지적장애의 판별기준은 지적기능과 환경에 대한 적응행동의 두 가지 요소로 보고, 이 두 가지 요소에서 일정기준 미달의 지적 지체와 적응행동 면에서 평균 이하인 상태가 만 18세 미만에서 나타날 때를 지적장애라고 한다. 우리나라 장애인복지법에서는 지적장애란 '정신발육이 항구적으로 지체되어 지적능력의 발달이 불충분하거나 불완전하고 자신의 일을 처리하는 것과 사회생활에의 적응이 현저히 곤란한 자'로서 지능지수가 70 이하인 경우에 해당된다고 규정하고 있다. 미국정신의학회에서는 지적장애를 지적 수준에 따라 경도, 중등도, 중도, 최중도로 분류하고 있다.

지적장애의 원인은 매우 복잡하여 정확하게 설명하기는 불가능하지만, 일반적으로 생물학적 요인과 사회심리적 요인이 상호작용하면서 복합적으로 이루어져 나타나는 경우가 많다.

가. 생물학적 요인

유전인자나 염색체 이상 등의 유전적 원인과 임신 중의 풍진, 매독, 톡소플라스마증의 질병감염, 혈액형 부조화(산모가 Rh^- 혈액인자 보유), 영양결핍, 음주, 흡연, 약물중독,

방사선 노출 등이 지적장애 원인이 될 수 있다. 또한 출산 시 난산으로 인한 뇌손상, 질식, 대뇌무산소증 등도 원인이 되지만 출산 후 뇌염이나 뇌막염, 기타 약물중독에 의해서 뇌 전반에 손상을 주었을 경우 지적장애 원인이 될 수 있다.

나. 사회심리적 요인

사회심리적 요인에 의해 직접적으로 지적장애가 발생된다고 설명하기는 어렵지만 경도의 지적장애의 경우 부모의 보살핌이 부족하거나 적절하지 못한 경우 사회경제적 수준이 낮은 사회계층의 가정환경에서 지적장애의 발생가능성이 높아질 수 있다.

지적장애의 분류(미국정신의학회)

① **경도**(mild mental retardation)

지능지수가 50부터 70인 자로 전체 지적장애의 약 80%를 차지하는 가장 흔한 형태의 지적장애이다. 초등학교 6학년 수준 정도의 교육이 가능하며, 교육을 통해 스스로 독립적으로 사회생활과 직업생활을 영위할 수 있을 정도까지의 발달이 가능하다. 장애등급 3급에 해당한다.

② **중등도**(moderate mental retardation)

지능지수가 35부터 49인 자로 전체 지적장애의 약 10% 내외를 차지하며 초등학교 2학년 수준 정도의 교육이 가능하다. 다른 사람의 도움을 받아 간단한 신변처리와 같은 단순한 일상생활은 가능하고, 문제해결 능력은 떨어지지만 훈련을 받고 다른 사람의 도움이 있으면 단순노동 정도의 작업도 가질 수 있는 훈련이 가능하다. 장애등급 2급에 해당된다. 대부분의 경우에 있어서 기질적 요인이 발견되며 경련성 질환, 신경학적 질환, 신체적 질환이 흔히 동반된다.

③ **중도**(severe mental retardation)**와 최중도**(profound mental retardation)

지능지수 20부터 34 정도를 중도라 하며 지적장애의 4~7% 정도를 차지한다. 최중도는 지능지수가 20 미만으로서 정신지체인의 8% 정도를 차지한다. 중도 · 최중도는 훈련불가능(보호가능)으로 장애등급 1급에 해당하며 초등학교 1학년 수준의 교육도 어렵다. 언어발달에 있어서 심각한 장애가 동반되며, 운동발달 면에서 심각한 발달장애를 보인다. 일상생활과 사회생활이 매우 곤란한 상태이기 때문에 타인의 완전한 보호와 감독이 필요하다.

② 특성

지적장애는 개인의 지적능력과 적응행동에 따라 개인차가 매우 크다. 지적장애인은 보통 의사소통, 자기관리, 가정생활, 사회적응기능, 지역사회활동기능, 건강 및 안전, 학습능력, 여가, 직업 등의 활동능력에서 두 가지 이상의 제한을 보이고 있다. 또한 운동감각이 떨어지고, 모방이 부족하며, 고집이 세고, 먹는 것에 집착을 많이 하고, 공격적·충동적이고 좌절을 견디기 어려워하는 등으로 알려져 있다.

직업생활이나 결혼생활에서 스스로의 판단력이 부족하므로 일반적으로 가족이나 주위에 의해 의사결정을 하는 경우가 많다. 낮은 언어능력을 동반하여 의사소통에 어려움이 있기 때문에 대인관계 형성에 문제점을 나타내거나 학습에 지장을 주는 경우가 많다. 뿐만 아니라 대체로 스스로 통제할 수 있는 능력이 떨어지고, 판단능력이 떨어져 그들의 행동을 일반사회에서 수용하기에는 어려운 경우가 많다. 분석력이 미흡하거나 주의가 산만하여 주의집중하는 시간이 짧아 학습능력도 떨어질 수밖에 없다. 이러한 특징적인 것은 성인이 되어도 큰 변화가 없는 것으로 알려져 있다(강영실, 2010). 만 18세 이후에 발병하는 지적장애는 치매라 한다. 지적장애의 정도가 심할수록 기질적 장애가 발생할 위험성은 더 높아진다.

정신적 장애인에 대한 예의(윤삼호 외, 2009)

※ 정신적 장애인은 '지적장애인', '자폐성장애인', '정신장애인'을 통칭하여 부르는 용어이다.

1. 정신적 장애인을 만나면 당황하는 사람들이 많이 있다. 힐끔힐끔 쳐다보거나 심지어 소리를 지르며 도망치는 사람들도 있다. 정신적 장애인은 위험한 사람이 아니므로 그런 과잉행동은 삼가야 한다.
2. 정신적 장애인을 무조건 기피하고 격리하려는 태도는 없어져야 한다. 이 세상 사람들 가운데 약간의 정신적 장애가 없는 사람이 누가 있겠는가? 정도의 차이가 있을 뿐, 사람들은 누구나 정신적 장애를 겪고 있다.
3. 혼자 길을 헤매는 지적장애인이나 자폐증 어린이를 보면, 소지품에 적힌 연락처로 보호자에게 알려야 한다. 이들은 연락처가 새겨진 목걸이를 하고 있거나 가방이나 주머니에 학

교나 집 연락처가 적힌 이름표가 있다. 그런 것이 없다면 가까운 파출소로 직접 데리고 가거나 경찰에 신고를 하는 것이 바람직하다.

4. 지적장애나 자폐성장애인과 대화를 나눌 때는 쉬운 문장으로 짧게 끊어서 말하고, 친근한 태도로 그들의 말을 끝까지 들어주도록 한다.
5. 자폐성장애인이나 지적장애인들은 '농담', '상징', '비유', '추상적 언어'를 잘 이해하지 못할 수도 있다. 이들과 대화를 나눌 때는 간결하고 구체적인 단어를 사용하여 분명하고 천천히 전달해야 한다.
6. 자폐성장애인이 갑자기 소리를 지르거나 과잉행동을 보일 경우에는 당황하지 말고 그가 무엇을 원하는지를 차분하게 물어보는 것이 좋다. 자폐성장애인의 이상행동은 그 자체가 의사소통의 방식일 수 있다.

(2) 자폐성장애

① 정의 및 원인

자폐성장애는 사회적 상호작용과 의사소통의 질적 결함, 제한적이고 반복적인 상동행동적인 유형의 행동, 그리고 사회적 상호작용이나 사회적 의사소통을 위해서 사용되는 언어, 상징놀이나 상상놀이에서 한 가지 이상의 발달지체나 비정상적인 기능이 3세 이전에 나타나는 경우를 말한다.

자폐성장애 원인은 분명하게 밝혀지지 않았으나 생물학적 원인과 심리적 원인으로 구분할 때 생물학적 원인일 가능성이 높은 것으로 보고, 임신, 분만을 전후한 합병증(고령임신, 임신 중 약물중독, 난산 등), 경련성 질환의 동반, 대사장애와 동반, 풍진 등 감염성 질환, 뇌의 이상(측두엽 부위의 이상, 대뇌의 위축, 소뇌의 발달단계에서의 이상 등) 등 생화학적인 측면에서 연구 등이 진행되고 있으나, 의견의 일치는 보지 못하고 있다(정무성, 2006).

자폐증 증상은 그 양상이 매우 복잡하고 다양하여 정확한 진단은 어렵지만, 자폐아에게 흔히 나타나는 증상은 안아주는 사람으로부터 신체적인 접촉이나 눈맞춤 거부, 반복적이거나 독특한 언어 사용, 동일성에 대한 고집, 기계적 암기력, 무관심, 반복적인 행동, 자해 등 이상행동을 발견할 수 있다.

② 특성

일반적 특성으로는 사람에 대한 반응의 장애인데, 눈을 맞추지 않고, 소리를 듣고도 자신의 욕구와 일치하지 않으면 쳐다보지 않으며, 상대방과의 의사소통이 이루어지지 않으며, 다른 사람의 말을 이해하는 능력이 결핍되어 있다. 모방이나 상상이 어려우며, 다른 사람과의 신체접촉을 싫어하고, 상동행동(똑같은 반복행동)을 하며, 자기 스스로를 학대하고, 동일성에 대한 집착과 고집이 세다. 일반아동에 비해 기계적인 암기력이 높고 자신이 관심 있는 분야에 대해서는 기억력이 매우 뛰어나다. 일상생활을 정해진 대로만 하려고 하며 조금이라도 거기서 벗어나면 마음이 혼란해지고 분노한다. 사회적

TIP 자폐성장애(발달장애) 클라이언트와의 의사소통

대부분의 자폐성장애를 가진 클라이언트들은 자신의 생각이나 의견을 표현하지 않고 부모들에게 상당 부분을 의존해 왔다. 자폐성장애를 가진 클라이언트의 의사소통은 항상 간단하고 기본적인 단어만을 사용하며 명확하게 표현하는 특징이 있다. 따라서 이러한 클라이언트와 의사소통을 할 때에는 아름답게 표현하거나 상징화하기보다는 가장 단순하고 기본적인 단어만을 사용하는 것이 바람직하다.

자폐성, 발달장애를 가진 클라이언트는 언어적으로 의사소통이 잘 이루어지는 경우도 있고 또는 말을 하고 있어도 무엇을 이야기하려고 하는 것인지 정확히 이해하기 어려울 수도 있다. 또한 대부분의 자폐성, 발달장애인들은 혀의 구조가 정상적이지 않는 등 신체상의 언어구조가 정상적이지 않아 정확한 발음을 구사하기 어렵다. 또한 자폐성, 발달장애인들의 대부분은 모든 질문에 무조건 "예"라고 대답하는 습관이 있다. 이들의 반응이 실제로 정확한지 확인하기 위해 시간, 날짜, 장소를 달리하여 질문함으로써 검증하는 방법이다. 따라서 사회복지사는 자폐성장애 클라이언트에게는 "예", "아니요"라는 대답이 나올 수 있는 질문을 피하고 한 단어 이상 또는 한 문장 이상으로 표현이 가능한 질문을 하는 것이 바람직하다.

자폐성장애를 가진 클라이언트가 지역사회에서 자립생활을 하기 위해서는 수시로 격려하고 정서적 지지를 하고 자기관리를 할 수 있는 여건을 만들어 주어야 한다. 클라이언트의 지적인 수준을 이해하고 그 수준에 맞게 단어나 문장을 사용하여 의사소통을 하고 클라이언트가 정확하게 이해하고 있는지 확인하는 과정도 필요하다(양희택 외, 2011).

행동상의 기능장애로 사회적 회피, 사회적 무관심, 사회적 어색함을 보임으로써 다른 사람들과 상호작용을 하려고 하지 않는다. 자폐증의 초기 발현은 대개 생후 30개월 전후에 나타난다. 자폐아는 언어로써 표현하기보다는 신체적 행동으로써 의사를 표현하는 경우가 많다.

2) 정신장애

(1) 정신장애

① 정의 및 원인

정신장애는 생물학적 · 심리적 병변으로 인하여 지각, 사고, 행동, 의식, 기억, 정동, 성격 등에서 병리적인 현상이 진행되는 경우를 말한다. 장애인복지법의 정의에 의하면 정신장애는 지속적인 정신분열증, 분열형 정동장애, 양극성 정동장애 및 반복성 우울장애에 의한 기능 및 능력 장애로 인하여 일상생활 혹은 사회생활을 영위하기 위한 기능수행에 현저한 제한을 받아 도움이 필요한 상태를 말한다.

가. 조현병

조현병의 발병 원인은 정확하게 알 수 없으나 청소년기와 초기 성인기에서 가장 발병률이 높게 나타나는 심각한 정신질환이다. 주된 증상은 정상적인 사고기능이 약화되고, 망상, 환청, 환각, 혼란된 언어, 경직되고 기괴한 행동, 무감동, 무의욕, 운동장애 등 정신기능의 대부분이 기능하지 못하게 되는 질환이다. 조현병은 대체로 두드러진 증상의 특성에 따라 관계망상, 피해망상, 우울망상, 기타 여러 형태의 망상과 환청이 주된 증상인 망상형, 혼란된 언어와 행동이 부적절한 감정이 주된 증상인 혼란형, 경직된 행동과 자세, 과도한 흥분 상태로 나타나는 긴장형, 망상과 환각들과 같은 증상과 우울이 현저하게 혼합되어 나타나는 혼합형 등으로 분류를 하고 있다.

나. 양극성 정동장애

양극성 정동장애는 조울증이라고 하는 기분장애로서, 조울증은 조증과 우울증이 합당한 외부적인 자극이 없는데도 불구하고 주기적으로 교차하면서 나타난다. 정동장애의 증상은 우울상태에서는 우울하고 슬픈 기분이 주된 증상으로 일상생활에 대한 의욕이 떨어지고, 무가치감과 죄책감에 시달리고, 현실감을 상실하며, 주변에 대해 무관심하고 안절부절못하거나 죽음이나 자살에 대한 생각이 증가한다. 조증상태는 지나치게 기분이 고양되어 있고, 자신감이 넘치며, 자신의 능력을 과대평가하고, 말이 많아지며 사고가 비약하고 수면시간이 감소하여도 피곤한 줄 모르며 활동이 증가한다. 진찰상에는 신체 이상이 발견되지 않으나 다양한 질환을 호소하며 체중이 현저히 감소하기도 하고 불면증이나 식욕부진 혹은 과다수면이나 과다식욕도 보인다. 60~80%가 우울증으로 시작하며, 우울증이 생긴 이후 다음 조증기까지 기간은 대개 1~2년이다. 연령은 여성의 경우 35~45세 사이에서, 남성은 55세 전후가 발병률이 높게 나타나고 있지만, 여성에게서 더 많이 발생한다.

다. 반복성 우울장애

우울하다는 기분은 살아가면서 보편적으로 경험하는 감정의 하나다. 성인 10명 중 1명 정도는 일생에 한 번 이상 우울증을 경험한다(정무성, 2006)고 하지만, 우울증은 단순한 우울감과 다른 일종의 질환이다. 주요 증상은 슬픔, 불행감, 절망감, 외로움, 무가치감, 걱정, 불면증, 죄책감 등이 거의 매일 지속된다. 그리고 건강염려증, 신체망상, 피해망상이 동반되는 경우가 많으며, 행동이 느리고 침체되어 있다. 심하면 자살을 기도하기도 한다. 실제 자살을 감행한 비율은 약 66%이며, 그중 약 15% 정도는 사망하는 것으로 나타나고 있다. 우울증은 유전적 또는 체질적 요인, 내분비대사나 신경생화학적 물질의 이상, 스트레스, 비관주의자, 낮은 자존심의 소유자, 강박적 성격이나 의존적 성격을 가진 사람에게서 흔히 발생한다.

라. 조현정동장애

조현정동장애는 조현병 증상과 정동장애의 증상이 함께 나타나며, 예후는 조현병보다 좋으나 정동장애보다는 나쁘다. 발병은 급격하고, 대부분 주기성의 경과를 보이고, 인지, 지각, 감정, 행동, 사회적 인간관계의 장애 등 아주 다양한 증상이 나타나고 있다. 유병률은 남성이 여성보다 낮다고 보고되고 있다.

② 특성

조현병 환자는 일반적으로 매우 낮은 자기존중감과 자신이 주위 사람들에 의해 거부된다는 강한 정서들을 가진다. 특징적으로 환자는 다른 사람들과의 정서적 관계들이나 심지어 의사소통에 있어서 자기를 방어한다. 정서의 단조로움이 나타나고 자신의 주변에 어떠한 일이 일어나는지는 상관없이 정서를 노출시키지 않는다. 부적절한 정서 또한 빈번히 나타나고, 주의력 문제들이 일반적으로 나타난다. 환자는 자신의 세계에 대해 잊어버리고 그 대신 자신의 내부 상들에 몰두할 수 있다.

사고는 자기중심적이다. 사고들은 명확한 논리적 연결을 가지고 전개되지 않으며, 나타나는 사고들 사이에 명확한 단계가 없다. 정신분열증에서 보이는 다른 증상들은 종종 그릇된 신념들(망상들)과 환각들이다.

다른 종류의 장애보다 일상생활이나 직업활동을 하는 데 있어 더 많은 어려움을 겪

TIP 정신과적 질환이 있는 클라이언트와의 의사소통

정신과적 질환이 있는 클라이언트의 대부분은 의사소통에 커다란 어려움을 갖지 않지만 때로는 의사소통 과정에서 혼돈을 느끼거나 간단, 명료하게 내용을 전달하지 못한 경우가 있다. 또한 정신장애 클라이언트는 이야기하는 것을 주저하기도 하고 우려와 걱정, 공포를 느끼고 중도에 이야기를 중단하여 의사소통이 단절되기도 한다.

정신질환은 클라이언트 개인의 정도, 특성, 시간 및 간격 등에 따라 개인적인 차이가 매우 다양하다. 초기 관계형성 시에 클라이언트의 문제와 상태에 대해 충분한 이해가 필요하다.

사회복지사는 정신장애 클라이언트와 원활한 의사소통을 위해서 클라이언트의 정서적 반응을 살피는 것에 대하여 적절하게 대응하는 것이 중요하다. 때때로 사회복지사가 진정성을 갖고 클라이언트에게 모든 것을 이야기해도 그 메시지를 정확하게 전달하는 데 어려울 수 있다. 이런 경우에 사회복지사는 클라이언트의 표정이나 몸짓 등의 비언어적 의사소통으로 클라이언트의 메시지를 파악한다(양희택 외, 2011).

는다. 더욱이 사회적 편견으로 인한 가족들의 심리적 부담으로 인해 가족으로부터 외면당하는 경우가 많아 고립된 생활을 할 수밖에 없다. 이에 따라 정신장애인의 완전치료와 사회적응 및 사회복귀 가능성은 매우 희박한 상황이나 정서적 안정을 통해 가능한 경우가 있으므로 주변 사람들의 절대적인 지지가 요구된다.

표 2-1 정신적 장애인 비교

구분	내용
정신장애	• 병원 치료가 필요하다(질병이다). • 주로 사춘기 이후에 증상이 나타난다. • 심리적·생리적 요인으로 발생한다. • 반복적 행동을 하지 않는다. • 지능지수가 일반인과 똑같다. • 환상·환각·환시·피해망상 같은 증상을 보인다. • 돌출행동을 하기도 한다. • 성별 발생률이 거의 비슷하다. • 의사소통과 사회적 관계가 비교적 원만하다.
지적장애	• 교육과 훈련이 필요하다(질병이 아니다). • 사춘기 이전에 증상이 나타난다. • 정확한 발생 원인을 알 수 없다. • 반복적 행동을 거의 하지 않는다. • 지능지수가 상당히 낮다(IQ 70 이하). • 환상이나 피해망상 증상이 없다. • 행동이 소극적인 편이다. • 남자가 여자보다 더 많다(약 60%가 남자). • 의사소통과 사회적 관계가 비교적 원만하다.
자폐성장애	• 교육과 훈련이 필요하다(질병이 아니다). • 대부분 3세 이전에 증상이 나타난다. • 정확한 발생 원인을 알 수 없다. • 반복적 행동을 하고 환경 변화를 아주 싫어한다. • 지능지수와 무관하다. • 환상이나 피해망상 증상이 거의 없다. • 소리 지르기, 자기 머리 때리기, 부딪치기 등 이상행동을 보이기도 한다(그러나 상대방에 대한 공격적 행동은 거의 하지 않는다). • 남자가 여자보다 훨씬 더 많다(약 80%가 남자). • 사회적 관계가 매우 어렵다.

출처: 윤삼호, 김의수(2009).

표 2-2 「장애인복지법」 장애 유형 및 최소장애 등급기준

<table>
<tr><th colspan="2">장애유형</th><th>장애 정도 최소 기준</th></tr>
<tr><td rowspan="4">지체 장애</td><td>상지 (절단, 관절, 마비)</td><td>• 한 손의 엄지손가락을 한 마디 이상 잃었거나, 관절운동 범위가 50% 이상 감소했거나 마비로 근력이 3등급 이하인 사람
• 한 손의 둘째손가락을 포함해서 2개의 손가락을 잃었거나 쓸 수 없는 사람
※ 손가락을 '잃었거나 쓸 수 없는 경우'란 해당 손가락에서 한 마디 이하 남은 경우, 손가락의 관절운동 범위 합계가 75% 이상 감소한 경우 또는 완전 마비된 경우를 말함. 이하 같음
• 한 손의 셋째, 넷째, 다섯째 손가락을 잃었거나 쓸 수 없는 사람</td></tr>
<tr><td>하지 (절단, 관절, 마비)</td><td>• 한 다리를 리스프랑관절(발가락에 가장 가까운 발바닥 관절)보다 다리 쪽으로 더 많이 잃은 사람
• 한 다리의 고관절(엉덩이 관절) 또는 무릎관절 운동범위가 50% 이상 감소한 경우 또는 발목관절의 운동범위가 75% 이상 감소한 사람
• 한 다리가 마비되어 근력이 3등급(정상근력의 약 50% 정도) 이하인 경우 또는 두 발의 모든 발가락을 잃었거나 완전 마비된 사람</td></tr>
<tr><td>척추</td><td>• 고정술을 경추부 또는 흉·요추부(각 8개 분절) 중 한 개 부위에 2~3개 분절을 시행한 사람
• 강직성 척추질환으로 경추부(목) 또는 요추부(허리)가 완전 강직된 사람
※ 척추장애는 고정술을 시행한 경우 또는 강직성 척추질환으로 척추부가 완전히 유합된 경우에 한정하여 장애인 등록 가능함</td></tr>
<tr><td>변형</td><td>• 두 다리 길이 차이가 5cm 이상(또는 15분의 1 이상)인 사람
• 척추가 휜(만곡된) 장애 : 40도 이상 측만(옆으로 휨) 또는 60도 이상 후만(앞뒤로 휨)인 사람
• 성장이 멈춘 후 남자 145cm 이하, 여자 140cm 이하인 사람</td></tr>
<tr><td colspan="2">뇌병변 장애</td><td>• 뇌병변으로 보행과 대부분의 일상생활 동작의 수행을 할 수 있으나 수행시간이 느리거나 양상이 비정상적인 때가 있는 사람(수정바델지수가 90~96점)
※ 뇌병변으로 보행과 일상생활 동작을 정상적으로 하기 어려운 경우에 해당함</td></tr>
<tr><td rowspan="2">시각 장애</td><td>시력</td><td>• 좋은 눈의 시력이 0.2 이하인 경우
• 좋은 눈의 시력은 0.2 초과하나, 나쁜 눈 시력이 0.02 이하인 경우</td></tr>
<tr><td>시야</td><td>• 한 지점을 볼 때 눈을 움직이지 않고 볼 수 있는 두 눈의 시야 범위가 각각 정상의 50% 이하인 사람</td></tr>
<tr><td rowspan="2">청각 장애</td><td>청력</td><td>• 두 귀의 청력 손실이 각각 60데시벨 이상인 경우
• 한 귀는 청력 손실이 80데시벨 이상, 다른 한 귀는 40데시벨인 경우</td></tr>
<tr><td>평형</td><td>• 전정기능에 이상이 있어 두 눈을 뜨고 10미터 거리를 직선으로 걸을 때 중앙에서 60센티미터 이상 벗어나는 경우</td></tr>
</table>

장애유형	장애 정도 최소 기준
언어장애	• 조음장애, 말더듬장애 등이 상당하게 있는 경우
지적장애	• 지능지수가 50 이상 70 이하인 경우
정신장애	• 진단명이 ICD-10의 진단기준에 따라 조현병, 양극성 정동장애, 조현정동장애, 반복성 우울장애 중 하나에 해당하고, 정신적 능력이 저하된 사람 • GAF 척도 점수가 51점 이상 60점 이하인 경우
자폐성장애	• ICD-10의 진단기준에 의한 전반성 발달장애(자폐증)로 정상 발달의 단계가 나타나지 아니하며, GAS 척도 점수가 41~50인 경우
호흡기장애	• 만성 호흡기 질환으로 인해서 폐 기능 또는 폐확산 기능이 40% 이하이거나 동맥혈 산소분압이 65mmHg 이하인 경우 • 늑막루가 있는 경우
신장장애	• 만성 신부전증으로 인하여 3개월 이상의 기간 동안 지속적으로 혈액투석 또는 복막투석을 받고 있는 경우
심장장애	• 가정 내에서의 가벼운 활동은 상관없지만 그 이상의 활동에는 심부전 증상 또는 협심증 증상 등이 일어나는 경우 ※ 7가지 임상 소견과 검사 결과를 점수화하여 20점 이상일 때에 해당
간장애	• 잔여 간 기능이 Child-Pugh 평가 등급 C인 사람 • Child-Pugh 평가 등급 B이면서 1) 난치성 복수, 2) 간성 노증 중 하나의 합병증이 현재 있는 사람 • 장기 이식 : 신장, 심장, 폐 또는 간을 이식 받은 사람
안면장애	• 노출된 안면부의 45% 이상이 변형된 경우 ※ 변형이란 넓적한 흉터, 색소침착, 조직의 비후나 함몰을 말함
	• 코 형태의 1/3 이상이 없어진 경우
장루 · 요루 장애	• 장루 또는 요루를 가진 경우 ※ 장루 · 요루 : 배변 또는 배뇨를 위해 복부에 조성한 구멍 • 방광루(방광에 구멍을 내어 배뇨하는 상태)를 가진 경우
뇌전증장애	• 지속적으로 치료 중임에도 월 1회 이상의 중증 발작 또는 월 2회 이상의 경증 발작이 있는 달이 연 3개월 이상인 사람

※ 장애 유형이 위 항목 중 하나에 해당하고, 장애 정도가 최소기준 이상일 때에 장애인 등록 가능함.
출처: 보건복지부(2016).

TIP 장애인등록 및 장애등급제 폐지

장애인복지법 제32조(장애인등록) 및 동법 시행규칙 제3조 내지 제10조에 의거하여 장애인등록 및 신청절차를 거치게 된다.

- 장애인등록 신청 : 장애인등록을 신청하고자 하는 사람의 주소지 관할 읍·면·동 사무소를 방문하여 장애인등록 및 서비스신청서를 작성하여 제출한다. 단, 장애인 등록 신청은 본인이 하는 것을 원칙으로 하되, 다만 18세 미만의 아동과 거동이 불가능한 경우 등 본인이 등록신청을 하기 어려운 경우에는 보호자가 신청을 대행하거나 전화로 신청할 수 있다(한국장애인개발원, 2009).
- 장애진단의뢰서 발급 및 장애진단 : 읍·면·동사무소에서는 장애진단의뢰서를 발급하여 신청자에게 교부한다. 신청자는 의료기관의 전문의사로부터 장애진단 및 검사를 통해 장애진단서를 발급받아 주소지 관할 읍·면·동사무소에 제출하여 장애인등록을 한다.
- 장애등급제 폐지 : 장애인 여부에 대한 객관적인 인정을 위해 장애인등록은 현행대로 유지되지만 종전의 1~6급이라는 장애등급은 2019년 7월 1일부터 폐지되었다. 이에 대한 대안으로 장애등급이 폐지되더라도 장애 정도에 따라 '장애의 정도가 심한 장애인'과 '심하지 않은 장애인'으로 구분되며 종전의 1~3급 중증장애인에게 인정되어 오던 다양한 혜택은 유지된다. 이러한 등급제를 폐지하는 것은 장애인 당사자가 가지고 있는 욕구에 더 집중하겠다는 정책적 패러다임의 변화를 시사한다(김진우, 2019).

생각해 볼 과제

1. 우리나라의 장애인복지법상 장애분류에 대해서 말해보시오.
2. 장애의 발생 원인에 대해서 설명하시오.
3. 감각기능에 손상을 입은 클라이언트와 의사소통을 효과적으로 하기 위해 필요한 기술들에 대해서 토의해 보시오.
4. 발달장애를 가진 클라이언트와의 원활한 의사소통을 위해 필요한 기술들에 대해서 토의해 보시오.

참/고/문/헌

강영실 (2010). **장애인복지의 이해**. 신정.

김진우 (2019). **장애인복지론**. 공동체.

박영숙, 방귀희, 손연숙 (2010). **장애인복지의 이해**. 동인.

보건복지부 (2016). 2016년 장애인복지사업안내.

양희택, 최 영, 이승민 (2011). **장애인복지 이해와 실천**. 정민사.

윤삼호, 김의수 (2009). **장애의 이해**. (사)한국장애인인권포럼.

이채식, 이은영, 이형렬, 김재익, 전영록 (2010). **장애인복지론**. 창지사.

이채식, 이은영, 이형렬, 김재익, 전영록 (2017). **장애인복지론**. 창지사.

전용호 (2001). **장애인복지론**. 학문사.

정무성, 양희택, 노승현 (2006). **장애인복지개론**. 학현사.

한국장애인개발원 (2009). **장애인복지 용어 핸드북**.

한국장애인고용촉진공단 (1999). **장애인직업재활**.

Chapter
03

장애인복지에 대한 이해

학습 목표

1. 장애인복지의 개념을 이해한다
2. 장애인복지의 특성을 파악한다.
3. 장애인복지의 역사를 이해한다.

핵심 용어

인권존중, 자립생활, 사회통합, 정상화 이념

1 장애인복지의 이념

장애인복지의 이념은 장애인복지정책 및 실천현장에 적용되는 가장 기본으로 장애인이 인간으로서 존중받고 자신이 가진 능력을 최대한 발휘하여 한 인간으로서 가치 있는 삶을 누림과 동시에 비장애인과 더불어 살아가는 데 가장 기본이 되는 것이다. 장애인복지에 있어서 기본이 되며 영향을 미쳐 온 이념은 장애인복지실천현장의 요구와 세계대회에서 채택된 선언과 강령(세계인권선언, 10년 행동계획 등)에서 살펴볼 수 있는데 크게 인권존중, 자립, 사회통합, 정상화 등으로 나누어 볼 수 있다(고명수 외, 2012).

1) 인권존중

장애인복지에 있어서 가장 기본적으로 추구되어야 하는 것이 바로 인권존중이다. 세계인권선언(1948)은 "모든 사람은 태어나면서부터 존엄과 권리에 있어서 평등하다(제1조)."를 채택하고 있다. 이는 인간의 삶에서 가장 우선시 되어야 하는 것은 장애가 있든지 없든지 인간으로서의 존엄성과 평등이며 이는 천부적인 것임을 천명하고 있다. 또한, 장애인권리선언(1975)에서 "장애인은 인간으로서의 존엄이 존중되는 천부의 권리를 가지고 있다. 장애인은 장애의 원인, 특징, 정도에 관계없이 같은 연령의 시민과 동등하게 기본적 권리를 가진다."고 함으로써 신체 및 정신적 장애인을 비롯한 모든 장애인의 권리에 대해 역설하고 있다. 뿐만 아니라, 장애인인권헌장(1998)의 전문을 보면, "장애인은 인간의 존엄과 가치를 가지며 행복을 추구할 권리를 가진다. 장애인은 건전한 사회구성원으로 책임 있는 삶을 살아가며 자신의 능력을 개발하여야 한다. 국가와 사회는 헌법과 국제연합의 장애인권리선언의 정신에 따라 장애인의 인권을 보호하고 완전한 사회참여와 평등을 이루어 살아가는 사회를 만들기 위한 여건과 환경을 조성하여야 한다."고 규정하고 있다. 그리고, 우리나라 헌법 제10조에서는 "모든 국민은 인간으로서의 존엄과 가치를 가지며, 행복을 추구할 권리를 가진다. 국가는 개인이 가지는 불가침의 기본적 인권을 확인하고 이를 보장할 의무를 진다."고 선언하고 있다. 이렇듯 장애인들의 인권이 존중 또는 보장받기 위해서는 건강권, 거주이전권, 접근권,

이동권, 생존권, 생활권, 노동권, 교육권, 문화향유권, 선거권 등이 보장되어야 한다.

또한, 장애인복지의 가장 중요한 목적인 장애인복지법 제4조 제1항에서는 "장애인은 개인으로서의 존엄과 가치를 존중받으며 이에 상응하는 처우를 받는다."라고 규정하여 근본이념으로서 인간의 존엄과 가치를 선언하고 있다. 장애인의 인권존중 이념은 궁극적으로 인간의 생존권과 생명권을 보장하는 것을 의미하며, 장애인 본인의 의사를 존중할 뿐만 아니라 장애인에게 차별적으로 시행되어 온 생존의 위협(이동권의 제한, 고용차별 등)이나 생명의 위협(장애아동의 유기, 방치 등)을 거부하고 인간답게 살 권리를 보장하는 것을 의미한다. 즉, 장애인이 한 사람의 인간으로서의 존엄, 당연한 권리와 의무를 가지는 존재로 인정받아야 한다는 것을 강조하며, 사회적 환경이나 개인이 처한 상황에 따라 그 특성을 잘 고려하고 판단하며 실천해야 하는 권리이다.

2) 자립

일반적으로 자립이란 신체적, 정신적, 경제적, 사회적으로 다른 사람에게 의존하지 않고 생활을 영위하는 것을 말한다. 영국의 장애운동가 브리센든(Brisenden, 1989)은 "자립은 우리 삶의 목표를 성취하기 위한 간단한 방법으로서 실천적이고 상식적인 방법이다. 자립적인 사람은 자신들의 생활 전반을 조정하고 관리하는 것이며, 자신들의 모든 과업을 수행하는 것은 아니다. 장애인들이 스스로 필요한 원조와 지원을 다양한 지원체계를 통해 제공받음으로써 장애인의 자립생활이 이뤄지게 되고 결국 이로 인해 자립이 가능하게 되는 것"이라고 자립과 자립생활에 대해 정의를 내리고 있다.

또한 조네스(Johnes, 1993)는 자립의 개념은 생활을 조정하는 책임이 누구에게 있는가에 초점을 맞추었다. 즉, 장애인 자신의 건강관리, 식사조절, 취침시간과 같은 모든 일상의 활동뿐만 아니라 보호자의 결정, 재정관리, 거주지 선정 등의 일까지 모두 스스로의 선택과 판단에 의해 의사결정하는 것을 의미한다고 하였다. 이는 장애인이 의사결정에 있어 자립적 자아와 권리를 가진 자립주체로서 의사결정에 주체적으로 참여하여 자신의 삶을 조정 가능하도록 만든다는 것이다(손광훈, 2013).

이렇게 장애인들에게 있어서 자립적인 생활은 장애인들이 자신의 삶을 스스로 선택하고 조정하고 자신의 삶의 전부를 관리하는 일로써 장애인들이 언제 어디서나 자신들이 영위할 수 있는 자유를 누릴 수 있음을 의미한다. 또한 장애인의 자립이란 장애인들이 스스로 자신의 삶을 선택하고 관리할 수 있도록 필요한 기술과 원조를 제공하는 일이 필수적으로 요구되는 것이다. 다시 말해 장애인의 자립이란 장애인 자신이 가지고 있는 능력을 최대한 활용하여 직업적 · 경제적으로 자립생활을 영위하는 것을 의미한다(오혜경, 1999).

이와 더불어 자립생활의 이념은 장애인 본인이 생활의 주역이 되어 생활의 주체자로서 자기결정권과 자기선택권을 행사하며 자신의 생활 전반에 대하여 통제권을 가지고 살아가는 것을 주요 내용으로 하고 있다. 예를 들어, 케어자를 필요로 하는 중증장애인이라도 자신의 인생 또는 생활방식에 대해 자신이 책임을 지고 결정하는 것, 자신이 희망하는 생활목표와 생활양식을 선택하여 살아가도록 하는 것과 같이 결과에 대해 자신이 책임지는 행위를 자립이라고 한다. 즉, 장애인의 자기결정권과 선택권이 최대한으로 존중되는 한 일상생활의 모든 부분에서 케어를 받는 장애인이라도 인격적으로는 자립이라고 한다. 즉, 중증의 장애를 가지고 있다고 해도 자신의 인생을 장애인 스스로가 생활 주체자로서 살아가는 행위 그 자체를 자립의 개념이라 한다(정일교 외, 2019).

3) 사회통합

1970년대 시설에 수용된 장애인들은 더 이상 시설보호를 원하지 않았고 자신이 속한 지역사회와 가정으로 복귀하고자 하였다. 또한 일상생활을 영위하기 위한 필요한 서비스를 요구하기 시작하면서 점차 장애인 스스로 사회통합에 대한 욕구를 표출하게 되었다. 사회통합은 장애인의 완전한 사회참여와 평등이 이루어져 장애인과 비장애인이 하나의 사회를 형성할 때 사회통합이 이루어진다. 장애인복지의 이념에 있어서의 사회통합은 장애를 가진 사람들이 가치 있는 방법에 의해서 정상적인 지역사회 안에서 인격적인 개인으로서 성공적으로 참여하게 하는 것을 의미한다.

장애인의 사회통합의 개념은 다음과 같다.

① 사회에 장애인이 공존할 수 있도록 하고 동시에 장애인도 기본적인 시민의 권리를 실현할 수 있도록 하는 것이다.

② 한 개인이 인격적인 개인으로서 존중받으며, 사회활동과 대인관계를 통해 사회적으로 인정받는 성공적인 개인 참여를 뜻한다. 여기서 중요한 용어는 개인과 참여이다. 개인이란, 통합이 이루어지기 위해서는 가치절하된 사람들의 집단이 아닌 개인 그 자체의 관점에서 봐야 한다는 것이고, 참여는 사회적으로 인정받는 방식을 통해 개인적으로 참여하는 것을 말한다.

③ 신체적, 정신적 장애를 가진 장애인이라고 하더라도 사회적 장애는 제거해 주는 것이다. 장애인의 사회통합을 방해하는 요인은 사회가 장애인 개인에 대한 가치를 평가절하함으로써 장애인이 심리적 부담을 갖도록 하는 데 있다. 이로써 장애인은 사회적응에 대한 어려움을 갖게 되는데 장애에 대한 사회적 인식과 환경변화가 이루어지면 사회통합이 가능하다. 그러나 이러한 장애인에 대한 사회통합 개념은 너무 추상적이므로 다음과 같은 몇 가지 요소가 전제되어야 한다.

가. 장애인이 사회적 역할을 수행할 수 있도록 하기 위해 다양한 능력이 개발되어야 한다. 장애인은 신체적 능력이 부분적으로 상실되었다고는 하나 잔존능력이나 잠재능력이 있음을 고려하여 이러한 능력을 개발할 수 있도록 지원해 주어야 한다.

나. 사회환경이 비장애인을 기준으로 형성되었기 때문에 장애인에게는 접근할 수 없는 사회적 장애가 되는 경우가 많다. 따라서 사회의 접근권을 보장할 수 있도록 물리적, 사회적 환경을 개선해야 한다.

다. 사회통합 이념의 주 대상인 장애인 스스로가 사회적 무능력자로 인식되지 않도록 사회적 편견과 차별의식을 개선해야 한다.

라. 사회 각 영역의 서비스 제도가 체계화될 필요가 있다. 교육, 의료, 직업, 심리, 재활, 사회환경 등 포괄적인 입법체계와 정책, 행정제도가 정부의 주도적인 계획 아래 실시되어야 한다.

4) 정상화

1960년대까지 장애인복지는 사회적 능력이 부족한 장애인에 대한 보호를 목적으로 시설 중심의 복지서비스가 주를 이루었는데 이는 획일화된 생활환경에서 인간으로서의 존엄이 무시되곤 하였다. 이러한 시설 중심의 장애인복지 접근법을 비판하면서 대두된 정상화이론은 모든 사람이 시민으로서의 혜택을 완전하게 누려야 한다는 권리의 철학으로 장애인도 사회에 참여할 권리를 가진다는 사회·정치적 의미를 내포하고 있다.

정상화란, 1959년 덴마크의 지적장애인 부모회에서 처음으로 사용한 용어로 "지적장애인을 최대한 정상적인 생활조건에 가깝게 살 수 있도록 하는 것"이라고 정의한 지적장애인법에서 출발하였다. 이를 토대로 1969년 미켈슨(Mikkelsen)과 뉴리에(Nirje)가 '발달장애인(지적장애인)에 대한 평등한 기회'를 주장하면서 주목받기 시작하였다. 미켈슨은 "정상화는 지적장애인이 가능한 한 보편에 가까운 생활을 하는 것"이라고 하였으며 특히 주거, 일, 교육, 여가의 측면을 중요시하였다. 니르에는 "정상화는 모든 지적장애인의 일상생활의 양식과 조건을 사회의 보편적 환경과 생활방법에 가능한 한 접근하도록 하는 것"이라고 하며 보편에 가까운 생활로서 "하루의 보편적 리듬, 일주일의 보편적 리듬, 일 년의 보편적 리듬, 생애주기에서의 보편적 경험, 보편적 요구의 존중, 이성과의 생활, 보편적 경제적 수준, 보편적 환경수준"을 구체적으로 제시하고 있다.

정상화의 기본원칙은 다음과 같다.

① 장애인의 생활상황을 가능하면 비장애인의 생활상황과 유사하게 하고 일상생활의 형태를 사회 주류에 근접하게 한다. 여기서, 주류란 중산층 국민이 영위하는 평균적인 생활양식을 말한다.

② 장애인복지시설 등에 거주하는 사람에게 비장애인과 같은 생활리듬을 찾아준다. 대규모 시설에서 많은 사람들과 공동생활을 하는 장애인들은 지역사회에서 일반인들이 평범하고도 자유롭게 살아가는 생활리듬을 갖지 못하는 경우가 많다. 예를 들면, 시설거주자들은 정해진 시간에 일어나, 정해진 시간에 거의 비슷한 식

사를 하고, 정해진 시간에 노동을 하고, 정해진 시간에 잠자리에 들어야 하는 경우가 많다. 늘 변화가 없는 똑같은 생활리듬으로 오랫동안 살아가야 하는 것이다. 그러므로 시설에 거주하는 비장애인이라고 할지라도 획일적이지 않고 일반인들처럼 평범하고 자율적인 생활리듬을 찾아주자는 것이다.

③ 장애인도 연령에 맞는 생활경험을 할 수 있게 한다. 비장애인들은 아동이면 아동, 여성이면 여성, 노인이면 노인으로서의 연령과 발달상황, 특성에 맞는 사회생활을 경험한다. 그러나 시설에서는 연령과 특성에 맞는 경험을 하기 힘들다. 따라서 시설 내의 장애인이 자신의 연령과 특성에 맞는 경험을 할 수 있게 하자는 것이다.

④ 장애인에게 선택의 자유를 제공한다. 대규모의 장애인 시설은 개인의 욕구나 선택을 제한한다. 즉, 획일적인 시설방침에 맞추어 행동하도록 요구하고 개별적이거나 자율적인 행동을 하면 제재를 가하기도 한다. 그러므로 시설장애인에게도 비장애인들과 마찬가지로 선택의 자유, 자주성, 자율성을 개발하고 향상시키도록 하자는 것이다.

⑤ 대부분의 장애인 시설은 남녀를 구분하여 수용하고 서로 만나지 못하게 하는 물리적인 숙소 및 식당 배치, 규칙 등이 있는데 이는 지극히 부자연스러운 것이므로 비장애인들처럼 서로 대화하며 교제할 수 있도록 생활환경을 바꾸자는 것이다.

정상화 이론이 등장하기 이전까지 실시된 장애인복지사업은 장애인을 격리, 보호하는 프로그램에 중점을 두었기 때문에 장애인만을 대상으로 한 특별한 서비스는 사회통합이나 지역사회 참여를 가로막는 하나의 이유가 될 수 있다. 즉, 장애인들끼리 이루어진 집단은 자칫 사회에서 고립될 위험성이 있기 때문이다. 그러므로 정상화이론은 장애인이 사회에 완벽하게 참여할 권리를 누리게 하는 진정한 제도를 강조하고 있는 것이다. 정상화는 지역사회로 전환한다는 면에서는 탈시설화와 일치하지만 근본적인 목적은 다르다. 탈시설화는 시설수용의 비인도성에서 시작되었으나 시설의 비용측면을 강조한 것이다. 즉, 탈시설화는 시설의 유지를 유리한 비합리적인 재정 투자에 반대하여 복지예산의 삭감에 대한 정치적 이유를 제공하였다. 반면, 정상화는 시설수용에 반대하는 점에서는 탈시설화와 동일하지만 재정투자의 대폭적인 증대를 통한 서비스 질의 향상을 주장한다.

정상화는 개인이 성장과 발달과정에서 정상적인 환경과 발달을 경험하도록 하며, 인생주기에서 장애인이 자신의 삶에 중요한 영향을 미치는 일상의 일에 참여와 선택의 중요성을 인식하며, 지역사회에서 상호교류, 부모와 형제자매들과 함께 생활하고 지역사회에 통합되어 살아가도록 하는 것을 의미한다. 즉, 장애인에게 지역사회에서 한 시민으로서 일상적인 생활을 할 수 있는 정서적·물리적 환경을 조성하여 장애인들의 일상생활과 사회생활이 비장애인들과 동일한 조건과 형태로 이루어지도록 지원하는 이념이다. 현재 정상화 이념은 계속해서 확산되고 있으며 장애인복지서비스 제공과 서비스의 질 개선에 자리 잡아 가고 있다.

2 장애인복지의 역사

1) 서구의 장애인복지 역사

(1) 고대

고대사회가 당면한 문제는 어떻게 하면 자기 생명을 보존하며, 파괴적인 자연력과 동물 그리고 자기 이외의 인간으로부터 자신과 종족을 보존할 수 있는가 하는 것이 최대의 관심사였으므로 장애인은 부족의 생존투쟁에 도움을 주지 못하므로 유기되거나 자연도태 되는 경우가 빈번했다.

그리스인 특히 스파르타에서는 미와 건강을 가치기준으로 존중하여 장애인을 추한 인간의 표본으로 생각하여, 스파르타의 리쿠르고스(Lycurgus) 법전에 의하면 국가적 번영과 인간 최고의 존엄이라는 사상에 입각하여 신체허약자, 지능열등자, 기타 불구자를 산중에 버리는 것을 허용하였다. 로마법에서는 모체에서 출생한 것이 인간의 형체를 갖추지 못한 경우에 이를 살해하거나 유기하는 것이 왕법 및 12표법 이래 인정되었으며, 이들에 대해서는 출생의 법적 효과가 인정되지 않았다. 지역에 따른 문화 특수성에 따라 정도의 차이는 있었으나 고대사회의 장애인 처우는 미신, 편견, 유기, 학대가 주를 이루었다. 이러한 것은 중세에 이르기까지 계속되어 장애인을 무능한 인간의 표상으로 보고 배척하는 사회의식이 보편적이었다. 하지만 이 당시에도 종교적 동기에 입각한 장애인보호사상이 발견된다. 특히 유대-기독교사상에서 당시 고대사회에서 지배적이던 장애인 차별 분위기와 다르게 장애인보호사상과 장애인 권리에 대한 근거들이 나타나고 있다. 고대 기독교의 장애인을 비롯하여 약자보호사상은 중세시대 장애인보호와 서구 인권론의 사상적 뿌리가 된다.

(2) 중세

중세사회에도 장애인에 대한 유기와 학대가 일반적인 현상이었으나, 기독교의 영향으로 박애사상과 종교에 의한 장애인 구제보호사상의 태동기였다. 자선보호사상이 싹트게 되어 장애인과 빈민에 대한 인간적인 존엄성과 사회적 약자의 보호와 구제라는 인식으로의 변화를 가져오게 되었다. 이러한 사상의 배경에 입각하여 중세시대의 성직자들은 장애인과 빈민을 보호하기 위하여 시설을 설립하기 시작하였으며, 맹인, 빈곤자, 지체부자유자를 대상으로 시설보호를 운영하였다.

수도원이 중심이 되어 산발적으로 이루어진 장애인 시설보호는 봉건체제가 붕괴되고 신흥도시가 발달하면서 도시를 중심으로 이루어지는 계기가 되었다. 기독교 사상을 근거로 한 중세의 장애인 보호는 장애인을 차별하던 당시의 시대적 배경으로 볼 때 획기적인 것이었지만 장애인이 비장애인과 동등한 권리를 가지고 있다는 것을 수용하기에는 한계가 있었다.

(3) 근대

근대시대는 르네상스, 의학의 발전, 종교개혁, 철학사상의 변화 등으로 인하여 장애인에 대한 인식이 크게 변화되는 계기를 마련하였다. 그러나 이 시기에도 장애인에 대한 차별과 편견은 일반적인 사회통념으로 이어져, 장애인복지의 발전에 한계가 되었다.

18세기에 접어들면서 교육의 국가 관리와 보편화 운동의 하나로서 아동에 대한 대책이 마련되었다. 아동에 대한 보편적 교육은 장애아동에 대한 특수교육에 대한 관심을 증가시켰으며 장애아동의 공교육을 시작하는 계기를 마련하였다.

근대시대의 장애인에 대한 차별과 편견은 일반적인 사회적 통념으로 내려왔으나 장애인의 재활가능성을 모색하게 한 몇 가지 사상적 추이를 발견할 수 있다.

① 르네상스와 인문주의 교육사상은, 르네상스에 영향을 받은 인문주의자들은 고대와 중세의 편견과 미신으로부터 탈피하여 장애인의 본성과 장애의 본질을 현실적 근거에서 합리적으로 이해하게 하도록 하였으며, 장애인에 대한 교육적 가능성을 탐색하도록 자극을 주었다. 독일의 인문주의 교육에 공헌하였던 아그리콜라(Agricola)는 그의 저서 『De Invention Dialectica』(1474)에서 하나의 감각기관의 결함은 다른 감각을 아주 예민하게 하는 보상의 기능이 있다고 하여 농인이나 맹인은 '감각기능의 대치'에 의해 공교육이 가능하다고 보았다.

② 종교개혁사상은, 종교개혁가 마틴 루터(M. Luther)는 장애인이라 할지라도 스스로의 자연스러운 선한 마음을 가지고 하나님과 접촉할 수 있고, 그리스도인이 될 수 있다고 주장함으로써, 지금까지 전승되어 온 편견과 미신에 싸인 장애인의 사회적 처우를 혁신하는 중요한 계기가 되었다.

③ 의학의 발달과 장애인에 대한 과학적 이해는, 중세 후기에 접어들면서 세속학문의 하나로서 의학이 크게 발전하였다. 의학의 진전은 장애아동이 지니는 '장애'의 생리와 병리를 과학적으로 해명함으로써 장애아동의 과학적 이해를 위해 크게 공헌하였다. 장애아동에 대한 과학적 이해는 종래의 미신적 편견에 의한 인간의 장애에 대한 운명론을 극복하게 되었으며, 합리적 · 과학적 기초에서 인간의 장애를 이해하게 되었다.

(4) 현대

현대적 장애인복지가 태동된 시기는 제2차 세계대전 이후 약 30년간으로, 미국, 영국을 비롯한 선진국들이 장애인의 의료재활, 교육재활, 직업재활 등을 중심으로 장애인제도를 마련하였다.

1960년대에 노멀라이제이션(normalization) 원리를 선진국들이 급속히 받아들임으로써 장애인의 사회통합이 현대 장애인복지의 이념으로 정착됨과 동시에 현대 장애인복지의 기본적 틀이 구도화되기 시작했다.

1970년대 장애인복지의 국제적 동향은 종래의 의료적 리해비리테이션(rehabilitation), 교육적 리해비리테이션, 직업적 리해비리테이션 중심에 대한 반성으로부터 탈시설화와 지역사회보호 경향이 대두되었고 사회통합이 강조되기 시작하였다.

1980년대에는 장애인의 사회통합을 지향하는 복지형태로서 현대 장애인복지의 틀을 갖출 수 있는 변혁을 가져오기 시작했다. 즉, 장애인이동권을 비롯한 접근권의 확보가 강조되었고 장애인의 가치로운 사회적 역할이 중요한 개념으로 등장하였다. 한편, 장애인의 자립생활 이념이 장애인복지 현장에서 커다란 이슈가 되었다.

1990년대에는 장애인복지가 생활에 밀착해서 이루어졌는데, 의료재활, 교육재활, 직업재활, 심리재활, 재활사회사업 분야의 전문가뿐만 아니라 장애인 당사자와 가족, 주민, 정부의 정책적인 참여가 이루어졌다. 따라서 장애인 당사자의 사회통합을 위한 장애인의 전인적 능력개발과 사회접근 보장을 위한 건축물 개선, 주택 개선, 이동 시스템 개선, 사회심리적 주민의식 개선 등의 지역사회 개발이 병행되는 형태로 총체적인 개념의 장애인복지가 형태를 갖추기 시작하였다.

2000년대 들어 장애인정책의 궁극적인 목표는 장애인의 완전 참여와 평등, 권리실현에 중점을 두고 있다. 이를 위해 모든 공공행위와 정책 입안 과정에 장애인을 우선시하는 관점이 포함되면서, 장애인이 시민으로서의 권리를 존중받을 수 있도록 하는 실천적 노력이 이루어지고 있다.

2) 한국의 장애인복지 역사

(1) 근대 이전 시대

먼저 삼국시대에도 장애인에 대한 국가의 구제활동과 제반 노력 등이 전개되었는데, 장애인과 관련 있는 제도는 관곡진급, 사궁구휼,[1] 조조감면, 대곡자모구면이라고 할 수 있으며, 장애인과 병자에 대한 구분 없이 임시방편적 활동이 전개되었다.

고려시대의 진휼로서 은면지제(恩免之制), 재면지제(災免之制), 환과고독진대제(鰥寡孤獨賑貸制), 수한질여진대지제(水旱疾癘賑代之制), 납속보관지제(納粟補官之制)가 있었다. 성종 7년에 재면법(災免法)이 제정되어 이재민에게는 조세와 부역을 감면하고 구제사업을 실시했다. 특별히 장애인에 대한 구제는 의료구제에서 찾아볼 수 있다. 성종 때 의학 교육기관으로 대의감(大醫監)이 설립되었고, 예종 때 대의감 부속약국을 설치하여 의료제도의 발전을 가져왔다. 서민의 구료기관인 혜민국(惠民局)을 설치하였으며, 병자, 빈민, 고아, 노인, 폐질자, 걸식자 등을 구빈시료하고 수용 보호하는 의료 구제기관으로 동서대비원(東西大備院)을 설치하였다. 동서대비원은 환자의 치료뿐만 아니라 기한자(飢寒者), 무의무탁자(無依無托者)까지 수용하는 구제기관이었다. 고려시대는 불교사상의 영향으로 구제사업이 더욱 제도화되는 경향을 보였다. 고려시대 장애인들이 어떤 직업에 종사하였는가에 대한 기록은 많지만 삼국시대에는 볼 수 없었던 매복맹인(賣卜盲人)에 관한 기록을 찾아볼 수 있다. 고려 초부터 국가에서는 복업(卜業)[2]을 과거제도에 포함시켜 복인을 선발함으로써 복업이 제도화되었다. 고려시대에는 삼국시대에서는 볼 수 없었던 맹인들을 위한 직업대책이 특징이라고 할 수 있다.

(2) 근대

한국에서 최초로 장애인을 보호하고 교육시켰던 시기는 고종 31년(1894), 미국인 선

1) 늙은 홀아비, 늙은 홀어미, 부모 없는 자식, 자식 없는 늙은이를 구제하는 제도

2) 고려시대 과거의 잡업(雜業) 중 하나, 복은 일 · 월 · 성 · 신, 즉 천문의 운행을 관차하는 천문학에 해당하는 것으로, 이를 관할하는 관서로 사천대(司天臺)가 있었음. 사천대에는 복박사 · 복정 · 일관 등의 전문을 담당하는 관직이 있었는데, 복업은 이러한 관원을 채우기 위한 선발시험이었음.

교사 부인인 홀(Hall) 여사가 평양에서 맹인 학생을 집에서 보호하며 맹교육을 실시한 것이 최초의 일이다. 1910년 한일병합 후 광무 9년(1905) 9월에 개설한 경성 고아원을 1911년에 조선총독부가 접수하여 제생원(濟生院)이라 칭하였다. 1년 뒤 「조선총독부제생원 규칙」이 제정되면서 맹아부를 설치하고, 맹아들 중 일부를 수용보호하면서 그들에게 초등교육과 직업교육을 실시하였다.

일본은 1944년에 「조선구호령」을 제정하였다. 그 적용 대상은 65세 이상의 노쇠자, 13세 이하의 유아, 임산부, 불구, 폐질, 상이, 기타 정신 또는 신체의 장애로 인하여 노동을 못하는 자로 되어 있다. 그러나 형식적이고 임시방편에 불과한 측면이 강하였다. 1945년 이문형이 이후 국립재활원이 된 정신박약아 수용시설로 중앙각심학원을 설립한 것이 한국 최초의 정신지체인 보호시설이 되었다.

(3) 현대

① 장애인복지의 태동기(1950~1970년까지)

대한민국 정부수립 이후 1970년대까지 우리나라는 현대적 의미의 장애인복지가 태동한 시기라고 할 수 있다. 우리나라 장애인복지는 1950년대 이후 상이군경을 대상으로 한 국가보훈사업이 최초이다. 1950년 4월에 제정된 군사원호법과 1951년 4월에 제정된 경찰원호법이 그 시초이다. 즉, 한국전쟁의 영향으로 군인이나 경찰의 특수집단을 위한 제도가 마련되기 시작한 것이다. 이는 제2차 세계대전 이후 전쟁 부상자들에 대한 대책으로 다른 나라의 장애인복지가 시작된 것과 맥을 같이하는 것이다(손광훈, 2013).

한편 1960년 이전까지 우리나라에서는 일반적인 장애인에 대해서는 법제나 국가의 개입은 없었으며, 장애인 문제는 독립적으로 인식되지 못했고, 빈곤문제의 일부로 다루어졌다. 그나마 빈곤문제도 정부가 적극적으로 개입을 하지 못하고, 민간 사회사업이나 외원단체, 종교단체의 역할에 맡겨졌다고 할 수 있다(김용준 외, 2012).

우리나라 정부가 '일반장애인' 문제에 본격적으로 개입을 시작한 것은 1961년 12월

생활보호법이 제정된 다음부터다. 이 법의 보호대상에 65세 이상의 노쇠자, 18세 미만의 아동, 임산부와 함께 '불구, 폐질, 상이, 기타 정신 또는 신체의 장애로 인하여 근로능력이 없는 자'가 포함되어 빈곤 장애인에 대한 국가의 보호가 시작되었다고 볼 수 있다.

한편, 1963년 11월에 제정된 산업재해보상보험법에 의해 산업재해 장애인에 대한 지원이 시작되었다. 이 시기는 장애인에 대한 우생학적 접근이 이루어지기도 하였다. 유전학적인 이유가 있다거나, 특수 전염병 질환자가 임신한 경우에 대해서는 임신중절을 허용하도록 하는 법 규정을 만들었다.

1970년대 일반교육현장에서 장애인 차별은 매우 심한 상황이었다. 1950년대와 60년대생 소아마비 장애인들은 고등교육 및 취업에 대한 욕구가 강했으나 체력검사, 면접 등에서의 불이익 때문에 입시에서 우수한 성적에도 불구하고 불합격되는 사례가 늘어나게 되었다. 예를 들어 당시 일류중학교로 꼽히던 경기중학교나 서울중학교는 합격선이 100점 만점에 97점에 육박하는 정도로 치열했기 때문에 장애인의 경우 체력장에서 5점을 손해 보게 되어 필기시험에서 만점을 받더라도 합격할 수 없었다(한국재활재단, 1996). 이런 문제들이 여론화되면서 당시 문교부는 1972년부터 중학교 및 고등학교 입학시험에서 장애학생에 대한 체력검사 면제를 실시하게 되었다.

한편 1970년대는 국제적으로 장애인의 권리에 대한 관심이 증폭된 시기로, 이 시기에 제정된 장애인권리선언 등은 이후 우리나라 장애인 관련 제도나 법령에 영향을 미치게 되었다.

우리나라 장애인복지의 주요한 사건을 살펴보면 다음과 같다.

가. 특수교육진흥법 제정, 1970년대에는 장애아동 중 극히 일부만을 학교에 다니고, 대부분은 방치된 상태에서 이들에 대한 교육대책이 요구되었다. 이에 1977년 12월 법률 제3053호로 특수교육진흥법이 제정되었다. 이 법은 '시각장애자, 청각장애자, 지체부자유자, 정서장애자, 언어장애자, 기타 심신장애자'를 특수교육대상자로 하고 국가 및 지방자치단체에게 특수교육진흥을 위한 시책을 강구하도록 하였다.

특히 입시차별의 영향으로 이 법은 각급 학교의 장에게 특수교육 대상자가 당해 학교에 입학하고자 할 경우에 그가 특수교육 대상자임을 이유로 입학거부 등의 불이익을 당하지 않도록 하고 있다. 이는 장애인에게 교육기회를 부여하는데 차별을 금지하는 획기적인 입법 조치였으며, 우리나라 장애인정책에서 차별금지 법리를 도입한 최초의 것이라고 할 수 있다. 그러나 이 법이 시행됨에도 불구하고 이후 대학 입시에서 장애를 이유로 탈락하는 사례들은 매년 반복되었다.

나. 심신장애자종합보호대책 발표, 1978년 6월 17일 보건사회부는 「심신장애자종합보호대책」을 발표하였다. 주요 내용으로는 49개 보호시설에 수용 중인 장애 어린이에게 장애 정도와 적성에 따라 직업훈련을 실시하고, 보호시설에 물리치료실, 작업치료실, 언어치료실, 직업훈련시설을 설치, 시설에 있는 장애아동의 영양급식을 위해 지급물자의 양과 종류를 개선하고, 목발과 보청기 등 보장구를 지급하고, 보건사회부 안에 장애자보호제도 수립을 위한 전담기구를 설치하는 등의 방안을 모색하였다. 이는 '세계장애인의 해(1981)'를 앞두고 정부차원에서 장애인 문제를 인식하기 시작했음을 의미한다고 할 수 있다(윤상용 외, 2019).

표 3-1 장애인복지 태동기(1950~1970)

시행 일시	내 용
1950. 4. 14	군사원호법
1951. 4. 12	경찰원호법
1960. 12. 30	상속세법 개정(장애인이 있을 때 상속세 과세액에서 1인 50환 공제
1961. 7. 5	군사원호대상자 고용법
1971. 12. 30	UN 정신지체인권리선언
1975. 12. 9	UN 장애인권리선언
1976. 12. 16	'세계장애인의 해' 선정(제31차 UN 총회)
1977. 12. 31	특수교육진흥법 제정
1978. 6. 17	심신장애자 종합보호대책

② **장애인복지의 전환기**(1980~1987년까지)

1980년대는 우리나라 장애인복지제도의 전환기라고 할 수 있다. 1981년은 UN이 정한 '세계장애인의 해'이며, 1983년부터 1992년까지 '세계장애인 10년'이 선포되었다. 또한 1982년 12월 3일 UN은 「세계장애인의 해 행동계획」을 채택하였다. 이러한 국제적인 흐름에 맞추어 우리나라에서도 1978년 '심신장애자 종합보호대책'을 발표하였으며, 이어 1981년 「심신장애자복지법」을 제정하였다.

1981년 제정된 「심신장애자복지법」에서는 심신장애자의 기준, 재활상담 및 의료기관 또는 심신장애자 복지시설에의 입소·통원조치, 보장구의 교부 고용촉진, 시설 우선 이용, 공공건물·교통·통신 등의 편의시설, 장애자 부양수당, 심신장애자복지시설의 종류와 설치·운영, 보장구 제조·수리업의 허가 등에 관하여 규정하였다. 비록 법률 대부분의 내용이 선언적인 것임에도 불구하고 이 법률 제정 이후 수용·보호 중심의 장애인 시설에서 한 걸음 나아가 장애인복지관 등의 이용시설, 직업재활시설, 점자출판시설 등이 생기게 되었다.

한편 장애인의 직업재활에 관한 정부의 개입으로 1982년부터 한국장애자재활협회를 통한 장애인 취업알선이 있었다. 1986년에 노동부가 「직업훈련법」을 개정하여 장애인이 비장애인을 위한 직업훈련시설에서 직업훈련을 받을 수 있도록 하였고, 같은 해 보건사회부는 중증장애인을 위한 보호작업장 운영계획을 수립하고 자립작업장을 시범 운영하였다. 이는 장애인에게 직업훈련을 통해 재활을 도모하고자 한 조치였다. 또 이 시기는 '서울올림픽' 유치에 따라 열리게 된 '서울장애자올림픽'을 앞두고 국제적인 흐름을 의식하여 장애인복지시설을 현대화하고, 직업재활에 대한 인식이 시작된 시기이다. 이처럼 장애인에 대한 교육, 치료, 직업재활이 이 시기에 비로소 시작되었다고 할 수 있다. 그러나 당시 정부는 '선 성장·후 복지'라는 정책기조에 입각해 사회정책을 추진하였기 때문에 극소수의 시설장애인과 저소득장애인에 대한 재활정책을 제공하는 데 그치는 수준이었다(최윤영 외, 2018).

표 3-2 장애인복지 전환기(1980~1987)

시행 일시	내 용
1981	UN이 정한 세계장애인의 해 제1회 재활증진대회, 전국장애인체육대회, 기능경기대회 개최
1981. 6. 5	심신장애자복지법 제정
1981. 11. 2	재활과 신설
1982. 7.	장애인취업알선사업 실시(한국장애인재활협회에 의뢰)
1984. 1. 20	서울장애인올림픽대회 유치
1984. 5. 7	장애인편의시설 의무화(건축법 시행령)
1985~1987	장애인복지시설 현대화사업(4개년 계획)
1986. 10. 31	국립재활원 개원(1949. 5. 중앙각심학원, 1960. 8. 국립각심학원)
1987. 10. 1	장애인등록 시범사업(서울 관악구, 충북 청원군)

③ 장애인복지의 발전기(1988~1997년까지)

1987년 민주화 투쟁 이후 각계·각층에서 분출된 민주화 요구와 더불어 진행된 저소득층의 복지 요구는 장애계에도 많은 영향을 미쳤다. 이전까지는 자신들의 목소리를 내지 못했던 장애인 및 장애인단체들은 1988년 '서울장애자올림픽' 개최를 계기로 운동이라는 틀을 통해 장애인 문제를 해결하고자 하였다. 서울장애자올림픽대회를 앞두고 기존의 장애인 운동 주체들과 젊은 장애인들이 주축이 되어 여러 장애인단체를 설립하고, 1988년 장애자올림픽 개최 반대 운동을 비롯한 장애인 운동을 펼쳐나가기 시작하였다.

이 단체들은 장애인 문제가 사회·환경적인 문제임을 인식하고, 제도변혁을 위한 노력을 시도하였다. 이러한 장애인들의 요구와 당시의 여소야대라는 국내 정치상황에 의해 1989년 「심신장애자복지법」을 전면 개정한 방법으로 「장애인복지법」이 제정되었으며 1990년 「장애인 고용촉진 등에 관한 법률」이 제정되었다. 또 1994년 1월 특수교육진흥법이 개정되어 '통합교육'이라는 용어가 처음으로 법률에 명시되게 되었다.

우리나라 장애인복지의 중요한 사건을 살펴보면 다음과 같다(김용준 외, 2013).

가. 장애인복지법 개정으로 1981년 제정된 「심신장애자복지법」이 1989년에 '장애인복지법'으로 전면 개정되었다. 개정된 법률의 내용을 살펴보면 다음과 같다.

- '심신장애자'라는 용어를 '장애인'으로 변경하였고, 지체부자유자를 '지체장애인'으로, 정신박약을 '정신지체'로 변경하였으며, 장애인등록제를 실시하였다.
- 국가 및 지방자치단체의 책무로 장애발생의 예방, 재활의료, 중증장애인의 보호, 보호자에 대한 배려, 장애인의 교육, 장애인의 직업지도, 장애인용 주택의 보급, 문화환경의 정비, 경제적 부담의 경감 등을 법으로 규정하였다.
- 각종 복지조치를 규정하였으며, 저소득 장애인에 대한 의료비와 자녀교육비 지급, 보장구 교부, 자금대여, 생업지원, 자립훈련비 지급, 생계보조수당 지급 등 주로 저소득 장애인에 대한 경제적 지원 등 장애인에 대한 복지서비스가 확대되었다. 장애인의 날과 장애인 주간을 설정하였으며, 장애인 체육진흥을 위하여 한국장애인복지체육회를 설립하였다. 이러한 장애인복지법 개정 이후 일반 장애인에 대한 경제적 지원도 조금씩 확대되었다. 이 시기 전화요금 감면(1989), 장애인 승용자동차 LPG 연료사용 허용(1990), 국·공립박물관, 고궁 및 능원의 장애인 무료입장(1990), 철도 및 지하철 요금 50% 할인(1991), 국내선 항공료 50% 할인(1991), 지하철 무임승차(1993) 등 각종 이용요금 할인이 시작되었다. 그러나 저소득 장애인에 대한 국가지원은 생존권을 보장하기에는 미흡한 수준이었고, 일반 장애인에 대한 지원은 직접적인 소득지원이 아니라 각종 비용을 감면해 주는 간접적인 지원방식으로 중산층 이상의 장애인이 저소득 장애인보다 더 많은 혜택을 받는 역진성이 나타나기도 하였다.

나. 1990년 「장애인 고용촉진 등에 관한 법률」이 제정되었다. 이 법률의 주요 내용을 살펴보면 다음과 같다.

- 국영기업체와 300인 이상의 민간기업체에서 근로자의 100분의 2 이상 장애인을 고용할 것으로 의무화하였다. 그리고 이를 지키지 못할 경우 고용부담금을

납부하도록 하고, 기준 이상을 고용하는 사업주에게는 고용지원금을 지급하도록 규정하였다. 장애인의 고용촉진 업무를 효율적으로 추진하기 위해 장애인고용촉진공단을 설립하고 공단운영과 부담금 및 지원금 관리 등을 위하여 장애인고용촉진기금을 만드는 등 장애인고용에 관한 재원 및 행정체계를 갖추게 되었다. 이 법률은 직업재활 및 고용기회 확대를 통해 자활여건을 조성하고 복지를 향상시키는 것을 목표로 하는 것으로 장애인의 경제문제를 고용을 통해 해결하고자 한 것이다.

다. 1994년 1월 「특수교육진흥법」이 개정되었다. 이 법률은 초등학교와 중학교 과정은 의무교육과정으로 유치원과 고등학교 과정은 무상으로 한다고 규정하였다. 또 일반 학교의 장이 통합교육의 여건을 조성하며, 각급 학교의 장이 개별화 교육방안을 강구하도록 규정하고 있다. 한편 이때 '통합교육'이라는 용어가 처음으로 법률에 명시되었다.

라. 기타 주요 변환 내용으로는 1993년 영구임대주택 입주 신청 시 가산점 적용을 확대하였으며, 1995년 '주택공급에 관한 규칙'을 개정하여 국민주택의 특별공급 대상에 장애인을 포함시키는 등 장애인의 주거권 확보를 위한 입법조치도 시행되기 시작하였다. 장애인 운동가들의 노력으로 이 시기부터는 장애인 문제가 사회문제로 인식되기 시작하였으며, 시설에서의 보호뿐만 아니라 재가 장애인에 대한 복지급부가 시작되었다.

표 3-3 장애인복지 발전기(1988~1997)

시행 일시	내 용
1988. 8. 1	장애인복지대책위원회 규정 공포
1988. 10. 15~24	제8회 서울장애인올림픽대회 개최: 61개국 7,375명 선수단 참석
1988. 11. 1	장애인등록사업 전국 확대 실시
1989. 4. 28	장애인복지체육회 설립

시행 일시	내 용
1989. 8. 29	장애인종합복지대책안 건의
1989. 12. 30	심신장애자복지법 전문개정
1990. 1. 13	장애인고용촉진 등에 관한 법률 제정 · 공포
1990. 9. 1	국 · 공립 박물관, 고궁 및 능원의 장애인 무료입장
1991. 1. 1	장애인고용촉진 등에 관한 법률 시행
1992. 12. 3	UN에서 매년 12월 3일을 '세계장애인의 날'로 정함
1994. 4. 21	장애인복지과로 직제 개정
1994. 12. 30	장애인편의시설 및 설비의 설치기준에 관한 규칙 제정 · 공포
1997. 1.	특수교육발전 5개년 계획(1997~2001년) 발표
1997. 1. 1	장애범주 확대, 선천성 대사이상 검사 모든 신생아로 확대
1997. 4. 6	장애인 · 노인 · 임산부 등의 편의증진보장에 관한 법률 제정
1997. 8.	장애인복지발전 5개년계획 최종안 마련

④ 장애인복지발전 1차 도약기(1998~2006년까지)

1998년 이후 현재까지는 우리나라 장애인복지가 비교적 큰 폭으로 발전한 시기라고 할 수 있다. 특히 'UN 장애인권리협약'의 국회 비준과 「장애인차별금지 및 권리구제 등에 관한 법률」이 제정된 2007년을 기준으로 1차와 2차로 나눌 수 있다. 이 중에서 1차 도약기의 주요 사건을 살펴보면 다음과 같다.

가. 「장애인 · 노인 · 임산부 등의 편의증진 보장에 관한 법률」이 제정되어 1998년 4월부터 시행되었다. 이 법률은 장애인 · 노인 · 임산부 등이 일상에서 안전하고 편리하게 시설 및 설비를 이용하고 정보에 용이하게 접근하도록 함으로써 이들의 사회활동 참여와 복지증진을 도모하려는 것을 목적으로 제정되었다. 이 법의 제정을 통해 편의시설 개선의 급속한 진전은 없었으나, 공공기관에 경사로 설치, 장애인 전용 주차장 설치 등은 어느 정도 효과를 거두었다.

나. 제1차 장애인복지발전 5개년 계획 수립은 1996년 12월 국무총리를 위원장으로 하는 '장애인복지대책위원회' 제1차 회의에서 '장애인복지발전 5개년 계획'을 수립하도록 결정함에 따라 '노인 · 장애인복지 종합 대책'(1996. 3.) 등 그동안 발표된 장애인복지시책 등을 기본으로 복지 · 교육 · 노동부문 등을 연계시킨 중 · 장기 종합계획을 수립하여 1998년부터 2002년까지 5년간의 장애인복지증진을 위한 계획을 수립하였다. 제1차 계획은 '장애인의 완전한 사회참여와 평등 보장'을 목표로 3대 분야 71개 세부과제로 구성하였다.

주요 내용으로는, 첫째, 장애발생의 예방, 장애인의 생활안정 지원 강화, 사회참여 확대 및 편의시설 확충, 장애범주의 확대 등 복지 확대, 둘째, 장애아 교육기회 확대, 특수교육의 내실화, 특수교육 지원체제의 효율화 등 특수교육 강화, 셋째, 장애인 직업능력 개발 증진, 중증장애인 고용환경개선, 사업체의 장애인 고용촉진지원 등의 고용촉진사업을 연차적으로 시행하는 것 등이 있다.

다. 한국장애인인권헌장 제정 및 장애인복지법 전면 개정과 관련하여 1998년 12월에 정부는 국무회의 의결을 거쳐 '한국장애인인권헌장'을 제정 선포하였다. 이는 장애인의 인간존엄과 가치를 확인하고 건전한 사회구성원으로 장애인의 자립노력과 인권보호, 사회참여와 평등을 보장하는 기본원리와 장애인의 기본적 권리를 명시하고 있다. 그러나 이 헌장은 선언적 규정일 뿐 강제력을 가지지 못했기 때문에 현실적 영향은 미미했다. 이후 1999년 2월 장애인복지법이 전면 개정되어 2000년 1월부터 시행되었다. 개정된 장애인복지법에서는 장애인의 정의를 일반적 정의로 변경하여 대상을 확대하였다. 그리고 장애인의 정보접근권 보장을 위하여 수화통역, TV자막, 점자 및 음성도서 등의 제공을 명시하였다. 또 장애 유형별 재활서비스 제공, 장애인생산품의 구매, 재활보조기구의 개발 · 보급 등의 시책이 포함되었다.

또한, 장애인 사용 자동차에 대한 지원, 장애인 보조견의 훈련 및 보급지원, 장애아동 부양수당 및 보호수당 지급에 대한 규정이 마련되었다. 특히 이 법의 개정으로 이후 2000년 1월에는 장애범위가 신장, 심장, 정신장애, 발달장애(자폐성 장애)로까지 확대되었으며, 지체장애에서 뇌병변장애가 분리되어 기존의 5개 범주에서 10개 범주로 확대되었다. 이후 2003년 7월 호흡기장애, 간장애, 안면장애, 장루 · 요루장애, 간질장애(뇌전증장애) 등이 새롭게 포함되어 15개 범주로 확대되었다.

라. 제2차 장애인복지발전 5개년 계획 수립 시행, UN ESCAP에서는 아 · 태 장애인 10년 행동계획(1993~2002)을 결산하고 새로운 10년 계획(2003~2012)을 발표하면서 국가별 구체적 실천계획(5개년 계획) 수립을 권장하였다. 이러한 이유로 우리나라에서도 제1차 장애인복지발전 5개년 계획(1998~2002)의 평가를 토대로 제2차 장애인복지발전 5개년 계획을 제정하였다. 제2차 장애인복지발전 5개년 계획은 생애주기별로 특화된 복지서비스 개발 · 제공, 일반교육과 특수교육의 책무성 공유를 통한 통합교육 확대, 복지와 성장의 조화를 통한 안정적인 장애인고용의 실현, 신체적 여건에 구애됨이 없이 정보화의 혜택을 누리는 디지털 복지사회 구현, 장애인에게 편리하고 안전한 이동편의 체계 구축 등을 통해 '장애인이 대등한 시민으로 참여하는 통합적 사회실현'이라는 목표를 7대 분야 103개 세부과제를 통해 실현하는 것을 주요 내용으로 하였다.

마. 장애인 고용촉진 및 직업재활법은 1990년 「장애인고용촉진 등에 관한 법률」이 제정된 이후 10년 동안 시행되었으나 장애인 고용문제는 크게 개선되지 않았다. 또 고용되는 장애인도 경증장애인에 한정되고, 전문적인 직업훈련 및 재활의 기회를 상실한 중증장애인의 취업은 극히 제한되고 있다는 비판(김용득 외, 2012)도 제기되었다.

이에 중증장애인의 일자리를 창출하고 직업재활을 강화하기 위해 2000년 1월 「장애인고용촉진 및 직업재활법」으로 전면 개정하여 같은 해 7월부터 시행하게 되었다. 이 법에서는 상대적으로 소외되었던 중증장애인의 고용촉진과 직업재활을 강조하였는데, 특히 지원고용, 보호고용, 자영업 장애인지원 등의 항목을 신설함으로써 장애인의 직업재활을 위한 다양한 조치와 방안이 제시될 수 있는 법적 근거를 마련하였다. 또 직업재활 과정을 직업지도, 직업적응훈련, 직업능력개발훈련, 취업알선, 취업, 취업 후 적응지도의 과정으로 세분하였다.

바. 기타 주요 변화 내용은 이 시기에 장애인에 대한 사회적 지원이 시작되었으며, 경제적 지원도 다소 강화되었다. 1997년부터 저소득 장애인에게만 교부되던 보장구를 일반 장애인들이 의료보험을 통하여 구입할 수 있도록 하였으며, 급여대상 보장구의 범위도 확대되었다. 한편 1996년부터는 이동전화 가입비 면제 및 사용료 30% 할인이 시행되었고, 1997년에는 시·청각장애인 가정에 대한 TV수신료 면제, 전화요금 할인율 50%로 확대, 장애인 차량 고속도로 통행료 50% 할인, 1998년에는 장애인 자동차 특별소비세 면제 확대, 면허세 면제, 2001년에는 장애인용 LPG 차량에 대한 세금인상분 지원 등이 시행되었다.

한편 투표권과 관련하여 장애인의 요구가 본격화된 것은 1995년 6.27 지방선거부터이다 장애인단체에서는 장애인들의 선거권 보장을 위해 투표소를 1층으로 할 것, 청각장애인 및 시각장애인의 정보 접근을 보장할 것, 시설에서의 대리 투표를 방지할 것 등을 요구하였고, 이런 내용들이 「공직선거 및 부정선거방지법」에 일부 반영되기도 하였다.

또 이 시기 장애인시설은 대규모 시설중심으로 지역사회 내 소규모 시설로의 변화가 일어나기 시작했는데, 이에 1996년에는 주간보호시설, 1997년에는 공동생활가정에 대한 국고지원이 시작되었다. 1999년부터는 시각장애인과 청각장애인의 지역사회생활을 지원하기 위해 시각장애인심부름센터 및 수화통역센터에 대한 국고보조가 시행되었다. 결국 이 시기는 장애인에 대한 복지 급부 중 경제적 지원이 다소 확대되고, '장애인 먼저 운동'이 1996년부터 실시되는 등 사회인식의 개선 및 편의시설 설치 등 사회환경의 변화를 위한 조치들이 시행된 시기라고 할 수 있다(김용득 외, 2012).

표 3-4 장애인복지 도약기(1998~2003)

시행 일시	내 용
1998. 12. 9	장애인 인권현장 제정 · 공포
1999. 2. 8	장애인복지법 전면개정(2000년 1월 1일부터 시행)
1999. 6. 24	장애인복지시설 4대 특별지원사업 확대 실시
2000. 1. 1	장애범주 확대 : 지체장애, 시각장애, 청각장애, 언어장애, 정신지체 → 지체장애, 뇌병변장애, 시각장애, 청각장애, 자폐성장애, 정신장애, 신장장애, 심장장애까지 확대 시행
2000. 1. 12	장애인고용촉진 및 직업재활법 개정 · 공포
2000. 1. 20	편의시설 확충 국가종합 5개년계획(2000~2004) 수립 · 시행
2003. 7. 1	2차 장애범주 : 안면장애, 장루 · 요루장애, 간장애, 간질장애, 호흡기장애 5종 추가

⑤ **장애인복지발전 2차 도약기**(2006년부터 현재까지)

'UN 장애인권리협약'의 국회 비준과 '장애인차별금지 및 권리구제 등에 관한 법률'이 제정된 2007년을 기점으로 나눈 2차 도약기의 주요한 사건을 살펴보면 다음과 같다.

가. UN 장애인권리협약 국회 비준, 2006년 9월, UN은 장애인의 모든 인권과 기본적인 자유를 완전하고 동등하게 향유하도록 촉진하는 것을 목적으로 50개 조항으로 이루어진 'UN장애인권리협약'을 채택하였으며, 우리나라는 2007년 3월 서명하고 12월 국회에서 비준하였다.

나. 장애인차별금지 및 권리구제 등에 관한 법률 제정은 장애인단체 및 활동가, 학자, 법률가들의 노력의 결과로 2007년 4월 「장애인차별금지 및 권리구제 등에 관한 법률」이 제정되었고, 2008년 4월부터 시행되었다. 이 법은 모든 생활영역에서 장애를 이유로 한 차별을 금지하고 장애를 이유로 차별받은 사람의 권익을 효과적으로 구제함으로써 장애인의 완전한 사회참여와 평등권 실현을 통한 인간으로서의 존엄과 가치를 구현하려는 것을 목적으로 하였다.

다. 장애아동 재활치료 등 사회서비스 바우처제도 시행, 2007년 사회서비스 전자바우처제도의 일환으로 장애아동 재활치료 지원사업, 시각장애인 안마서비스가 시행되었으며, 장애인일자리 지원사업으로 학교급식도우미, 홀몸어르신 안부지킴이 콜서비스, 자치단체 관공서 등에 배치되는 행정도우미 등에 대한 지원이 이루어졌다. 특히 장애아동 재활치료와 시각장애인 안마서비스는 기존의 공급자 중심의 재정 지원방식에서 장애인의 선택을 강조하는 전자바우처를 사용하여 이용자에게 직접 지원해 주는 방식을 사용하고 있다. 이는 장애인이 복지의 일방적인 대상자가 아니라 시장에서 선택할 수 있는 소비자라는 의식에서 나온 방식으로 기존의 전달체계에 비해 장애인의 자기결정권이 조금 더 신장되는 것을 의미한다(김용득 외, 2012).

라. 제3차 장애인복지발전 5개년 계획 수립 시행, 정부는 2008년 6월 제3차 장애인복지발전 5개년 계획(2008~2012)을 발표하였다. 이 계획은 지난 10년에 비해 범정부적인 차원에서 통합적인 접근을 통해 장애인의 권익증진과 사회참여를 확대하기 위해 '장애인의 권리에 기반을 둔 참여 확대와 통합사회 구현'이라는 비전을 세우고, 이를 달성하기 위하여 장애인복지서비스의 선진화 구현, 장애인 생애주기별 교육지원체계 구축 및 문화활동 확대, 장애인이 일할 수 있는 사회실현, 장애통합적 접근으로서 사회참여 확대와 장애인 권익증진 등 4개 분야별 58개 세부과제로 구성하였다.

마. 장애인연금법 제정, 자립생활 및 생계안정을 위해 기존의 장애수당 수준을 뛰어넘는 무기여 장애인연금 도입에 대한 주장이 2000년대 들어 본격화되었다. 기존의 사회적 배제로 인해 교육도 못 받고, 일도 못하고, 결과적으로 국민연금에도 가입이 안 되어 평생에 걸쳐 경제적 어려움을 겪어야 하는 중증장애인들이 사회에서 통합적으로 살기 위해서는 일정수준의 생계지원이 필요하다는 인식하에 중증장애인을 중심으로 한 '장애인연금법제정 공동 대책위원회'가 결성되었고, 장애인연금법의 제정을 강력히 주장하였다. 정부는 장애수당의 범위를 확대하고 수준을 높이는 방향으로 개선해 가고자 법안의 제정을 계속 미루었으나, 계

속되는 장애계의 요구에 따라 2010년 4월 입법되어 2010년 7월부터 시행되었다(김용득 외, 2012).

바. 장애인활동지원에 관한 법률 제정, 2000년대에 들어서면서 중증지체장애인을 중심으로 한 자립생활운동이 본격화되었다. 자립생활을 달성하기 위해서는 무엇보다도 사회적 환경의 조성과 지원이 중요하며, 이를 위해 장애인들은 활동보조서비스 시행을 강력히 요구했다. 이에 보건복지부는 2005년 4월 전 10개의 장애인자립생활센터를 통해 시범사업으로 활동보조서비스를 시행하였고, 이에 대한 검토를 바탕으로 2007년 4월 「장애인복지법」을 개정하여 자립생활에 대한 장을 신설하고 활동보조서비스에 대한 지원 근거를 마련하여 장애등급 1급 및 이에 준하는 최중증장애인을 대상으로 장애인활동보조사업을 실시하였다. 또한 2007년 4월 「노인장애요양보험법」이 통과되면서 국회에서는 64세 이하의 장애인에 대하여도 장기요양서비스 대책을 마련하도록 결의하였다.
이에 따라 제도의 도입방향과 서비스 지원대책을 마련하기 위한 1, 2차 시범사업 실시 결과와 장애인계의 의견을 바탕으로 장애인에게는 장기요양 욕구보다는 사회활동에 대한 욕구가 강하다는 점을 고려하여 당시 시행되고 있던 활동보조사업에 방문목욕, 방문간호서비스를 추가하여 2011년 4월 「장애인활동지원에 관한 법률」을 제정하여 2011년 10월부터 장애인활동지원제도를 도입하였다(김용득 외, 2012). 이는 장애인 당사자의 권리와 참여가 예전에 비해 대폭적으로 확대되었다는 것을 의미한다고 할 수 있다.

사. 장애인복지법 개정, 2011년 3월, 생활시설 또는 거주시설의 변화를 위한 개혁적인 시설운영자들과 전문가들의 지속적인 노력, 그리고 탈시설을 주장하는 장애운동의 영향으로 시설운영 개선과 관련된 내용을 중심으로 장애인복지법이 개정되어 2012년 3월부터 시행되고 있다. 개정된 법률의 주요 내용을 보면, 장애인생활시설을 포함한 장애인복지시설의 개념과 기능을 재정립하여 장애인생활시설의 거주 기능을 별도로 분리하고, 장애인거주시설의 정원을 30명을 초과할 수

없도록 하였다. 또한, 장애인생활시설에 대한 이용 절차 및 시설이 제공하는 서비스의 최저기준을 도입하였다.

이를 통해 장애인복지시설 이용자 중심의 서비스체계를 구축함으로써 장애인의 복지증진에 이바지하려는 것을 목적으로 하고 있다. 또 지난 2012년에는 장애인 학대 정의 등을 장애인복지법에 규정하고, 장애인복지시설의 운영자 및 종사자로 하여금 직무상 장애인 학대를 알게 된 경우 수사기관에 신고를 의무화하는 등 장애인 학대와 관련된 규정을 신설하였다.

아. 제4차 장애인정책종합계획 수립 시행, 2012년 장애인복지법의 개정으로 보건복지부장관은 5년마다 장애인정책종합계획을 수립·시행하도록 하였다. 이에 2012년 12월, 제4차 장애인정책종합계획(2013~2017)을 발표하였다.

이 계획은 '장애인과 비장애인이 더불어 행복한 사회'라는 비전을 세우고, 이를 달성하기 위하여 장애인 복지·건강서비스 확대, 장애인 생애주기별 교육 강화 및 문화체육향유 확대, 장애인 경제자립기반 강화, 장애인의 사회참여 및 권익증진 등 4개 분야, 19대 중점과제, 71개 세부과제로 구성하였다. 이를 통해 정부는 장애인지적 관점에서 장애인정책에 새로운 개념을 도입하고 장애인 삶에서의 권익증진 및 자립생활 기반을 구축함으로써 실질적인 사회통합과 권리실현의 전기를 마련한다는 추진방향을 제시하였으며 이에 맞추어서 정책을 추진하였다.

자. 제5차 장애인정책종합계획 수립 시행, 2018년 3월, 정부는 지난 4차 계획의 성과와 한계를 분석하고 장애인 및 고용관련 단체, 학계 등의 의견을 수립하여 제5차 장애인정책종합계획(2018~2022)을 발표하였다. 이 계획은 복지·건강지원체계 개편, 교육·문화·체육 기회보장, 경제적 자립기반 강화, 권익 및 안전 강화, 사회참여 활성화 등 5대 분야, 22대 중점과제, 70개 세부과제로 구성하였다. 이를 통해 장애인과 비장애인의 삶의 격차 완화를 통해 '장애인의 자립생활이 이루어지는 포용사회'라는 비전을 달성하는 것을 기본 방향으로 수립하였다.

한편 정부는 '제5차 장애인정책종합계획'을 발표하면서, 2018년 상반기까지 장애등급제 폐지 및 종합판정도구 단계적 도입의 구체적 이행방안을 마련하고, 2019년 7월부터 시행한다는 방안을 함께 제시하였다. 7월 1일 장애등급제란 용어가 사라지며 장애 1급, 2급, 3급 등으로 구분되었던 것이 장애 정도란 말로 사용된다. 즉 '장애의 정도가 심한 장애인(기존의 1~3급)'과 '장애의 '정도가 심하지 않은 장애인(기존 4~6급)'으로 구분하여 건강보험료, 전기요금 등의 감면 · 할인 등 단순 서비스를 이용할 때 판단기준으로 활용한다. 다만 종전의 장애인등록증(복지카드)도 계속 사용이 가능하며, 분실 또는 재판정 등에 따라 다시 발급받는 경우에는 장애 정도가 표기된 새로운 양식의 장애인등록증이 발급된다. 이 장애인등록증에는 '중증/경증'으로 장애 정도가 표기된다.

표 3-5 장애인복지 도약기(2006~현재까지)

시행 일시	내 용
2005. 5. 4	제2차 편의증진 국가종합 5개년 계획 수립
2005. 7. 29	장애인기업활동촉진법 제정(2005. 10. 30 시행)
2005. 10. 21	장애인소득보장팀 신설
2006. 5. 23	장애인사회참여 평가단 출범
2006. 12. 13	UN 장애인권리협약 채택(여성장애인 관련 조항 제정에 주요 역할 수행)
2007. 4. 1	장애인활동보조지원사업 시행
2007. 4. 10	장애인차별 및 권리구제 등에 관한 법률 제정 공포(2008. 4. 11 시행)
2007. 4. 11	장애인복지법 전부개정 공포(법률 제8367호)(2007. 10. 12 시행)
2008. 3. 3	장애인권익증진과 신설
2008. 3. 15	BF(Birrier-Free) 인증제로 시행
2009. 2. 1	장애아동재활치료 서비스 전국 확대 실시
2009. 7. 1	장애인장기요양 시범사업 실시(2009. 7.~2010.1)
2011. 3.	장애인복지법 개정
2011. 4.	장애인활동지원에 관한 법률 제정
2019. 7.	장애인등급제 폐지

3 장애인복지 발달과정의 변화

1) 분리에서 통합으로

장애인복지의 발달과정에서 비장애인이 장애인에 대한 의식의 변화에서 중요한 것은 기존에 장애인을 보호의 대상으로만 인식하여 격리하여 분리·보호하던 차원에서 현재 공동체의 일원으로 받아들이고 동등한 권리와 존엄을 가진 존재로 인식이 바뀌었다. 장애인의 권리의식이 향상되면서 장애의 경중과 관계없이 장애인들도 기본적으로 비장애인과 마찬가지로 지역사회 내에서 스스로 원하는 삶을 실현해 나가는 것이 당연하다. 즉, 장애인복지는 생존권 문제에서 권리와 인권의 보장 차원으로 전환되고 있으며 인권의식이 강화되면서 탈시설화 정책으로 변화를 겪게 되었으며, 시설보호보다 일상생활에서의 보편적 경험을 누리게 되는 사회통합을 강조하기 시작하면서 장애인의 지역사회생활이 확대되며 보장되고 있다.

이러한 인식을 바탕으로 장애영역별 생활시설 숫자의 지속적인 감소, 지역사회보호의 중심적인 기능을 수행하는 장애인복지관의 대폭적인 증가가 이루어졌으며, 지역사회보호를 위한 기관의 종류도 다양해지면서 전통적인 시설보호 중심의 서비스에서 장애인의 지역사회 거주를 전제로 하면서 가정과 사회복귀를 지원하는 지역사회 중심 서비스로 변화되었다.

2) 개인에서 사회로

과거에는 장애란 불쌍한 개인에게 발생한 끔찍한 사건이며, 개인적이고 기능적인 문제이므로 개인적 차원에서 장애문제에 관심을 가지고 있었다. 이러한 의미에서 전문가에 의한 일방적이고 강요된 의료적 서비스와 치료서비스가 제공되었다.

하지만 사회환경의 변화로 장애가 개인에게만 존재하는 것이 아니라 사회 내에 존재하는 것으로 인식이 변화되었고, 장애인에게 필요한 정당한 편의 제공을 거부하면

장애인을 억압하고 차별화는 사회에 그 책임을 부과하고 있다.

3) 재활에서 자립생활로

우리나라 장애인복지는 패러다임이 재활에서 자립생활로 전환되고 있다. 전통적으로 장애인복지를 다루는 기본적 입장은 장애인을 어떻게 재활시키는가에 있었다. 즉, 장애인이 신체적·심리적·정신적 손상에서 회복되어 사회적 기능을 회복함으로써, 재활의 관점에서 바라본 장애인의 일반적인 사회적 역할수행을 그 목적으로 간주해 왔다. 즉, 장애인은 전문가의 지시와 지도에 순응함으로써 개인의 사회적응능력을 강화하는 데 역점을 두고 있었다. 하지만 1970년대 이후 탈의료화에 대한 반론이 제기되면서 사회적 모델이 등장하게 되었고, 장애인 당사자의 역량강화를 중시하는 자립생활운동이 대두되었다. 여기에서 의미하는 자립생활이란 장애인의 의사결정과 일상생활에서 타인에 대한 의존을 최소화하며 장애인 자신이 스스로 선택하여 자신의 생활을 관리할 수 있도록 하는 '자립'의 의미를 갖고 있다.

자립생활모델에서는 장애인의 사회참여 기회가 자신들의 선택과 결정에 의해 이루어지는 것이 타당하며, 사회는 그들이 자신의 능력을 최대한 발휘할 수 있는 환경적 여건을 조성함으로써 장애인의 사회통합이 자연스럽게 달성된다는 것을 강조한다.

20세기 후반 사회운동의 이념적 배경인 소비자주권, 탈시설화, 탈의료화, 자조, 자립 등의 이념과 그 맥을 같이하고 있으며, 이러한 접근은 장애인 개인을 둘러싼 환경에 중점을 두고 보다 포괄적으로 장애의 문제에 접근하여, 장애가 직면한 문제를 근본적으로 어떻게 해결하고 조절하며 극복하느냐에 보다 관심을 가진다. 자립생활 패러다임에서는 장애인이 타인에 의한 의존성에서 벗어나 주도적으로 일상생활을 영위할 수 있도록 물리적·심리적 환경의 개선이 우선시 된다.

생각해 볼 과제

1. 우리나라 장애인복지의 이념과 역사에 대해서 토론해 보시오.
2. 장애인복지에서 정상화와 사회통합을 추구하는 이유는 무엇인지 설명해 보시오.
3. 재활과 자립에는 어떠한 차이가 있는지 설명해 보시오.
4. 앞으로 우리나라 장애인복지는 어떠한 형태로 발전해야 하는지 논의해 보시오.

참/고/문/헌

고명수, 서진숙, 신경희, 이 명, 이효영, 한명순 (2012). **장애인복지론**. 청목출판사.

김준환 (2017). **장애인복지론**. 어가.

남연희 (2019). **장애인복지론**. 공동체.

손광훈 (2013). **장애인복지론**. 정민사

신현석 (2014). **장애인복지론**. 공동체.

오혜경 (1999). **장애인과 사회복지실천**. 아시아미디어리서치.

윤상용 외 (2019). **장애인복지론**. 신정.

이채식 (2018). **장애인복지론**. 창지사.

정일교 외 (2019). **장애인복지론**. 양서원.

정일교, 김만호 (2011). **장애인복지론**. 양서원

최윤영, 이경준 (2018). **장애인복지론**. 학지사.

Part

02

장애인복지 실천과정

Chapter

04

장애인복지의 관점과 접근모델

학습 목표

1. 장애인복지와 관련된 다양한 관점과 접근모델에 대해 알아본다.
2. 장애인복지에 접근하는 관점과 접근모델의 변화과정에 대해 알아본다.

핵심 용어

사회적 모델, 복지권과 시민권, 인권, 장애인복지 접근모델

1 장애인복지의 관점과 변화 동향

장애인복지에 대한 관점은 장애에 대한 개념을 어떻게 정의내리는가에 따라 차이가 있다. 이는 장애라는 개념이 사회적으로 구성된다는 점을 시사하고 있으며, 특정 사회가 장애를 어떻게 인식하고 있는가에 따라 장애인을 바라보는 시각과 장애인복지에 대한 정책이나 사회서비스 내용이 다르게 나타나기 때문이다.

장애에 대한 개념적 모델은 크게 개별적 모델과 사회적 모델로 구분할 수 있다. 장애에 관한 개별적 모델과 사회적 모델의 가장 큰 차이는 장애를 개인의 문제로 간주할 것인가 혹은 사회적인 문제로 바라보는가에 따라 서로 다른 특성들을 보여준다. 장애에 대한 개별적 모델은 장애인복지 역사 안에서 장애 자체를 문제로 바라보았던 전통을 내포하고 있다. 개별적 모델은 소위 장애에 대한 개인적 비극이론(personal tragedy theory of disability)을 근간으로 하며, 비장애인과의 사회통합을 위해 장애인 당사자의 적극적인 재활노력이 필요하다고 보는 시각이다. 따라서 개별적 모델은 장애인이 장애로 인해 기능손상을 가지게 되고, 결과적으로 사회적 불리로 이어지기 때문에 이를 해결하기 위해 장애인의 재활을 강조하는 의료모델과 유사하다. 이와 달리, 사회적 모델은 장애는 장애인의 기능이 손상되어도 사회가 이를 사회적 불리로 이어지지 않도록 환경을 변화시켜야 한다는 입장에 있다. 사회적 모델에 따르면 장애는 개인의 책임보다는 사회적으로 해결해야 하는 과제가 된다.

장애인복지를 바라보는 관점들은 다양하게 등장하고 있으며, 전문가가 주도하는 재활모델에서 당사자주의, 자립생활모델 등이 점차 강조되는 상황이다. 또한 장애인의 인권과 다양한 사회서비스를 수혜가 아닌 권리로 바라보는 입장이 확산되고 있다. 이와 함께, 장애 개념에 대한 다중 패러다임에 대한 논의가 활발하게 이루어지고 있다.

1) 개별적 모델

개별적 모델은 장애인의 신체기능이 어느 정도 기능하는가에 관심을 두고 있으며,

완벽한 신체기능을 갖추지 못하게 되면 정상이 아닌 비정상으로 규정하는 장애 개념 모델이다. 개별적 모델은 장애의 원인과 이를 해결해야 하는 주체가 장애인 개인에게 있는 것으로 보기 때문에 장애 개념을 사회환경과 분리시켜 보는 한계점을 내포하고 있다. 개별적 모델에서 장애인의 재활목표는 장애인 당사자가 의료적인 치료를 통해서 신체기능의 손상을 완화하거나 치료함으로써 개인을 변화시키는 것에 둔다(남연희 외, 2013). 따라서 재활치료를 통해 신체적·정신적 기능을 비장애인과 동일한 수준으로 향상시킴으로써 장애에서 벗어날 수 있다고 본다.

장애 개념에서 개별적 모델은 장애인을 비장애인이 행하는 일상생활을 수행할 수 없는 신체적·정신적 손상을 가진 사람으로 간주한다. 또한 장애인은 비장애인과 차이가 있는 집단으로 다르게 취급해야 할 대상이 된다. 이는 장애인을 위한 정책이나 서비스의 내용들이 비장애인과 다른 특별한 보호가 필요한 대상으로 바라보게 한다. 따라서 장애에 대한 개별적 모델은 장애인을 위한 별도의 보호시설이나 특수교육기관을 설립하고, 지역사회와 장애인을 분리시켜 특별한 지원을 제공하는 정책들을 펼치게 되어, 결과적으로 장애인의 지역사회통합을 어렵게 하는 결과로 이어질 수 있다. 나아가 장애인에게 제공되는 서비스의 종류나 서비스 제공기간, 서비스 양 등에 대한 결정은 장애인 당사자가 아니라 대부분 전문가들에 의해 결정되는 전달체계를 구축하게 된다(유동철, 2017).

국내 장애인 등급제도는 주로 신체적·정신적 손상을 의학적 진단을 통해서 평가한다는 점에서 장애 개념의 개별적 모델이 반영되어 있다고 볼 수 있다. 또한 장애인 등급제도는 장애인연금, 장애인의무고용제도, 장애인활동지원제도, 장애아동재활치료사업, 장애인거주시설 등 서비스 신청자격을 결정하는 데 활용되고 있다. 이러한 측면에서 장애인 등급제의 폐지에 대한 논의가 지속적으로 있어 왔으며, 2019년 7월 장애인 등급제는 폐지되었다. 따라서 장애인의 물리적 혹은 의학적 상태를 파악하는 것은 필요한 것이지만 장애인에 대한 급여와 서비스 제공의 핵심적인 기준으로 사용하는 것은 타당하지 않으며, 장애인의 교육 정도, 직업경험, 가족관계 등 급여와 서비스를 제공하기 위한 다양한 기준들이 설정될 필요가 있다(이승기, 2017).

장애 개념의 사회적 모델을 제시한 올리버(Oliver, 1996)도 장애 개념에 대한 개별적 모델이 의료진의 지배력과 진단의 지배력 이상의 의미를 갖고 있으며, 장애문제를 개인에게 내재하는 것으로 보고, 기능의 제한이나 심리적인 상실감에서 나오는 것으로 간주하는 접근을 의미한다고 주장한 바 있다. 이는 장애를 사회적 제약으로 보고 장애인을 억압받는 집단으로 보는 사회적 모델과 차이를 보인다(이지수 역, 2013).

2) 사회적 모델

장애 개념에 대한 사회적 모델은 1970년대 이후 영국에서 당시 사회의 지배적인 패러다임으로 자리 잡고 있었던 개별적 모델의 대안으로 등장하게 되었다. 사회적 모델은 장애를 개인의 질병이나 무능력으로 인한 결과로 보고, 장애에 대한 책임을 개인과 가족에게 있다고 보는 개별적 모델을 비판한다(이동석, 2004). 장애 개념 모델에서 사회적 모델은 장애는 장애인 당사자가 해결해야 하는 것이 아니라 장애를 규정짓는 사회적 여건을 변화시키는 사회의 역할을 강조하는 모델이다. 이 모델은 장애인에 대한 사회적 차별과 관리주의에 도전하고 있으며, 시민권과 정치적 활동과 연결되어 있다(Owen, 2015).

장애에 대한 사회적 모델의 특징은 장애의 원인을 개인의 차이나 손상에 있다고 보는 개별적 모델과 달리 사회에 근본 원인을 둔다는 점이다. 또한 사회적 모델은 개별적 모델이 장애인의 개인적인 경험을 설명하는 데 적절하지 않다고 보고 있다. 장애에 대한 사회적 모델은 1997년 세계보건기구(WHO)가 제시한 장애분류표(ICIDH-2)에서도 반영되어 있다. ICIDH-2에서는 1980년 장애 개념을 손상, 능력장애, 사회적 불리로 규정한 것이 장애를 부정적인 개념으로 바라본다고 비판하고, 능력장애나 사회적 불리로 고착되지 않도록 장애 개념을 중립적인 의미로 변화시키려고 시도하였다(유동철, 2017).

이와 함께, 2001년 국제장애질병분류(ICF)에서는 장애를 개인적인 문제로 볼 것이 아니라 장애인이 처한 사회적 상황과의 상호작용에 의해 설명하고자 시도하고 있다.

따라서 2001년 국제장애질병분류(ICF)에서 장애는 신체적 혹은 정신적 기능의 손상으로 인해 활동이 제한되고, 사회참여의 제약을 가져온다는 관점이 반영되어 있으며, 장애에 대한 개념을 개인적 요인과 사회적 요인을 동시에 고려하는 것으로 보고 있다(남연희 외, 2013).

또한 장애에 대한 사회적 모델은 개별적 모델이 갖고 있는 전제들을 비판하고 있는데, 장애는 개인이 극복해야 할 과업이 아니며, 사회적 환경이 장애를 형성한다는 점을 부각시키고 있다. 이에 따르면, 장애는 장애인의 욕구를 사회조직 내에서 실현하는데 사회가 실패하였음을 의미하게 된다(유동철, 2017). 결과적으로 사회적 모델은 장애 개념을 규정짓게 하는 사회환경의 변화를 통해 장애 개념의 변화가 가능하다는 의미로 해석할 수 있다.

장애에 대한 사회적 모델이 갖는 특징에 대해 Shakespeare(2010)는 첫째, 개인의 손상(impairment)과 장애는 구별되어야 한다는 점을 강조하고 있다. 이는 인간의 신체적·정신적 손상 자체가 장애로 직접 연결되는 것이 아니며 장애에 대한 개념을 문화적인 측면이 있고, 역사성을 가진 현상으로 간주하고 있다. 둘째, 사회적 모델은 의료모델이나 개별적 모델과 구분되며, 장애는 사회적 창조물로 간주한다. 셋째, 장애인은 비장애인과 구분되고, 비장애인과 사회조직으로부터 억압을 받는 집단이 된다는 점이다. 따라서 장애인복지는 자선이나 동정으로 해결할 것이 아니라 시민권에 의해 해결책이 모색되어야 할 사안이 된다.

장애 개념의 관점에서 개별적 모델과 사회적 모델을 비교한 내용은 〈표 4-1〉에 제시하였다. Anderson & Heyne(2012)는 장애 개념에서 개별적 모델과 사회적 모델의 차이를 설명하기 위해 두 모델이 갖는 서로 다른 관점들을 대조시켰다. 장애에 대한 개별적 모델은 장애인 당사자의 재활을 강조한다는 의미에서 결핍모델(deficits model)이나 의료모델(medical model)과 유사한 관점이며, 사회적 모델은 사회의 역할을 중시하고, 장애인의 개별적인 경험과 능력을 강조한다는 의미에서 강점관점(strengths model)이 반영되어 있다.

개별적 모델은 결핍모델, 의료모델과 연결되어 있으며, 개인의 장애에 초점을 두고,

장애인의 삶이 장애에 대한 진단에 의해 제한된다고 본다. 또한 장애 자체가 문제가 되기 때문에 장애인은 치료가 필요하고, 장애는 개인 속성의 일부가 된다. 특히 재활 전문직에 종사하는 이들이 장애에 대한 전문가 집단을 형성하며, 장애를 극복하는 해결책은 장애인이 정상적인 신체적·정신적 기능을 수행할 수 있도록 치료방법을 찾는 것으로 본다. 이에 비해 사회적 모델은 강점모델과 유사하며, 개인의 삶은 다양한 경험과 강점들, 능력들에 의해 정의된다고 본다. 사회적 모델은 개인의 목표와 열정, 강점과 독특한 경험들을 중시하며, 장애는 인간 조건의 일부로서 자연스러운 것으로 바라본다. 따라서 사회는 장애인의 접근성과 사회통합을 위해 환경을 변화시켜야 하며, 장애는 개인과 환경 간의 상호작용하는 기능이 작동되지 못할 때 발생하게 된다. 나아가 장애의 궁극적인 해결책은 개인의 삶에 영향을 미치는 사회와 물리적 장애물들을 감소시키는 것이며, 이는 사회를 재구조화함으로써 달성될 수 있다고 본다.

표 4-1 장애 개념의 개별적 모델과 사회적 모델 비교

개별적 모델, 결핍모델, 의료모델	사회적 모델, 강점모델
개인의 장애에 초점	개인의 목표, 열정, 강점들, 경험들에 초점
개인의 삶은 진단에 의해 제한	개인의 삶은 자신의 경험들, 강점들, 능력들에 의해 정의
장애 자체가 문제	장애는 인간조건의 자연스러운 일부
개인은 치료가 필요	사회는 장애인의 접근가능성과 사회통합을 위해 변화해야 할 대상
장애는 개인의 속성	장애는 개인과 환경 간의 상호작용 기능
전문직에 종사하는 이들이 장애에 대한 전문가	개인은 자신의 삶에 대해 전문가
장애의 궁극적인 해결책은 장애인이 정상이 될 수 있도록 치료법을 찾는 것	장애의 궁극적인 해결은 개인이 사회와 물리적인 장애들을 감소시키는 것
개인에 대한 치료	사회의 재구조화

출처: Anderson & Heyne(2012).

장애 개념의 사회적 모델은 개별적 모델이 갖고 있는 한계들의 대안으로 제시되었

으나 사회적 모델에 대한 비판적 논의들도 이루어지고 있다. 특히 사회적 모델은 장애인의 삶에서 중요한 측면이 있는 손상을 무시하는 부분이 있다는 비판을 받고 있다. 사회적 모델은 의료모델과 개별적 모델을 비판하면서 개인의 손상은 장애의 핵심적인 문제로 다루지 않고, 손상된 신체보다 사회에 의해 장애가 발생한다고 보는 측면이 있기 때문이다(Shakespeare, 2010). 이는 사회적 모델이 사회적 억압기제를 강조하기 위해 개인이 경험하는 손상의 중요성과 개인의 경험 차이를 간과했음을 의미한다. 생물학적이거나 개인적인 것이나 관계없이 장애인의 손상은 그 자체가 사회적인 뿌리를 갖는 신체적 반응일 수 있으며, 이러한 의미조차 사회적으로 구성될 수 있다. 따라서 장애인의 몸이 경험하는 삶의 실존적인 경험은 장애 개념뿐만 아니라 장애인복지를 실천하는 관점에서 소홀히 다루어서는 곤란하다. 사회적 모델은 의도하지 않았지만 장애인을 사회의 억압과 배제의 희생자로 강조하게 되었다. 따라서 이러한 시각은 비장애인과 주류 사회에 대한 장애인들 스스로의 배타성으로 이어질 수 있으며(이지수, 2014), 장애인이 사회적으로 억압받는 대상이라는 시각이 모든 장애인이 스스로 생각하는 것은 아닐 수 있다는 점도 고려해야 할 것이다(조한진 외, 2013). 또한 사회적 모델이 제시하는 장애 개념은 장애인의 사회생활에 장벽이 없는 환경을 조성해야 함을 강조하고 있으나 현실 세계 내에서 실현가능성을 고려한다면 이상적이라는 점에서 한계점을 가지고 있다(Shakespeare, 2010).

3) 장애학의 다중 패러다임

장애학의 다중 패러다임은 장애 개념의 개별적 모델과 사회적 모델이 시간의 경과에 따라 패러다임의 변화로 이어진다는 단순한 개념에 의문을 제기하면서 등장하였다. 이는 기존의 장애 개념들은 장애를 사회현상으로 어떻게 바라볼 것인가에 대해 명확하게 설명하지 못하는 한계점을 노출했기 때문이다. 특히 손상된 신체 또는 장애를 만들어 내는 사회적 구조들을 객관적인 사회현상으로 볼 것인지 아니면 장애인에 대한 인식이 개인의 가치관이나 문화와 같은 주관적인 사회현상으로 바라볼 것인지에 대한 구분이 없다는 점이다. 따라서 장애라는 현상을 객관적 수준과 주관적 수준의 구분 없이 하나의 사회현상으로 바라본다는 점에서 구체적인 접근방법이 부재하다는 비판으로 이어졌다. Priestly(1998)는 사회를 바라보는 시각에 따른 명목론과 실재론, 사회현상에 대한 설명방법에 따른 객관적인 유물론과 주관적인 관념론의 두 측면을 동시에 바라보고, 두 가지 차원에 따라 모두 네 가지 패러다임으로 장애학의 다중 패러다임을 제시하였다(김용득 외, 2012; 이동석, 2004; 이지수, 2014).

개별적 유물론은 완전한 신체를 이상향으로 보고, 신체 손상을 문제의 근원으로 보는 입장을 대변한다. 이러한 관점은 장애의 원인과 책임이 개인에게 있다고 보면서 장애인이 치료나 재활의 대상이 되기 때문에 재활 전문가의 역할을 중요하게 간주한다. 이와 관련된 장애이론은 의료적 모델이나 재활모델(rehabilitation model)이며, 명목론자 입장에서 사회현상은 물질적 개인을 넘어서 실재하지 않는 것으로 간주한다(조한진 외, 2013). 개별적 유물론에서 장애인의 손상 정도는 개인의 사회적 능력을 평가하는 중요한 기준이 되며, 장애인에 대한 태도는 타인의 도움 없이는 정상적인 사회생활을 하지 못하는 이들이라는 입장이다. 따라서 사회정책도 장애인의 손상을 최소화하고, 장애인이 비장애인에 유사한 사회적 기능을 수행할 수 있도록 재활시키는 것을 목표로 두게 된다(김용득 외, 2012).

개별적 관념론 입장은 생물학적 신체의 손상보다는 인식이나 감정의 경험에 초점을 둔다는 점에서 개별적 유물론과 차이를 보인다. 또한 사회현상은 의지적 개인의 경험을 넘어서 실재하지 않기 때문에 장애는 개인의 정체성과 관련된 개인의 의지의 산물이 된다(조한진 외, 2012). 따라서 심리적 상태나 타인과의 상호관계에서 정상성을 발휘하지 못하게 될 때 장애가 발생한다고 본다. 이는 사회적 결핍모델(social deficit model)로 설명될 수 있으며, 장애인이 사회적으로 결핍되어 있기 때문에 이를 해결하기 위한 대안들로 보충적 복지가 필요하다고 본다. 결과적으로 개별적 관념론은 장애인은 스스로 자신의 문제를 해결할 수 없다고 보기 때문에 영구적으로 타인에게 의존할 필요가 있다고 보게 한다(김용득 외, 2012).

사회적 생성주의 입장은 장애를 정치 · 경제의 발달에 따른 권력관계로 해석한다. 특히 산업화와 자본주의의 발달이 노동력이나 지식을 상품화함에 따라 생산성이 낮은 장애인은 일상생활 전반에서 억압과 차별을 받게 되었다고 본다. 따라서 장애와 관련된 사회문제를 해결하기 위해서는 사회구조의 변화가 필요하며, 이를 위해 물리적·구조적·제도적으로 장애를 만드는 장애물들을 제거하는 것이 필요하다고 본다(김용득 외, 2012). 또한 사회적 생성주의는 특정 역사적 맥락에서 정치경제와 가부장제 등 물질적 권력관계의 결과로 주어질 수 있기 때문에 장애인의 일상생활과 사회생활을 방해하는 장벽들을 제거하기 위한 운동이나 시민권 확보운동, 차별금지운동, 자본주의를 극복하기 위한 사회운동과 연대가 필요하다고 본다(김용득 외, 2012; 조한진 외, 2013).

사회적 구성주의 입장에서 장애는 장애가 갖는 문화적 맥락을 중요하게 다루며, 장애를 특별한 문화적 산물로 보는 관점이다. 특히 울펜스버거(Wolfensberger)의 정상화이론이나 사회적 역할의 가치화(social role valorization)는 이런 입장을 보여준다. 이들 입장은 장애문제를 해결하기 위해서는 장애인들이 사회적으로 가치 있다고 인정받는 역할을 수행할 수 있도록 지원하는 것을 목표로 두고 있다. 따라서 장애 인식과 관련된 문화활동이나 인권교육 등이 사회적으로 확산되어야 한다고 본다(김용득 외, 2012). 또한 사회적 구성주의 입장에서 장애는 개인의 기능이나 억압적인 사회구조에 의해 창조되는 것이 아니라 사회적 구성의 결과물이라는 점에서 사회적 생성주의와 차이점을 발견할 수 있다(조한진 외, 2013).

표 4-2 장애학의 다중 패러다임

구분		유물론자	관념론자
개별적 모델	명칭	개별적 유물론 입장	개별적 관념론 입장
	명목론자	사회현상은 물질적 개인을 넘어서 실재하지 않는다.	사회현상은 의지적 개인의 경험을 넘어서 실재하지 않으며, 태도와 신념에 의하여 형성될 수 있다.
	관련 장애이론	의료적 모델, 신체적 재활모델, 생물학적 결정론	사회적 결핍모델, 복지모델, 심리·환경적 접근모델 상징적 상호작용론, 현상학, 해석학

구분		유물론자	관념론자
	장애 정의	신체적 손상으로 완벽한 신체의 정상성이 결핍된 상태	손상으로 정체성이 훼손된 상태. 일상생활 영위에 필요한 상호관계에 문제가 있는 상태
	관련 제도 및 정책	신체기능 회복을 위한 재활, 낙태, 불임시술, 수용시설 보호 등	장애인의 정체성을 정상성에 가깝도록 원조 보충적 복지제도 발전 등
	관련 운동	장애 예방 및 모금 등	장애인의 사회적 역할에 대한 재해석 및 국가 및 사회의 적극적 지원을 요구, 비장애인의 태도 변화 등
	개인	장애는 신체기능에 영향을 주고 분석 단위는 손상된 신체	장애는 정체성의 창출과 역할의 협상에 관여된 의지적 개인의 산물로 분석 단위는 신념과 정체성
사회적 모델	명칭	사회적 생성주의 입장	사회적 구성주의 입장
	실재론자	물질적 사회가 개인을 넘어서 존재하며, 사회현상은 정치경제, 구조적 가부장제 등에 의해 형성	관념론적 사회가 개인을 넘어서 존재하며, 사회현상은 사회적 가치, 문화 등에 의해 형성
	관련 장애이론	올리버의 사회적 모델 역사적 유물론, 구조적 페미니즘 마르크스주의적 분석	울펜스버거의 정상화이론과 사회적 역할 가치화. 문화상대주의, 사회적 구성주의, 실증주의 사회학
	장애 정의	사회의 억압과 차별	사회의 문화적 표상에 의해 그 사회에 받아들일 수 없는 존재로 인식됨에 따라 발생하는 문제
	관련 제도 및 정책	물리적 장벽 제거(이동권, 접근권 확보 등), 제도적인 차별의 금지 등	인권교육, 인식 개선, 언론 등과 관련된 제도
	관련 운동	장벽제거운동, 시민권 확보운동, 차별금지운동, 자본주의 극복을 위한 사회운동과의 연대 등	문화 개선, 인권 교육, 인식개선 등을 위한 운동
	사회	장애는 역사적 맥락 안에서 발생하는 사회·경제적 관계의 물질적 산물이며, 장애를 초래하는 장벽과 권력관계가 분석 단위	장애는 특정 문화적 맥락 안에서 사회발달의 관념론적 산물이며, 문화적 가치나 표상이 분석 단위

출처: Priestley(1998), 김용득 외(2012), 조한진 외(2013) 재구성.

4) 장애인복지와 인권

인권(human rights)의 개념은 다양한 의미로 해석될 수 있다. 인권은 인간이기 때문에 당연히 가지는 기본적인 권리라는 의미로 이해되어 왔으며, 도덕적인 측면이나 가치론적인 측면에서는 법, 제도, 규범을 포함하는 개념이다. 따라서 인권은 자연권의 입장에서 인간에게 주어진 당연한 권리로 볼 수 있지만 제도적 차원에서는 구체적인 제도나 법의 형태를 띠게 된다.

인권은 역사적 발전단계로 구분될 수 있으며, 시민적 · 정치적 권리는 1세대 권리로 소극적인 측면에서 자유권을 강조하였다. 2세대 권리로는 경제적 · 사회적 · 문화적 권리로 1세대 권리와는 달리 적극적 권리로서의 사회권을 강조하고 있으며, 사회복지에서 제기하고 있는 복지권, 노동권, 교육권, 가정형성 및 보호권, 문화권을 포함하는 사회권 등이 포함된다. 나아가 3세대 권리는 경제개발권이나 환경권과 같은 집단적 권리로 나누어 볼 수 있다. 나아가 Ife와 Fiske(2006)는 인권과 관련된 범주들을 확대시켜 생존, 시민 · 정치, 문화, 경제, 사회, 환경 및 영적 권리 등으로 세분화시켰다(김미옥, 김경희, 2011 재인용). 그러나 인권의 적용범위는 '모든 인간'이라는 보편성을 띠고 있으며, 인간다움을 지키기 위한 최저기준으로 기본적이고 필수적인 인간의 권리라는 점에서 공통점을 찾을 수 있다(유동철 외, 2011).

인권 개념은 발전단계에 따라 변화하지만 '인간에게 부여된 타고난 권리'라는 자연권 개념에서 유래를 찾을 수 있다. 자연권 사상은 고대 그리스의 몰락 이후 등장한 헬레니즘 사상에서부터 태동하였으며, 인간은 태어나면서 존엄한 존재라는 것을 핵심으로 한다. 이는 고대 그리스의 도시공동체가 해체되면서 개인의 자유의식이 확대된 것으로, 로마법 전통에서 만민평등사상으로 이어졌다. 이후 자연법 전통은 근대의 홉스와 로크를 거치면서 인간의 자유에 대한 도덕적 정당성을 확보하는 데 기여하였으며, 절대군주와 종교적 위계질서에 대항할 수 있는 이념적 토대를 형성하는 데 영향을 미쳤다. 특히 자연법사상은 자연적으로 생겨난 것으로서 지배자의 의사나 국가의 의도에 의해 간섭받을 수 없으며, 절대주의 왕권에서 인간의 권리를 주장하는 시민권의 정당성을 제공하는 역할을 하였다(유동철, 2017).

장애인복지와 인권은 밀접히 관련되어 있는데, 장애인은 자신의 권리를 스스로 주장하기 힘든 집단 중의 하나로 심각한 인권침해에 노출되기 쉽기 때문이다. 특히 생활시설에 거주하는 장애인들에 대한 인권침해의 심각성뿐만 아니라 지역사회에 거주하고 있는 장애인들에 대한 임금착취나 명의도용, 폭력 등 재산권, 신체자유권, 거주권 등에서 심각한 침해를 받고 있다는 연구결과들이 보고되었다(남구현 외, 2005; 조한진 외, 2006; 김미옥, 김경희, 2011).

한편 국내·외적으로 장애인의 인권을 보장하기 위한 노력들이 있어 왔다. 특히 장애인의 인권에 관한 논의들은 1970년대 이후 활발하게 이루어졌으며, 국제사회에서 장애운동과 정책의 핵심을 인권에서 찾고 있다. 이러한 시도들은 1971년 UN의 '정신지체인의 권리선언', 1975년 '장애인권리선언' 등으로 나타났다. 또한 UN은 1981년을 '세계장애인의 해'로 지정하였고, 2006년에는 '국제장애인권리협약'을 제정한 바 있다(유동철 외, 2011). 특히 2006년 '국제장애인권리협약'은 장애인의 문제를 복지나 타인의 지원과 도움을 통해서 해결해야 한다는 생각에서 벗어나 장애인의 인권을 기본 권리로 다루고 있어 장애인복지 패러다임의 전환을 시도하였다는 평가를 받고 있다(오혜경, 2008).

국제장애인권리협약은 장애인이 모든 인권과 기본적인 자유를 완전하고 동등하게 향유하도록 증진, 보호 및 보장하고, 장애인의 천부적인 존엄성에 대해 존중하는 것을 목적으로 하고 있다. 또한 장애로 인한 차별이란 정치적·경제적·사회적·문화적·민간 또는 다른 분야에서 다른 사람과 동등하게 모든 인권과 기본적인 자유를 인정받거나 향유 또는 행사하는 것을 저해하거나 무효화하는 목적 또는 효과를 갖는 것으로 보고 있다. 나아가 장애로 인한 차별이 발생하지 않도록 '합리적인 편의 제공'이 이루어져야 한다고 언급하고 있다. 이는 장애인이 다른 사람과 동등하게 모든 인권과 기본적인 자유를 향유하고 행사할 수 있도록 보장하기 위한 조치를 의미하며, 필요한 조치를 적절히 수행해 나가야 함을 의미한다(이규호, 2016). 국제장애인권리협약에 서명한 국가들이 수행해 가야 할 일반원칙과 일반의무 내용을 제시하면 다음과 같다.

표 4-3 국제장애인권리협약의 일반원칙과 일반의무에 관한 내용

구분	주요 내용
일반원칙	• 천부적 존엄, 선택의 자유 등 개인의 자율성 및 자립에 대한 존중 • 비차별, 완전하고 효과적인 사회 참여 및 통합 • 인간의 다양성 및 인류의 한 부분으로서의 장애인의 인정 • 기회의 균등 • 남녀의 평등 • 장애아동의 점진적 발달능력 및 정체성 유지 권리에 대한 존중
일반의무	• 본 협약에서 인정된 권리 이행을 위해 입법 및 행정적 조치를 채택 • 장애인 차별과 관련된 법률, 규칙, 관습 및 관행 개정 또는 폐지 • 정책과 프로그램에서 장애인의 인권보호와 증진을 고려할 것 • 본 협약과 일치하지 않는 행위나 관행을 삼갈 것 • 개인, 기관, 사기업에 의한 장애인 차별 철폐 • 장애인의 특별한 욕구를 충족시키는 데 최소한의 개조 및 비용을 요하도록 보편적인 디자인 제품, 서비스, 장비와 시설에 대한 연구개발 • 장애인에게 적합한 정보통신기술, 이동보조기, 보조기구 개발 • 서비스 및 시설에 관한 접근 가능한 정보를 장애인에게 제공할 것 • 장애인과 함께 일하는 전문가와 직원의 훈련

출처: 이규호(2016). 재구성.

이와 함께, 장애인의 인권보장을 위한 노력들은 국내에서도 있어 왔으며, 2007년 국제장애인권리협약에 서명하면서 국내법에 준하는 조치를 취해야 하는 의무를 갖게 되었다. 또한 2007년 「장애인차별금지 및 권리구제 등에 관한 법률」(이하 장차법)을 제정하는 등 장애인 인권문제를 법률에서도 다루기 시작하였다. 특히 장차법 제1조에서 '모든 생활영역에서 장애를 이유로 한 차별을 금지하고, 장애를 이유로 차별받은 사람의 권익을 효과적으로 구제함으로써 장애인의 완전한 사회참여와 평등권 실현을 통하여 인간의 존엄과 가치를 구현함을 목적으로 한다'고 규정하고 있다. 그러나 장애인복지를 실천하기 위해서는 장애인의 인권을 다양한 범주로 구분하여 확대 적용할 필요가 있다. 이는 장애인복지 실천과정에서 장애인이 당면하고 있는 다양한 환경적인 측면을 간과하기 어렵기 때문이다. 장애인의 인권과 관련된 정치·경제적 측면이나 심리·사회적인 측면을 고려할 때 장애인의 인권범주는 기본적인 평등권·자유권뿐만

아니라 교육권 · 건강권 · 보육권 · 접근권 · 문화향유권 · 이동권 · 생활권 · 정보접근권 · 선거권 등 세부적으로 확대할 필요가 있다(오혜경, 2008).

표 4-4 장애인 인권범주 내용

인권유형	장애인복지 실천을 통한 인권보장 내용
평등권	• 장애인의 개별적 특성 등 어떠한 이유에서라도 차별금지 • 개별적 차원의 보호에 있어 존엄성과 한 사람의 개인으로 존중받을 권리
자유권	• 특정 종교의 강요 금지 • 원하는 호칭으로 불릴 권리 • 개인정보보호권 • 통신기구의 사용보장 • 장애유형에 적합한 의사소통수단 제공 • 표현 및 정보의 자유
교육권	• 교육받을 권리 • 통합교육 환경조성의 권리
건강권	• 장애로 인한 재활치료를 받을 수 있는 권리 • 시민으로서 누릴 수 있는 건강에 대한 권리 • 중증장애인의 재활정책 확립
보육권	• 장애아동을 양육하고 있는 가족지원정책 확립 • 여성장애인의 보육권 지원
접근권/보행권	• 타인의 도움 없이 장애인이 필요로 하는 정보에 접근할 수 있는 권리 • 자유로운 의사소통에 필요한 서비스를 제공받을 권리 • 장애인의 보행환경 개선
문화향유권	• 미디어, 문화시설, 방송매체 등은 장애인이 문화활동에 참여할 수 있도록 여건 조성 • 장애인이 문화생활에 참여할 수 있는 권리
이동권	• 이동권 보장을 위한 편의시설 제공 • 교통수단 이용 및 접근성 확보
생활권	• 시설거주 장애인 및 재가장애인 지원 정책 확립 • 지역사회 내 사회통합을 통하여 장애인의 생활권 확보
정보접근권	• 정보접근이 어려운 장애인을 위한 지원 정책 마련 • 정보활용 능력 개발 지원
선거권	• 장애인의 선거권 행사를 위한 편의시설, 설비 설치, 선거권 행사에 관한 홍보 등 필요한 조치 강구 • 참정권 및 선거권 실현을 위한 지원

출처: 오혜경(2008). 재구성.

국가인권위원회(2012)도 장애인 인권증진 중장기 계획에서 장애인의 평등권과 기본권을 보장하기 위한 대안을 제시하면서, 장애인의 평등한 사회참여를 통한 장애인의 기본적인 인권보장체계를 구축하는 것이 필요하다고 권고하고 있다. 특히 장애인의 평등한 사회참여를 위한 기반을 구축하기 위한 방안으로 장애인 등록 등급제도의 개선, 장애인 중심의 서비스 전달체계 구축, 장애인활동지원제도 확대, 지역사회 참여 여건 마련, 장애인 접근권 보장, 장애인권리협약의 구체적인 이행 등을 제시하고 있다. 이와 함께 일할 수 있는 기회와 권리, 교육권 확보, 주거지원정책, 이동권, 자기결정권 보장 등을 통하여 장애인의 기본권을 보장하고, 장애인차별금지와 인권교육 강화 등 장애인의 인권보장을 위한 장기목표들이 수립될 필요가 있음을 강조하고 있다.

한편, 시혜적 복지 중심의 법률들에도 장차법이 제정된 이후 장애인복지법, 사회복지사업법 등 장애인 관련 법령에서 인권적 복지, 복지적 인권과 같은 개념들이 등장하고 있다. 그러나 장애인에 대한 차별문제는 여전히 획기적으로 개선되지 못하고 있는 실정이다.

국가인권위원회(2017)에 따르면, 차별영역별로 장애차별 진정사건 접수는 매년 증가하고 있다. 특히 장애차별 진정사건은 보험 · 금융서비스, 시설물 접근, 이동 및 교통수단, 정보통신 및 의사소통 등 '재화 · 용역의 제공 및 이용' 영역에서 58.9%로 가장 높은 비율을 차지하고 있으며, 괴롭힘, 교육, 고용, 사법 · 행정 및 참정권 등에서도 진정사건들이 접수되었다. 이는 장애인들의 기본권과 평등권의 보장이 장애인의 일상생활과

표 4-5 차별영역별 장애차별 진정사건 접수 현황(2008.4~2016.12)

구분		합계	고용	교육	재화 · 용역의 제공 및 이용							사법 · 행정/참정권	괴롭힘 등	기타
					소계	재화 · 용역 일반	보험 · 금융	시설물 접근	이동 및 교통수단	정보통신 의사소통	문화 예술 체육			
전체	접수	10,320	632	1,025	6,081	1,567	675	1,265	701	1,560	313	521	1,175	886
	비율	100.0	6.1	9.9	58.9	15.2	6.5	12.3	6.8	15.1	3.0	5.0	11.4	8.6

출처: 국가인권위원회(2017).

사회생활 과정에서 기본적인 평등권과 자유권을 침해받고 있음을 보여주며, 사회 전반에서 장애인의 인권에 대한 인식개선이 필요함을 시사하고 있다.

2 장애인복지서비스 접근모델

1) 기관중심 서비스 제공모델

국내 장애인복지서비스는 사회서비스나 사회복지정책을 통해 제공되는 것을 제외한다면 대부분 기관중심 서비스 제공모델이라고 볼 수 있다. 특히 지역사회재활기관을 대표할 수 있는 장애인복지관이나 주간보호시설, 단기보호시설, 각종 재활센터 등은 사회교육 프로그램, 특수교육, 재활치료 등을 기획하고, 프로그램과 재활서비스를 필요로 하는 장애인이 기관 내에서 이용하는 전달체계로 구성되어 있다.

그러나 기관중심 서비스 제공모델은 기관 내에서 의료적이고 전문가 중심적인 서비스가 주를 이루게 되고, 지역사회의 자원을 적극적으로 활용하는 데에 한계가 있다. 따라서 공급자중심의 서비스가 제공되어 장애인의 입장에서는 수동적인 태도를 취할 가능성이 높다. 기관중심의 재활사업은 지역사회보호에 비해 비용이 많이 들고, 전체 장애인의 2~3% 이상 수용할 수 없어 장애인의 사회적 분리를 초래한다는 한계점을 노출하고 있다(신현석, 2007).

또한 기관중심 서비스 제공모델은 장애 개념에 대한 개별적 모델이나 의료모델에 입각한 서비스 제공이라고 볼 수 있으며, 장애인 당사자보다는 재활전문가가 주도하고 의사결정과정에서 권한을 가지고 있다. 예를 들어, 기관 이용을 희망하는 장애인이나 가족들은 기관에 필요한 서비스를 이용하기 위해 초기면접과 재활계획회의 등을 거쳐 기관에서 제공할 수 있는 서비스를 이용할 수 있는지 여부를 결정하게 된다. 만약 장애인 당사자나 가족들이 희망하는 서비스를 기관에서 제공하지 않는 경우에는 타 기관으로 의뢰를 받게 되고 기관에서 제공할 수 있는 여건이 되지 못할 경우 이용자들은 대기자로 접수받게 된다.

기관중심의 서비스 제공모델의 서비스 제공 흐름도는 장애인이 지역사회재활기관을 방문하여 필요한 서비스를 신청하고, 이를 접수받은 기관이 장애인의 상황에 대한 다양한 진단을 실시한다. 진단은 사회진단, 심리진단, 의료진단, 교육진단 등 기관의 상황에 다소 차이를 보일 수 있으나 서비스 이용 여부를 결정하기 위한 진단과정을 거쳐야 한다. 장애인에 대한 종합적인 진단이 이루어지면 재활관련 전문가들은 기관 이용 여부를 결정하고, 이용자에게 통보한 후 이용자는 기관에서 제공되는 서비스에 대한 평가를 하게 된다.

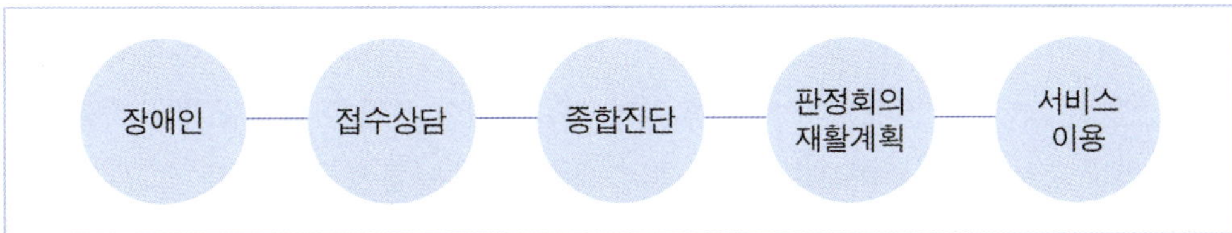

그림 4-1 기관중심 서비스 제공 흐름도

2) 지역사회중심재활

지역사회중심재활(community-based rehabilitation: CBR)은 장애인복지서비스가 제공되기 시작한 1980년대 말부터 등장하였다. 지역사회중심재활은 1982년 서울장애인복지관이 개관되면서 장애인복지서비스 전달과정에서 지역사회의 역할을 중시한 흐름이 반영된 것으로 볼 수 있다. 1985년 보건복지부의 재정지원으로 한국장애인재활협회에서 신림동과 청원군을 중심으로 지역사회중심재활사업을 시행하였다. 또한 1969년 국제재활회의에서 개발도상국의 재활서비스 개선을 위한 논의에서 처음으로 제시되었으며, 지역사회조직 개념과 유사한 측면이 있다(신현석, 2007).

기관중심의 재활은 재활에 필요한 장비와 시설, 전문인력을 갖추어야 하기 때문에 고정비용이 과대하게 발생할 수 있고, 접근성이 낮은 지역에 거주하고 있는 장애인들은 이용하기 어려운 문제를 발생시켰다. 이러한 접근은 개발도상국에서 접근하기 쉬운 방식이 아니었다. CBR이 국내에 소개되면서, 1992년부터 장애인복지관 부설 재가장애인순회재활서비스가 제공되기 시작하였고, 2001년에는 장애인복지관에서 재가복지사업으로 편입되었다(김용득, 2006). CBR은 지역사회에 있는 장애인들의 모든 재활업무를 전문가가 직접 제공하기가 어렵기 때문에 지역사회의 인적・물적 자원을 활용하여 전문가에 의해 훈련된 인력과 지역사회조직을 통하여 장애인의 재활을 지속적으로 돕는 활동으로 정의내릴 수 있다(신현석, 2007).

따라서 CBR은 전문적인 재활기술을 훈련받지 않은 사람으로부터도 장애인이 효과적으로 서비스를 제공받을 수 있는 접근방식이며, 지역사회에서 활동하는 이들이 지역사회의 문화적 특성을 감안하여 장애인에게 접근할 수 있다는 점도 장점으로 꼽을 수 있다. 그러나 CBR은 세계보건기구에서 제안하였다는 점에서 기본적으로 의료모델에 기반을 두고 있고, 장애인의 재활에 있어 의료자원이 부족한 개발도상국 지역이 의료전문가나 준전문가, 지역사회자원을 활용해야 하는 상황에서 등장하였다는 역사적 맥락이 있다. 따라서 개발도상국에서 탈피하여 전 국민에 대한 의료보험이 시행되고 있는 국내 상황에서 장애인복지서비스 전달모델로 CBR 접근방법이 유효한가에 대한 비판이 제기되고 있으며, 지역사회를 중심으로 장애인복지와 관련된 다양한 사회적 지원(community based support)을 제공하는 방식이 필요하다는 주장이 설득력을 얻고 있다(김용득, 2006).

지역사회중심재활은 기존의 지역사회 내 자원을 적극적으로 활용하며, 지역사회 내 축적된 기술이나 간단한 기술을 활용하며, 기존 관련 서비스 전달체계와 협력이 필수적으로 뒤따라야 정상화와 사회통합을 달성할 수 있을 것이다. 이와 함께, 지역사회중심재활의 원칙은 지역사회가 주도적으로 장애발생을 예방하고 재활사업을 주도하고, 지역사회자원과 기존의 복지서비스 전달체계와 연계시스템을 구축해야 함을 강조하고 있다. 또한 서비스 제공과정에서 장애 당사자를 포함시키고, 모든 장애인이 지원대상으로 포함시켜야 한다는 점도 지역사회중심재활사업의 중요한 원칙이라고 할 수 있다. 나아가 지역사회중심재활은 지역사회의 특성에 맞게 유연하게 적용하여야 하고, 지역 단위의 서비스 제공에서 지역사회가 조정이 가능해야 할 것이다(신현석, 2007).

지역사회중심재활이 갖는 의의는 장애 개념 변화와 무관하지 않다. 장애에 대한 개별적 모델은 장애인의 재활을 통하여 정상성에 가까운 변화를 강조하지만 사회적 모델은 장애는 사회적 창출이나 인식의 결과물로 보기 때문에 사회 변화를 도모한다. 따라서 지역사회중심재활이 기반을 두고 있는 장애 개념은 사회적 모델에 가깝다고 볼 수 있다. 기관중심의 서비스 제공은 재활서비스를 이용하는 이들에게 질 좋은 서비스를 제공하는 것이 목표가 될 수 있으나 장애인이 거주하고 있는 지역사회의 변화에는 한계가 있을 수밖에 없다. 따라서 지역사회중심재활은 지역사회에서 일상생활을 영위해야 하는 장애인들에게 지역사회의 참여와 변화를 도모한다는 측면에서 사회통합을 위한 여건을 조성하는 데에 긍정적인 기여를 할 수 있을 것이다.

표 4-6 지역사회중심재활의 특징과 원칙

구분	주요 내용
지역사회중심 재활의 특징	• 기존의 지역사회 인적·물적 자원 이용 • 지역사회 내 축적된 기술을 사용하거나 간단한 기술을 활용 • 기존의 관련 서비스 전달체계와 협력체계 도모 • 정상화와 사회통합을 이념으로 설정
지역사회중심 재활의 원칙	• 지역사회가 장애인을 인식하고 장애발생 예방 및 재활사업을 주도 • 지역사회가 인적·물적 자원을 최대한 동원 • 기존의 1차 보건의료 또는 복지서비스 전달체계에 통합 • 지역사회에서 해결하기 어려운 경우 의뢰 및 연계체계 구축 • 지역사회중심재활 과정에서 장애인 당사자 참여 • 모든 장애인을 지원대상 선정 • 각 지역의 조건과 단계에 맞게 유연하게 적용 • 지역단위의 서비스 제공에서 조정이 가능

출처: 신현석(2007). 재구성.

3) 가족중심실천

가족중심실천(family-centered practice)은 사회서비스 영역에서 새롭게 조명받고 있는 실천전략 중의 하나로 사회적 지원이 필요한 개인보다 가족을 개입단위로 보는 실천방법이다. 가족중심실천은 1950년대 이후 미국에서 아동을 대상으로 지원하는 분야에서 출발하였는데, 아동을 지원하는 과정에서 가족을 서비스 전달과정의 중요한 주체로 참여시키는 것이 필요하다는 인식이 확산되면서, 1990년대 이후 장애인복지뿐만 아니라 다양한 분야에서 활용되고 있다(유영준, 2007).

가족중심실천은 가족을 효과적으로 돕기 위해서는 가족을 개입단위로 보고 가족을 중요한 자원으로 간주하여 실천과정에 적극적으로 참여시킨다. 전통적인 사회복지실천에서는 사회적 지원이 필요한 가족을 가족문제의 주요 원인으로 보는 경향이 강했다는 측면에서 가족중심실천과 차이점을 확인할 수 있다.

가족중심실천은 강점관점과 임파워먼트관점이 반영되어 있으며, 가족을 전문가와 효과적으로 협력할 수 있는 능력을 갖춘 이들로 본다. 이러한 접근방법은 전문가가 주도하는 실천과정과 차이점을 보인다. 특히 전문가가 주도하는 실천방법들은 도움이 필요한 가족들을 전문가의 적절한 개입이 없으면 스스로 문제를 해결하기 어려운 이들로 본다. 그러나 가족중심실천에서 가족은 스스로의 욕구를 해결할 수 있는 능력과 강점을 지닌 주체로 인식한다. 따라서 가족과 함께 일하는 전문가는 가족이 필요한 것을 스스로 찾고, 선택할 수 있도록 의사결정과정에서 가족을 지지하고 지원하는 역할을 수행하게 된다(Treloar, 1998). 이는 강점관점의 사회복지실천과 유사한 입장이며, 장애인복지 실천뿐만 아니라 다양한 집단에게 적용할 수 있다(Saleebey, 2002).

Dunst 등(1994)은 미국에서 실시되고 있는 다양한 가족지원 프로그램을 검토하면서, 전문가와 가족의 권한 분배 정도에 따라 전문가중심(professional-centered), 가족협력(family-allied), 가족초점(family-focused), 가족중심(family-centered) 등으로 구분한 바 있다. 여기서 전문가중심의 가족지원 프로그램은 가족에 대한 개입이 전문가에 의해 결정되고, 가족은 수동적으로 참가하게 된다. 이에 비해 가족중심성에 근거한 프로그램들은 가족을 전문가와 함께 일하는 파트너로 간주하고, 가족기능을 향상시킬 수 있는 능력과 강점을 가지고 있다고 본다는 특징이 있다. 나아가 가족중심실천의 주요 특성으로 개입의 단위로서의 가족, 가족에 대한 사회체계적 관점, 가족의 임파워먼트, 가족의 긍정적 역할 촉진, 가족강점 관점, 사회적 지지와 자원의 활용, 전문가의 역할 변화를 제시하고 있다. 또한 Allen과 Pert(1996)는 가족중심실천의 구성요소로 가족 전체에 대한 관심, 가족과 전문가 협력, 가족의 선택, 가족에 대한 강점관점, 가족의 욕구중심, 개별화된 서비스 등을 언급하고 있으며, Chung(2000)도 가족중심실천의 공통적 특성으로 가족과 전문가 간의 파트너십, 가족의 의사결정 권한 제공, 가족에 대한 관심, 강점관점, 포괄적 서비스 제공, 개별화된 서비스 제공 등을 제시하여 가족중심실천의 핵심적인 구성요소들을 유사하게 제시하고 있다.

표 4-7 가족중심실천의 주요 특성들

특성들	학자
• 가족에 대한 사회체계적 관점 • 개입 단위로서의 가족 • 가족의 임파워먼트 • 가족의 긍정적 역할 촉진 • 가족의 필요와 요구 우선 • 가족강점(family strengths) 관점 • 사회적 지지와 자원의 활용 • 전문가의 역할 변화	Dunst(1994)
• 가족단위에 대한 관심(the family as the unit of attention) • 가족과 전문가 사이의 협력과 파트너십 • 가족의 의사결정 참여(family involvement in decision making) • 가족강점과 능력 강조 • 가족의 필요 중시 • 개별화된 서비스 제공 • 가족의 독특한 문화에 대한 존중 • 가족의 임파워먼트 • 정상화 원리 • 특성화된 형태의 프로그램(포괄적, 통합적, 지역중심)	Allen & Petr(1996)
• 가족-전문가 관계와 파트너십 • 가족의 의사결정 • 가족 초점 • 강점관점의 접근 • 포괄적 서비스 • 개별화되고 가족의 특성에 맞는 서비스 제공	Chun zhang(2000)

출처: 유영준(2007) 재구성.

가족중심실천의 구성요소 중 가족과 전문가의 협력에서 전문가의 역할은 가족과 협력관계를 만들어 가는 것이며, 가족과 전문가의 권한 정도를 어떻게 분배할 것인가를 가족과 함께 결정한다. 전문가와 이용자의 권한분배는 1980년 후반부터 사회복지실천 모델로 임파워먼트 접근이 각광을 받으면서 논의되기 시작하였다. 가족중심실천도 가족에 대한 강점관점과 임파워먼트 실천모델이 반영되어 있다. 특히 전문가와 가족 간의 권한 분배는 가족과 전문가의 상호 협력이 전제되어 있어야 가능하며, 실천과정에서 중요한 의사결정을 할 때 최종적인 선택과 책임을 가족이 함께 하게 된다. 따라서 가족중심실천을 실천하는 전문가는 가족의 사회적 욕구에 민감하게 반응하여야 하며, 의사결정에 영향을 줄 수 있는 중요한 자원과 정보를 충분히 제공하고 공유할 수 있어야 할 것이다. 나아가 가족을 지원하는 전문가와 가족이 동반자적 관계를 형성하기 위해서는 가족 스스로의 능력을 발견하고, 실천과정에서 이러한 능력이 드러날 수 있도록 지원할 필요가 있다(Turnbull, Turbiville & Turnbull. 2000; 유영준, 2007 재인용).

표 4-8 가족중심실천에서 가족과 전문가의 권한 유형

권한의 유형	가족-전문가 파트너십 모델	의사결정
전문가중심(power-over)	부모상담 및 교육, 정신분석	전문가의 영향력 행사
상호 협력(power-with)	가족중심실천	가족과 협력(collaborating)
동반자 관계(power-through)	임파워먼트 모델	공동작업(synergizing)

출처: Turnbull, Turbiville, and Turnbull(2000), 유영준(2007) 재구성.

4) 사례관리접근

사례관리(case management)는 복합적인 욕구를 가진 사람들의 기능화와 복지를 위해 공식적·비공식적 자원과 활동의 네트워크를 조직하고, 이를 조정 및 유지하는 활동을 말한다. 또한 사례관리는 클라이언트의 생활기술을 향상시키고, 사회적 네트워크와 관련된 대인복지 서비스 제공자의 능력을 고양시킬 수 있다는 장점을 지닌다. 나아가 사

례관리는 이용자에게 제공되는 서비스의 효율성과 효과성을 증진시키는 데 효과적이다(Moxley, 1989; 이효선, 남화수, 2017 재인용). 사례관리접근은 장애인의 일상생활에 영향을 주는 다양한 환경과의 관계에 사례관리자가 개입하여, 적절한 자원을 연계하거나 제공하는 접근방법이다. 따라서 사례관리접근은 장애인뿐만 아니라 다양한 사회적 욕구와 복잡한 문제를 안고 있는 이들에게 기존의 사회복지 전달체계가 갖고 있는 단편적 서비스 제공이 갖는 한계들을 극복할 수 있는 유용한 접근방법이 될 수 있다.

사례관리는 사회적 지원이 필요한 이들의 문제가 복합적이고 중복되기 때문에 지역사회에서 이들을 지원하기 위해서는 다양한 전문기관들의 협력이 필요하다는 인식에서 출발하고 있다. 이는 단일 기관에서 제공할 수 있는 서비스나 프로그램이 한정되어 있어서 다양한 사회적 욕구를 가진 이들을 지원하기 위해서는 다른 전문기관과의 협력과 조정이 뒤따라야 하기 때문이다(송인주 외, 2014).

사례관리가 등장하게 된 배경도 시설보호중심의 서비스 접근에서 지역사회를 중심으로 하는 실천과 재가복지서비스 정책의 중요성이 대두된 것과 관련이 있다. 또한 복합적 욕구를 가진 인구가 지속적으로 증가하고 있고, 기존 서비스의 단편적인 제공, 사회적 지지체계와 지원망의 중요성에 대한 인식의 증가, 복지서비스 비용 절감에 대한 인식, 정부주도에서 지방정부의 역할 강화 등은 사례관리의 필요성을 강화시켰다(권선진, 2006).

이와 함께 국내 장애인복지분야에서 사례관리는 장애인활동지원사업, 장애아동재활치료사업 등 장애인이 선택할 수 있는 사회서비스들이 지속적으로 증가한 것과 장애인복지관, 공동생활가정, 주·단기보호센터, 직업재활시설, 장애인자립생활센터, 장애인가족지원센터 등 지역사회 내 장애인이 이용할 수 있는 인프라가 확대되면서 급격히 확산되고 있다. 또한 공공부문에서도 '구' 단위 희망복지지원단, 읍·면·동 복지허브화 사업 등에서 사례관리는 민간영역과 공공부문의 협력을 강조함으로써 사회복지 전달체계로 자리 잡는 데 영향을 미쳤다.

나아가 장애인 당사자주의와 소비자주의 확대, 장애인의 자기결정권과 선택권을 중시하는 사회적 분위기, 재활모델에서 자립생활모델로의 장애인복지 패러다임의 전환

등은 장애인의 다양하고 복잡한 욕구에 부합하는 서비스를 연계하거나 조정 · 연결해 주는 사례관리에 대한 관심을 증폭시켰다. 특히 장애인복지관을 중심으로 사례관리는 지속적으로 확대되고 있으며, 장애인생활시설의 사회화에 대한 관심은 시설과 지역사회의 연계를 강조하면서, 사례관리에 대한 관심이 확대되는 데 기여하였다(백은령, 2010).

사례관리접근의 과정은 클라이언트의 발굴을 통해 초기면담을 실시하고, 이를 통해 클라이언트의 사회적 욕구 파악 및 사정(assesment)하는 과정을 거치게 된다. 또한 이를 통해 개별 서비스계획을 수립하고, 개입과 지속적인 점검 및 평가, 종결하는 과정으로 이어진다(이효선, 남화수, 2017).

사례관리접근이 기존 사회복지실천과의 차이점은 기존의 사회복지실천이 특정한 문제를 가진 당사자로 한정되었다면, 사례관리접근은 만성적이거나 특별한 보호가 필요한 아동, 노인, 장애인 등 개입대상을 광범위하게 접근할 수 있다는 특징을 가진다. 또한 사례관리접근은 사회문제를 경험하고 있는 개인의 변화에 초점을 두기보다 장애인의 사회적 욕구와 사회지원을 연결하는 것을 중시한다는 점에서 차이를 보인다. 나아가 서비스의 지속성이 보장된다는 측면에서 지역사회 내에서 보호의 연속성을 확보할 수 있는 접근방법이다(엄명용 외, 2000).

사례관리접근은 장애인복지 전달체계에서 지역사회 내 장애인에게 개별화된 접근이 가능하도록 하며, 지역사회기관과 비공식적인 지원망을 통해 필요한 서비스들을 장애인에게 연결시키는 데 효과적이다. 또한 사례관리기관들의 상호 간의 조정을 통하여 거시적인 측면과 미시적인 측면을 동시에 접근하는 기능을 수행할 수 있다(남연희, 설진화, 이기량, 2013). 그러나 사례관리의 필요성이 부각되고, 다양한 분야에서 사례관리가 확산되고 있음에 불구하고, 사례관리는 지역사회 환경에 적합하도록 보완될 필요성이 있다. 특히 지역사회 내에서 서비스의 질과 연속성을 확보하기 위해서는 사례관리자가 서비스 전달과정에서 조정기능을 충분히 발휘할 수 있어야 하며, 사례관리의 주체들이 다양해짐에 따라 역할과 책임을 명확히 설정하는 것이 뒤따라야 할 것이다. 나아가 국내 상황에 맞는 사례관리체계를 구축하기 위해 사례관리 전문가를 양성하고, 보수교육체계를 개발하는 것이 요청된다(백은령, 2010).

5) 재활모델과 자립생활모델

전통적으로 장애인복지서비스제공 모델은 재활모델에 가깝다. 재활모델은 의료모델이나 결핍모델과 유사하게 장애인에 대한 관점이 일상생활을 적절하게 수행하는 데 어려움이 있는 이들로 보고 있다. 따라서 장애인들이 자신들의 문제를 극복하기 위해서는 의사, 물리치료사, 작업치료사, 직업재활사 등 재활전문가들의 도움이 필요하며, 이들의 지시에 따라야 한다는 입장이다. 재활의 목적도 장애인은 환자의 역할을 수행하여야 하며, 신체적 기능의 회복이나 직업을 얻는 것으로 보고 재활의 성공은 장애인이 규정된 치료체계에 얼마나 잘 순응하고 적응하느냐에 달려 있다고 본다. 그러나 재활모델은 중증장애인들이 재활을 통해 정상기능의 회복이라는 목표를 실현하기 어렵다는 점과 중증장애인이라 하더라도 지역사회 내에서 적절한 지원서비스들을 통해 자립생활이 가능하다는 입장에서 한계점을 보이고 있다(권선진, 2006).

2000년대 이후 한국의 장애인복지 패러다임은 재활패러다임에서 자립생활패러다임으로 변화하는 과정을 거치고 있다. 1969년 미국에서 시작된 장애인자립생활운동(Independent Living Movement)은 전 세계로 확산되었으며, 국내에서도 장애인자립지원센터가 전국

표 4-9 재활패러다임과 자립생활패러다임 비교

구분	재활패러다임	자립생활패러다임
문제의 정의	물리적인 손상, 취업능력의 부족, 심리적 부적응, 동기 및 협력의 부족	전문가, 친척, 타인 등에 대한 의존성, 불충분한 지원 서비스, 건축 구조물상의 장벽, 경제적 장벽
문제의 소재	개인에 내재됨	환경 및 재활과정에 있음
사회적 역할	환자-클라이언트	소비자
문제의 해법	의사, 물리치료사, 작업치료사, 직업상담사 등에 의한 전문적인 개입	동료상담, 권익옹호, 자조, 소비자주도, 물리적 장벽 및 경제적 역 인센티브 제거
주체	전문가	소비자
바라는 성과	ADL(일상생활수행능력)의 극대화, 유급 고용, 심리적 적응, 동기 유발, 완전한 치료	자기관리(self-direction), 환경개선, 사회・경제적 생산성

출처: Dejong(1978), 김용득 외, 2012. p. 354 재인용.

적으로 운영되고 있다. 자립생활모델(independent living model)은 자립생활을 자신의 삶에 타인의 개입이나 보호를 최소화하여, 스스로 삶에 대해 선택하고 결정하는 모든 과정에서 장애인이 참여하는 과정이라고 정의내릴 수 있다(전지혜, 2011).

따라서 자립생활모델은 재활모델에 의해 주어진 해결방안이 오히려 장애인에게 문제가 될 수 있으며, 장애인들을 재활전문가들에게 의존성을 심화시키는 데 기여한다고 본다. 이에 비해 자립생활모델은 장애인의 문제는 당사자가 가장 잘 이해하고 있으며, 장애인의 삶을 영위하는 데 스스로의 '선택권'과 '자기결정권'을 가지고, 서비스 제공에서 주도적인 참여가 보장되어야 한다는 입장에 있다. 또한 자립생활에서 자립의 의미는 장애인이 자신의 생활 전반을 조정하고 관리하는 주체임을 의미하는 것이며, 자신의 모든 과업을 혼자 수행하는 것을 의미하는 것은 아니다. 따라서 장애인들은 스스로 필요한 원조와 지원을 다양한 지원체계를 통해서 제공받으면서, 장애인의 자립생활을 성공적으로 수행하게 될 때 진정한 의미의 자립이 가능하게 되는 것이다(권선진, 2006).

이러한 의미에서 자립생활은 소극적 개념과 적극적 개념으로 구분하여 살펴볼 수 있다. 소극적 개념으로 자립이란 개인의 문제에 국한된 것으로 개인을 둘러싼 사회와의 관계를 배제하는 경향이 나타난다. 따라서 자립은 장애인 당사자가 아무런 도움 없이 모든 일을 스스로 할 수 있다고 정의하는 것이다. 이에 비해 적극적 의미의 자립 개념은 장애인들의 신체나 지능적인 능력과 연관시키는 것이 아니며, 장애인이 스스로 필요한 원조와 지원을 제공받고 이를 장애인이 스스로 조정할 수 있도록 지원한다는 의미가 내포되어 있다(이익섭, 박수경, 2012). 자립생활패러다임은 장애인을 병리적으로 보기보다는 장애인이 지니고 있는 잠재능력과 자질을 강화시킴으로써 사회통합을 가능하게 하는 데 초점을 둔다는 의미에서 강점관점이나 임파워먼트접근과 맥을 같이 한다고 볼 수 있다.

국내에서도 자립생활모델에 대한 관심이 확산되면서, 2000년 이후 장애인자립생활센터가 개소되었다. 자립생활센터는 자립생활패러다임에 기반을 두고, 장애인의 자기결정권과 통제력을 보장하는 것을 목표로 정보제공 및 의뢰, 동료상담, 자립생활기술훈련, 권익옹호, 활동보조서비스 지원 등을 제공하고 있다(전지혜, 2011).

국내 장애인자립생활센터는 장애인복지법 제53조(자립생활지원), 제54조(장애인자립생활지원센터), 제56조(장애동료 간 상담) 등의 법적 근거를 가지고, 시 · 군 · 구청장의 추천을 통해 각 시 · 도지사에 의해 선정된 중증장애인자립생활지원센터를 운영하고 있다. 센터는 장애 정도와 유형에 상관없이 모든 영역의 장애인들에게 동등한 서비스를 제공하여야 하며, 장애인들의 욕구와 선택을 존중하면서 자립생활을 지원하고 있다. 센터의 주요 기본 사업으로는 권익옹호 지원, 동료상담, 개인별 자립지원, 거주시설 장애인 탈시설 자립지원 등이 있으며, 선택사업으로는 지역사회 서비스 지원 등으로 활동보조서비스, 이동 서비스 및 보장구지원, 주거서비스, 문화 · 여가활동, 평생교육 및 문해교육, 응급안전서비스, 자립자원 발굴사업 등을 실시하고 있다(보건복지부, 2017).

이와 함께, 자립생활 지원과 관련된 서비스를 제공하는 과정에서 중요하게 다루어야 할 원리는 모든 장애인과 가족들이 지원서비스 체계에 참여할 기회를 가져야 한다는 점과 제공되는 서비스의 포괄성, 형평성의 원칙들이 요청된다. 또한 서비스를 이용하는 데 있어서 비용 지불의 효율성과 장애인이 주도적으로 서비스 제공과정에서 선택권과 결정권을 보장받을 수 있는 여건을 확보하여야 할 것이다(권선진, 2006).

생각해 볼 과제

1. 장애 개념의 개별적 모델과 사회적 모델의 특징과 한계들은 어떤 것이 있는지 논의해 보시오.
2. 장애학의 다중 패러다임이 갖는 의의에 대해 논의해 보시오.
3. 장애인복지서비스 전달과정에서 기관중심의 서비스제공 모델과 지역사회중심재활의 차이점에 대해 논의해 보시오.
4. 강점관점과 임파워먼트관점이 기존의 장애인복지 실천에 미친 영향력은 무엇인지 논의해 보시오.

참/고/문/헌

국가인권위원회 (2012). 장애인 인권증진 중장기 계획(2013년-2017년).

국가인권위원회 (2017). 장애인차별금지 및 권리구제 등에 관한 법률 제정 10주년 기념 토론회.

권선진 (2006). **장애인복지**. 청목출판사.

김용득 (2006). 장애개념 변화와 장애인복지관 지역사회중심 재활 실천의 재구조화". **한국장애인복지학,** 4, 49-74.

김용득, 이동석, 배융호, 윤상용, 이은기, 허곤, 윤재영, 이복실, 김고은 (2012). **장애와 사회복지**. EM 커뮤니티.

남연희, 설진화, 이기량 (2013). **장애인복지론**. 공동체.

남구현, 박숙경, 김명연, 임성만, 박경석, 박래군, 염형국, 박옥숙, 여준민, 임소연, 김정하, 김주현, 권미진, 손현희 (2005). 장애인생활시설 생활인 인권상황 실태조사: 양성화된 조건부신고복지시설을 중심으로. 장애우권익문제연구소 · 국가인권위원회.

백은령 (2010). 장애인복지 분야의 사례관리실천 현황과 과제. **사례관리연구,** 1(1), 23-46.

보건복지부 (2017). 2017년 장애인복지사업안내.

송인주, 박수선, 신지현 (2014). 사례관리 성과분석 및 사례관리자 실천지표 개발. 서울시복지재단.

신현석 (2007). 지역사회중심재활사업의 현황과 과제. **대한건강과학학회지,** 4(1), 125-138.

엄명용, 김성천, 오혜경, 윤혜미 (2016). **사회복지실천의 이해**. 학지사.

오혜경 (2008). 인권과 장애인복지실천. **사회복지리뷰,** 13, 27-57.

유동철 (2017). **인권관점에서 보는 장애인복지**. 학지사.

유동철, 김정환, 김주영, 김진우, 남찬섭, 박종운, 서정희, 송시섭, 조원희, 김광이, 김미연, 김철환, 박영희, 배융호 (2011). 장애인 인권증진 중장기계획 수립을 위한 장애유형별 실태조사. 국가인권위원회.

유영준 (2007). 가족중심실천의 구성요소에 관한 고찰. **사회복지리뷰,** 12, 83-102.

이규호 (2016). 국제장애인권리협약의 주요내용 및 쟁점. **장애아동인권연구**, 7(1), 39-59.

이동석 (2004). 장애학의 다중 패러다임에 따른 한국 장애인 운동의 성격 분석. **재활복지,** 8(1), 34-67.

이승기 (2017). 장애등급제 폐지를 위한 제도정비 방안 고찰. **사회복지법제연구**, 8(2), 231-250.

이지수 역 (2013). **장애학의 쟁점-영국 사회모델의 의미와 한계**. 학지사.

이지수 (2014). 장애의 사회적 모델이 가진 의미와 한계: 장애 개념정의와 정체성의 정치를 중심으로. **한국장애인복지학,** 25, 33-56.

이효선, 남화수 (2017). **사회복지실천을 위한 사례관리-사례중심실천 접근-**. 학지사.

장애인정책조정위원회 (2018). 장애인의 자립생활이 이루어지는 포용사회를 위한 제5차 장애인정책 종합계획[안].

전지혜 (2011). "중증장애인 종사자의 자립생활센터 종사경험에 관한 연구. **장애와 고용,** 21(3), 27-56.

조한진, 고영신, 곽정란, 김승엽, 김희선, 임소연, 최희정 (2006). 사례분석을 통한 지역사회 정신지체 장애인 인권침해실태 연구. 장애우권익문제연구소 · 국가인권위원회.

조한진, 강민희, 정은, 조원일, 곽정란, 전지혜, 정희경 (2013). **한국에서 장애학하기**. 학지사.

Allen, R. I. & Petr, C. G. (1996). "Toward developing standards and measurements for family-centered practice in family support programs". - In S. Singer, L. E. Powers, & A. L. Olson (Eds.), *Redefining family support: Innovations in public-private partnerships* (pp.57-86). Baltimore: Paul H. Brooks.

Anderson, L., & Heyne, L. A. (2012). "Flourishing through Leisure: An Ecological Extension of the Leisure and Well-Being Model in Therapeutic Recreation Strengths-Based Practice". *Therapeutic Recreation Journal,* 46(2), 129-152.

Chun, Z. (2000). "Family service delivery in head start: perspectives of professionals in six tates". University of Illinois Degree of Doctor of Education.

Dejong, G. (1979). "Independent Living: from Social Movement to Analytic Paradigm". *Archive of Physical Medical Rehabilitation,* 60, 435-446.

Dunst, C. J., Trivette, C. M., & Deal A. G. (1994). *Supporting & Strengthening Family: Methods, Strategies and Practices.* Cambridge: Brookline.

Ife, J. & Fiske, L. (2006). "Human Rights and Community Work." *International Social Work,* 49(3), 297-308.

Moxley, D. P. (1989. *The practice of Case Management.* Newbury Park, CA: Sage Publications Inc.

Owens, J. (2015). "Exploring the critiques of the social model of disability: The transformative possibility of Arendt's notion of power". S*ociology of Health and Illness*, 37(3), 385-403.

Saleebey, D. (2002). "Introduction: Power in the people". In Saleebey(Eds.), *The strength perspectives in social work practice* (3rd ed., pp.15-18).

Shakespeare, T. (2010). *The social model of disability.* New York: Routledge.

Treloar, R. (1998). *Partners: Recommended Practices in Family-Centered Early Childhood Intervention.* Trainer's Guide. Ageing and Disability Department.

Turnbull, A. P., Turbiville, V. & Turnbull, H. R. (2000). *Evolution of family-professional partnership models: Collective empowerment as the model for the early 21st century.* In The handbook of early childhood intervention, by Meisels, S. J., & Shonkoff, J. P., New York: Cambridge University Press.

Chapter
05

장애와 생애주기

학습 목표

1. 생애주기의 개념을 이해한다.
2. 생애주기별 발달특성과 서비스욕구에 대해서 알아본다.
3. 생애주기별 가족의 관심사와 역할을 살펴본다.
4. 생애주기에 따른 서비스 접근방법을 파악한다.

핵심 용어

생애주기, 욕구, 발달과업, 장애가족의 관심사

1 장애와 생애주기

생애주기란 시간의 흐름에 따라 변해가는 개인 생애의 일정한 단계별 과정을 말한다(이중엽, 2017). 인간의 삶은 생애주기에 따라 개인적 혹은 사회적 욕구가 있으며, 또 이루어야 하는 과업이 있다. 따라서 사회복지에서는 생애주기와 인간발달 과정을 중시하면서 생애주기의 각 과정에서 나타나는 욕구와 과업을 잘 완수함으로써 다음 단계로 나아가는 데 어려움이 없도록 지원하는 것을 중요한 과제로 여겨왔다.

생애주기에 대한 이해는 비장애인뿐만 아니라 장애인의 삶을 이해하는 데도 중요한 관점이다. 하지만 우리 사회는 장애인의 생애주기적 욕구와 과업에 대한 연구가 미흡했다. 이는 장애인들은 연령에 관계없이 필요한 자원이 동일한 것으로 전제해 왔기 때문이다(임종호 외, 2016). 그럼에도 불구하고 최근 들어서 의학의 발달로 장애인의 평균수명이 길어지고, 장애인들도 비장애인들과 똑같이 생애주기의 특성과 발달과업이 중요하다고 인식되면서 장애인의 생애주기적 발달단계와 과업에 대한 연구가 활발히 진행되고 있다.

2 생애주기별 발달특성과 서비스욕구

장애를 가지고 있는 사람들의 생애주기별 특성은 비장애인들이 가지는 일반적인 특성 외에 추가적인 것들이 존재한다. 이 절에서는 영유아기(0~6세), 학령기(7~18세), 성인기(19~59세), 노년기(60세 이상)의 4단계에 따른 생애주기적 발달특성과 가족의 관심사에 대해서 알아보았다.

1) 영유아기(0~6세)

영유아기는 보통 초등학교 입학 전인 0~6세의 시기이다. 에릭슨은 이 시기를 신뢰감, 자율성, 주도성을 형성하는 시기이며, 기본적인 인품과 품성이 형성되는 시기로 보았다. 따라서 이 시기는 부모의 양육태도와 가치관 그리고 가장 친밀한 관계에 있는 형제·자매들로부터 받는 영향력이 아동의 성격 형성에 큰 영향력을 미친다고 할 수 있다. 이 시기의 주요 발달과업은 주변 환경에 대한 신체적·인지적 통제력을 획득하는 것인데, 장애를 가진 아동이 일반 아동보다 더 많은 어려움을 가진다. 그러나 장애를 가진 아동이라고 할지라도 지지적인 환경 제공과 효과적인 생활기술훈련을 받는다면 이 시기에 요구되는 발달과업은 비장애아동에 뒤지지 않을 것이다. 그러므로 욕구를 성취하기 위해서는 장애를 가진 아동의 환경을 최대한 확대하는 것이 필요하다(정무성 외, 2006).

영유아기 장애아동들에게 크게 나타나는 욕구는 조기교육에 대한 욕구이다. 특히 언어장애와 지적장애인 경우와 중증장애인 경우가 조기교육에 대한 욕구가 더 높게 나타나고 있다(윤선오 외, 2016).

Valentine은 특히 이 시기에 장애아동과 부모만이 경험하는 문제들의 특성을 다음의 4가지로 제시했다(윤선오 외, 2012).

첫째, 부모가 장애아동에 대해 지나치게 과보호하게 되어 장애아동이 주변 환경과의 충분한 상호작용과 경험을 지닐 수 없어 영유아기의 나이에 기대되는 적합한 지적·인지적·신체적 능력을 발달시키기 못하게 된다.

둘째, 장애아동은 장애의 치료로 인해 그들의 주변 환경을 고통스럽게 인식할 위험에 처해 있다. 주사, 수술, 물리치료, 약물치료가 그 예이다. 그러므로 치료의 효과가 최대화되는 데에서 장애아동이 주변 환경과 다른 사람과의 관계에서도 안전하고 신뢰할 수 있음을 인지하도록 해야 한다.

셋째, 장애아동은 비장애아동보다 버림받거나 학대받을 가능성이 높다.

넷째, 대부분의 가족들과 주변 환경은 낮은 기대감을 가지며, 이는 아동의 능력에 제약과 한계를 가하게 된다.

결국 장애아동은 발달시기에 따른 과업을 달성하는 데 있어서 장애 자체 외에도 장애에 따른 위와 같은 어려움에 직면하고 있으므로 이를 고려한 지지적인 환경이 조성되어야 할 것이다(정영숙 외, 2007). 이 시기에 나타나는 욕구에 따른 지원내용은 다음과 같다.

표 5-1 생애단계별 욕구 및 지원내용

생애주기	욕구 및 지원내용
영유아기	• 미숙아 및 선천성 이상아 등록관리 • 장애의 조기발견 및 개입에 대한 욕구 • 유아특수교육 지원 확대 • 중증장애를 가진 영유아 거주시설 확충 • 장애영유아 전담 보육시설 확대 설치 • 물리치료 및 언어치료, 놀이치료 등 발달재활서비스에 대한 욕구

출처: 임종호 외(2016).

2) 학령기(7~18세)

학령기는 신체적 · 지적 · 정서적으로 급격히 성장하는 시기라고 할 수 있다. 특히 이 시기는 영유아기의 가정중심적인 패턴에서 벗어나 학교를 중심으로 대인관계가 성장하면서 사회성을 습득하는 중요한 시기이기도 하다. 또한 이 시기에는 교육적 환경이 중요한데, 장애아동에게는 특수한 욕구를 충족시켜 줄 수 있는 개별 교육이 필요하다. 장애아동은 개별적인 교육 외에도 통합교육 환경을 마련해 주는 것이 중요한데, 통합교육은 장애아동들의 발달에 도움이 되며, 아동들이 자신의 인간관계에 있어서 성공적이고 적절하게 목적을 선택하고 수행하는 능력인 사회적 능력의 측면에서도 도움이 되는 것으로 평가받고 있다. 따라서 개별적인 교육욕구와 통합을 위한 욕구의 균형을 맞추는 것이 중요하다(변찬용, 2006). 그리고 학령기는 자아정체성 확립과 성적 발달이 빠르게 진행되는 시기이다. 하지만 이 시기 장애인들은 자신의 정체성을 자유롭게 선택하는 것이 아니라 장애인이라고 불리는 사회집단의 정체성을 형성받도록 강요당하는 경우가 많다. 또한 성에 대해서도 무성적 존재로 여겨지면서 성교육에서 배제되거나 자신의 성을 제대로 이해하고 통제할 수 있는 기회를 제공받지 못하는 경우가 있다. 특히, 내성적인 미의 기준에 부합되지 못하다고 믿고 있는 장애 청소년들은 부정적인 성정체성을 갖게 될 가능성이 높다(Priestley, 2003). 따라서 체계적인 교육 프로그램을 제공하여 건강하고 긍정적인 성정체성이 형성될 수 있도록 해야 할 것이다. 이 시기에 나타나는 욕구에 따른 지원내용은 다음과 같다.

표 5-2 생애단계별 욕구 및 지원내용

생애주기	욕구 및 지원내용
학령기	• 장애학생의 특수교육 진단체계 확립 • 재택 장애아동 학교교육 지원 및 특수학급 특수학교 증설 • 방과후 교육에 대한 욕구 • 교육관련 부대비용 지원에 대한 욕구 • 발달재활서비스에 대한 욕구 • 무료 도우미 가정방문 학습서비스에 대한 욕구 • 특수교사 확대에 대한 욕구

출처: 임종호 외(2016).

3) 성인기(19~64세)

성인기는 원가족으로부터 독립하여 취업과 결혼을 준비하거나 가정을 형성하는 중요한 과업이 있는 시기이다. 어떤 의미에서 성인기는 가족에게 의지하던 것을 벗어나 진정한 의미에서 자율성과 독립성을 확보하는 시기이며, 직업과 기술훈련을 통하여 독립된 존재로서의 지위와 역할을 부여받게 되는 시기이다(정일교 외, 2016).

하비거스트(R. J. Havighurst)는 성인의 각 시기의 발달과제를 제시하고 각 시기의 과제를 성취해야만 다음 시기도 성공할 수 있다고 하였으며 각 시기에서 이루어야 할 과제로 다음과 같은 것들을 들고 있다. 첫째, 성인 전기(18~30세)의 과제로서는 ① 배우자 선택, ② 배우자와의 생활을 배우는 일, ③ 첫 아기를 가족구성원에 넣는 일, ④ 어린이를 기르는 일, ⑤ 가정을 관리하는 일, ⑥ 직업을 가지는 일, ⑦ 시민적 책임을 가지는 일, ⑧ 합당한 사회집단을 발견하는 일을 들고 있다. 둘째, 성인 중기(30~55세)의 과제로는 ① 시민적 · 사회적 책임을 담당하는 일, ② 일정한 경제생활 수준을 쌓고 유지하는 일, ③ 10대의 어린이들이 신뢰할 수 있는 성인으로 성장하도록 돕는 일, ④ 여가생활을 충실히 하는 일, ⑤ 중년기의 신체변화에 적응하는 일, ⑥ 노년의 양친에 적응하는 일을 제시하고 있다(이중엽, 2017). 그런데 이러한 과제들은 성인 장애인들이 원활하게 수행하기에는 많은 환경적인 어려움이 있다. 따라서 성인 장애인들이 적절하게 과업을 수행할 수 있는 사회서비스들의 지원이 반드시 필요하다.

한편, 성인기에 있어서 특히 여성장애인의 경우 여성이기 때문에 감당해야 하는 어려움들이 많다. 여성장애인의 경우 전 생애에 걸쳐서 장애차별과 성차별이라는 이중차별의 대상이 되고 있는데, 특히 성인기가 되면 가사, 임신, 육아와 같은 과업을 수행해야 한다. 따라서 여성장애인의 경우 이러한 과업들을 수행하기 위한 재가복지지원서비스가 추가적으로 필요하게 된다. 또한 여성장애인들은 심각한 성폭력과 학대로부터 노출되어 있어서 이를 보호할 수 있는 제도적인 지원 서비스가 필요하다. 이 시기에 나타나는 욕구에 따른 지원내용은 다음과 같다.

표 5-3 생애단계별 욕구 및 지원내용

생애주기	욕구 및 지원내용
청년기	• 성역할과 기능에 대한 정보 및 정서지지 교육 프로그램에 대한 욕구 • 진로지도 교육 • 대학 장애인 편의시설 확충 및 대학 장애학생 지원센터 운영
성인기	• 경제적 자립 및 임금보조에 대한 욕구 • 취업알선, 정보제공 및 직업재활에 대한 욕구 • 문화 및 여가기회 확대에 대한 욕구 • 장애인의 일상생활에 적합한 주택개선 및 보급 • 창업자금 융자 등 창업지원 확대 및 컨설팅 • 보장구 지원 및 의료비 지원에 대한 욕구

출처: 임종호 외(2016).

4) 노년기(65세 이상)

의학의 발달로 평균수명이 연장되면서 노년기 장애인의 수는 매년 증가하고 있다.

노년기는 전반적인 신체기능이 저하되는 시기이다. 즉 청각, 시각, 지체 등의 신체적 장애나 인지기능 저하, 기억력 상실, 노인성 우울 등이 나타나게 된다. 따라서 노년기 장애인의 가장 큰 욕구는 의료보장욕구라고 할 수 있다. 또한 이 시기에도 사회적 지지환경이 중요한데, 특히 독립적으로 살아가는 데 도움을 줄 수 있는 재활보조기구나 의료기구의 지원은 큰 도움이 될 수 있다.

노년기 장애는 두 가지 측면으로 나누어서 특징을 살펴볼 수 있다. 첫째는 나이가 들어감에 따라 나타나는 여러 가지 생리기능 저하로 인해 장애인이 되는 경우이고, 둘째는 장애를 가지고 평생 살아온 사람들이 노년기를 맞이하는 경우이다(이채식 외, 2008). 노년기에 장애를 얻은 사람들은 시각, 청각, 언어 등 복합적인 장애를 가지고 있다. 이들의 특성은 노인성 장애 유형에 가깝다고 할 수 있으며, 치료와 보호의 필요성이 매우 높다. 노년기에 장애가 된 사람들은 자신들을 장애를 가진 다른 사람들과 동일시하지 않으려고 한다. 이러한 특성과 노인에게 수반되는 사회적 고립 때문에, 노년기 장애인이 된 사람들을 위해 사회적 지지와 자원의 제공은 많은 도움이 될 수 있다(임종호 외, 2016). 또한 장애를 가지고 노년기를 맞은 사람들은 가족과 연락이 되지 않거나 장기적으로 혼자 생활해 온 경우가 많은데, 대부분 기초생활수급자이다. 이들은 장애기간이 길기 때문에 새로운 변화보다는 이전의 삶을 잘 유지하려고 노력하려는 특징이 있다. 이들에 대해서는 기존의 장애에 대한 지원과 더불어서 노환으로 인해 발생하는 장애를 지원할 수 있는 의료지원이 필요하다. 이 시기에 나타나는 욕구에 따른 지원내용은 다음과 같다.

표 5-4 생애단계별 욕구 및 지원내용

생애주기	욕구 및 지원내용
노년기	• 보장구 지원 및 의료비 지원에 대한 욕구

출처: 임종호 외(2016).

3 생애주기별 장애가족의 관심사 및 역할

장애인에 대한 가족의 관심과 역할은 생애주기에 따라서 분명하게 나누어지는 것은 아니다. 특정 연령에 따라서 중심적으로 지원해야 역할이 있는가 하면, 전 생애에 걸쳐서 지원해야 할 역할이 있다. 또한 교육적 · 사회적 · 정서적 발달을 위해서 직접적으로 제공해야 할 역할이 있는가 하면, 대외적인 활동을 통해 장애인복지에 이바지할 수 있는 장애인식개선, 권익옹호, 법제정을 위한 협력 등의 역할도 있다. 따라서 생애주기에 따른 부모 및 가족의 관심과 역할에 대한 기술은 장애인의 전 생애(영유아기, 아동기, 학령기, 성인기)에 걸쳐 포괄적으로 이해되어야 한다(정무성 외, 2013).

1) 영유아기(0~6세)

영유아 시기 장애부모의 관심사는 장애에 대한 정확한 진단을 받고, 이를 형제나 친척들에게 알리며, 적합한 서비스를 찾아다니는 일이다. 또한 이런 과정에서 오는 낙인 문제에 대해서 어떻게 대처해야 하는가 하는 점이 관심이 된다. 그리고 형제, 자매들은 장애형제로 인해서 줄어든 관심에 대한 질투의 감정과 장애에 대한 잘못된 이해와 관련된 두려움을 느끼게 된다. 이런 상황에서 부모 및 가족은 장애자녀에 가지는 죄책감이나 불안감 등의 부정적인 감정이 장애아동 및 다른 비장애 자녀에게 미치지 않도록 주의해야 한다. 또한 긍정적으로 장애를 받아들이고 일관성이 있는 태도로 장애를 대하는 좋은 모델이 되는 역할을 해야 한다. 더불어 부모는 장애자녀의 자신감을 향상시키기 위한 촉매자로서의 역할과 개별화 가족지원 및 개별화 교육계획 수립에 적극적으로 참가하는 정보제공자 및 자녀의 잠재적 가능성이 실현되도록 끈기 있게 지원하는 교육가능성 실현가로서의 역할이 주어지고 있다. 이 시기 장애인 가족의 관심은 다음과 같다.

표 5-5 생애주기에 따른 장애인 가족의 관심사

생애주기단계	부모의 관심사	형제들의 관심사
영유아기	• 정확한 진단을 받는 것 • 형제나 친지에게 알리는 것 • 서비스를 찾아다니는 것 • 장애가 있다는 것에 대한 긍정적 의미 발견 • 낙인의 문제에 대처하는 것 • 커다란 기대를 가지는 것	• 형제들의 욕구에 대해 부모의 시간과 에너지 할애가 줄어드는 것 • 관심이 줄어드는 것에 대한 질투의 감정 • 장애에 대한 잘못된 이해와 관련된 두려움

출처: 남연희 외(2010).

2) 학령기(7~18세)

학령기 장애부모의 관심은 교육에 관한 제반적인 문제들에 대해 적응하는 것이다. 따라서 교육과 관련하여 교과목 외에 아동들이 제공받을 수 있는 교육지원에 대해서 지역사회의 자원들을 찾고, 아동의 신체적·정서적 변화에 대처하고자 한다. 뿐만 아니라 학령기 이후의 생활을 계획하는 데 많은 시간을 투여한다. 그리고 이 시기 비장애 형제들은 장애형제로 인해 좌절될 수 있는 욕구에 대해서 어떻게 대처할 것인가 하는 것과 장애형제와 같은 학교를 다닐 것인지에 대한 선택의 고민이 생긴다. 뿐만 아니라 장애를 바르게 이해하고자 장애에 대한 다양한 정보를 제공받기를 원하기도 한다.

학령기 가족의 역할 중 가장 중요한 것은 교사와의 협력자로서의 역할이다. 이는 학교교육만을 일컫는 것이 아니라 장애아동이 경험하는 모든 교육 현장에서의 역할을 의미한다. 더불어 장애아동이 학습을 통하여 성장할 수 있도록 가정교사로서의 역할과 보조교사로서의 역할뿐만 아니라 강사로서의 역할 등 교육의 전반적인 지원자로서의 역할이 주어지고 있다. 이 시기 장애인 가족의 관심은 다음과 같다.

표 5-6 생애주기에 따른 장애인 가족의 관심사

생애주기단계	부모의 관심사	형제들의 관심사
학령기	• 가족기능의 수행을 위한 일상 생활을 조정하는 것 • 교육 관련 문제에 적응하는 것 • 일반학급 통합과 특수학급 분리에 따른 문제를 분명히 하는 것 • 개별화 교육회의에 참여하는 것 • 지역사회 자원을 찾고 활용하는 것 • 교과목 이외의 아동 활동을 조정하는 것 • 장애조건의 만성화 가능성에 대해 정서적으로 적응하는 것 • 성적인 문제의 등장에 대한 이해 • 또래의 거부와 배제 가능성에 대해 대처하는 것 • 직업생활에 대해 계획하는 것 • 여가생활에 대해 계획하는 것 • 사춘기의 신체적 · 정서적 변화에 대처하는 것 • 학교교육 이후 생활에 대해 계획하는 것	• 신체적 보호 욕구에 대한 책임 분담하기 • 여자 맏이들이 위기를 맞을 가능성 • 레크리에이션과 여가를 위한 가족의 자원이 제한되는 것 • 친구나 선생님에게 장애형제를 알리는 것 • 동생이 장애를 가진 장애형제를 앞지를 가능성 • 장애형제의 통합으로 같은 학교에 다니게 되는 문제 • 장애에 대한 기본적인 정보 욕구 • 형제에 대한 과잉동일시 • 사람들 사이의 차이점에 대한 폭넓은 이해 • 장애의 영향이 직업 선택에 미치는 영향 • 낙인의 가능성에 대하여 대처하기 • 형제 훈련 프로그램에 참여하는 것 • 형제 지지집단에 참여하는 것

출처: 남연희 외(2010).

3) 성인기(19~64세)

성인기 장애부모의 관심사는 가족 밖에서 사회화의 기회를 가질 수 있도록 대처하는 것이다. 또한 적절한 주거 형태를 구성하고 취업이나 훈련프로그램에 장애자녀가 참여할 수 있도록 하는 일에 큰 관심을 가지는 것이다. 형제들의 관심사는 결혼으로 인한 새로운 가족을 장애인에게 소개하는 것과 유전적 문제와 관련되는 걱정을 해결하는 것, 그리고 장애형제들의 옹호인으로서의 역할을 어떻게 할 것인지에 관한 것이다. 이 시기 장애가족의 역할은 사회복지사와의 협력자로서의 역할, 지지자로서의 역할이 주어지고 있다. 이 시기 장애인 가족의 관심은 다음과 같다.

표 5-7 생애주기에 따른 장애인 가족의 관심사

생애주기단계	부모의 관심사	형제들의 관심사
성인기	• 후견인의 필요성에 대한 준비 • 성인으로서의 적절한 주거형태를 구성하는 것 • 성인에게 의존성이 가지는 함의에 대해서 정서적으로 적응하는 것 • 가족 밖에서 사회화의 기회를 가질 수 있도록 대처하는 것 • 취업이나 직업훈련 프로그램을 시작하는 것	• 재정적 지원에 대해 책임을 질 가능성에 대한 문제 • 유전적 문제와 관련된 걱정을 해결하는 것 • 결혼으로 인한 새로운 가족을 장애인에게 소개하는 것 • 직업 주거문제에 대한 정보의 욕구 • 형제들의 옹호인으로서의 역할을 분명히 하는 것 • 후견인 문제의 가능성

출처: 남연희 외(2010).

4) 노년기(65세 이상)

노년기는 대부분 부모와의 이별 후 자립생활을 하거나 시설거주 형태의 생활을 이어가는 시기이다. 따라서 이 시기는 부모나 형제의 관심보다는 가족이나 지인과의 이별에 따른 심리·정서적 지원, 노화에 따른 의료와 보장구 지원, 주거 형태에 따른 재정지원, 죽음에 대한 준비와 같은 장애인 당사자의 관심이 강조된다. 그리고 이러한 장애인 당사자의 관심이 포괄적인 가족의 관심이 된다.

4 생애주기별 서비스 개입전략

1) 생애주기별 지역사회 서비스 개입전략

Lewis와 Lewis는 지역 차원에서 제공되는 서비스를 직접서비스와 간접서비스라는 분류와 지역사회서비스와 클라이언트서비스라는 분류의 조합을 통하여 네 가지 형태로 제시하고 있다.

첫째, 직접 클라이언트서비스는 클라이언트에 대한 상담이나 아웃리치서비스가 대

표적인 예이다.

둘째, 간접 클라이언트서비스는 특정 개인이나 집단의 문제에 관련된 환경을 변화시키기 위한 활동으로서 클라이언트 권익옹호나 자문활동이 그 대표적인 예이다.

셋째, 직접 지역사회서비스는 지역사회 전체 구성원과 직접 접촉하는 서비스로, 대표적인 예로 다양한 이슈에 대한 예방교육을 들 수 있다.

넷째, 간접 지역사회서비스는 지역사회의 환경과 정책이 서비스를 필요로 하는 사람들에게 보다 우호적으로 변화할 수 있도록 하는 활동으로서 공공정책에 영향을 미치는 활동이 그 대표적인 예이다. 이상의 분류를 표로 제시하면 아래와 같다.

표 5-8 생애주기별 서비스

생애주기	직접적 접근		간접적 접근	
	클라이언트서비스	지역사회서비스	클라이언트서비스	지역사회서비스
영유아기	• 장애사정 및 재활 계획 수립 • 장애 및 가족 관련 상담 • 각종 교육, 치료 프로그램	• 장애예방자료 제작 및 보급	• 권익옹호 프로그램 • 생활환경의 조정 • 부모 자조 네트워크 형성 지원 • 이용가능한 자원의 개발과 연결 • 각종 상황에 대한 컨설테이션	• 장애예방조치를 위한 입법 및 조례 제정 운동 • 관련 조사연구 활동(*)
학령기	• 장애사정 및 재활계획 수립 • 장애 및 가족 관련 상담 • 각종 교육, 치료 프로그램 • 생활적응훈련 프로그램	• 장애예방자료 제작 및 보급	• 권익옹호 프로그램 • 학교 및 가정환경에 대한 원조 • 부모 자조 네트워크 형성 지원 • 장애형제 프로그램 • 이용가능한 자원의 개발과 연결 • 각종 상황에 대한 컨설테이션	• 장애예방조치를 위한 입법 및 조례 제정 운동 • 관련 조사연구 활동(*)

생애주기	직접적 접근		간접적 접근	
	클라이언트서비스	지역사회서비스	클라이언트서비스	지역사회서비스
성인기	• 장애사정 및 재활 계획 수립 • 장애 및 가족 관련 상담 • 생활적응훈련 프로그램 • 각종 직업재활 프로그램 • 장애유형별 재활 프로그램	• 장애예방자료 제작 및 보급	• 권익옹호 프로그램 • 가정환경에 대한 원조 • 자조 네트워크 형성 지원 • 장애형제 프로그램 • 이용가능한 자원의 개발과 연결 • 각종 상황에 대한 컨설테이션	• 장애예방조치를 위한 입법 및 조례 제정 운동 • 관련 조사연구 활동(*)
노년기	• 장애사정 및 재활 계획 수립 • 장애 및 가족 관련 상담 • 각종 교육, 치료 프로그램 • 생활적응훈련 프로그램 • 장애유형별 재활 프로그램	• 장애예방자료 제작 및 보급	• 권익옹호 프로그램 • 가정환경에 대한 원조 • 자조 네트워크 형성 지원 • 이용가능한 자원의 개발과 연결 • 각종 상황에 대한 컨설테이션	• 장애예방조치를 위한 입법 및 조례 제정 운동 • 관련 조사연구 활동(*)

(*)는 간접 지역사회서비스로 보기는 어려우나 편의상 포함시킨 것임

2) 생애주기별 정책적 서비스 개입전략

정부에서는 생애주기에 따른 장애인복지 발전 계획을 세워서 생애주기에 따른 욕구를 바탕으로 세부적인 서비스 개입전략을 실시하고 있다. 정부정책에 따른 생애주기별 서비스 개입전략을 살펴보면 다음과 같다.

첫째, 출생 전 단계에서는 모자보건사업 강화를 통하여 선천적 장애를 예방하고자 한다.

둘째, 출생단계에서는 미숙아 및 선천적 이상아에 대하여 보건소등록체계를 확충함과 동시에 장애인 등록체계를 구축하고자 한다.

셋째, 유아기 단계에서는 저소득 영유아 건강진단과 성장발달 스크리닝 기능을 강화하는 동시에 유아특수교육 지원을 확대하고, 중증장애를 가진 영유아 생활복지시설을 확충하고자 한다.

넷째, 아동 · 청소년 단계에서는 교육과 관련된 기회를 확대하고 지원하는 동시에 장애

아동의 보육지원 서비스를 제공한다.

다섯째, 청소년기에는 진로지도교육 연계활동을 통하여 상급학교로의 진학지원을 지원하거나 직업훈련 및 취업알선 서비스를 제공한다.

여섯째, 장년기 이상 단계에서는 장애인의 일상생활에 적합한 주택을 개·보수하는 서비스를 제공하고, 창업자금 융자 및 창업지원 확대와 컨설팅 서비스를 제공한다.

이러한 정부 정책의 구체적인 서비스 개입 전략은 아래와 같다.

표 5-9 생애주기에 따른 장애인복지 발전계획

단계	지원내용
출생 전	• 모자보건사업 강화로 선천적 장애 발생 - 임산부 건강진단 내실화 및 유전 상담 강화 - 선천성 대사 이상 검사 확대
출생	• 미숙아 및 선천성 이상아 등록 관리 - 심신장애 발생률이 높은 저체중 출생아 등 미숙아와 선천성 이상아 보건소 등록체계 확립 - 저소득가정 미숙아 및 선천성 이상아 의료비 지원 • 장애인 등록관리체계 구축 - 장애 개념 정립 및 범주의 지속적 확대 - 등록장애인 DB 구축
유아기	• 저소득계층 영유아 건강진단 및 보건소 영유아 성장 발달 스크리닝 기능 강화 • 유아특수교육 지원 확대 - 유아특수교육기관 증설 및 교육비 지원 확대 • 중증장애를 가진 영유아 생활복지시설 확충
아동·소년기	• 장애학생의 특수교육 진단체계 확립 • 재택 장애아동 학교교육 지원 및 특수학급, 특수학교 증설 • 특수교육 대상 학생 통합교육기회 확대 • 장애아동부양수당 지급 수준 현실화 • 자녀교육비 지원 확대 • 장애아동 보육 지원

청년기	• 특수학교 재학생 및 일반학교 장애인 학생을 대상으로 진로지도교육 연계 체계화 • 대학 장애인 편의시설 확충 및 대학 장애학생진언센터 운영 • 장애인 의무고용 확대 및 근로 감독 강화 • 직업훈련 및 직업재활서비스 내실화 - 보호고용사업의 확대 및 맞춤형 직업훈련 강화 - 장애인 특성에 적합한 훈련 방식 도입 • 취업알선 서비스 개선 - 고용촉진공단, 고용안정센터, 지방자치단체 등 취업알선기관 간 구인·구직 협력체계 구축
⇓	
장년기 이상	• 장애인의 일상생활에 적합한 주택 개선·보급 - 장애인 본인이 거주하는 주택의 개조 비용 지원 추진 • 창업 자금 융자 등 창업 지원 확대 및 컨설팅 서비스 제공
⇓	
전 생애와 관련되는 정책	• 응급의료기관 인프라 개선 및 응급전문인력·시설 장비 확충 • 교통안전관리체계 정립 • 산업재해 취약 부문 집중 지도·지원 • 장애수당 지원 확대 및 지원 수준 현실화 • 세제·요금 감면을 통한 경제적 부담 경감 확대 • 재활의료서비스 체계 구축 및 의료 지원제도 확대 • 편의증진사업 활성화 • 사회복지시설 확충 및 서비스 내실화 • 장애인 신체 기능 회복을 위한 생활체육 기반 확충 • 장애인 정보화 교육장 확대 및 원격·방문교육 활성화 • 특수 정보화 보조 장비 및 프로그램 개발·보급 • 시청각 장애인의 방송 접근권 지원 확대 • 특별수송서비스 체계 및 교통정보 제공체계의 구축 - 장애인 전용 셔틀버스 및 장애인 콜택시 확충 • 도시철도, 버스, 철도, 항공, 터미널 등의 장애인 교통편의시설 개선 - 엘리베이터, 에스컬레이터 설치 확대 - 시내버스 등에 저상버스 및 휠체어리프트 장착 시설을 단계적으로 도입 • 장애인 보행 환경 및 운전면허제도 개선 • 장애인 종합 홈페이지를 구축하여 의료, 교육, 직업정보, 재활, 복지시설, 정부 시책 등을 종합적으로 제공 • 장애인 DB 구축 및 Work-net과 연계된 장애인고용정보통합시스템 구축 • 장애인 실태 조사 등 통계 인프라 구축 • 언론매체를 통한 인식 개선 • 교과과정에 장애인 관련 내용 통합 및 장애 체험 실시 • 장애인고용 우수 사례 발굴 전파 등

참고자료: 보건복지부
출처: 정일교, 김만호(2016).

3) 생애주기별 발달장애인 서비스개입전략

발달장애인은 어린 시기에 장애가 발생하여 평생동안 지속되는 특징을 가지고 있다. 또한 대부분이 중증장애로 그 부모는 돌봄 부담이 가중되어 직업이나 여가를 가지기 어렵다. 2018년 우리나라의 발달장애인 수는 26만 1,000명으로 성인 17만 명(75%), 영유아 및 아동 4만7000명(21%), 65세 이상 9,000명(4%)으로 매년 증가 추세에 있다. 이런 현실을 고려해서 2018년 정부는 '발달장애인 평생케어 종합대책'을 발표하여 생애주기에 따른 체계적인 서비스 개입전략을 보여주었다. 개입전략 내용을 살펴보면 크게 네 가지로 요약할 수 있다(보건복지부, 보도자료 2018.9.11.).

① 발달장애 조기진단 강화를 위해 정밀검사 지원 대상을 확대하고, 장애영아보육·교육시설을 확충하며, 멘토링 등 부모교육을 통해 조기개입을 강화한다.
- 영유아 정밀검사지원/영유아 부모교육

② 방과 후 돌봄 바우처를 신설하고, 특수교육기관 및 특수교육교원을 늘린다. 또한 재학 중 진로지도를 위한 직업체험을 확대하고 부모 대상으로 자녀진로 상담 코칭 프로그램을 지원한다.

③ 돌봄과 일자리 등 발달장애인의 지역사회 참여와 자립을 강화한다.
- 의미 있는 낮 활동을 할 수 있도록 주간활동 서비스를 신설하고 지역 내에서 학습형·체육형 등 프로그램을 제공한다.
- 발달장애인훈련센터를 확충하고 중증장애인 근로지원인 지원 및 지원고용 확대를 통해 근로능력이 있는 경우에는 직업훈련과 취업지원을 확대한다.
- 장애인연금 인상 및 부양의무제 적용 제외, 공공신탁제 도입 등 소득지원을 강화한다.

④ 지역사회 커뮤니티 구축을 통해 돌봄 인프라와 장애건강 관리체계를 강화한다.
- 발달장애인 거점병원과 행동발달증진센터를 권역별로 확대하여 발달장애인의 의료 접근성을 제고한다.

- 일반병원 이용이 어려운 발달장애인을 위해 거점병원에 전담 코디네이터를 배치하고, 전문적인 행동치료 프로그램을 지원한다.

표 5-10 발달장애인 평생케어 종합대책 발표

생애주기	주요과제
영유아기	• 발달장애정밀검사 지원 확대(1,000명 → 7,000명)로 조기진단 강화 • 통합유치원(1개 → 17개) 및 특수학급 확대(731학급 → 1,131학급) • 양육 정보 제공 및 부모교육 지원, 부모 자조모임 양성
학령기	• 청소년 방과후 돌봄서비스 신설('19년 4,000 →'22년 2만 2000명) • 특수학교·학급 확대(174교, 1만 325 학급 → 197교, 1만 1575 학급) • 발달장애인훈련센터 확대('18년 7개소 → '19년 13개소)
청장년기	• 주간활동서비스(학습형, 체육형 등) 신설('19년 1,500명 → '22년 1만 7,000명) • 중증장애인 지원고용 확대('18년 2,500명 → '19년 5,000명) • 중증장애인 근로지원인 확대('18년 1,200명 → '19년 3,000명)
중노년기	• 장애인검진기관 확대, 건강주치의제 등 건강관리체계 강화 • 발달장애인 소득보장 체계 구축(공공신탁제 도입 등)
전주기	• 권역별 거점병원·행동발달증진센터 확대(2개소 → 8개소) • 공공후견인·법률지원 확대, 권익옹호 및 성교육 전문가 양성 • 가족부담경감을 위한 휴식지원서비스(1만 명 → 2만 명)

출처: 보건복지부 보도자료(2018).

생각해 볼 과제

1. 생애주기적 관점으로 장애인을 이해하지 않을 때 발생할 수 있는 문제점에 대해서 논의해 보시오.
2. 생애주기적 관점이 장애가족에서 끼칠 수 있는 장점에 대해서 논의해 보시오.
3. 생애주기적 관점에서 장애인을 이해할 때 주의해야 할 점이 무엇인지 토의해 보시오.

참/고/문/헌

남연희, 설진화, 이기량 (2013). **장애인복지론**. 공동체.

변찬용 (2006). 생애주기별 장애인의 복지욕구 분석연구. 한국보건사회연구원.

보건복지부 (2018). 발달장애인 평생케어 종합대책 발표 및 초청간담회 보도자료.

윤선호, 김우호 (2016). **장애인복지론**. 양서원.

윤선호, 김우호, 윤병천 (2015). **장애인복지론**. 양서원.

이중엽 (2017). **장애인복지론**. 공동체.

이채식, 이은영, 이형열, 김재익, 전영록 (2008). **장애인복지론**. 창지사.

임종호, 이영미, 이은미 (2016). **장애인복지관**. 학지사.

정무성, 양희택, 노승현 (2006). **장애인복지론**. 학현사.

정영숙, 이현지 (2007). **장애인복지론**. 학현사.

정일교, 김만호 (2016). **장애인복지론**. 양서원.

Lewise, J. A., & Lewise, M. D. (1998). *Community counseling*. California: Brooks Cole Publishing.

Priestley, M. (2003). *Disability: A Life Course Approach*. Cambridge: Polity Press.

Chapter 06

장애인복지시설에 대한 이해

학습 목표

1. 장애인복지시설 패러다임 변화를 알아본다.
2. 탈시설과 자립에 따른 일자리의 중요성을 알아본다.
3. 장애인복지시설 기능에 대해 알아본다.
4. 사회복지사의 역할에 대해 알아본다.

핵심 용어

장애인복지시설, 기능, 사회복지사의 역할

1 장애인복지시설의 개요

1) 장애인복지시설의 역사

역사적으로 장애인복지시설은 봉건체제에서 근대 자본주의로 전환되는 과정에서 발생하였다. 노동 가능한 빈민과 노동 불가능한 사회적 일탈 집단을 격리 수용하기 위한 조치로 나타난 구빈원에서 그 기원을 찾아볼 수 있다. 오늘날의 시각으로 보면 장애인 수용시설은 사회적 일탈자들에 대한 대응책으로 설계된 매우 비인권적인 제도였으며, 운영방식 또한 처벌적인 태도를 취하고 있었기 때문에 문제적 결과들은 우리나라뿐만 아니라 서구사회에서도 이미 확인된 바 있다.

우리나라의 장애인복지시설은 1950년대 전쟁고아들을 보호하기 위한 시설로부터 출발하였다. 1956년 당시 시설은 허약아 갱생원, 지체부자유자 갱생시설, 맹아 갱생시설, 신체장애자 수산시설, 보신 제작시설, 점자 도서관, 점자 출판사업으로 분류되어 있었다. 1970년대에 들어서면서 이러한 시설들이 장애인생활시설로 전환되었다. 1981년에 제정된 심신장애자복지법에서는 지체부자유자 재활시설, 시각장애자 재활시설, 언어·청각장애자 재활시설, 정신박약자 재활시설 등 장애종류에 따른 분류와 심신장애자 요양시설, 근로시설, 점자 도서관, 점자 출판시설 등 서비스에 따른 분류를 병용하였다.

1989년에 전면 개정된 장애인복지법에서는 장애인재활시설, 장애인요양시설, 장애인유료시설과 이용시설을 새롭게 채택하였고, 직업재활시설을 근로시설과 보호작업장으로 이원화시켰다. 1990년대 들어서서는 기존 유형들 외에 소규모 공동생활가정 및 단기보호시설이 설치되기 시작하였다(김용득, 2008). 1999년 동법이 전면 개정된 이래, 장애인복지시설의 종류는 장애인생활시설, 장애인지역사회재활시설, 장애인직업재활시설, 장애인유료복지시설, 장애인생산품판매시설로 분류되고 있다. 2007년 다시 개정된 장애인복지법에서는 장애인생활시설을 장애인거주시설로 명명하였다. 생활의 개념을 거주 개념으로 전환함으로써 탈시설, 사회통합이라는 세계적 패러다임에 발맞추기 위함이었다.

서구의 경우 대규모 장애인 수용시설은 그 숫자가 점점 감소하는 추세에 있으며, 소규모 주거형태 등 대안적 시설이 증가하는 경향을 보이고 있다. 이와 유사하게 우리나라에서도 최근 4~5년 전부터 장애인복지시설의 개념 정의, 유형별 분류, 기능, 운영방식 등에 관해 정부와 민간에서 활발하게 논의되고 있다.

2) 장애인복지시설 패러다임의 변화

국내 · 외 장애인복지서비스 패러다임은 장애인을 지역사회로부터 격리, 보호서비스 단계에서 훈련과 교육에 중점을 두는 서비스 단계로 발전했다. 이어 지역사회 생활에 초점을 맞추는 단계로 지속적으로 변화하고 있다(임성만, 2009). 장애는 원래 비극이거나 치료해야 할 질환이었으며 개인의 문제였다. 이와 같은 인식을 개인적, 의료적 모델로 정의한다. 사회환경의 변화를 통한 장애인 사회통합에 초점을 맞추는 사회적 모델로의 이동은 장애인복지 모든 영역에서 변화를 촉구하고 있다. 특히, 시설중심의 분리 보호서비스에서 장애인 당사자의 선택권과 자기결정권을 강조하는 정상화와 탈시설화 이념에 기초하여 자립생활 패러다임으로의 전환을 요구하고 있다. 지역사회 안에서의 완전한 거주와 생활을 영위하는 새로운 서비스 모형 개발과 개인의 행복을 추구할 수 있는 제반 서비스에 대한 욕구가 높아지고 있다.

2 장애인복지시설의 유형과 기능

장애인복지법 시행규칙 [별표 4]에서는 장애인복지시설을 장애인거주시설, 장애인지역사회재활시설, 장애인직업재활시설, 장애인의료재활시설, 장애인생산품판매시설로 분류하고 있다. 유형별로 살펴보면 다음과 같다.

1) 장애인거주시설

장애인복지법 제58조 1항 1호에 의한 장애인거주시설은 거주공간을 활용하여 일반 가정에서 생활하기 어려운 장애인에게 일정 기간 동안 거주 · 요양과 함께 지역사회에서 생활이 가능하도록 다양한 서비스를 지원 · 훈련하는 시설을 말한다. 장애인거주시설은 다음 다섯 가지 유형으로 분류한다.

- 장애유형별 거주시설
  - 정의 : 장애유형이 같거나 또는 유사한 장애를 가진 사람들에게 주거 · 일상생활 · 지역사회생활 등의 서비스를 제공하는 시설
  - 종류 : 지체 · 뇌병변장애인거주시설, 시각장애인거주시설, 청각 · 언어장애인거주시설, 지적 · 자폐성장애인거주시설
- 중증장애인거주시설

  장애의 정도가 심하여 항상 도움이 필요한 중증장애인에게 주거 지원 · 요양서비스 · 일상생활지원 등의 서비스를 제공하는 시설
- 장애 영유아거주시설

  6세 미만의 장애 영유아를 보호하고 재활에 필요한 주거 · 일상생활 · 지역사회생활 · 요양 등의 서비스를 제공하는 시설
- 장애인단기거주시설

  장애인에게 일정기간 주거 · 일상생활 · 지역사회재활 등을 제공하고 아울러 장애인을 돌보는 보호자의 단기간 휴식을 제공하는 시설
- 장애인공동생활가정(그룹홈)

  지역사회 내 일반 주택을 이용하여 장애인들이 스스로 사회에 적응하도록 가정생활 · 사회활동 등의 자립생활을 지원하는 시설

(1) 장애인거주시설 유형별 현황

장애인거주시설은 1990년도에 전국 118개소였던 것이 2018년 말 현재 1,527개소로 12.9배 이상 증가하였으며 입소 장애인도 3만 명을 넘는 것으로 나타난다. 장애유형별 시설 현황은 지체장애인시설 33개소, 시각장애인시설 16개소, 청각언어장애인시설 7개소, 지적장애인시설 320개소, 중증장애인거주시설 239개소, 장애인영유아거주시설 9개소, 단기거주시설 150개소, 공동생활가정 753개소이다(〈표 6-1 참조〉. 거주시설 현황의 특징은 시설 수 증가에 비해 거주인원 수는 줄어든다는 점이다. 최근 정부가 추진하고 있는 탈시설 및 시설 소규모화의 영향이라 볼 수 있다.

표 6-1 장애인거주시설 유형별 현황 (단위: 개소, 명)

구분		2014년	2015년	2016년	2017년	2018년
계	인원	31,406	31,222	30,980	30,693	30,152
	시설수	1,457	1,484	1,505	1,517	1,527
지체장애인시설	인원	2,208	1,668	1,766	1,690	1,418
	시설수	44	39	40	39	33
시각장애인시설	인원	632	628	711	700	662
	시설수	15	16	17	17	16
청각언어 장애인시설	인원	270	255	228	363	223
	시설수	7	7	7	7	7
지적장애인시설	인원	12,136	12,369	12,112	12,008	11,865
	시설수	309	321	317	313	320
중증장애인 거주시설	인원	11,344	11,314	11,192	10,996	10,995
	시설수	223	233	233	233	239
장애영유아 거주시설	인원	466	541	452	429	398
	시설수	9	10	9	9	9
단기거주 시설	인원	1,495	1,548	1,616	1,699	1,671
	시설수	137	141	146	147	150
공동 생활가정	인원	2,855	2,899	2,903	2,939	2,920
	시설수	713	717	736	752	753

출처: 보건복지부(2019).

(2) 장애인거주시설 전국 분포 현황

장애인거주시설 분포는 2018년 말 현재 서울에만 276개소로 나타난다. 이 중 공동생활가정이 가장 많고, 청각장애인거주시설은 1개소이다. 가장 많은 거주시설이 있는 경기도는 313개소가 있으며, 공동생활가정이 가장 많은 것으로 나타났다. 전국 시·도별 분포를 보면 〈표 6-2〉와 같다.

표 6-2 장애인거주시설 총괄표(2018년 말) (단위: 개소, 명)

시도	계		지체장애		시각장애		청각장애		지적장애		중증장애		장애영유아		단기		공동	
	시설수	현원	시설수	현원	시설수	현원	시설수	현원	시설수	현원	시설수	현원	시설수	현원	시설수	현원	시설수	현원
계	1,527	30,152	33	1,418	16	662	7	223	320	11,865	239	10,995	9	398	150	1,671	753	2,920
서울	276	3,738	2	99	3	108	1	28	19	778	25	1,519	2	85	40	432	184	689
부산	75	1,402	3	122	1	23	0	0	14	703	6	293	2	67	2	32	47	162
대구	51	1,503	2	235	0	0	0	0	7	511	9	523	1	80	2	22	30	132
인천	71	1,062	2	77	1	50	1	19	8	238	11	452	1	30	5	47	42	149
광주	80	991	4	108	1	34	0	0	14	420	5	179	0	0	4	53	52	197
대전	74	1,209	1	60	1	54	0	0	8	368	11	397	0	0	19	212	34	118
울산	25	650	0	0	0	0	1	31	1	60	8	447	0	0	6	80	9	32
세종	4	158	0	0	0	0	0	0	3	102	1	56	0	0	0	0	0	0
경기	313	6,111	6	118	4	100	2	68	80	2,560	50	2,357	1	80	27	236	143	592
강원	68	1,543	1	22	1	67	0	0	18	617	15	649	0	0	6	76	27	112
충북	87	1,926	3	105	2	94	1	62	19	732	12	716	0	0	3	38	47	179
충남	60	1,788	0	0	0	0	0	0	20	1,024	14	619	0	0	7	74	19	73
전북	71	1,716	4	129	1	46	0	0	32	1,017	12	400	1	30	2	18	19	76
전남	58	1,303	2	127	1	86	1	15	27	759	7	231	0	0	3	24	17	61
경북	88	2,548	1	83	0	0	0	0	28	1,012	32	1,260	0	0	9	125	18	68
경남	94	1,920	2	133	0	0	0	0	15	727	15	658	1	26	11	157	50	219
제주	32	584	0	0	0	0	0	0	7	237	6	241	0	0	4	45	15	61

출처: 보건복지부(2019).

(3) 장애인거주시설별 설비 기준

장애인복지법 시행규칙[별표 5]에서는 장애인복지시설 유형별 설비 기준에 대해 〈표 6-3〉과 같이 규정하고 있으며 구분에 따른 설비를 갖추어야 한다. 다만, 다른 장애인복지시설을 병설하는 경우에는 주된 시설의 설비 일부로 병설하는 시설의 설비를 겸하게 할 수 있다.

표 6-3 장애인거주시설(시설거주자가 30명 이상인 경우)

시설별	설비기준
장애유형별 거주시설	(1) 지체장애인·뇌병변장애인을 위한 시설 시설에서 시행하려는 재활사업별로 물리치료실, 작업치료실, 직업훈련실 및 보장구 제작실 등 필요한 설비와 지체장애인의 재활 및 훈련에 필요한 기계류·기구류를 갖추어야 한다. (2) 시각장애인을 위한 시설 (가) 재활사업별로 그 사업의 목적을 달성하기 위하여 필요한 시설과 설비를 갖추어야 한다. (나) 2층 이상의 건물에는 1개소 이상의 피난설비를 설치하여야 한다. (3) 청각장애인·언어장애인을 위한 시설 (가) 직업훈련사업을 하는 경우 직업훈련실과 작업훈련용 기계류·기구류를 갖추어 두어야 한다. (나) 가능한 한 청능훈련실·언어치료실과 필요한 기계·기구를 갖추어 두어야 한다. (4) 지적장애인 및 자폐성장애인을 위한 시설 (가) 작업치료실을 설치하되 작업치료의 종류, 기계기구의 종류 및 작업인원에 따라 필요한 면적을 확보하여야 한다. (나) 중증의 지적장애인을 수용하는 거실은 1층에 설치되어야 한다. (다) 필요에 따라 1인용 거실과 2인용 거실을 설치할 수 있다.
중증장애인 거주시설	(1) 시설의 구조와 설비는 중증장애인들이 생활하기에 불편함이 없도록 하여야 한다. (2) 유행성 질환 감염에 대비하여 격리보호실을 1개 이상 설치하여야 한다. 격리보호실에는 산소호흡기 및 흡입기(가래제거용)를 사용할 수 있는 시설물이 설치되어 있어야 한다. (3) 거실을 중심으로 화장실·욕실이 설치되어 있어야 한다. (4) 남아 있는 기능의 유지 및 향상을 위하여 훈련·재활을 할 수 있는 물리치료실·작업치료실 및 언어치료실 등 필요한 설비와 기자재를 갖추어야 한다. (5) 중증장애인의 의료적 진단 및 재활에 필요한 각종 기구와 의무실, 간호실을 갖추어야 한다.
장애영유아 거주시설	(1) 시설의 구조와 설비는 장애영유아들이 생활하기에 불편함이 없도록 하여야 한다. (2) 장애영유아들이 휠체어·유모차 등을 사용하는 데에 불편함이 없도록 이동공간 및 주거공간 등 생활공간이 확보되어야 하고 각종 편의시설이 설치되어야 한다. (3) 허약아, 미숙아 및 전염 가능 아동을 격리·보호할 수 있는 격리보호실이 1개 이상 있어야 한다. (4) 신생아를 재활·보호할 수 있는 관계 장비와 설비를 갖추어야 한다. (5) 거실을 중심으로 화장실·욕실이 설치되어 있어야 한다. (6) 남아 있는 기능을 향상시키기 위하여 훈련·치료를 할 수 있고, 물리치료실, 작업치료실, 언어치료실 등의 필요한 설비와 기자재를 갖추어야 한다.

시설별	설비기준
장애유형별 거주시설	(1) 지체장애인 · 뇌병변장애인을 위한 시설 시설에서 시행하려는 재활사업별로 물리치료실, 작업치료실, 직업훈련실 및 보장구 제작실 등 필요한 설비와 지체장애인의 재활 및 훈련에 필요한 기계류 · 기구류를 갖추어야 한다. (2) 시각장애인을 위한 시설 (가) 재활사업별로 그 사업의 목적을 달성하기 위하여 필요한 시설과 설비를 갖추어야 한다. (나) 2층 이상의 건물에는 1개소 이상의 피난설비를 설치하여야 한다. (3) 청각장애인 · 언어장애인을 위한 시설 (가) 직업훈련사업을 하는 경우 직업훈련실과 작업훈련용 기계류 · 기구류를 갖추어 두어야 한다. (나) 가능한 한 청능훈련실 · 언어치료실과 필요한 기계 · 기구를 갖추어 두어야 한다. (4) 지적장애인 및 자폐성장애인을 위한 시설 (가) 작업치료실을 설치하되 작업치료의 종류, 기계기구의 종류 및 작업인원에 따라 필요한 면적을 확보하여야 한다. (나) 중증의 지적장애인을 수용하는 거실은 1층에 설치되어야 한다. (다) 필요에 따라 1인용 거실과 2인용 거실을 설치할 수 있다.
장애인 단기거주 시설	(1) 건축물 연면적 : 최소 66제곱미터 이상 (2) 기본설비 : (가), (다), (마)는 겸용할 수 있다. (가) 거실 (나) 조리실 (다) 의무실 (라) 사무실 (마) 집단활동실 (바) 화장실 (사) 비상재해 대비시설 (아) 그 밖에 장애인의 단기거주에 필요한 설비
장애인 공동생활 가정	(1) 기본설비 (가) 거실(1명당 최소 3.3제곱미터 이상) (나) 조리실 (다) 화장실 (라) 그 밖에 장애인의 공동생활에 필요한 장비

출처: 장애인복지법 시행규칙[별표 5]

2) 장애인지역사회재활시설

장애인복지법 제58조에 따르면 장애인지역사회재활시설은 "장애인을 전문적으로 상담 · 치료 · 훈련하거나 장애인의 일상생활, 여가활동 및 사회참여활동 등을 지원하는 시설"을 의미한다. 장애인지역사회재활시설은 〈표 6-4〉와 같이 9가지 유형으로 분류할 수 있다.

표 6-4 장애인지역사회재활시설 유형

유 형	정 의
장애인복지관	장애인에 대한 각종 상담 및 사회심리 · 교육 · 직업 · 의료재활 등 장애인의 지역사회생활에 필요한 종합적인 재활서비스를 제공하고 장애에 대한 사회적 인식 개선사업을 수행하는 시설
장애인주간보호시설	장애인을 주간에 일시 보호하여 장애인에게 필요한 재활서비스를 제공하는 시설
장애인체육시설	장애인의 체력증진 또는 신체기능 회복활동을 지원하고 이와 관련된 편의를 제공하는 시설
장애인수련시설	장애인의 문화 · 취미 · 오락활동 등을 통한 심신수련을 조장 · 지원하고 이와 관련된 편의를 제공하는 시설
장애인 생활이동지원센터	이동에 상당한 제약이 있는 장애인에게 차량 운행을 통한 직장 출퇴근 및 외출 보조나 그 밖의 이동서비스를 제공하는 시설
한국어수어통역센터	의사소통에 지장이 있는 청각 · 언어장애인에게 수화통역 및 상담서비스를 제공하는 시설
점자도서관	시각장애인에게 점자간행물 및 녹음서를 열람하게 하는 시설
점자도서 및 녹음서 출판시설	시각장애인을 위한 점자간행물 및 녹음서를 출판하는 시설
장애인 의료재활시설	장애아동을 포함한 장애인에게 언어 · 미술 · 음악 등 재활치료에 필요한 치료, 상담, 훈련 등의 서비스를 제공하고 서비스를 이용한 자로부터 비용을 수납하여 운영하는 시설

(1) 장애인지역사회재활시설 유형별 설치 현황

장애인지역사회재활시설은 1990년도부터 우리나라에 본격적으로 설치된 분야로 시설중심이 아닌 지역사회중심으로 장애인복지를 추진하겠다는 정부의 의지가 담겨 있다고 볼 수 있다. 장애인지역사회재활시설은 9가지 유형으로 2018년 말 현재 1,373개소가 설치·운영되고 있다.

표 6-5 장애인지역사회재활시설 유형별 설치 현황 (단위: 개소)

구분	2014년	2015년	2016년	2017년	2018년
계	1,213	1,248	1,303	1,333	1,373
장애인복지관	223	224	231	237	241
장애인 주간보호시설	592	625	663	690	724
장애인체육관	29	30	34	33	33
장애인수련시설	0	0	0	2	1
장애인생활이동지원센터	156	156	159	157	159
한국어수어통역센터	193	193	194	194	195
점자도서관	19	19	20	19	19
점자 및 출판시설	1	1	2	1	1

출처: 보건복지부(2019).

(2) 장애인지역사회재활시설 전국 분포 현황

장애인지역사회재활시설의 전국 분포도를 살펴보면 2018년 말 현재 경기 233개소, 서울 214개소, 경북 114개소, 경남 106개소 등이 설치·운영되고 있다. 이 중 주간보호시설 724개소, 장애인복지관 241개소, 수어통역센터 194개소 등으로 분포되어 있다.

표 6-6 장애인지역사회재활시설 현황 (2018년 말) (단위: 개소)

구분	지역사회재활시설								
시도	계	장애인 복지관	주간 보호시설	장애인 체육관	장애인 수련시설	생활 이동지원 센터	한국어 수어통역 센터	점자 도서관	점자 도서 및 녹음서 출판시설
계	1,373	241	724	33	1	159	195	19	1
서울	278	49	121	7	0	1	26	2	1
부산	82	15	59	1	0	1	5	1	0
대구	63	6	48	2	0	1	5	1	0
인천	50	10	37	0	0	1	1	1	0

구분	지역사회재활시설								
광주	44	7	34	1	0	1	1	0	0
대전	59	8	41	3	0	1	5	1	0
울산	47	4	38	2	0	1	1	1	0
세종	5	1	2	0	0	1	1	0	0
경기	233	35	127	4	0	31	31	5	0
강원	62	7	17	0	0	19	18	1	0
충북	51	12	16	1	0	11	10	1	0
충남	61	15	13	2	0	15	15	1	0
전북	81	13	32	4	0	15	15	2	0
전남	83	18	26	2	0	18	19	0	0
경북	113	20	45	3	1	22	22	1	0
경남	104	16	49	1	0	19	19	0	0
제주	27	5	19	0	0	1	1	1	0

출처: 보건복지부(2019).

(3) 장애인지역사회재활시설 유형별 설비 기준

장애인복지법 시행규칙[별표 5]에서는 장애인지역사회재활시설 유형별 설비 기준에 대해 〈표 6-7〉과 같이 규정하고 있으며 유형에 따른 설비를 갖추어야 한다.

표 6-7 장애인지역사회재활시설

시설별	설비기준
장애인복지관	(1) 건축물 연면적: 최소 1천 제곱미터 이상 (2) 공통기준 외 추가설비 (가) 강당 또는 회의실 (나) 의무실 또는 의료재활실 (다) 휴게실(또는 쉼터) (라) 직업재활실 (마) 장애인보호자 및 자원봉사자 대기실 (바) 그 밖에 장애인에 대한 재활서비스 제공에 필요한 설비

시설별	설비기준
장애인 주간보호시설	(1) 건축물 연면적: 최소 66제곱미터 이상 (2) 기본설비: (가), (다), (마)는 겸용할 수 있다. (가) 거실 (나) 조리실 (다) 의무실 또는 의료재활실 (라) 사무실 (마) 집단활동실 (바) 화장실 (사) 비상재해 대비시설 (아) 그 밖에 장애인의 주간보호에 필요한 설비
장애인 체육관	(1) 건축물 연면적: 최소 900제곱미터 이상 (2) 기본설비 (가) 체련실 (나) 경기장 (다) 의무실 또는 의료재활실 (라) 사무실 (마) 화장실 (바) 그 밖에 장애인의 체육재활에 필요한 설비
장애인 수련시설	(1) 대지 및 건축물 연면적: 최소 1천 제곱미터 이상 (2) 기본설비 (가) 강당 또는 회의실 (나) 숙소(100명 이상의 동시 수용이 가능하여야 한다) (다) 의무실 또는 의료재활실 (라) 사무실 (마) 조리실 (바) 목욕실 (사) 화장실 (아) 그 밖에 장애인의 심신수련에 필요한 설비
점자도서관	「도서관법」 제5조에 따른 시설 및 자료를 갖추어야 한다.
점자도서 및 녹음서출판시설	(1) 기본설비: 사무실, 제판실, 인쇄실, 교정실, 제본실, 창고 (2) 기본장비: 제판기, 교정대, 인쇄기, 원판호책 제본가공용 기구, 제본작업대, 점자용지 재단기, 종이 절단기

3) 장애인의료재활시설

장애인의료재활시설은 장애인의 입원 또는 통원을 통한 상담, 진단·판정, 치료 등 의료재활서비스를 제공하는 시설로 정의하고 있다.

2018년 말 현재 장애인의료재활시설은 19개소가 설치·운영되고 있다. 지역별로는 서울 6개소, 인천, 대전, 경남이 각 2개소, 부산, 대구, 강원, 충북, 충남, 경북, 제주가 각 1개소씩 운영되고 있다. 그러나 경기지역, 호남지역에는 미설치되어 지역 장애인들의 의료시설 이용에 어려움이 있다. 장애인의료재활시설 설비 기준은 의료법의 적용을 받는다.

표 6-8 장애인지역사회재활시설 설치 현황 (단위: 개소)

구분	2014년	2015년	2016년	2017년	2018년
장애인의료재활시설	18	18	20	19	19

출처: 보건복지부(2019).

4) 장애인직업재활시설

장애인복지법 제58조에 따르면 장애인직업재활시설은 “일반 작업환경에서는 일하기 어려운 장애인이 특별히 준비된 작업환경에서 직업훈련을 받거나 직업생활을 할 수 있도록 하는 시설”을 의미한다. 장애인직업재활시설은 〈표 6-9〉와 같이 세 가지 유형으로 분류하고 있다.

표 6-9 장애인직업재활시설 유형별 정의

유 형	정 의
장애인 직업적응훈련시설	작업능력이 극히 낮은 장애인에게 작업활동, 일상생활훈련 등을 제공하여 기초작업능력을 습득시키고, 작업평가 및 사회적응훈련 등을 실시하여 장애인 보호작업장 또는 장애인근로사업장이나 그 밖의 경쟁적인 고용시장으로 옮겨갈 수 있도록 돕는 역할을 하는 시설

유 형	정 의
장애인보호작업장	직업능력이 낮은 장애인에게 직업적응능력 및 직무기능 향상훈련 등 직업재활훈련 프로그램을 제공하고, 보호가 가능한 조건에서 근로의 기회를 제공하며, 이에 상응하는 노동의 대가로 임금을 지급하며, 장애인 근로사업장이나 그 밖의 경쟁적인 고용시장으로 옮겨갈 수 있도록 돕는 역할을 하는 시설
장애인 근로사업장	직업능력은 있으나 이동 및 접근성이나 사회적 제약 등으로 취업이 어려운 장애인에게 근로의 기회를 제공하고, 최저임금 이상의 임금을 지급하며, 경쟁적인 고용시장으로 옮겨갈 수 있도록 돕는 역할을 하는 시설

출처: 장애인복지법 시행규칙[별표 4]

(1) 장애인직업재활시설 유형별 현황

장애인직업재활시설은 2018년 말 현재 651개소가 운영되고 있다. 작업능력은 있으나 이동 및 접근성, 사회적 제약 등으로 일반취업이 어려운 장애인들에게 근로 기회를 제공하는 근로사업장이 63개소가 운영되고 있다. 직업능력이 낮은 장애인에 대해 직업적응능력 및 직무기능을 향상시키기 위해 직업훈련 프로그램과 보호된 환경에서 근로의 기회를 제공하는 보호작업장이 573개소, 장애인직업적응훈련시설 15개소가 운영되고 있다. 장애인직업적응훈련시설은 작업능력이 극히 낮은 장애인들에게 작업활동, 일상생활훈련 등을 통해 기초작업능력을 향상시켜 보호작업장이나 근로사업장으로 전이될 수 있도록 돕는 시설이다.

장애인직업재활시설은 2009년까지 근로사업장, 보호작업장, 작업활동시설, 직업훈련시설 등 4개 유형이었던 것이 2007년 장애인복지법 개정과 함께 근로사업장, 보호작업장 등 2개 유형으로 재편되었다. 그러나 발달장애인들의 직업능력 향상을 위한 전문적 지원의 필요성이 요구되자 2014년 5월 제정된 발달장애인 권리보장 및 지원에 관한 법률 제25조 제2항에 의해 직업적응훈련시설 설치가 가능하도록 하였다.

장애인의 사회통합과 자립, 탈시설, 커뮤니티케어 정책이 맞물리면서 장애인의 일자리 또한 중요한 이슈로 떠오르고 있다. 거주시설이나 지역사회시설과는 달리 매년 장애인직업재활시설이 증가하고 있는 이유이기도 하다.

표 6-10 장애인직업재활시설 유형별 현황 (단위: 개소, 명)

구분		2014년	2015년	2016년	2017년	2018년
계	이용인원	15,651	16,414	17,131	17,841	18,205
	시설 수	541	560	582	625	651
근로사업장		64	64	63	62	63
보호작업장		477	496	516	553	573
직업적응훈련시설		0	0	3	10	15

출처: 보건복지부(2019).

(2) 장애인직업재활시설 전국 분포 현황

장애인직업재활시설 전국적인 분포도를 보면 2018년 말 현재 서울 132개소, 경기 115개소로 전체시설의 38%가 수도권에 집중되어 있다. 장애인직업재활시설에서 직업훈련을 받거나 보호 고용이 되어 있는 장애인 수는 1만 8천여 명으로 90% 이상이 발달장애를 수반한 중증장애인이다. 2018년 말 현재 발달장애인은 2십3만여 명으로 적절한 일 경험을 할 수 있는 인프라는 턱없이 부족한 실정이다. 장애인직업재활시설의 지역별 현황은 〈표 6-11〉과 같다. 장애인생산품 판매시설 설비 기준은 판매장 50제곱미터 이상으로 판매물품에 따라 적합한 곳에 설치하는 것을 지향하고 있다.

표 6-11 장애인직업재활시설 현황(2018년 말)

구분	직업재활시설			
시도	계	근로사업장	보호사업장	직업적응훈련시설
계	651	63	573	15
서울	132	12	115	5
부산	39	2	36	1
대구	42	5	37	0
인천	34	3	31	0
광주	23	4	19	0
대전	24	4	18	2
울산	14	1	13	0
세종	4	0	4	0

구분	직업재활시설			
경기	115	13	95	7
강원	35	4	31	0
충북	22	1	21	0
충남	20	0	20	0
전북	21	2	19	0
전남	20	2	18	0
경북	44	2	42	0
경남	52	5	47	0
제주	10	3	7	0

출처: 보건복지부(2019).

3 장애인복지시설에서 사회복지사의 역할

1) 장애인거주시설 및 장애인유료복지시설에서 사회복지사의 역할

장애인거주시설 및 장애인유료복지시설은 장애유형이 같거나 장애 정도가 유사한 장애인들이 생활하는 시설로써 크게 일상생활훈련, 지역사회훈련, 요양서비스를 제공하고 있다. 일상생활훈련으로는 신변처리, 가정생활, 식사 등과 같은 흔히 비장애인의 일상생활과 동일한 내용들로 프로그램을 구성하여 장애인 당사자가 스스로 할 수 있도록 지원하는 것을 말한다. 지역사회훈련은 금융기관, 공공기관, 미용실, 목욕탕, 극장, 마트 등 지역 내 각종 시설물을 스스로 이용이 가능하도록 훈련하는 것이다. 뿐만 아니라 대중교통 이용이 가능하도록 지원하여 궁극적으로는 장애인 당사자가 사회복지사의 지원 없이 스스로 삶을 영위하도록 하는 것이다. 현재 우리나라의 장애인복지 패러다임은 장애인들의 사회통합으로 탈시설화가 이루어지고 있다. 따라서 장애인거주시설에서 사회복지사의 역할은 거주 장애인들의 사회통합 프로그램을 수행하는 것에 집중되어 있다. 장애인의 욕구와 결정에 따라 장애인개별지원 계획-수행-평가를 진행하여야 한다. 이때 모든 과정에서 장애인 당사자가 중심이 되어야 한다.

현재 고령 장애인에 대한 담론이 이슈가 되고 있다. 우리나라에서는 아직까지 고령 장애인에 대한 분류나 서비스에 대한 개념이 명확하게 정의되어 있지 않으며, 정책 또한 수립되어 있지 않다. 특히 발달장애인의 고령화는 자립을 기반으로 한 서비스의 변화를 요구하고 있어 현장과 사회복지사들의 준비가 시급한 상태이다.

이 외에 자원개발 및 자원봉사자 관리, 외부지원사업 신청, 행정업무 등 직접사업 외 간접사업 수행도 사회복지사의 역할에 해당된다.

2) 장애인지역사회시설에서 사회복지사의 역할

장애인지역사회시설에서 사회복지사의 역할은 거주시설의 일상생활 및 지역사회훈련과 동일한 프로그램과 함께 상담 및 사회심리, 교육, 직업훈련 및 전이, 의료상담 및 연계 등 장애인이 지역사회에서 살아가는 데 필요한 종합적인 재활서비스를 실시한다. 또한 재가복지서비스, 스포츠 및 여가활동, 정보 제공, 수화 등 다양한 장애인이 이용하는 시설인 만큼 서비스도 다양하게 구성되어 있다. 자원개발, 홍보, 조사연구, 활동보조서비스 등도 사회복지사의 역할에 해당된다.

장애인체육 및 수련시설에서는 장애인의 체육활동, 문화, 취미, 오락활동을 통한 심신수련 프로그램을 지원한다. 장애인생활이동지원센터에서는 장애인의 차량운행, 출퇴근 지원, 외출 보조 등 이동서비스를 제공한다.

한국어수어통역센터에서는 상담, 출장 수화통역서비스, 수화교육 및 보급사업, 청각·언어장애인의 복지증진을 위한 업무를 수행한다.

3) 장애인직업재활시설 및 장애인생산품판매시설에서 사회복지사의 역할

장애인직업재활시설은 성인기 장애인에 대한 직업관련 서비스를 제공하는 시설이다. 사회복지사는 장애인이 취업하고 직업을 유지할 수 있도록 직업적응훈련, 직업훈련, 직업능력평가, 직업상담, 작업활동 등을 통해, 보호고용, 지원·일반고용이 이루어지도록 지원하는 역할을 한다. 또한 장애인직업재활시설에서 생산되는 생산품을 홍보 판매함으로써 생산에 참여하는 장애인들에게 임금을 지급하기도 한다.

장애인생산품을 판매하도록 설치된 시설이 장애인생산품판매시설이다. 광역시·도에 1개소 이상 설치되어 해당 지역에서 생산되는 장애인생산품 판매를 촉진한다. 궁극적으로 장애인 고용을 통한 소득보장 기반으로서 기능하고 있다.

장애인직업재활시설은 장애인복지시설 영역에서 가장 역사가 짧은 만큼 장애인의 직업에 대한 사회적 인식은 매우 낮은 수준에 머물러 있다. 그러나 최근 정부주도하에 일자리 정책이 재조명되면서 장애인의 일자리도 중요한 영역으로 자리매김하고 있다. 장애인직업재활시설에서의 사회복지사의 역할 또한 재조명되고 있으며, 장애인일자리에 대한 새로운 마인드 정립도 필요하게 되었다.

모든 영역에서 사회복지사는 장애인 당사자, 가족, 친구 등과의 인터뷰를 통해 개별 지원계획을 수립하여 수행하여야 한다. 장애인거주시설, 장애인지역사회시설, 장애인

TIP 장애인복지법 제58조의 우리나라의 장애인복지시설에 대한 정의

- 장애인거주시설 : 거주공간을 활용하여 일반가정에서 생활하기 어려운 장애인에게 일정 기간 동안 거주·요양·지원 등의 서비스를 제공하는 동시에 지역사회생활을 지원하는 시설
- 장애인지역사회재활시설 : 장애인을 전문적으로 상담·치료·훈련하거나 장애인의 일상생활, 여가활동 및 사회참여활동 등을 지원하는 시설
- 장애인의료재활시설 : 장애인을 입원 또는 통원하게 하여 상담, 진단·판정, 치료 등 의료재활서비스를 제공하는 시설
- 장애인직업재활시설 : 일반 작업환경에서는 일하기 어려운 장애인이 특별히 준비된 작업환경에서 직업훈련을 받거나 직업생활을 할 수 있도록 하는 시설
- 그리고 이 밖에 대통령령령으로 정하는 시설을 말한다.

직업재활시설별로 고유의 기능과 역할에 맞도록 프로그램을 개발하고 실행하여야 한다. 장애인 당사자의 욕구가 가감 없이 표현될 수 있도록 기술적이고 감성적인 접근이 필요하다. 무엇보다 사회복지사의 인권감수성이 발휘되어야 하며 지원이라는 이름의 통제적 접근은 아닌지 끊임없이 성찰하여야 한다. 이 과정을 통해 사회복지사는 자연스럽게 창의성을 확대할 수 있을 것이며 꾸준한 자기개발을 통해 성장할 수 있을 것이다.

생각해 볼 과제

1. 현재의 장애인복지시설의 여러 형태가 장애인의 삶에 적합한지 토론해 보시오.
2. 장애인의 생애와 기능에 적합한 장애인복지시설의 형태와 변화되어야 할 것은 무엇인지 토론해 보시오.

참 / 고 / 문 / 헌

김용득 (2008). 장애인거주지원서비스의 최근 쟁점과 정칙 및 실천과제 세미나 자료집. 메트라이프 아동복지재단.

김진우, 김미옥, 김용득 외 (2014). **발달장애인복지론**. EM커뮤니티.

나운환, 이창희, 김춘만, 김동주, 이운식, 이혜경 (2014). **직업재활시설론**. 집문당.

박경수 외 (2015). 장애인거주시설 설치 · 운영기준 등 개정안 마련 연구 보고서. 한양대학교 산학협력단.

보건복지부(2019). 2019년 보건복지통계연보.

오정수, 류진석 (2006). **지역사회복지론**. 학지사.

임종호, 이영미, 이은미 (2010). **장애인복지론**. 학지사.

Part

03

장애인복지 정책과정

Chapter 07

장애와 소득보장

학습 목표

1. 장애인 소득현황에 대하여 알아본다.
2. 장애인 소득보장제도의 세부적인 내용에 대하여 알아본다.

핵심 용어

장애인연금, 국민연금의 장애연금, 산재보험의 장해급여, 국민기초생활보장제도, 장애수당, 장애아동수당

1 장애인의 소득현황

장애인은 신체적 · 정신적 장애 및 사회적 환경에 의하여 소득활동에 상당한 제약을 받고 있다. 즉, 비장애인에 비하여 소득이 낮은 상태이다. 장애인 가구의 월평균 소득은 242.1만 원으로 전국 월평균 가구소득(2017년 2/4분기 기준 361.7만 원)의 66.9% 수준에 불과하다. 또한 장애인 가구의 월평균 지출은 190.8만 원으로 전국 월평균 가구 지출(2017년 2/4분기 기준 276.1만 원)의 69.1% 수준이다.

표 7-1 월 평균 총가구소득 및 지출액 (단위: 만 원)

구분	지체 장애	뇌병변 장애	시각 장애	청각 장애	언어 장애	지적 장애	자폐성 장애	정신 장애	신장 장애	심장 장애	호흡기 장애	간 장애	안면 장애	장루요루장애	뇌전증 장애	전체
가구 소득액	243.2	227.7	239.9	209.2	310.9	294.0	435.6	180.4	251.4	283.4	239.3	376.3	428.3	209.4	304.5	242.1
가구 지출액	188.4	192.8	185.2	163.6	223.5	232.0	349.7	150.5	217.2	232.9	202.7	295.7	296.1	183.4	238.0	190.8

출처: 한국보건사회연구원(2018). 2017년 장애인 실태조사.

장애인 본인이 스스로 인식하고 있는 주관적 소속 계층에 대해서 전체 장애인 중에서 자신을 상층으로 인식은 0.7%, 중층으로 인식은 37.8%에 불과한 반면, 하층으로 인식하고 있는 장애인은 61.5%로 나타나고 있다. 장애유형별로 보면, 뇌전증장애인 78.2%, 정신장애인 72.0%, 뇌병변장애인 69.3%, 신장장애인 66.7%가 자신을 하층으로 인식하고 있다. 반면에 하층으로 인식하는 비율이 낮은 장애는 자폐성장애인 33.3%, 간장애인 46.7% 등으로 나타났다. 한편 상층으로 인식하는 비율이 높은 장애는 자폐성

표 7-2 주관적 소속 계층 (단위: %, 명)

구분	지체 장애	뇌병변 장애	시각 장애	청각 장애	언어 장애	지적 장애	자폐성 장애	정신 장애	신장 장애	심장 장애	호흡기 장애	간 장애	안면 장애	장루요루장애	뇌전증 장애	전체
하층	58.9	69.3	63.1	59.9	60.8	63.6	33.3	72.0	66.7	54.6	56.0	46.7	63.3	61.4	78.2	61.5
중층	40.4	30.3	36.3	39.7	39.2	34.9	64.6	26.8	32.9	45.4	44.0	51.4	36.7	38.0	21.8	37.8
상층	0.7	0.4	0.6	0.3	-	1.5	2.1	1.2	0.4	-	-	1.9	-	0.7	-	0.7

출처: 한국보건사회연구원(2018).

장애인 2.1%, 간장애인 1.9% 지적장애인 1.5% 등으로 나타났다.

우리나라의 사회보장정책은 국민기초생활보장법을 근거로 하여 생활, 주거, 의료, 교육급여 등을 제공하고 있다. 이는 생활이 어려운 사람에게 필요한 급여를 실시하여 이들의 최저생활을 보장하고 자활을 돕는 것을 목적으로 하고 있다. 기초생활보장제도에서 대상자 선정을 위한 소득인정액을 산정함에 있어서 개별 가구의 실제소득에서 장애 · 질병 · 양육 등 가구 특성에 따른 지출요인, 근로를 유인하기 위한 요인, 그 밖에 추가적인 지출요인에 해당하는 금액을 감하여 산정하고 있으나, 장애인의 특성을 충분히 반영하고 있다고 볼 수는 없다.

장애인 가구 중 국민기초생활보장 생계급여 수급자의 비율은 15.0%이며, 장애유형별로 보면, 생계급여 수급가구의 비율이 가장 높은 장애인은 정신장애인(54.7%)이었으며, 뇌전증장애인(34.5%), 지적장애인(30.4%) 및 언어장애인(26.9%) 가구도 생계급여 수급가구의 비율이 매우 높게 나타났다. 반면에 자폐성장애는 생계급여 수급가구의 비율이 6.5%로 가장 낮게 나타났으며, 청각장애(9.2%), 지체장애(9.6%)도 생계급여 수급가구 비율이 낮았다.

국민기초생활보장 의료급여를 수급하는 장애인가구의 비율은 16.2%로, 생계급여 수급 비율보다 약간 더 높았다. 장애유형별로 보면, 정신장애인가구(57.7%)의 의료급여 수급 비율이 가장 높았으며, 뇌전증장애(37.3%), 지적장애(32.1%), 언어장애(29.3%), 신장장애(24.1%), 심장장애(22.9%), 뇌병변장애(21.3%) 등이 20%를 넘는 수급률을 보였다.

국민기초생활보장 주거급여의 수급률은 전체 장애인이 14.4%로 생계급여의 수급률보다 오히려 약간 낮았다. 장애유형별로 비교해 보면, 주거급여 수급률이 가장 높은 장애유형은 정신장애(53.8%)이었으며, 이어서 뇌전증장애(34.5%), 지적장애(29.4%), 언어장애(28.8%), 뇌병변장애(19.5%) 등의 순으로 나타났다.

교육급여의 수급 비율은 1.4%에 불과하였는데, 이는 장애인 중 노년층이 많은 인구학적 특성에 기인한 것으로 보인다. 장애유형별로 보면, 교육급여 수급 비율이 가장 높은 장애는 안면장애(8.7%)이었으며, 이어서 간장애(7.6%), 호흡기장애(7.2%), 지적장애(5.4%), 그리고 언어장애(4.2%)의 순으로 나타났다.

표 7-3 국민기초생활보장 수급 여부 및 형태 (단위: %, 명)

구분	지체 장애	뇌병변 장애	시각 장애	청각 장애	언어 장애	지적 장애	자폐성 장애	정신 장애	신장 장애	심장 장애	호흡기 장애	간 장애	안면 장애	장루요루장애	뇌전증 장애	전체
생계급여	9.6	20.4	11.6	9.2	26.9	30.4	6.5	54.7	19.3	17.6	16.9	15.1	14.9	12.4	34.5	15.0
의료급여	10.4	21.3	12.3	10.6	29.3	32.1	6.5	57.7	24.1	22.9	17.3	16.8	16.7	14.4	37.3	16.2
주거급여	9.2	19.5	10.7	8.4	28.8	29.4	6.5	53.8	19.3	17.6	16.4	15.1	14.9	12.4	34.5	14.4
교육급여	0.8	1.1	1.5	0.8	4.2	5.4	2.7	1.9	0.5	-	7.2	7.6	8.7	1.2	2.8	1.4

출처: 한국보건사회연구원(2018).

장애인이 가입한 연금 중 가입률이 가장 높은 연금은 국민연금 37.7%이며, 그 외 공무원연금 등은 가입률이 2.1%, 보훈연금은 1.5%로 전반적으로 낮으며, 사적연금인 개인연금도 가입률이 3.0%로 매우 낮게 나타났다. 연금유형별로 비교해 보면, 국민연금의 경우 장루 · 요루장애인 43.9%, 지체장애인 43.3%, 시각장애인 43.1%, 간장애인 40.9% 등의 순으로 가입하고 있다. 반면 뇌전증장애인 9.8%, 정신장애인 16.5%, 자폐성장애인 19.7%, 지적장애인 21.2%로 가입률이 낮다. 공무원연금의 경우에는 간장애인이 11.8%로 가입률이 가장 높았으며, 심장장애인 8.9%, 장루 · 요루장애인 7.2%, 호흡기장애인 6.5% 등으로 가입하고 있다. 보훈연금의 경우에는 심장장애인 6.5%로 가입률이 가장 높았으며, 이어서 호흡기장애인 5.4%로 가입하고 있다. 한편 개인연금(사적)의 경우에는 안면장애인의 가입률이 17.2%로 가장 높았으며, 간장애인 8.3%의 가입률을 보이고 있다.

표 7-4 장애인이 가입한 연금 종류 (단위: %, 명)

구분	지체 장애	뇌병변 장애	시각 장애	청각 장애	언어 장애	지적 장애	자폐성 장애	정신 장애	신장 장애	심장 장애	호흡기 장애	간 장애	안면 장애	장루요루장애	뇌전증 장애	전체
국민 연금	43.3	31.2	43.1	32.7	37.8	21.2	19.7	16.5	35.1	24.8	48.6	40.9	25.6	43.9	9.8	37.7
공무원 연금	1.8	1.7	2.5	3.1	-	0.2	-	0.5	6.1	8.9	6.5	11.8	-	7.2	3.0	2.1
사립학교 교원연금	0.5	0.4	0.9	-	-	-	-	0.7	-	-	-	1.9	-	-	-	0.4

구분	지체 장애	뇌병변 장애	시각 장애	청각 장애	언어 장애	지적 장애	자폐성 장애	정신 장애	신장 장애	심장 장애	호흡기 장애	간 장애	안면 장애	장루요루장애	뇌전증 장애	전체
군인 연금	0.4	0.6	-	0.3	-	-	-	-	1.5	-	-	-	-	0.8	-	0.3
별정 우체국 연금	-	-	-	0.1	0.7	-	-	-	-	-	-	-	6.2	-	-	0.0
보훈 연금	1.1	2.8	2.0	2.8	0.7	-	-	0.8	0.7	6.5	5.4	-	-	0.6	-	1.5
개인연금 (사적)	3.6	1.6	3.	2.3	4.3	3.3	4.4	0.7	1.9	-	-	8.3	17.2	-	2.2	3.0

출처: 한국보건사회연구원(2018).

앞에서 살펴본 바와 같이 장애인의 소득 수준은 낮고 노후대비 등을 위한 연금가입률이 낮음을 알 수 있다. 장애인은 소득 수준이 낮음에도 불구하고 장애로 인하여 추가로 지출하는 비용도 장애인 가구의 경제활동이 많은 영향을 미친다 할 수 있다.

장애로 인한 추가로 소요되는 비용을 살펴보면 장애인 중 장애로 인하여 추가 소용비용이 발생된 장애인은 77.1%로, 매월 16만 5,100원의 추가비용이 발생한다. 추가비용 발생의 내용으로 의료비가 65.9천 원으로 가장 많았으며, 부모 사후 및 노후 대비비용 22.9천 원, 보호 · 간병비가 20.6천 원, 교통비 20.5천 원, 통신비 9.8천 원, 보육 · 교육비 8.0천 원, 장애인보조기구 구입 · 유지비가 7.2천 원 등으로 나타났다.

장애유형별로 비교해 보면, 자폐성장애인이 60만 8,400원, 간장애인 46만 2,200원, 뇌병변장애인 34만 2,200원, 안면장애인 32만 3,900원, 신장장애인 29만 3,600원, 지적장애인 28만 7,000원, 장루 · 요루장애인 23만 4,700원으로 추가 소용비용이 발생되고 있다. 추가 발생비용은 의료비로 인해 발생되는 추가비용이다.

표 7-5 장애로 인한 추가 소용비용 (단위: 천 원)

구분	지체 장애	뇌병변 장애	시각 장애	청각 장애	언어 장애	지적 장애	자폐성 장애	정신 장애	신장 장애	심장 장애	호흡기 장애	간 장애	안면 장애	장루요루장애	뇌전증 장애	전체
월평균 총 추가비용	121.5	342.2	87.0	83.1	146.9	287.0	608.4	85.9	293.6	112.4	176.4	462.2	329.2	234.7	118.9	165.1
교통비	21.3	29.9	7.8	5.1	19.3	31.3	85.4	12.2	47.0	21.2	43.8	25.3	17.0	24.0	9.3	20.5
의료비	51.3	167.6	16.3	11.1	28.3	71.7	27.7	47.5	199.1	83.7	71.5	415.5	122.2	120.0	53.8	65.9
보육·교육비	0.2	5.1	0.4	1.1	45.8	44.7	368.4	-	-	-	-	-	-	-	-	8.0
보호·간병비	13.7	88.4	5.6	4.4	-	14.2	19.7	0.2	14.6	-	21.2	7.7	-	2.4	37.0	20.6
재활기관 이용료	1.0	7.9	0.6	0.7	0.3	34.1	59.0	8.3	0.2	-	-	-	-	2.4	-	4.8
통신비	2.3	3.2	29.0	24.9	21.3	9.8	6.8	2.4	3.4	2.9	3.4	0.4	3.7	1.1	3.0	9.8
장애인 보조기 기구입·유지비	3.6	7.3	3.0	22.3	0.4	1.6	0.4	-	8.8	4.5	19.9	0.3	5.3	82.3	-	7.2
부모사후 및 노후대비비	23.0	16.8	23.0	13.1	31.5	67.8	41.0	11.4	17.5	-	14.1	7.6	180.9	-	15.9	22.9
기타	5.0	16.0	1.3	0.2	-	11.7	-	3.9	3.1	0.2	2.6	5.4	-	2.5	-	5.4

출처: 한국보건사회연구원(2018).

2 소득보장제도

1) 장애인연금

장애인연금은 장애로 인하여 생활이 어려운 중증장애인의 생활안정 지원과 복지 증진 및 사회통합을 도모하기 위한 제도로 즉, 중증장애인에게 근로능력의 상실 또는 현저한 감소로 인하여 줄어드는 소득과 장애로 인하여 추가로 드는 비용을 보전하기 위하여 매월 일정액의 연금을 지급하는 사회보장제도이다.

(1) 대상자

장애인연금의 대상은 만 18세 이상의 등록한 중증장애인 중 본인과 배우자의 소득인정액이 선정기준액 이하이어야 한다.

① 연령요건

연금 신청일이 속한 월 당시 만 18세 이상이어야 하며, 신청일이 속하는 월의 말일까지 만 18세가 되는 자는 만 18세 이상으로 본다.

② 소득인정액

소득인정액이란 월 소득평가액과 재산의 소득환산액을 합산한 금액을 말한다. 장애인연금 수급자의 요건은 본인과 배우자의 소득평가액과 재산의 소득환산액을 합산한 금액(소득인정액)이 선정기준액 이하이어야 한다. 2020년도의 선정기준액은 단독가구인 경우 월 122만 원, 부부가구인 경우 195.2만 원이다.

소득인정액

※ 소득인정액 = 소득평가액 + 재산의 소득환산액

- 재산의 소득환산액: [{(일반재산 - 기본재산액 공제*) + (금융재산 - 2,000만 원 공제) - 부채} × 소득 환산율(4%) ÷ 12개월] + P**
- 소득평가액: (상시근로소득 - 79만 원 공제) × 70% + 기타 소득

* **(기본재산액) 주거유지 비용 공제**(대도시 13,500만 원, 중소도시 8,500만 원, 농어촌 7,250만 원)

** **(P값)** 사치품으로 분류되는 **고급 회원권**(골프, 승마, 콘도 등) 및 **고급 자동차**(4,000만 원 이상 혹은 3,000cc이상으로서 차령이 10년 미만인 차량)는 가액 전액을 소득 반영

(2) 장애인연금 급여 종류

장애인연금은 근로능력의 상실 또는 현저한 감소로 인하여 줄어드는 소득을 보전해 주기 위하여 지급하는 급여인 기초급여와 장애로 인하여 추가로 드는 비용의 전부 또는 일부를 보전해 주기 위하여 지급하는 급여인 부가급여로 그 종류가 나누어져 있다.

① 기초급여

기초급여는 만 18세 이상부터 만 64세까지 수급권을 유지하고 있는 자에게 지급하는 것으로 기초급여액 금액은 보건복지부장관이 그 전년도 기초급여액에 대통령령으로 정하는 바에 따라 전국소비자물가변동률을 반영하여 매년 고시하도록 되어 있다.

표 7-6 장애인연금 급여액(감액이 없는 최고 지급액 기준) (단위: 원)

기 간	금 액
2014년 7월 ~ 2015년 3월	200,000원
2015년 4월 ~ 2016년 3월	202,600원
2016년 4월 ~ 2017년 3월	204,010원
2017년 4월 ~ 2018년 3월	206,050원
2018년 4월 ~ 2018년 8월	209,960원
2018년 9월 ~ 2019년 3월	250,000원
2019년 4월 ~ 2019년 12월	300,000원
2020년 1월 ~ 2020년 12월	300,000원

만 65세 이상 수급자는 장애인연금의 기초급여와 동일한 성격의 급여인 기초노령연금으로 전환하여 지급하고, 기초급여는 미지급한다. 또한 단독가구와 부부(2인)가구의 생활비 차이를 감안, 부부가 모두 기초급여를 받는 경우 각각의 기초급여액에 20%를 감액한 지급한다. 약간의 소득인정액 차이로 장애인연금(기초급여)을 받는 자와 못 받는 자의 소득역진 최소화를 위해 기초급여액의 일부를 단계별로 감액한다.

표 7-7 초과분 감액

- 초과분 감액 대상자 : (소득인정액 + 기초급여액) ≧ 선정기준액
- 부부 2인이 모두 장애인연금(기초급여) 수급자의 경우 초과분 감액 대상자
  : (소득인정액 + 부부감액한 기초급여액) ≧ 선정기준액

※ 선정기준액과 소득인정액의 차액에 따라 2만원 단위로 절상하여 지급

② 부가급여

부가급여는 만 18세 이상 장애인연금 수급자 중 국민기초생활보장 수급자와 차상위계층, 차상위 초과자에게 지급하는 급여이다.

표 7-8 장애인연금 부가급여액(2019.4.~2021.12. 기준)

구 분	18~64세	65세
국민기초생활보장 수급자(일반재가/생계, 의료수급)	8만 원	38만 원
보장시설 수급자(일반/생계, 의료수급)	-	-
보장시설 수급자(급여특례/생계, 의료수급)	-	7만 원
차상위계층(일반/주거, 교육수급)	7만 원	7만 원
차상위계층(급여특례/주거, 교육수급)	-	14만 원
차상위초과(일반)	2만 원	4만 원

2) 사회보험

(1) 국민연금

국민연금은 질병 · 노령 · 장애 · 빈곤 등과 같은 사회적 위험요소로 인하여 소득활동이 영속적으로 상실되거나 감퇴된 국민에게 일정액의 금전으로 급여를 제공함으로써 개인의 생활안정과 복지증진에 기여하는 제도이다.

국민연금의 급여종류는 가입기간이 10년 이상이고 60세가 된 때에 기본연금액과 부양가족연금액을 합산하여 평생 동안 지급하는 노령연금, 질병이나 부상으로 인하여

신체적 또는 정신적 장애가 남았을 때 이에 따른 소득 감소 부분을 보전하는 장애연금, 국민연금에 일정한 가입기간이 있는 사람 또는 노령연금이나 장애등급 2급 이상의 장애연금을 받던 사람이 사망하여 생계를 유지하던 유족에게 가입기간에 따라 가족들이 안정된 삶을 살아갈 수 있도록 하기 위한 유족연금 등이 있다.

표 7-9 국민연금 급여 종류

종류		내용
노령연금	노령연금	노후 소득보장을 위한 급여로 국민연금의 기초가 되는 급여로 가입기간이 10년 이상이고 60세가 된 때에 기본연금액과 부양가족연금액을 합산하여 평생 동안 지급하는 연금
	조기노령연금	가입기간 10년 이상, 연령 55세 이상인 자가 소득이 있는 업무에 종사하지 아니하고, 60세 도달 전에 청구한 경우
	분할연금	가입기간 중 혼인기간이 5년 이상인 노령연금수급권자의 이혼한 배우자가 60세 이상이 된 경우
장애연금		가입 중에 질병이나 부상을 당하여 완치된 후에도 신체나 정신상의 장애가 남아 있을 때 장애 정도에 따라 매월 지급, 장애로 인한 소득 감소부분을 보전함으로써 자신과 가족의 안정된 생활을 보장하기 위한 급여
유족연금		가입자 또는 연금을 받던 자가 사망한 때 그 유족의 생활을 보장하기 위하여 지급되는 급여
반환일시금		연금급여를 받을 수 있는 요건을 충족하지 못하였거나 국외이주 등으로 더 이상 국민연금의 보호가 필요하지 않을 경우 납부한 연금보험료에 이자를 더해 일시에 지급받을 수 있는 급여
사망일시금		유족연금 또는 반환일시금을 받지 못할 경우 장제부조적·보상적 성격으로 지급하는 급여

국민연금급여 중 장애연금은 질병이나 부상의 초진일 당시 일정한 가입기간이 있는 경우 완치(진행 중인 때는 초진일로부터 1년 6개월 경과 시)되었으나 신체적 또는 정신적 장애가 남았을 때 이에 따른 소득 감소 부분을 보전함으로써 자신과 가족의 안정된 생활을 보장하기 위한 급여로서 장애 정도(1~4급)에 따라 일정한 급여를 지급한다. 다만, 질병이나 부상의 초진일이 2016년 11월 30일 이전인 경우에는 가입 중 발생한 질병이

나 부상에 한해 장애연금이 지급된다.

국민연금 장애연금의 장애는 1~4등급으로 구분되어 있으며, 장애인복지법상 장애는 중증과 경증으로, 산업재해보상보험법상의 장애는 1~14등급으로 구분되어 있다. 즉, 국민연금법상 장애등급과 장애인복지법상 장애 구분 및 산업재해보상보험법상의 장해급여의 목적이 상이하기 때문이다. 따라서 국민연금의 장애연금을 받기 위해서는 국민연금공단의 장애 심사를 받아 장애등급에 해당하여야 하며, 장애인등록증만으로 장애연금을 지급받을 수는 없다.

장애연금은 장애등급에 따라 1~3급까지는 기본연금액에 부양가족연금액이 더해져 매월 연금으로 지급되며 장애 4급의 경우는 일시금으로 지급된다.

표 7-10 장애등급별 급여수준

장애 1급	장애 2급	장애 3급	장애 4급
기본연금액의 100% +부양가족연금액	기본연금액의 80% +부양가족연금액	기본연금액의 60% +부양가족연금액	기본연금액의 225% (일시보상금)

(2) 산재보험

산재보험은 산업화가 진전되면서 급격하게 증가하는 산업재해 근로자를 보호하기 위해 1964년에 도입된 우리나라 최초의 사회보장보험이다. 산재보험은 근로자의 업무상 재해와 관련하여 국가가 사업주로부터 소정의 보험료를 징수하여 그 기금(재원)으로 사업주를 대신하여 보상을 함으로써 재해 근로자에게는 치료와 생계, 사회복귀를 지원함으로써 재해근로자 및 그 가족의 생활안정을 도모하고, 사업주에게는 일시에 소요되는 과중한 보상비용을 분산시켜 정상적인 기업활동을 보장하기 위한 제도이다.

산재보험의 급여종류는 근로자가 업무상의 사유로 부상을 당하거나 질병에 걸린 근로자에게 지급되는 요양급여, 산업재해로 인하여 취업하지 못한 기간의 소득을 보존해 주는 휴업급여, 산업재해로 인하여 신체에 장해가 있는 경우 지급되는 장해급여 등이 있다.

표 7-11 산재 급여 종류

유형	내용
요양급여	• 근로자가 업무상의 사유로 부상을 당하거나 질병에 걸린 경우 근로자에게 지급하는 것으로 진찰 및 검사, 약재 또는 진료재료와 의지, 그 밖의 보조기의 지급, 처치, 수술, 그 밖의 치료, 재활치료, 입원, 간호 및 간병, 이송, 그 밖에 노동부장관이 정하는 사항에 필요한 비용에 대한 급여
휴업급여	• 업무상의 사유로 부상 또는 질병에 걸린 근로자가 요양으로 취업하지 못한 기간에 대하여 1일당 지급액은 평균임금의 100분의 70에 해당하는 금액을 지급하는 급여
장해급여	• 근로자가 업무상의 사유로 부상을 당하거나 질병에 걸려 치유되었으나 신체에 장해가 있는 경우 지급되는 급여
간병급여	• 요양치료 및 재요양치료가 끝난 후에도 간병인이 필요하여 간병이 실제 행하여지면 그 장해 정도에 따라 간병비용이 지급되는 급여
유족급여	• 근로자가 업무상의 사유로 인하여 사망한 경우 그 당시 부양하고 있던 유족에게 급여를 지급하는 급여
상병보상연금	• 요양급여를 받는 근로자가 요양 개시 후 2년이 경과되어도 치유가 되지 아니하고 폐질등급(1~3급)에 해당되는 경우와 장해보상연금을 받고 있던 근로자가 부상 또는 질병이 악화되어 재요양 하고 있는 경우에 지급하는 급여
장의비	• 근로자가 업무상 사유로 사망한 경우 장제 실행자에게 그 장제에 소요되는 비용이 지급되는 급여
직업재활급여	• 장해급여 또는 진폐보상연금을 받은 자나 장해급여를 받을 것이 명백한 자서 취업을 위하여 직업훈련이 필요한 자에 대하여 실시하는 직업훈련에 드는 비용 및 직업훈련 수당 • 업무상의 재해가 발생할 당시의 사업에 복귀한 장해급여자에 대하여 사업주가 고용을 유지하거나 직장적응훈련 또는 재활운동을 실시하는 경우에 각각 지급하는 직장복귀 지원금, 직장적응훈련비 및 재활운동비

산재보험 급여 중 장해급여는 근로자가 업무상의 사유로 부상을 당하거나 질병에 걸려 치유된 후 신체 등에 장해가 있는 경우에 그 근로자에게 지급된다. 장해급여는 장해등급에 따른 장해보상연금 또는 장해보상일시금으로 지급된다.

표 7-12 장애등급표(평균 임금기준)

장해등급	장해보상연금	장해보상일시금
제1급	329일분	1,474일분
제2급	291일분	1,309일분
제3급	257일분	1,155일분
제4급	224일분	1,012일분
제5급	193일분	869일분
제6급	164일분	737일분
제7급	138일분	616일분
제8급		495일분
제9급		385일분
제10급		297일분
제11급		220일분
제12급		154일분
제13급		99일분
제14급		55일분

장해보상연금 또는 장해보상일시금은 장해 1급에서 3급까지는 연금으로만 지급되며, 수급권자가 신청하면 그 연금의 최초 1~4년 분의 2분의 1에 해당하는 금액을 선급받을 수 있다. 장해 4급에서 7급까지는 일시금과 연금 중에 선택할 수 있으며, 연금으로 선택할 시 그 연금의 2년 분의 2분의 1에 해당하는 금액을 선급받을 수 있다. 또한 장해 8급에서 14급까지는 일시금으로만 지급받을 수 있다.

3) 공공부조(국민기초생활보장제도)

우리나라의 대표적인 공공부조제도인 국민기초생활보장제도는 1961년 제정된 생활보호법으로 시작되었다. 그러나 생활보호법으로는 모든 국민에게 인간다운 생활을 보장하기 위한 최종적인 사회안전망으로 기능하기에는 부족하였다. 이에 생활보호법의 문제점을 보안하기 위해 2000년 10월 국민기초생활보장법이 시행되었다. 국민기초생활보장법은 기존의 시혜적인 단순보호 차원의 생활보호법에서 국민의 기초생활을 보장하는 제도로 전환되었다. 즉, 저소득층에 대한 국가의 책임을 강화하면서 수급권자의 권리를 보장하고 빈곤에 대하여 사회의 책임을 강조하였다. 특히, 국민기초생활보장법에 의한 제도는 수급자를 근로능력 유무에 따라서 생계비 지원방식을 달리하게 되었다. 근로능력이 없는 수급자의 경우 조건 없이 생계비를 지원하는 반면, 근로능력이 있는 수급자에게는 자활에 참여하는 조건으로 생계비를 지원한다.

국민기초생활보장법이 개정됨에 따라 2015년 7월부터 맞춤형 급여체계로 개편되어 생계급여, 의료급여, 주거급여, 교육급여 수급자의 선정기준을 별도로 정하였다. 급여별 선정기준에 중위소득을 반영한 상대적 빈곤 개념을 도입하였다. 또한 복지 사각지대 해소를 위해 부양의무자 소득기준 및 부양비 부과기준을 완화하였으며, 중증장애인 포함 시 소득 및 재산기준을 완화 적용할 수 있는 근거규정을 마련하였다.

국민기초생활보장제도의 급여종류는 생계급여, 의료급여, 주거급여, 교육급여, 해산급여, 장제급여, 자활급여 등이 있다.

표 7-13 국민기초생활보장제도 급여종류

유 형	급여내용
생계급여	생계급여최저보장수준(대상자 선정기준)에서 가구의 소득인정액을 차감한 금액을 지급한다. 2020년의 생계급여는 기준 중위소득의 30% 이하이다.
의료급여	근로능력자가구는 의료급여 2종, 근로무능력자로만 구성된 가구는 의료급여 1종을 지급한다. 2020년의 의료급여는 중위소득의 40% 이하이다.
주거급여	수급자에게 주거안정에 필요한 임차료, 유지수선비 등을 포함하여 주거급여를 지급하며 주거급여는 각 지역별 주거급여 기준으로 지급한다. 2020년의 주거급여는 중위소득의 45% 이하이다.
교육급여	수급자에게 적정한 교육기회를 제공함으로서 자립능력을 배양함과 동시에 빈곤의 세대전승을 차단한다. 고등학생의 입학금과 수업료를 지급하며 교과서대, 부교재비, 학용품비를 지급한다. 대학생에게는 교육급여가 아닌 장학금을 지급한다. 2020년의 교육급여는 중위소득의 50% 이하이다.
해산급여	생계 · 의료 · 주거급여 수급자가 조산 및 분만전과 분만 후에 필요한 조치와 보호를 위해 급여를 실시한다. 출산 시 1인당 70만 원을 현금으로 지급한다.

유 형	급여내용
장제급여	생계·의료·주거급여 수급자가 사망한 경우 사체의 검안·운반·화장 또는 매장 기타 장제조치를 행하는 데 필요한 금품을 지급한다. 1구당 80만 원을 지급한다.
자활급여	소득, 재산, 부양의무자 등의 조건에는 부합하나 근로능력이 있어 스스로 생계유지를 해야 하는 사람 중 시장에서 일자리를 찾을 수 없거나 능력이 시장과 경쟁할 수 없는 경우 지역자활센터의 자활사업에 참가하여 일하는 조건으로 수급을 받을 수 있다. 일을 하는 조건을 부여하기에 조건부 수급자라고도 한다. 자활사업에 참여하여 받는 급여와 생계급여와의 차액을 지급한다.

표 7-14 2020년 급여종류별 수급자 선정기준 (단위: 원)

	1인 가구	2인 가구	3인 가구	4인 가구	5인 가구	6인 가구	7인 가구
기준중위소득 (A)	1,757,194	2,991,980	3,870,577	4,749,174	5,627,771	6,506,368	7,389,715
생계급여 수급자 급여기준 (A의 30% 이하)	527,158	897,594	1,161,173	1,424,752	1,688,331	1,951,910	2,216,915
의료급여 수급자 급여기준 (A의 40% 이하)	702,878	1,196,792	1,548,231	1,899,670	2,251,108	2,602,547	2,955,886
주거급여 수급자 급여기준 (A의 45% 이하)	790,737	1,346,391	1,741,760	2,137,128	2,532,497	2,927,866	3,325,375
교육급여 수급자 급여기준 (A의 50% 이하)	878,597	1,495,990	1,935,289	2,374,587	2,813,886	3,253,184	3,694,858

* 8인 이상의 기준 중위소득은 1인 증가 시 883,347원씩 증가

소득평가액은 실제소득에서 가구 특성에 따른 지출요인, 근로를 유인하기 위한 요인, 그밖의 추가적인 지출요인을 제외한 금액을 한다. 이때 장애로 인하여 적용받는 요인은 가구 특성에 따른 요인, 근로 유인을 위한 요인 등이 있다.

표 7-15 장애로 인하여 적용받는 요인

유 형	급여 내용
가구특성에 따른 지출요인	① 「장애인복지법」 제49조에 따른 장애수당 및 동법 제50조에 따른 장애아동 수당 및 보호수당 ② 「장애인연금법」 제6조에 따른 기초급여액 및 「동법」 제7조에 따른 부가급여액 ③ 「고엽제후유의증 등 환자지원 및 단체설립에 관한 법률」 제7조 제7항에 따른 수당 중 「장애인연금법」에 따른 기초급여액 및 부가급여액에 해당하는 금액 ④ 「자동차손해배상 보장법」 제30조 및 「동법시행령」 제22조에 따른 재활보조금. 즉, 재활보조금을 지급받는 자가 재활(치료 · 요양 포함)에 지출하는 비용 중 동 재활보조금을 초과하는 금액은 '만성질환 등의 치료 · 요양 · 재활로 인하여 6개월 이상 지속적으로 지출하는 의료비"로 인정하여 차감 ⑤ 「국민체육진흥법」 제34조에 따른 대한장애인체육회의 가맹 경기단체에 등록된 사람으로서 「국민체육진흥법 시행령」 제15조 제1항 및 제2항에서 정한 국제경기대회에서 입상한 사람이 국민체육공단으로부터 받은 경기력향상연구연금 월정금
근로를 유인하기 위한 요인	① 등록장애인인 수급(권)자가 장애인직업재활사업, 정신질환자 직업재활사업에 참여 하여 얻은 소득의 50% 공제 적용 ※ '장애인직업재활사업'은 「장애인복지법」 제58조 및 제59조에 따라 설치된 장애인복지관 및 장애인직업재활시설에서 실시하는 직업재활사업을 의미하며, '정신질환자직업 재활사업'은 「정신보건법」 제15조 및 제16조에 따라 설치된 주간재활시설, 정신질환자 직업재활시설에서 실시하는 직업재활사업을 의미 ② 등록장애인의 근로 및 사업소득 중 20만 원을 공제하고 나머지 금액에 대해 30% 추가 공제 적용

재산조사 시 일반재산의 범위에서 장애인 재활보조기구는 100만 원 이상이라 하더라도 일반재산에서 제외하고 있다. 재산가액 산정 시 「장애인복지법」에 따른 중증 등록장애인인 수급(권)자가 직접적 이용수단으로 활용되고 있는 있는 배기량 2,000CC 미만의 승용자동차 1대에 대하여는 재산가액 산정 시 자동차 가격 100%를 제외한다.

국민기초생활보장제도의 부양의무자의 기준은 수급권자의 1촌의 직계혈족 및 그 배우자(단, 사망한 1촌의 직계혈족의 배우자는 제외)로 하고 있다. 부양능력에 따른 판정 기본원칙은 ① 부양능력 없음: 수급자로 보장 결정, ② 부양능력 미약: 부양비 부과를 조건으로 수급자로 보장 결정. 단, 부양비 부과로 수급권자 소득인정액이 급여종류별 선정기준을 초과하는 경우 급여종류별 선정 제외, ③ 부양능력 있음: 수급자로 보장 불가로 하고 있다.

이러한 부양의무자의 기준에도 불구하고 2019년 1월부터 생계급여 및 의료급여의 경우 부양의무자 가구에 장애인연금 수급자가 포함되어 있는 경우 부양의무자 기준을 적용하지 않고 있다.

4) 장애수당 및 장애아동수당

장애인복지법상 장애관련 수당은 장애인복지법 제49조 및 제50조, 같은 법 시행령 제30조부터 제35조, 같은 법 시행규칙 제38조에 의하여 장애수당, 장애아동수당, 보호수당을 지급할 수 있도록 되어 있다. 그중 보호수당은 시행하지 않고 있어 사문화된 법령과 같다고 볼 수 있다.

(1) 장애수당

장애수당은 장애로 인하여 생활이 어려운 장애인의 생활안정 지원과 복지증진 및 사회통합을 도모하는 목적으로 시행되고 있다.

지원대상은 만 18세 이상의 등록한 장애인 중 장애인연금법상 중증장애인에 해당되지 않는 자, 국민기초생활보장수급자 및 차상위계층이다. 소득인정액 기준은 기준 중위소득 50% 이하이며, 연령기준은 신청월 현재 만 18세 이상인 자로 한다. 다만, 만 18~20세로서 초·중등교육법 제2조에 따른 학교에 재학(휴학 및 의무교육대상자 중 유예자도 포함됨) 중인 자는 제외된다. 급여의 지급금액은 국민기초생활수급자 및 차상위계층은 월 40,000원, 보장시설 수급자인 경우 국민기초생활수급자 중 생계 또는 의료급여를 받은 사람은 월 20,000원을 지급하고 있다.

표 7-16 장애수당

생계 또는 의료급여수급자	주거 또는 교육급여수급자	차상위계층	보장시설 수급자 (생계 또는 의료급여 수급자)
월 4만 원	월 4만 원	월 4만 원	월 2만 원

(2) 장애아동수당

장애아동수당은 장애로 인하여 생활이 어려운 장애아동의 생활안정 지원과 복지증진 및 사회통합을 도모하는 목적으로 시행되고 있다.

지원대상은 만 18세 미만의 등록한 장애인으로 국민기초생활보장수급자 및 차상위계층이다. 소득인정액 기준은 기준 중위소득 50% 이하이며, 연령기준은 신청월 현재 만 18세 미만인 자이다. 급여의 지급금액은 중증장애아동의 경우 국민기초생활수급자 중 생계급여 또는 의료급여 수급자는 월 200,000원, 보장시설 수급자인 경우 국민기초생활수급자 중 주거 또는 교육급여를 받은 사람 및 차상위계층은 월 150,000원을, 보장시설 수급자 중 생계급여 및 의료급여 수급자는 월 70,000원을 지급하고 있다. 또한 경증장애아동의 경우 국민기초생활수급자 및 차상위계층은 월 100,000원을, 보장시설 수급자 중 생계급여 및 의료급여 수급자는 월 20,000원을 지급하고 있다. 여기서 중증장애인은 장애인연금법상의 중증장애인을 말한다.

표 7-17 장애아동수당

구 분	생계 또는 의료급여 수급자	주거 또는 교육급여수급자	차상위계층	보장시설 수급자
중증장애인	월 20만 원	월 15만 원	월 15만 원	월 7만 원
경증장애인	월 10만 원	월 10만 원	월 10만 원	월 2만 원

3 소득보장의 문제점과 개선방안

우리나라의 장애인에 대한 소득보장정책은 소득보존급여와 추가비용급여로 나누어서 볼 수 있다.

소득보존급여는 국민기초생활보장제도의 생계급여, 국민연금의 장애연금 및 산재보험의 장해연금, 장애인연금 중 기초급여 및 기초연금으로 구성되어 있다. 한편 추가비용급여로는 장애아동수당, 장애수당 그리고 장애인연금 중 부가급여로 구성되어 있다. 그러나 이러한 두 가지 유형의 급여는 장애인이나 장애인 가구의 특성이 반영된 기준의 부재와 낮은 수준의 급여의 문제점을 가지고 있다고 볼 수 있다.

2017년도 장애인 실태조사 결과에 의하면 장애인이 사회 및 국가에 대해 가장 우선적으로 요구하는 사항으로 소득보장 41.0%, 의료보장 27.6%, 고용보장 9.2%, 장애 건강관리(장애예방 포함) 6.0%, 주거보장 5.1%의 순으로 나타나고 있다. 즉, 소득보장에 대한 욕구가 가장 강하게 나타났다. 이에 장애인의 경제적 문제인 소득보장에 대한 문제를 해결하고 장애인의 생활안정 지원을 강화하기 위해 다음과 같은 방안이 마련되어야 할 것이다.

1) 기초생활보장 대상 장애인의 소득공제 확대

현재 기초생활보장제도의 소득평가액을 산정 시 등록 장애인의 근로 및 사업소득에 대해 20만 원을 공제하고 나머지 금액에 대해 30% 추가 공제 적용을 하고 있으나, 이는 실제로 장애인이 근로의욕을 고취시키는 데 많은 제약점이 있다고 할 수 있다. 이에 공제범위에 대해 확대가 필요하다.

2) 국민연금의 가입 유인제도 필요

국민연금의 가입을 통해 실질적 소득보장을 수행할 수 있음에도 불구하고 2017년 장애인 실태조사 결과에 의하면 장애인의 국민연금 가입은 37.7%로 낮게 나타나고 있다. 소규모 사업장에 종사하는 저소득 근로자의 사회보험 부담을 줄여 사회보험 미가입자의 가입을 촉진하여 사회보험 사각지대를 축소하고자 시행하고 있는 연금보험료

지원제도인 두루누리 사회보험제도를 중증장애인에게도 도입할 필요성이 있다.

3) 장애인 연금의 현실화

장애인 연금의 가장 큰 문제점은 급여내용이 소득보존급여의 수준으로는 현실적이지 못하다. 또한 그 지급대상에 있어서도 자산조사를 기초로 선정되는 한계를 가지고 있다. 이에 장애인 연금의 대상의 확대와 연금의 현실화가 필요하다.

4) 장애인 보호수당 도입

장애인복지법상 장애관련 수당은 장애인복지법상에 장애수당, 장애아동수당, 보호수당을 지급할 수 있도록 되어 있으나 보호수당에 대하여는 시행하지 못하고 있다. 장애인과 생활을 같이하기 위해서는 추가비용이 발생되고 있으므로 법적으로는 급여를 지급하도록 되어 있으나 그에 따른 시행령 및 시행규칙이 제정되지 못하여 실질적 급여는 지급되지 못하고 있다. 이에 보호수당에 대한 지급 방안이 마련되어야 할 것이다.

생각해 볼 과제

1. 장애인의 소득이 비장애인에 비해 적은 이유에 대해 설명해 보시오.
2. 장애로 인하여 발생되는 소요비용에 대해서 토의해 보시오.
3. 다양한 장애인의 소득정책이 주로 저소득층을 중심으로 하고 있으나 장애인가구의 추가 생활비 보존이라는 법 목적에 입각한 전체 장애인에게의 확대에 대해 토의해 보시오.

참/고/문/헌

강영실 (2008). **장애인복지의 이해**. 신정.

김미옥 (2003). **장애인복지실천론**. 나남출판사.

김미옥, 김용득, 이선우 (2006). **장애와 사회복지**. 학지사.

김용득, 김진우, 유동철 (2007). **한국장애인복지의 이해**. 인간과 복지.

김종인, 우주형, 이준우 (2004). **재활복지개론**. 인간과 복지.

보건복지부 한국보건사회연구원 (2018). 2017년 장애인실태조사 결과보고서.

손광훈 (2007). **장애인복지론**. 학현사.

신현석 (2008). **장애인복지론**. 공동체.

이승기, 윤상용, 서동명 (2016). **장애인복지론**. 신정.

임종호, 이영미, 이은미 (2011). **장애인복지론**. 학지사.

정영숙, 이현지 (2008). **장애인복지론**. 학현사.

정일교, 김만호 (2008). **장애인복지론**. 양서원.

Chapter 08

장애와 고용보장

학습 목표

1. 장애인의 고용문제를 파악할 수 있다.
2. 장애인 취업의 중요성을 인지할 수 있다.

핵심 용어

장애인 고용률, 장애인 취업, 장애인차별

1 장애인 경제활동과 고용현황

우리나라 장애인 경제활동 실태조사 결과 15세 이상의 장애인 경제활동 참가율은 최근 3년 평균 38%로 전체 인구 경제활동참가율 대비 약 59%에 불과하다. 장애인 실업률은 6.2%로 전체 인구 실업률인 3.8%보다 약 1.8배 높게 나타나고 있다. 실업률이 2018년에 비해 소폭 하락한 것은 최근 정부에서 추진하고 있는 장애인일자리사업의 효과가 반영된 것으로 보인다. 그럼에도 불구하고 장애인일자리 수, 중증장애인 취업률, 고용 지속률 등이 반영된다면 전체적인 경제활동률은 보이는 비율보다 더 떨어진다고 볼 수 있다.

표 8-1 장애인 경제활동상태 추정(15세 이상 인구, 전체 인구 비교) (단위: 명, %, %p)

구분		15세 이상 인구	경제활동인구			비경제 활동인구	경제활동 참가율	실업률	고용률
			계	취업자	실업자				
장애 인구	2017년	2,460,080	953,008	898,475	54,533	1,507,072	38.7	5.7	36.5
	2018년	2,495,043	922,897	861,648	61,249	1,572,146	37.0	6.6	34.5
	2019년	2,526,201	941,136	881,890	59,247	1,585,065	37.3	6.3	34.9
	증감	31,158	18,239	20,242	-2,002	12,919	0.3	-0.3	0.4
전체 인구	2017년	43,902,000	27,987,000	26,992,000	995,000	15,916,000	63.7	3.6	61.5
	2018년	44,141,000	28,184,000	27,064,000	1,121,000	15,956,000	63.9	4.0	61.3
	2019년	44,460,000	28,467,000	27,322,000	1,145,000	15,992,000	64.0	4.0	61.5
	증감	319,000	283,000	258,000	24,000	36,000	0.1	0.0	0.2

자료: 한국장애인고용공단 고용개발원(2019).

특히, 매년 특수학교(급)를 졸업하는 성인기 장애인 수는 지속적으로 증가하고 있지만 취업률은 오히려 감소하고 있으며, 약 절반 정도가 비진학·미취업 상태에 머물고 있다. 2019년 특수학교 및 특수학급 졸업생 9,961명 중 취업자 1,855명으로 취업률은 19%로 나타나고 있다.

표 8-2 특수학교 · 특수학급 졸업생 취업현황(2014~2019년) (단위: 명, %)

구분	2014	2015	2016	2017	2018	2019
졸업생 수	8,672	8,979	8,049	8,177	8,695	9,961
취업자 수	2,187	1,710	1,960	1,636	1,818	1,855
취업률	25.2	19.0	18.8	20.6	20.9	19

출처: 교육부(2014~2019).

2 장애인 고용정책의 유형

우리나라의 장애인 고용은 장애인복지법과 장애인고용촉진 및 직업재활법에 근거하여 진행되고 있다. 이 법은 국제노동기구(ILO)가 1955년에 직업재활에 대해 권고하면서 우리나라에도 영향을 미친 것이 시발점이 되었다. 초기에는 직업안정법(1982)과 심신장애인고용촉진법(1988)으로 제정되었지만 1984년과 1989년에 각각 폐기되었다. 그리고 1990년 장애인고용촉진 등에 관한 법률이 제정되면서 장애인 고용의무를 강화하게 되었다. 그러나 장애인에 대한 인식 부족으로 노동시장 배제는 여전히 큰 문제로 남아 있다. 2007년 장애인차별금지법 제정으로 제반 영역에서 장애를 이유로 차별이 금지됨에 따라 장애인 고용문제는 차별금지의 법리로도 접근하게 되었다.

1) 할당고용정책

장애인 할당고용정책 또는 장애인 의무고용제도는 일반적으로 비장애인과 비교하여 취업이 힘든 장애인의 고용을 촉진하기 위해 사용자에게 일정 비율 이상의 장애인을 고용하도록 의무화하고 이를 이행하지 않으면 부담금을 내도록 규정한 제도이다.

ILO 연구는 장애인고용 할당제를 세 가지 기본 그룹으로 나누고 있다.

① 강제적 제재가 뒷받침된 의무적 할당: 프랑스, 이탈리아, 독일, 오스트리아, 스페인,

폴란드, 한국, 일본, 중국

② 효과적인 제재 또는 의무기제가 뒷받침되지 않은 의무할당: 벨기에, 포르투갈

③ 권고에 기초한 비의무적 할당: 네덜란드 등

우리나라는 장애인고용촉진 등에 관한 법률에 의해 상시근로자 300인 이상을 고용하고 있는 사업주에게 그 소속 근로자의 일정 비율 이상 장애인을 고용하도록 하고 있다. 그 비율은 '90년 1%, '92년 1.6%, '93년 이후 2%이다. 의무고용 범위는 2004년 장애인고용촉진 및 직업재활법으로 개정하여 상시근로자 300인 이상에서 50인 이상 사업주로 그 범위를 확대시켰다. 적용 대상인 장애인은 장애인고용촉진 및 직업재활법상의 장애인으로, 구체적으로는 장애인복지법상의 등록장애인, 국가유공자 등 예우 및 지원에 관한 법률에 의한 국가유공자가 포함된다.

표 8-3 장애인 의무 고용률

<table>
<tr><th>기준 연도</th><th>2016년</th><th>2017년</th><th>2018년</th><th>2019년</th></tr>
<tr><td>국가 및 지자체(공무원)
공기업 및 준정부기관
기타공공기관 및 지방공기업</td><td>3%</td><td>3.2%</td><td>3.2%</td><td>3.4%</td></tr>
<tr><td>민간사업주</td><td rowspan="2">2.7%</td><td rowspan="2">2.9%</td><td rowspan="2">2.9%</td><td>3.1%</td></tr>
<tr><td>국가 및 지자체(공무원이 아닌 근로자)</td><td>3.4%</td></tr>
</table>

장애인고용촉진 및 직업재활법 제27조는 국가 및 지방자치단체의 장은 장애인을 소속 공무원 정원의 100분의 3 이상을 고용하여야 한다고 규정하고 있다. 중앙행정기관, 헌법기관, 광역 및 기초자치단체, 교육청 등 국가 및 자치단체의 장애인 대상 공무원 고용을 의미한다. 공공기관 장애인 고용률은 '16년 1.19%, '17년 1.62%, '18년 1.97%, '19년 1.79%로 2%를 넘어서지 못하고 있지만 중증장애인과 여성장애인의 고용률이 전년대비 소폭 증가하는 추세이다.

민간부문은 「장애인고용촉진 및 직업재활법」 제28조 및 시행령 제25조에서 상시

50인 이상 근로자를 사용하는 사업주는 상시근로자의 3.1% 이상 장애인을 고용하여야 한다고 규정한다. 민간기업의 장애인 고용률은 '16년 2.56%, '17년 2.64%, '18년 2.67%로 증가추세를 보였다. 그러나 현행법의 의무고용률에는 미치지 못하고 있는 실정이며 1000인 이상 대기업의 고용률은 지속적으로 저조현상을 보이고 있다.

2) 장애인고용차별금지 제도

(1) 고용관련 제도의 발전 과정

우리나라의 고용관련 제도는 1990년대에 제도적 기반을 마련하였다. 장애인고용촉진 등에 관한 법률이 제정되면서 300인 이상 사업장에 일정비율 의무고용을 하도록 하고 고용률에 미달할 경우 부담금을 부과하였다. 이 재원으로 장애인고용촉진정책이 마련되고 한국장애인고용공단이 사업주체로 설치되었다. 1998년에는 제1차 장애인고용촉진 5개년 계획(1998~2002년)이 수립되기도 하였다.

2000년에 장애인고용촉진 등에 관한 법률이 장애인고용촉진 및 직업재활법으로 전면 개정되면서 공공부문 장애인고용이 권장사항에서 의무사항으로 강화되었다. 2003년에는 '직업을 통한 장애인의 사회통합 및 국가생산성 향상'이라는 비전으로 제2차 장애인고용촉진 5개년 계획(2003~2007년)을 수립하였으며 이후 매 5년마다 장애인고용촉진계획이 수립되었다. 또한 장애인 의무고용 적용대상 사업장을 300인 이상에서 50인 이상 사업장으로 강화하여 장애인고용의 확대 기반을 다지기도 하였다. 나아가 장애인고용차별 발생 시 권리구제를 위한 장치를 마련하고 노동위원회 또는 고용평등위원회에 차별심사를 할 수 있는 권한을 부여하였다.

2007년 고용영역이 포함되어 있는 장애인차별금지법이 제정되면서 의무고용제도와 함께 장애인고용촉진에 대한 이중적 장치를 제도화하였다.

노동부 지방관서를 통해 사업장 내 차별 예방을 위한 안내서 발간 및 보급, 사업장 지도 · 감독 근거를 마련하였으며 노사협의회에 장애인이 포함될 수 있도록 노사협의회 운영매뉴얼 수정 등 적극적 활동을 전개하였다. 그럼에도 불구하고 지속적으로 장애인고용차별 문제는 제기되고 있으며, 2008년부터 2019년까지 총 844건(2019, 국가인권위원회 통계)의 고용차별 진정이 접수되었다.

(2) 고용차별금지 관련법과 정책

장애인고용차별을 금지하기 위한 다양한 정책은 장애인이 지역사회에서 당당하게 살아가도록 하기 위한 최소한의 장치라고 할 수 있다. 장애인에게 일이란 인간으로서 당연한 권리이며 자아성취를 이룰 수 있는 필수 요건이라고 볼 수 있다.

우리나라의 장애인 고용을 보장하고 차별을 금지하기 위해 직접적으로 명시한 법 조항은 다음과 같다.

① 장애인고용촉진 및 직업재활법

제1조(목적) 이 법은 장애인이 그 능력에 맞는 직업생활을 통하여 인간다운 생활을 할 수 있도록 장애인의 고용촉진 및 직업재활을 꾀하는 것을 목적으로 한다.

② 국가인권위원회법

제2조(정의) 3. 가. 고용(모집, 채용, 교육, 배치, 승진, 임금 및 임금 외의 금품지급, 자금의 융자, 정년, 퇴직, 해고 등을 포함한다)과 관련하여 특정한 사람을 우대 · 배제 · 구별하거나 불리하게 대우하는 행위

③ 장애인차별금지 및 권리구제 등에 관한 법률

제10조(차별금지) ① 사용자는 모집 · 채용, 임금 및 복지후생, 교육 · 배치 · 승진 · 전보, 정년 · 퇴직 · 해고에 있어 장애인을 차별하여서는 아니 된다.

② 노동조합은 장애인근로자의 조합 가입을 거부하거나 조합원의 권리 및 활동에 차별을 두어서는 아니 된다.

④ 장애인권리협약

제27조(근로 및 고용) 1. 당사국은 다른 사람과 동등하게 장애인의 노동권을 인정한다. 이는 장애인이 장애인에게 개방적이고 통합적이며 접근 가능한 노동시장과

근로환경 내에서 자유로이 선택하거나 수용한 직업을 통하여 삶을 영위할 기회를 가질 권리를 포함한다. 당사국은 고용기간 동안 장애를 입은 사람을 포함하여, 특히 다음의 사항을 위하여 입법을 포함한 적절한 조치를 취하여 노동권의 실현을 보호하고 증진한다.

(가) 모집, 채용 및 고용, 고용연장, 승진, 안전하고 위생적인 근무환경의 조건을 포함하여 고용관련 제반 사항에 관하여 장애를 이유로 한 차별을 금지한다.

(나) 동등한 가치를 갖는 업무에 대하여 동등한 기회와 보수를 인정하는 등, 공정하고 우호적인 근무환경 및 괴롭힘으로부터의 보호 및 불편사항의 시정을 포함하여 안전하고 위생적인 근무환경에 대하여 다른 사람과 동등하게 장애인의 권리를 보호한다.

(다) 다른 사람과 동등하게 장애인이 단결권을 행사할 수 있도록 보장한다.

(라) 일반적인 기술과 직업지도 프로그램, 직업소개 서비스, 직업훈련 및 지속적인 훈련에 대하여 장애인이 효과적으로 접근할 수 있도록 한다.

(마) 구직, 취업, 직업유지 및 복직에 대하여 지원할 뿐만 아니라, 근로시장에서 장애인의 고용기회와 승진을 촉진한다.

(바) 자영업, 기업경영, 협동조합의 개발 및 창업의 기회를 촉진한다.

(사) 공공부문에 장애인을 고용한다.

(아) 적극적 고용개선조치 프로그램, 장려금 및 그 밖의 조치를 포함한 적절한 정책과 조치를 통하여 민간부문에서 장애인의 고용을 촉진한다.

(자) 작업장에서 장애인에게 합리적인 편의가 제공되도록 보장한다.

(차) 공개 노동시장에서 장애인이 직장경력을 습득하도록 촉진한다.

(카) 장애인을 위한 직업훈련 및 전문교육, 직업유지 및 복직 프로그램을 촉진한다.

2. 당사국은 장애인이 노예상태 또는 강제노역에 처하지 아니하고, 다른 사람과 동등하게 강요되거나 강제된 노동으로부터 보호되도록 보장한다.

(3) 장애인일자리 민원 현황

2017년부터 2019년 10월까지 2년 10개월 간 범정부 민원분석시스템에 접수된 장애인 고용관련 민원은 총 945건에 달한다. 그 유형을 보면 일자리 확대와 취업알선 민원이 44.8%로 가장 많고, 국가지원사업인 장애인일자리 사업과 관련한 민원이 26.2%, 장애인 직업훈련에 대한 민원이 15.6%, 장애인근로자의 근무환경 개선 민원이 13.4%였다.

장애인일자리 확대 및 취업알선 민원에서는 구직의 어려움, 다양한 일자리 요구. 채용 공고 방식 불만, 취업알선서비스 불친절 등이 제기되었고, 장애인일자리 사업 민원에서는 비정규직 문제, 참여방법, 선발기준, 급여 등에 대한 정보 부족과 그 과정에서의 각종 불편사항 개선이 제기되었다. 장애인 직업훈련 민원으로 훈련과 일자리 연계 강화를 요구하였으며, 장애인근로자의 근무환경 개선으로는 장애인과 비장애인 간의 임금차별, 업무차별, 왕따, 갑질 등 차별 사례들이 나타났다.

이와 같은 민원으로 볼 때 장애인 고용과 관련해 훈련부터 고용 후 사후관리까지 아우르는 시스템 부재를 확인할 수 있다. 장애인 개개인의 직업능력에 따라 학령기부터

TIP 고용 분야의 차별 사례

① 뇌병변장애인이 국가공무원시험을 준비하면서 시험주관처인 중앙인사위원회에 OMR 답안지 표기를 보조할 대필자 제공을 요청하였으나 중앙인사위원회가 이를 거부하고 OMR 답안지 표기를 보조할 수 있는 어떠한 조치도 취하지 않았다.

② 중증 청각장애인이 의료기록원의 취업 면접 후 '청각장애 때문에 전화를 받을 수 없다'는 사유로 채용 거절통지를 받았으나 실제 청각장애인이 지원한 직무의 내용과 책임을 설명한 15개 항목 중 1개 항목만이 전화응대에 관한 것이었다.

③ 장애인이 비장애인과 동일한 시간, 동일한 내용의 근로를 하고 있으나, 장애인이기 때문에 업무 효율이 낮을 것이라는 등의 부당한 이유로 장애인과 비장애인의 임금에 차등을 두었다.

④ 장애인고용포털 워크투게더에는 여성장애인 우대라거나, 특정 장애인유형 우대·제외 등의 내용이 게시되고 있다.

직업교육을 실시함으로써 성인기에 이르렀을 때 자연스럽게 고용으로 진입할 수 있도록 하는 생애적 고용관리시스템이 필요하다.

3) 보호고용정책

(1) 보호고용의 개념

보호고용은 일반적인 직장의 작업 조건하에서 일하기 어려운 사람에게 특별한 작업 환경을 마련해 주고 그 환경에서 근무하면서 보수를 받을 수 있도록 배려한 고용형태이다.

직업재활은 장애로 인해 사회적 역할을 수행하기 어려운 사회적 불리(handicap)를 지닌 자에게 구체적이고 체계적인 직업을 유지하게 함으로써 사회적 역할을 지속적으로 수행할 수 있도록 하는 과정이다(Parker & Szymanski, 1998). 심신의 결함을 지닌 장애인의 신체적 · 정신적 · 사회적 · 직업적 · 경제적 능력을 최대한 찾고 길러줌으로써 일할 권리와 의무를 비장애인과 동등하게 갖도록 하며 지역사회에 통합하도록 하는 것이다(강위영 외, 2009).

UN 및 ILO 국제협약(국내법 효력)에 따르면 직무지도와 훈련, 취업알선 등의 직업적 서비스를 포함한 연속적이고 협력적인 재활과정의 일부로, 장애인의 적절한 고용을 확보하고 유지할 수 있도록 돕는 것이라고 정의하고 있다(ILO, 1995(No.99)). 적절한 고용을 보장받고, 보유하며, 진급할 수 있고 장애인에 대한 사회통합 또는 재통합을 고양시킬 수 있도록 하는 것(장애인의 직업재활 및 고용에 관한 협약(ILO협약 제159호))이라고도 정의하고 있다.

일반 직장에 취업하기 어려운 중증장애인을 위한 보호고용제도는 1986년 장애인복지법 내의 자립작업장 설치운영계획에 의하여 22개의 보호작업장이 설치되면서 본격화되었다.

1981년 심신장애자복지법은 제15조에서 심신장애자근로시설로 규정하고 보호작업장을 설치할 수 있는 기본적인 법적 근거를 마련하였다.

(2) 보호고용 현황

장애인직업재활시설에 보호고용되어 있거나 취업을 위해 직업훈련을 받고 있는 이용장애인은 2018년 말 현재 18,205명이다. 이 중 중증장애인이 94%를 차지하고 있다.

장애인직업재활시설은 2018년 말 현재 651개소가 설치·운영되고 있으며, 그중 최저임금 이상을 근로장애인에게 지급해야 하는 근로사업장이 63개소, 직업능력 및 직무기능훈련과 함께 수익금의 일정 부분 임금으로 지급해야 하는 보호작업장이 573개소이다. 직무훈련만을 담당하고 있는 직업적응훈련시설은 15개소가 운영되고 있다.

(3) 외국의 보호고용정책

보호고용에 대한 강력한 법적 틀을 가진 국가는 오스트리아, 벨기에, 프랑스, 독일, 그리스, 아일랜드, 이탈리아, 포르투갈 등으로 보호고용 작업장에서 근로하는 장애인의 고용지위(employment status)와 보수는 국가마다 다르게 나타나고 있다.

EU회원국의 보호고용 장애인은 근로자 지위를 부여받지 못하여 노동법상의 의무와 권리를 갖지 않으며 일반근로자와 다른 보수체계에 근거해 임금을 받고 있다. 대표적인 국가인 오스트리아의 경우 보호고용 장애인은 근로자가 아닌 서비스 대상자(service users)이며, 근로자성을 인정받지 못하고 있으나 다른 지원 서비스를 통해 각종 수당을 지급받고 있다. 일부 국가는 보호고용 장애인을 근로자로 인정하고 동일한 법적 지위를 부여하는데 대표적인 국가는 프랑스와 독일이다. 벨기에도 보호고용 장애인의 최저임금 권리를 보장하며, 그리스, 아일랜드, 이탈리아와 포르투갈에서도 근로자 지위를 인정하고 있다.

스웨덴은 정부가 삼할(Samhall AB)을 운영하여 중증장애인을 위해 영구적인 “On site employment”를 제공하며 일반 노동시장 전이를 병행하고 있다. 사회·의료적 장애인, 만성질환자, 중증정신장애인이 주 대상이다. 370개 작업장을 지방자치단체의 협력으로 운영하며, 최근 일반 노동시장 전이가 증가하고 있다.

전통적 보호고용 작업장은 장애인의 분리를 영속화시키고 장애인의 일반노동시장 통합을 저해한다는 비판이 지속적으로 제기되었다. 전통적 보호고용 작업장에 대한 정부 지원이 계속되면서 정부 재정 압박이 가중되어 보호고용의 목적이 과거와 달리 일반 노동시장으로의 진입 확대로 바뀌게 되었다.

영국의 램플로이(Ramploy)는 유럽에서 가장 오랜 역사를 가진 전통적 보호고용 작업장으로 운영되어 왔으나 지속 가능성에 대한 의문이 2005년부터 꾸준히 제기되었으며, 2007년 현대화 계획이 수립되었다. 장애인이 보호작업장 같은 분리된 노동시장 대신에 더 포괄적인 일반노동시장으로 전이를 적극 지원(Sayce, 2011)한 것이다. 2012년부터 노동연금부의 공공보조금 지원을 종료하면서 램플로이 공장들은 폐쇄되거나 매각되었으며 2014년 '램플로이 고용서비스에 대한 상업화 과정 시작'이 발표되었다.

벨기에도 영국과 유사한 상황이 나타나고 있는데 취업의 어려움을 겪는 장애인을 사업대상으로 하며, 다른 국가들도 일반노동시장에 근접할 수 있는 보호고용의 새로운 형태를 발전시키고 있다. 전이율은 저조하지만 보호고용의 중요한 전환점은 일반노동시장 진입을 위한 재활, 직업교육과 훈련을 중시한다는 점이다.

(4) 우리나라 보호고용 관련 쟁점

첫째, 보호고용 개념의 불분명성이다. 현재 우리나라의 법 규정에서 보호고용에 대한 정의가 명시되어 있지 않고, 보호작업장과 근로사업장이 구분되어 있으나 보호고용의 개념은 구분되지 않았다.

둘째, 보호고용 목표의 불확실성에 따른 장애인의 법적 성격이 모호하다. 보호고용 목표는 치료인가? 재활인가? 일반고용으로의 전환인가? 정의와 목표를 어떻게 설정하느냐에 따라 접근의 차이가 존재한다. 치료나 재활의 목적을 가질 경우 근로자성을 인정하지 않을 수 있다. 그러나 사회통합과 자립의 목표를 가지고 접근할 때에는 근로자성을 인정하고 직업훈련과 고용계획이 마련되는 것이 일반적이다. 우리나라의 경우 이에 대한 뚜렷한 기준이 없다.

셋째, 보호고용에 대한 정부지원 문제이다. 보건복지부에서는 보호고용을 담당하고 있는 장애인직업재활시설에 대한 종사자 인건비 및 관리 운영비 등을 지원하고 있다. 생산품 판매 수익금은 생산과 관련된 비용, 장애인 임금, 시설 운영비로 일부 사용하고 있다. 종사자 및 관리운영비가 타 장애인 영역에 비해 3분의 1 수준으로 지원되고 있어 판매수익금을 전액 장애인급여로 사용하는 데 한계가 있다. 장애인고용공단에서는 장애인을 고용하고 있는 시설에 대해 고용장려금을 지급하고 있으나 이 또한 운영법인에 따라 전입되는 금액이 상이하여 시설운영에 큰 도움이 되지 않는다. 정부의 보조금 운영 지원에 대한 문제는 장애인 급여 및 일반노동시장 전이와 직결됨으로써 궁극적으로는 장애인 당사자에게 피해를 끼치고 있어 시급히 개선되어야 할 과제로 남아 있다.

넷째, 근로 장애인의 임금보전의 문제이다. 중증장애인에 대한 보호고용은 장애인복지법에 의한 장애인직업재활시설이 담당하고 있어 복지시설의 특성이 강하다. 그러나 운영형태는 생산과 판매를 통한 장애인 급여지급을 요구함으로써 생산성의 기능을 부과하고 있다. 법적으로는 재활과 훈련을, 현장 실무에서는 고용과 급여를 강제함으로써 나타나는 시설운영의 문제가 대두되고 있다. 이는 이용 장애인에 대한 적절한 임금보전의 어려움으로 나타난다. 장애인직업재활시설의 성격이나 시설에서 근로하는 장애인의 법적 성격, 정부 지원에 대한 종합적인 검토가 필요한 지점이다.

3 장애인 고용지원체계

1) 보건복지부의 장애인 고용지원체계

우리나라의 장애인직업재활사업은 보건복지부를 중심으로 각 지방자치단체와 함께 이루어지고 있으며 직업재활 과정별 서비스에 근거하여 사업을 수행하고 있다. 장애인직업재활은 크게 보건복지부에 의한 직접사업과 지방자치단체 지원에 의한 사업으로 나뉜다. 보건복지부에 의한 직접사업은 고용노동부와 보건복지부 두 부처에 의해 공동으로 운영되어 오던 직업재활기금사업이 2008년부터 보건복지부로 통합되어 '중증장애인직업재활 지원사업'으로 수행되고 있다.

직업재활 실시기관들 중 장애인복지법에 의한 장애인직업재활시설은 일반 작업환경에서는 일하기 어려운 장애인이 특별히 준비된 작업환경에서 직업훈련을 받거나 직업생활을 할 수 있도록 하는 시설로 정의할 수 있으며 장애인직업재활과 관련된 제반 서비스를 제공한다.

보건복지부 지원체계는 장애인직업재활사업 이외의 장애인일자리사업, 중증장애인 생산품 우선구매사업 등을 포함하고 있으며 아래와 같다.

(1) 장애인직업재활시설 운영

일반사업장에 취업이 어려운 중증장애인에게 자신의 능력과 적성에 맞는 직업생활을 할 수 있도록 보호고용을 실시하고 있다.

(2) 장애인생산품판매시설 운영 지원

장애인들이 생산한 물품의 판로 확보로 장애인 취업 확대 및 소득 보장을 목적으로 한다. 각 지자체별로 1개소 이상 배치·운영하고 있다.

(3) 재정지원 장애인일자리사업

취업취약계층인 장애인에게 일자리 제공을 통한 사회참여 기회 확대 및 소득보장과 근로 연계를 통한 장애인복지 실현 및 취업 연계 활성화를 목적으로 수행하고 있다.

세부 사업내용으로는 다음과 같다.

① 일반형 일자리(행정도우미, 전담지원행정도우미, 복지서비스지원요원) : 미취업 장애인에게 전일제 및 시간제 일자리를 제공하여 사회참여 기회 제공 및 일정기간 소득을 보장하고, 일반노동시장으로의 전이를 위한 실질적인 직무능력을 습득할 수 있도록 지원한다. 장애인복지 등 행정보조업무를 주요업무로 맡으며, 전일제와 시간제로 운영되고 있다.

② 복지일자리(참여형, 특수교육-복지 연계형) : 취업이 어려운 중증장애인에게 장애유형별 다양한 일자리를 제공하여 직업생활 및 사회참여의 경험을 확대하고 있다. 참

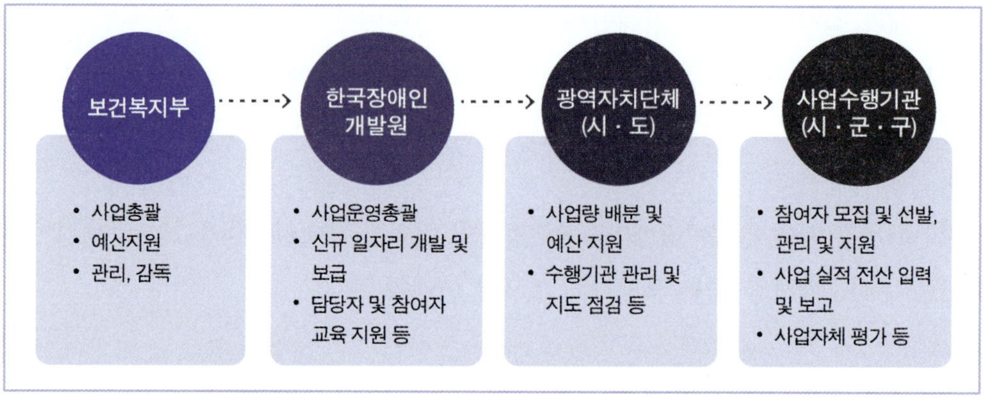

그림 8-1 재정지원 장애인일자리사업 추진체계(2019년)

출처: 보건복지부(2019).

여형은 만 18세 이상 등록 장애인, 특수교육-복지 연계형은 특수고등학교 3학년 또는 전공과 재학생이 대상이며 사서보조, 우편물분류요원, 룸메이드, 주차단속 보조원, 급식도우미 등의 업무를 수행하고 있다.

③ 시각장애인 안마사파견사업 : 안마사 자격이 있는 미취업 시각장애인에게 일자리를 제공함으로써 생활 안정을 도모하는 것을 목적으로 운영되고 있다.

④ 발달장애인 요양보호사 보조 일자리사업 : 요양보호사의 전반적인 업무를 지원하는 일자리로 특화된 일자리 직무능력 습득 및 일자리 경험을 통한 자립기반을 마련하고자 하며 만 18세 이상 지적장애 및 자폐성장애인을 대상으로 하고 있다.

(4) 중증장애인직업재활지원사업 수행기관 운영지원

전문적인 직업재활서비스를 제공하여 중증장애인의 자립기반 마련 및 사회참여 증진을 위한 중증장애인직업재활지원사업을 수행한다. 직업재활센터, 직업평가센터 등 전국 161개소(2019년 말 기준)를 지정하여 운영 중에 있다. 업무 수행기관은 (재)한국장애인개발원이다.

(5) 중증장애인생산품 우선구매제도

장애인직업재활시설 등 중증장애인생산품 생산시설에서 생산한 중증장애인생산품 판매를 지원하여 근로장애인의 소득창출 및 안정적인 고용 유지를 목적으로 한다. 중증장애인생산품 우선구매 특별법에 근거한 중증장애인생산품이란 장애인복지법 제58조에 따른 장애인직업재활시설과 같은 법 제63조에 따른 장애인복지단체 및 정신보건법 제16조에 따른 정신질환자직업재활시설 중 보건복지부장관으로부터 지정을 받은 중증장애인생산품 생산시설에서 생산된 제품 및 생산시설에서 제공하는 노무용역 등의 서비스(우선구매특별법 제2조 제2항)를 말한다.

중증장애인생산품 수요자는 공공기관(국가기관, 지방자치단체, 공기업 등 공공기관)이며, 공급자는 중증장애인생산품 생산시설, 판매자는 중증장애인생산품 판매시설(2019년 기준 17개), 업무수행기관은 한국장애인직업재활시설협회, 한국장애인개발원이다.

(6) 장애인 자립자금 대여

생업자금 및 생업용 자동차 구입, 취업에 필요한 지도 및 기술훈련비 등을 대여해 주고 있다.

2) 고용노동부의 장애인 고용지원체계

고용노동부는 '장애인 의무고용제도'를 근간으로 일반노동시장에서의 장애인 고용을 위한 기본적 체계를 구축하고, 장애인 관련 법제·개정을 통해 장애인 고용정책을 정착화시켜 왔다. 보건복지부 소관 장애인직업재활시설에 대해서도 장애인기금에 의한 지원을 허용하였다. 2000년까지 의무고용제의 실효성 제고를 위해 장애인 고용 우수기업 지원, 장려금 인상 등 사업주 유인체계가 다각적으로 정비되었다.

고용노동부는 한국장애인고용공단을 통해 아래의 사업들을 수행하고 있다.

① 장애인 고용장려금 지급

장애인 의무고용률 3.1%(공공기관 및 지방공기업 3.4%)를 초과하여 장애인을 고용하는 사업주에게 고용장려금을 지급하여 장애인 근로자의 직업생활 안정과 고용촉진 유도.

② 장애인 표준사업장 설립 지원

취업에 어려움이 있는 장애인, 중증장애인에게 안정된 일자리를 제공하기 위하여 표준사업장을 설립한 사업주에게 작업시설, 부대시설, 편의시설 등의 설치비용 지원.

③ 자회사형 표준사업장 설립 지원

장애인을 직접 고용하기 어려운 대기업에 새로운 장애인고용모델을 제시하여 자회사형 표준사업장 설립 지원 및 모회사의 고용부담금을 감면해 줌으로써 기업은 장애인의무고용을 이행하고 장애인에게는 보다 좋은 일자리 제공.

④ 장애인 보조공학기기 지원

장애로 인해 직업생활에 어려움을 겪는 장애인에게 작업용 보조공학기기를 무상으로 지원하여 고용안정 및 고용촉진 도모.

⑤ 장애인 고용관리비용 지원

중증장애인을 고용했을 때 작업지도원을 배치하여 작업지도를 실시한 사업주에게 고용관리비용 지원.

⑥ 장애인 근로지원인 제도

담당업무를 수행하는 능력을 갖추었으나 장애로 인하여 업무를 수행하는 데에 어려움을 겪는 중증장애인근로자에게 근로지원인 파견.

⑦ 장애인고용시설 설치비용 융자

장애인을 고용하였거나 고용하고자 하는 사업주에 대하여 장애인고용 관련 작업

시설, 부대시설, 편의시설 등의 설치비용 융자 지원.

⑧ 장애인고용시설 · 장비 지원

사업주의 장애인고용에 따른 고용비용부담 경감과 근로환경을 개선하기 위한 비용 지원.

⑨ 중증장애인 지원고용

직무수행에 필요한 기술과 직장 적응을 위한 현장체험을 통하여 구직 장애인에게 새로운 일자리를 창출할 수 있도록 지원.

⑩ 장애인 직업능력개발 지원

직업을 희망하는 장애인에게 다양한 직업능력개발 및 직업재활서비스를 제공하여 장애인의 직업능력개발 향상.

⑪ 중증장애인 인턴제

취업이 더 어려운 중증장애인을 대상으로 인턴 근무 기회를 제공하고 직장 적응 및 직무능력 향상을 통해 정규직으로 취업할 수 있도록 함.

⑫ 장애인 취업성공패키지

장애인의 개인별 취업활동계획에 따라 취업역량을 강화하고 심층상담 및 훈련, 취업알선 등의 단계별 통합 취업지원 프로그램을 집중 제공하여 취업과 고용안정 지원.

3) 교육부의 장애인 고용지원체계

교육부의 장애학생 직업교육은 특수학교(학급) 및 전공과, 통합형 직업교육 거점학교, 특수학교 학교기업, 특수교육지원센터 등을 통해 수행하고 있다. 교육부의 장애학생 직업교육정책의 기본방향은 현장중심 직업교육 강화이다. 장애학생의 직무능력 함양을 통해 학교 졸업 후 취업 기회 확대와 장애학생 진로 · 직업교육 관련 유관기관 간

협력 강화 및 장애학생의 취업률 제고로 설정하고 있다.

향후 세부 정책방향은 장애학생 통합형 직업교육 거점학교 확대 및 특수학교 학교기업 등 직업교육 내실화, 장애학생을 대상으로 전문대학과 연계한 취업 · 창업지원 확대, 장애학생 진로 · 직업교육기관 간 협력체계 강화, 장애학생 진로 · 직업교육 성과지표 현장 적용, 장애학생 진로 · 직업교육 강화를 통한 취업률 향상 등으로 제시되고 있다.

4 장애인 고용의 향후 과제

우리나라의 장애인정책은 격리, 분리에 의한 보호 위주로 성장해 왔다. 예산 편성만 보더라도 장애인 보호영역인 거주시설이 동일한 이용인 수로 단순 비교해 봤을 때 3배 이상 차이가 난다. 운영되고 있는 시설 수는 2018년 말 현재 거주, 주 · 단기시설, 공동생활가정 총 1,527개소, 장애인직업재활시설은 651개소로 약 2.5배 이상 차이가 난다. 이는 장애인의 취업과 고용에 대한 정부와 사회의 인식이 얼마나 뒤처져 있는지를 간접적으로 확인할 수 있다.

첫 번째로 장애인의 직업진입과 고용정책은 국가가 주도적으로 이끌고 나가야 한다. 선진국과 마찬가지로 청소년기 때부터 직업교육을 실시하여 성인기가 되었을 때 자연스럽게 직장으로 진입할 수 있도록 정책화해야 한다.

두 번째로 공공기관과 일반기업의 장애인고용을 의무적으로 지킬 수 있도록 법적 제재를 강화해야 한다. 현재는 법적으로 제시되어 있는 고용률도 지키지 않고 있으며, 고용부담금을 납부하는 것으로 대신하고 있다. 고용부담금의 증액, 고용률 미준수 기업 공개 등이 대안이 될 수 있을 것이다.

세 번째로 장애인 취업에 대한 사회적 인식을 개선해야 한다. 장애인복지 종사자들조차도 장애인이 일하는 것에 대해 부정적으로 인식하고 있는 경우가 있다. 뿐만 아니라 부모들 또한 장애인 자녀가 일을 하는 것에 대해 비관적이거나 어렵다고 생각한다. 누구나 성인이 되었을 때 일을 한다는 것은 당연한 권리이자 의무이다. 그러므로 어떤 장애를 가지고 있는지, 어느 정도의 장애가 있는지보다는 성인으로서 당연히 누려야 할 생애과업을 누릴 수 있도록 사회구성원 모두가 지지해야 한다.

네 번째로 장애인들의 직업능력 향상을 지원할 수 있는 장애인직업훈련센터를 설치하여 의도적으로 진입하게 함으로써 다양한 직업훈련을 받을 수 있도록 시스템화 해야 한다. 현재 우리나라는 특수학교나 특수학급을 졸업하는 장애인들이 특수학교에서 운영하는 전공과로 입학한다. 입학할 수 있는 인원은 각 학교당 20여 명 전후로 직업과 관련한 훈련을 받을 수 있는 인원은 지극히 한정되어 있다. 뿐만 아니라 졸업생들 중 일부만이 취업하고 대부분의 장애인들은 가정에 방치되거나 장애인복지기관으로 진입한다. 결국 성인기가 시작되는 동시에 다시 보호가 시작되는 것이다.

다섯 번째로 국가는 각 생애별 장애인 수를 파악하여 단계별 고용계획을 수립하여야 한다. 중증장애인이 진입할 수 있는 유일한 일터인 장애인직업재활시설은 2018년 말 현재 651여 개소로 중증장애인이 이용하기에는 턱없이 부족하다. 그러므로 장애 정도와 기능에 따라 일반고용, 보호고용계획을 수립하고 장애인의 일자리 수를 국가 차원에서 체계적으로 관리하여야 한다.

마지막으로 장애인생산품에 대한 범정부 차원의 구매 방안을 마련하여야 한다. 장애인생산품 질 개선에 대한 국가의 개입과 의무 구매 방안을 마련하여 안정적인 판로를 개척함으로써 궁극적으로 장애인의 일자리가 지속적으로 유지될 수 있도록 하여야 한다.

생각해 볼 과제

1. 중증장애인은 일할 수 있는가? 있다면 변화되어야 할 사회적 · 제도적 규제는 무엇인지 논의해 보시오.
2. 장애인 생애주기에 따른 의도적 직업진입 시스템은 어떠해야 하는지 논의해 보시오.

참/고/문/헌

강영실 (2014). **장애인복지의 이해**. 신정.

국가인권위원회 (2013). 장애인 고용보장 및 확대를 위한 지원체계 연구 보고서.

한국장애인고용공단 고용개발원 (2016). 보호고용제도에 대한 정책 검토.

한국장애인고용공단 고용개발원 (2019). 2019년 장애인경제활동실태조사.

보건복지부(2019). 장애인정책.

교육부(2014~2019). 특수교육통계.

조용만 (2004). 장애인고용차별금지의 국제비교 -국제기준 및 영미의 법제를 중심으로-.

한국장애인총연합회 (2008). 사례로 살펴본 장애인차별금지법.

한국직업재활시설협회 (2017). 장애인직업재활정책과 제도 이해.

Chapter 09

장애와 교육보장

학습 목표

1. 장애인의 교육권과 교육보장의 중요성에 대해 이해한다.
2. 장애인의 교육 실태에 대해 살펴본다.
3. 장애인교육의 과제와 전망에 대해 살펴본다.

핵심 용어

장애인 교육권, 장애인 통합교육, 장애인 특수교육, 장애인 평생교육

1 장애인의 교육권과 교육보장

인간은 교육이라는 환경을 통해서 인간으로서의 성장과 정체성을 실현하고 유지할 수 있는 존재이다. 교육이 인간의 삶을 개선하고, 사회를 발전시키며 이를 위하여 교육이 인간의 삶 전반에 걸쳐 관련된다고 한다면 교육을 받을 권리는 인간이 향유·행사하는 일체의 권리와 관련을 맺는다. 인간이 인간답게 살아가기 위하여 교육을 받아야 할 권리가 성립하려면 거기에는 교육권의 정당한 논의가 요구된다(황정보 외, 2007). 또한 인간은 오랜 역사 속에서 형성해 온 문화와 가치체계 및 사회적 규범을 지니고 있다. 따라서 인간은 자신이 속한 세계의 사회문화적 가치나 규범의 내면화와 적응을 위해서 성장 및 발달단계에 적절한 교육을 받아야 하며, 이를 통해서 자신이 살아가는 세계를 이해하고 보다 바람직한 인격을 형성할 뿐만 아니라 창조적인 삶을 살아갈 수 있게 된다. 또한 교육을 통해서 더 나아가 빠르게 변화하는 현대사회 속에서 새로운 지식 습득과 직업선택을 통해서 보다 나은 삶의 질을 달성해 갈 수 있게 된다. 각 나라에서는 이에 따라 교육제도를 마련하여 국민들에게 일정기간의 의무교육 또는 무상교육제도를 부여하고 있으며, 국민 각자의 필요에 따라서 언제든지 교육받을 기회를 제공하기 위해서 평생교육이라는 관점에서 접근하고 있다.

우리나라는 특히 세계의 어느 나라보다도 교육열이 강하며, 자녀에 대한 교육을 당연시 여기고 있다. '부모가 굶더라도 자식의 공부는 시켜야 한다'는 말이 나올 만큼 이에 따른 교육비용도 엄청난 규모이다. 실제로 미국의 교육과 소득 불평등 수준에 대한 분석 기사에서 한국을 세계 주요국 가운데 교육열이 가장 높은 곳으로 꼽고 있다(뉴욕타임스, 2018년 교육만랩). 2017년 사교육비 총액은 약 18조 6천억 원으로 증가(교육부 통계청, 2017년)할 정도로 사교육 열풍이 강한 사회이다. 하지만 장애인들을 위한 교육환경은 아직도 많이 부족한 형편에 있다.

교육이 문명 속에서 살아가는 인간의 정체성을 확보하는 당연한 권리라고 할 때, 사회는 그 구성원인 개인이 어떠한 조건을 가졌더라도 사회에 잘 적응할 수 있도록 마땅한 책임을 가져야 한다. 오히려 개인이 장애와 같은 어려운 조건을 가졌다면 이 어려운 조건을 극복할 수 있도록 더 적극적으로 교육을 받을 수 있는 기회와 여건을 제공하고 지원해야 한다.

우리나라의 장애인교육권은 헌법과 각종 법률 등 여러 곳에 명시되어 있다. 헌법 제31조에서 모든 국민은 능력에 따라 균등하게 교육을 받을 권리와 평생교육 진행에 대해 권리를 보장하고 있으며(제31조), 교육기본법에서는 모든 국민은 평생에 걸쳐 학습하고, 능력과 적성에 따라 교육받을 권리를 가지며(제3조), 모든 국민은 성별, 종교, 신념, 인종, 사회적 신분, 경제적 지위 또는 신체적 조건 등을 이유로 교육에서 차별을 받지 아니한다는 교육의 기회균등(제4조)을 보장하고 있다. 장애인차별금지 및 권리구제 등에 관한 법에서는 장애인의 입학 지원 및 입학을 거부할 수 없고, 전학을 강요할 수 없으며, 영유아보육법에 따른 어린이집, 유아교육법 및 초·중등교육법에 따른 각급 학교는 장애인이 당해 교육기관으로 전학하는 것을 거절하여서는 아니된다는 교육책임자의 교육에서의 차별금지에 대해서 구체적으로 명시(제13조)하고 있다.

특히, 장애가 있는 사람들의 교육권에 대해 특별히 강조하는 법인 장애인 등에 대한 특수교육법에서는 장애인 및 특별한 교육적 요구가 있는 사람에게 통합된 교육환경을 제공하고 생애주기에 따라 장애유형·장애 정도의 특성을 고려한 교육을 실시하여 이들이 자아실현과 사회통합을 하는 데 기여함을 목적으로 한다는 내용을 명시하고 있다(제1조). 장애인 등에 대한 특수교육법 시행 10년이 경과한 현재 장애영아 무상교육, 장애유아 의무교육, 통합교육 지원 인프라 부족, 장애성인 및 평생교육 지원 인프라 부족, 특수교육지원센터의 기능 및 조직의 미흡, 특수교육교사 법정정원의 적정성 문제, 특수교육 보조인력의 양성 및 자질담보 대책 미흡, 특수교육 관련서비스의 편의성 미흡, 특수교육대상자 선정 및 교육적 배치의 적정성 부족 등의 문제가 실재하고 있다. 또한 특수교육 수요자인 학부모들의 특수교육 지원 편의성 증진 및 개별화 교육 등의 개별 장애학생의 교육성과 담보 등 특수교육 지원 요구들이 계속되고 있다(「장애인 등에 대한 특수교육법」 개정을 위한 정책토론회 자료, 2013).

현재 우리나라의 장애인에 대한 교육 권리를 보장하기 위한 교육정책을 개괄적으로 살펴보면 장애인가구 자녀교육비 지원, 특수학교 및 특수학급에서의 특수교육 실시,

장애인 대학특례입학 제도 등을 들 수 있다.

표 9-1 장애인 특수교육 관련 법령

관련 법령	관련 조항	비고
헌법	제31조	모든 국민이 해당
교육기본법	제3조 학습권, 제4조 교육의 기회 균등 제8조 의무교육, 제18조 특수교육	
유아교육법	제15조 특수학교 등	
초·중등교육법	제2조 학교의 종류, 제21조 교원의 자격, 제55조 특수학교, 제56조 전공과의 설치 제57조 특수학급, 제58조 학력의 인정 제59조 통합교육	
장애인 등에 대한 특수교육법	전체	약칭: 특수교육법
장애인차별금지 및 권리 구제 등에 대한 법률	제2장 제2절 교육	교육책임자의 차별금지

2 장애인교육의 유형과 필요성

장애인의 교육방향은 크게 세 가지 영역으로 살펴볼 수 있다. 첫째, 학교 및 보육시설(어린이집, 유치원 등)을 중심으로 이루어지는 특수교육, 둘째, 성인 장애인의 직업교육, 셋째, 장애인의 평생교육이다. 이 세 영역 중에서는 가장 보편적이고 큰 비중을 차지하고 있는 영역은 특수교육을 통한 교육재활이다. 따라서 교육재활의 개념을 특수교육이라는 측면에서 이해하려는 경향이 전체적인 현상으로 볼 수 있다(이준우, 2007).

교육재활이란 장애인이 가지고 있는 능력을 최대한으로 향상시키고 발휘하게 하며, 잠재능력을 개발하여 사회생활에 스스로 적응해 가도록 도움을 주는 교육제도와 교육방법 및 기술을 통한 교육적 서비스를 말한다(Bailey & Wolery, 1990). 교육재활은 특수교육과 구별되어야 하지만 교육적 측면이라는 점에서 실제로 명확하게 구별될 수 없는 부분도 있다. 특수교육은 심신장애로 인해 초·중·고등학교 과정을 일반학급에서 교육받기 곤란한 아동이나 교육상 특별한 배려가 필요한 아동에게 특성에 맞는 교육환경을 마련해 주어 아동의 가능성을 최대한 발휘하도록 하기 위해 준비된 학교교육의 한 분야라고 할 수 있다. 반면 교육재활은 학교교육 외에 장애인이 성장하여 대학교육이나 사회교육을 받는 경우에도 많은 부분을 배려한다는 측면에서 그 범위가 더 넓다고 볼 수 있다. 하지만 대부분의 경우 교육재활을 이야기할 때 특수교육으로 이해하는 경우가 많다(강위영 외, 2009). 장애인교육의 주요 대상은 장애아동 및 성인이다. 하지만 우리나라에서는 장애아동 중심의 교육이 이루어지고 있는 실정이다. 성인장애인에 대한 교육도 전인적 발달을 위하여 필요하므로 장애인교육은 장애인의 전 생애에 따른 성장과 발달에 초점을 맞추어 교육이 이루어질 필요성이 있다.

3 특수교육의 목적 및 대상

특수교육은 특수교육대상자의 교육적 요구를 충족시키기 위하여 특성에 적합한 교육과정 및 특수교육대상자의 교육을 효율적으로 실시하기 위하여 필요한 인적·물적 자원을 제공하는 서비스로서, 상담지원·가족지원·치료지원·보조인력지원·보조공학기기지원·학습보조기기지원·통학지원 및 정보접근지원 등에 따른 특수교육 관련 서비스 제공을 통하여 이루어지는 교육을 말한다(장애인 등에 대한 특수교육법 제2조). 따라서 특수교육은 일반교육의 목적을 바탕으로 장애아동의 특성에 맞는 구체적이며 특수한 목표를 설정해야 하며, 그 목표는 장애를 보상할 수 있는 영역이어야 한다. 특수교육은 크게 영유아 특수교육, 특수학교를 통한 특수교육, 일반학교에서의 특수학급을 통한 특수교육, 일반학교에서의 일반학급을 통한 통합교육, 순회교육으로 구분할 수 있다.

우리나라의 장애인 등에 대한 특수교육법에서는 교육대상자를 시각장애, 청각장애, 지적장애, 지체장애, 정서·행동장애, 자폐성장애, 의사소통장애, 학습장애, 건강장애, 발달지체와 그 밖에 대통령령으로 정하는 장애가 있는 사람 중 특수교육을 필요로 하는 사람으로 진단 및 평가된 사람을 특수교육대상자로 선정한다(제15조)고 규정하고 있다.

표 9-2 장애인 등에 대한 특수교육법상의 대상자 선정기준

특수교육대상자	선정기준
시각장애를 지닌 특수교육대상자	시각계의 손상이 심하여 시각기능을 전혀 이용하지 못하거나 보조공학기기의 지원을 받아야 시각적 과제를 수행할 수 있는 사람으로서 시각에 의한 학습이 곤란하여 특정의 광학기구 · 학습매체 등을 통하여 학습하거나 촉각 또는 청각을 학습의 주요 수단으로 사용하는 사람
청각장애를 지닌 특수교육대상자	청력 손실이 심하여 보청기를 착용해도 청각을 통한 의사소통이 불가능 또는 곤란한 상태이거나, 청력이 남아 있어도 보청기를 착용해야 청각을 통한 의사소통이 가능하여 청각에 의한 교육적 성취가 어려운 사람
지적장애를 지닌 특수교육대상자	지적 기능과 적응행동상의 어려움이 함께 존재하여 교육적 성취에 어려움이 있는 사람
지체장애를 지닌 특수교육대상자	기능 · 형태상 장애를 가지고 있거나 몸통을 지탱하거나 팔다리의 움직임 등에 어려움을 겪는 신체적 조건이나 상태로 인해 교육적 성취에 어려움이 있는 사람
정서 · 행동장애를 지닌 특수교육대상자	장기간에 걸쳐 다음 각 목의 어느 하나에 해당하여, 특별한 교육적 조치가 필요한 사람 가. 지적 · 감각적 · 건강상의 이유로 설명할 수 없는 학습상의 어려움을 지닌 사람 나. 또래나 교사와의 대인관계에 어려움이 있어 학습에 어려움을 겪는 사람 다. 일반적인 상황에서 부적절한 행동이나 감정을 나타내어 학습에 어려움이 있는 사람 라. 전반적인 불행감이나 우울증을 나타내어 학습에 어려움이 있는 사람 마. 학교나 개인 문제에 관련된 신체적인 통증이나 공포를 나타내어 학습에 어려움이 있는 사람
자폐성장애를 지닌 특수교육대상자	사회적 상호작용과 의사소통에 결함이 있고, 제한적이고 반복적인 관심과 활동을 보임으로써 교육적 성취 및 일상생활 적응에 도움이 필요한 사람
의사소통장애를 지닌 특수교육대상자	다음 각 목의 어느 하나에 해당하여 특별한 교육적 조치가 필요한 사람 가. 언어의 수용 및 표현 능력이 인지능력에 비하여 현저하게 부족한 사람 나. 조음능력이 현저히 부족하여 의사소통이 어려운 사람 다. 말 유창성이 현저히 부족하여 의사소통이 어려운 사람 라. 기능적 음성장애가 있어 의사소통이 어려운 사람
학습장애를 지닌 특수교육대상자	개인의 내적 요인으로 인하여 듣기, 말하기, 주의집중, 지각(知覺), 기억, 문제 해결 등의 학습기능이나 읽기, 쓰기, 수학 등 학업 성취 영역에서 현저하게 어려움이 있는 사람
건강장애를 지닌 특수교육대상자	만성질환으로 인하여 3개월 이상의 장기입원 또는 통원치료 등 계속적인 의료적 지원이 필요하여 학교생활 및 학업 수행에 어려움이 있는 사람
발달지체를 보이는 특수교육대상자	신체, 인지, 의사소통, 사회 · 정서, 적응행동 중 하나 이상의 발달이 또래에 비하여 현저하게 지체되어 특별한 교육적 조치가 필요한 영아 및 9세 미만의 아동

4 특수교육의 내용

특수교육의 목적은 장애로 인해 일반학교과정을 일반학급에서 교육받기 어려운 아동이나 교육상 특별한 배려가 필요한 아동에게 각각의 특성에 알맞은 교육환경을 마련하여 아동의 잠재적 가능성을 최대한 발휘하도록 하는 데 있다. 이러한 특수교육은 최근 들어 장애를 지닌 사람들도 장애가 없는 사람들과 함께 교육 및 생활해야 한다는 정상화와 사회통합의 이념에 따라서 장애아동에 대한 분리교육보다는 장애가 없는 아동들과 함께 공부하는 통합교육이 강조되고 있는 추세이다. 특수교육의 기본원리는 다음과 같다(박옥희, 2001; 김영욱 외, 2005; 이준우, 2005; 김용환, 2010).

첫째, 특수교육의 목적은 일반교육의 목적과 다르지 않다. 교육이 신체적·정신적인 적성을 최대한 살려 사회적으로 목표가 있듯이 특수교육도 일반교육의 목표처럼 자아실현, 인간관계 개선, 경제능력 배양, 시민의식 함양 등의 실현에 교육목적을 두어야 한다.

둘째, 특수교육의 방법은 일반교육과 다르다. 특수아동은 정상이라는 기준에서 벗어난 점 때문에 특별한 시설과 방법, 특수교사와 여러 가지 보조서비스가 필요하다.

셋째, 특수교육은 종합적인 노력의 결과물이다. 특수아동에게 효과적인 교육서비스를 제공하기 위해서는 다양한 재활영역에서의 전문가들이 함께 협력하여 노력해야 한다.

넷째, 특수아동은 이질적인 집단이다. 특수아동은 동일 영역의 장애아동이라 할지라도 개인차가 심하기 때문에 획일적인 교육 프로그램을 일괄적으로 사용할 수는 없다.

다섯째, 특수교육은 많은 보조서비스를 필요로 한다. 특수아동은 교과지도 외에도 치료교육을 포함한 의료서비스, 직업재활 훈련과 장애로 인한 불편을 감소시킬 수 있는 치료교육 전문가와 보조서비스를 수행할 사회복지사, 간호사, 심리치료사, 의사 등의 다양한 서비스 접근이 필요하다.

여섯째, 특수교육과정은 선별, 진단, 중재(교수), 평가 등 네 가지 요소가 중요하다. 교육 대상자에 대한 조기발견과 선별작업 이후 인지, 학습능력과 적성 등을 구체적으로 진단하고 구체적인 중재(교수)와 학습 제공 이후 교육서비스 종결 시에 평가를 고려해야 한다.

일곱째, 통합교육을 지향한다. 가능한 특수아동은 일반학급에서 일반아동과 함께 교육을 받을 수 있도록 해야 한다. 일반학급에서 통합교육을 받기 위해서는 개별화 학습, 융통성 있는 교육프로그램, 물리적 환경의 개선과 학습도우미제도의 활용 등을 필요로 한다.

TIP 통합교육의 장점

통합교육이 가지는 장점에 대해, 비장애아동의 측면과 장애아동 그리고 가족과 사회의 측면에서 살펴본다(장애인복지정보포털투위 2WE, 2018).

비장애아동의 측면

1) 사회성 발달에 긍정적인 영향을 미친다.
   장애를 가진 친구를 도움으로써 혼자 성장하는 것이 아닌, 누군가와 함께 더불어 성장하는 방법을 배울 수 있다.
2) 학업 성취에 영향을 받지 않는다.
   (1) 우려와 달리 통합교육을 받는다고 성적이 떨어지지 않는다.
   (2) 통합교육에 참여하고 있는 일반아동들도 정상적인 발달을 하며 분리교육에 참여하는 것보다 더 많은 이익을 얻었고, 통합교육이 비장애아동에게 부정적인 영향을 준다는 증거는 없다.
3) 개별화 교육을 위한 지원이 제공될 때, 학급 모든 학생들이 학업 성취의 측면에서 혜택을 받는다.
   동기부여로 학업 성취의 측면에서 통합교육은 일반아동에게도 더 좋은 기회가 될 수 있다.
4) 장애인에 대한 인식을 개선할 수 있다.
   (1) 비장애학생은 장애인을 접할 수 있는 기회가 많지 않기 때문에 자신의 가족이나 가까운 이웃 중에 장애인이 없는 한 장애인과의 접촉 경험이 전혀 없는 학생들인 경우, 제한된 경험이나 지식은 장애인에 대한 편견과 비수용적인 태도를 형성시킬 수 있으며, 심한 경우 장애인은 자신과는 다른 사람이라는 '차별의식'이 자연스럽게 형성될 수도 있다.
   (2) 장애인을 동등한 친구로 생각하는 '존중의 대상'으로 여기기보다는 '보호의 대상',

'동정의 대상', 심한 경우 '격리의 대상'으로 잘못된 장애인관을 가지고 있는 아이들이 많다. 통합교육을 통해 이러한 잘못된 장애인관을 개선시킬 수 있다.

장애아동의 측면

1) 친구들과의 자연스러운 학교생활을 통하여 장애 표찰로 인한 낙인의 부정적 영향을 감소시킬 수 있다.
2) 의사소통과 사회성 영역이 발달될 수 있다.
비장애친구들과의 교류와 모방은 의사소통과 관계성을 향상시킬 수 있다.
3) 기타 발달영역 및 행동에 있어서 친구들과의 신체적 · 정서적 나눔의 경험은 일상생활에서 전반적인 영역에서 긍정적 영향을 가져올 수 있다(일상생활능력의 향상).
4) 바람직한 행동을 경험함으로써 문제행동을 감소시킬 수 있다.

가족과 사회의 측면

1) 통합교육을 경험했던 부모들은 통합교육에 대해 긍정적인 태도를 지닌다.
2) 통합교육을 경험했던 부모들은 장애유아에 대해서 수용적인 태도를 지닌다.
3) 조기교육을 통해 사회적 비용 부담을 줄일 수 있다.

5 장애인의 교육현황

우리나라의 장애인 교육현황을 특수학교 교육, 특수학급 교육, 순회교육, 고등교육 현황을 중심으로 살펴보고자 한다.

1) 특수교육 현황

2019년 현재, 우리나라 특수교육의 주요 현황은 〈표 9-3〉과 같다. 특수교육대상 학생은 92,958명이고, 특수학교는 177개이다. 장애유형별로 살펴보면 지적장애 특수학교 122개, 지체장애 특수학교 21개, 청각장애 특수학교 14개, 시각장애 특수학교 13개, 정서장애 특수학교 7개로 나타났다. 또한 특수학교에 재학 중인 학생 수 26,084명, 학급 수는 4,843학급으로 이 중 장애영아 157명, 유치부 재학생 929명, 초등학교 재학생 7,751명, 중학교 재학생 5,319명, 고등부 재학생 6,769명, 전공과 5,159명으로 나타났다. 장애유형별로는 시각장애 1,221명, 청각장애 709명, 지적장애 14,205명, 지체장애 3,730명, 정서·행동장애 210명, 자폐성장애 5,424명, 의사소통장애 134명, 학습장애 17명, 건강장애 16명, 발달지체 418명으로 나타났다(특수교육통계, 2019).

표 9-3 특수교육 주요현황

배치별			특수학교	일반학교		특수교육 지원센터	계
				특수학급	일반학급 (전일제통합학급)		
특수교육대상자 수			26,084	50,812	15,687	375	92,958
학생 수	장애영역별	시각장애	1,221	268	444	4	1,937
		청각장애	709	717	1,772	27	3,225
		지적장애	14,205	30,996	4,384	39	49,625
		지체장애	3,730	3,791	2,574	105	10,200
		정서·행동장애	210	1,314	658	-	2,182
		자폐성장애	5,424	6,832	848	1	13,105
		의사소통장애	134	1,203	867	-	2,204
		학습장애	17	910	482	-	1,409
		건강장애	16	177	1,570	-	1,763
		발달지체	418	4,604	2,088	199	7,309
		계	26,084	50,813	15,595	375	92,958
	학교과정별	장애영아	157	-	-	375	532
		유치원	929	3,422	1,628	-	5,989
		초등학교	7,751	26,282	6,617	-	41,091
		중학교	5,319	9,907	3,264	-	18,462
		고등학교	6,769	10,978	4,086	-	21,502
		전공과	5,159	223	-	-	5,382
		계	26,084	50,812	15,595	375	92,958
학교 및 센터 수			177	8,200	7,725	198	11,689
				11,314			
학급 수			4,843	11,105	14,712	72	30,904
특수학교(급) 교원 수			8,746	11,477	-	550	20,773
특수교육 보조인력 수			4,569	7,883	373	-	12,707

출처: 교육부(2019).

2) 특수학교 교육현황

2019년 현재 특수학교 현황을 살펴보면(〈표 9-4〉 참조〉), 학교 수 177개, 학급 수 4,843개, 학생 수 26,084명, 교원 수는 8,746명으로 나타났다. 특수학교 설립주체별로 보면, 국립 5개 학교, 공립 81개 학교, 사립 91개 학교로 국·공립에 비해 사립학교의 수가 더 많음을 알 수 있다. 향후 특수학교 설립에 있어서는 학부모의 부담을 덜어주고 특수학교의 질적인 향상을 위해서 국·공립학교를 더 많이 설립해야 한다.

표 9-4 특수학교 주요현황

구분	학교 수	학급 수	학생 수	교원 수
국립	5	167	877	325
공립	81	2,675	14,455	4,809
사립	91	2,001	10,752	3,612
계	177	4,843	26,084	8,746

출처: 교육부(2019).

3) 일반학교 특수교육 현황

(1) 일반학교 내 특수학급 현황

2019년 현재 일반학교 내 특수학급 현황을 살펴보면(〈표 9-5 참조〉), 유치원 814개 학교에서 949학급, 초등학교 4,422개 학교에서 5,807학급, 중학교 1,867개 학교에서 2,384학급, 고등학교 1,079개 학교에서 1,932학급, 전공과 18개 학교에서 33학급으로, 전체 8,200개 학교에서 11,105개의 특수학급이 운영되고 있다.

특수학급에 재학 중인 학생은 모두 50,812명이며, 이 중 초등학교 26,282명, 중학교 9,907명, 고등학교 10,978명, 전공과 223명이다. 학급당 인원수는 초등학교 약 5명, 중학교 6명 정도이다.

표 9-5 특수학급 주요현황

과정별	학교수	학급수	학생수	교원수
유치원	814	949	3,422	952
초등학교	4,422	5,807	26,282	5,821
중학교	1,867	2,384	9,907	2,401
고등학교	1,079	1,932	10,978	2,241
전공과	18	33	223	62
계	8,200	11,105	50,812	11,477

출처: 교육부(2019).

(2) 일반학교 내 일반학급(전일제 통합학급) 현황

2019년 현재 특수아동들이 일반학교 내 일반학급(전일제 통합학급)에 통합하여 교육을 받고 있는 현황을 〈표 9-6〉에서 살펴보면, 유치원, 1,353개 학교에서 1,472학급, 초등학교 3,351개 학교에서 6,826학급, 중학교 1,650학교에서 3,103학급, 고등학교 1,423학교에서 3,483학급으로 전체 7,777학교에서 14,884학급이 운영되고 있다. 일반학급(전일제 통합학급)에서 통합교육을 받고 있는 학생은 모두 15,687명이다. 그리고 일반학교 내 특수학급에서 일반학급으로 이동하여 교육을 받고 있는 아동 수가 매년 조금씩 증가하는 추세는 바람직한 현상으로 볼 수 있다.

표 9-6 일반학급(전일제 통합학급) 주요현황

학교급	학교수	학급수	학생수
유치원	1,353	1,472	1,638
초등학교	3,351	6,826	7,058
중학교	1,650	3,103	3,236
고등학교	1,423	3,483	3,755
계	7,777	14,884	15,687

출처: 교육부(2019).

4) 순회교육 현황

순회교육은 각급 학교에서 교육을 받기 어려울 정도로 이동이나 운동기능이나 심한 장애로 인하여 장·단기의 결석이 불가피한 특수교육대상자를 특수교육교원 및 특수교육 관련서비스 담당 인력이 각급 학교나 의료기관, 가정 또는 복지시설(장애인복지시설, 아동복지시설 등을 말함)에 직접 방문하여 실시하는 교육을 말한다(장애인 등에 대한 특수교육법 제2조 및 제25조). 2019년 현재 순회교육의 현황을 살펴보면 가정·시설·병원·학교 등에 순회 또는 파견 형태로 554학급에서 1,364명의 교사가 4,123명의 특수교육대상 학생들에게 실시하고 있으며, 특수학교에서 290명의 교사가 981명을, 특수학급에서 302명의 교사가 1,002명, 특수교육지원센터에서 772명의 교사가 2,140명의 학생을 담당하고 있다(〈표 9-7〉 참조).

표 9-7 순회교육 현황

구분	학생수											학급수			교사수			
	기관					학교과정												
	가정	시설	병원	일반학교	계	장애영아	유치원	초등학교	중학교	고등학교	계	순회	파견	계	순회	파견	겸임	계
특수학교	651	271	59	-	981	59	125	338	193	266	981	222	62	284	226	64	-	290
특수학급	488	439	13	62	1,002	-	61	385	279	277	1,002	252	18	270	249	18	35	302
특수교육지원센터	338	123	8	1,671	2,140	121	541	822	433	223	2,140	-	-	-	772	-	-	772*
계	1,477	833	80	1,733	4,123	180	727	1,545	905	766	4,123	474	80	554	1,247	82	36	1,364

* 센터 순회강사 236명 포함.
출처: 교육부(2019).

5) 장애인 고등교육 현황

(1) 대학생 재학 현황

장애인의 대학교육을 지원하기 위한 법적인 근거로는 장애인 등에 대한 특수교육법에 다음과 같은 조항들이 있다. 대학은 특별지원위원회를 설치하여 장애학생 지원을 위한 계획수립, 심사청구 사건에 대한 심사·결정 등을 수행해야 하며(제29조), 장애학생지원센터를 설치하여 장애학생을 위한 각종 지원, 편의제공, 교직원·보조인력 등에 대한 교육, 장애학생 교육복지의 실태조사 등을 실시해야 한다(제30조). 또한 대학의 장(長)은 해당 학교에 재학 중인 장애학생의 교육활동의 편의를 위하여 각종 학습보조기기 및 보조공학기기 등의 물적 지원, 교육보조인력 배치 등의 인적 지원, 취학편의 지원, 정보접근 지원, 편의시설 설치 등을 제공하여야 하고(제31조), 장애학생 지원 등에 관하여 필요한 내용을 학칙에 규정하여야 한다(제32조). 2018년 현재, 4년제 대학이나 전문대학에 입학하여 고등교육을 받고 있는 장애를 지닌 학생들의 수를 〈표 9-8〉에서 살펴보면, 전문대학 143개교, 1653명, 대학 218개교 7,285명, 대학원(대학원대학 포함) 101개교 407명 등 전부 9,345명이다.

표 9-8 대학생 재학현황

(단위: 교, 명)

구 분	학교수	장애대학생 재학생 수		
		남	여	계
대학	218	4,460	2,825	7,285
대학원	91	255	139	394
대학원대학	10	9	4	13
전문대학	143	1,014	639	1,653
계	462	5,738	3,607	9,345

출처: 대학 정보공시(2018. 8월 기준).

(2) 장애인 특별전형 실시대학 및 입학생 현황

장애인의 고등교육을 촉진하기 위해서 1995년 이후 장애인특례입학 제도를 실시하면서부터 실시 대학과 모집 인원이 지속적으로 확대되고 있는 추세이다(표 9-9 참고). 장애인특례입학이 실시한 첫해인 1995년엔 8개 대학(전문대학 2개교, 4년제 대학 6개교)에 113명이 진학했으나, 2008년엔 전국 82개 대학(전문대학 8개교, 대학 74개교)에 560명이 입학하였고, 2018년은 전국 131개 대학(전문대학 29개교, 대학 102개교) 977명으로서 지속적으로 증가를 보이고 있다.

고등학교 및 전공과 졸업생의 진로현황을 살펴보면, 특수교육대상 고등부 전체 7,811명의 졸업생은 전공과 2,367명, 전문대학 565명, 대학교 742명 등 3,668명이 진학함으로써 진학률은 47.0% 정도이다. 특수교육형태별 진학률을 살펴보면, 특수학교 졸업생 53.8%, 특수학급 졸업생 40.6%, 일반학급 졸업생 54.1%의 진학률을 보이고 있다. 한편 전공과 졸업 학생들의 전문대학교 및 대학 진학률은 전체 2,252명 중 20명이 진학함으로써 0.9%로 나타났다.

이 같이 장애인의 대학진학률이 증가하는 요인은 장애인차별금지 및 권리구제 등에 관한 법이 제정됨으로써 대학입학전형에서 장애를 이유로 입학을 거부할 수 없도록 모집요강의 장애인 차별조항을 삭제하도록 권고한 내용을 받아들임으로써 장애인들의 교육 기회와 권리가 확보되었기 때문이라고 볼 수 있다. 하지만 대학 입학이 허용되었다 하더라도 우리나라 대학들의 교육환경이 열악하기 때문에 장애를 가진 학생들이 자유롭게 대학생활을 영위하기에는 어려움이 많다.

장애인특례입학제도를 실시하고 있는 대학들이 증가하는 것은 바람직한 일이지만, 현실적으로 장애학생들이 학교생활에 잘 적응할 수 있도록 교육환경 개선과 장애 특성에 따른 각종 학습보조장비 지원, 장애학생들을 전담하는 지도교수제도 등을 통하여 장애가 있는 대학생들에게 필요한 교육적인 욕구를 충족시켜 주고자 하는 학교당국의 노력이 뒤따라야 할 것이다.

표 9-9 연도별 장애인 등에 대한 특별전형 대학 입학생 수 (단위: 교, 명)

학년도	전문 대학		대 학 교		합 계	
	실시대학	학생	실시대학	학생	실시대학	학생
1999	6	47	40	349	46	396
2000	9	55	48	313	57	366
2001	11	61	43	360	54	421
2002	15	194	46	420	61	614
2003	14	117	47	310	61	427
2004	24	115	49	309	73	424
2005	11	45	53	344	64	389

학년도	전문 대학		대 학 교		합 계	
	실시대학	학생	실시대학	학생	실시대학	학생
2006	10	31	83	388	73	419
2007	9(7)	79	71(71)	439	80(78)	518
2008	9(7)	100	74(65)	460	82(72)	560
2009	10(10)	74	80(70)	498	90(80)	561
2010	19(12)	51	80(75)	601	99(87)	652
2011	14(14)	60	89(77)	574	103(91)	634
2012	16(16)	97	90(84)	566	106(100)	663
2013	25(17)	185	97(89	649	124(96)	834
2014	23(16)	84	98(80)	637	122(106)	721
2015	23(18)	54	98(84)	753	121(96)	807
2016	24(15)	48	100(88)	768	121(102)	816
2017	(15)	46	(97)	832	(112)	878
2018	(16)	56	(100)	888	(116)	944
2019	**(16)**	**50**	**(71)**	**905**	**(87)**	**955**

대상: 대학, 교육대학, 산업대학(특별법에 의해 설립된 학교 제외)
출처: 대학정보공시(2019. 7.2. 기준)

(3) 장애대학생 교육활동 지원제도[3)]

장애대학생들의 교육권 보장에 대한 요구가 증가하고, 학교 차원에서 학생들의 학습권을 보장하기 위한 방안을 모색하면서 장애대학생 교육활동(도우미) 제도를 도입 및 운영하게 되었다. 이 제도의 목적은 장애대학생들에게는 고등교육 활동에 필요한 각종 편의지원을 통한 학습효과 증대 및 고등교육의 기회를 확대하고, 대학·사회에서는 장애인 고등교육 지원 확대를 통한 우수 인력 양성 및 장애인의 자아실현을 통한 사회통합을 구현하고자 하는 데 있다. 교육지원인력(도우미)은 장애대학생들에게는 학습 및 교내 이동에 편의를 제공하고 교육지원인력들에게는 장애대학생을 돕는 대가로 봉사

3) 2020년부터 도우미 단어에 대한 부정적 이미지, 이해관계자의 명칭 변경 요구 등으로 사업명 및 도우미 명칭 변경되었다.
* 사업 명칭 변경: '장애대학생 도우미 지원사업'에서 '장애대학생 교육활동 지원사업'으로 변경됨.
* 도우미 명칭 변경: 일반·전문도우미(기존) → 일반·전문 교육지원인력(변경)

점수 및 소정의 활동보조금을 제공받는 제도이다. 이 제도의 관련근거는 장애인 등에 대한 특수교육법 제5조 및 제31조와 장애인차별금지 및 권리구제 등에 관한 법 제14조이다.

① 장애대학생 교육활동 지원사업 현황

2005년부터 장애대학생의 원활한 교수·학습활동 보조(학내 이동, 강의 대필 등)를 위해 각 대학의 교육지원인력들의 재정지원을 정부가 보조하고 있으며, 2008년부터는 시·공간의 제약을 극복하여 강의실 내 장애대학생의 실시간 교수·학습 보조를 위해 원격지원사업을 실시하고 있다. 2015년부터 대학생 일반도우미는 한국장학재단 '맞춤형 국가장학금 지원 사업'으로 이관되어 장학금을 지급하고 있고, 일반인은 장애대학생 학습도우미 지원사업을 통해 장애대학생을 지원하고 있다.

2019년 현재 대학 장애학생을 지원하는 도우미는 69개 대학에 532명이 배치되어 장애대학생을 지원하고 있다.

표 9-10 장애학생 교육활동 지원 현황 (단위: 개교, 명)

구 분		2017년	2018년	2019년
일반 전문	학교 수	79	67	53
	학생 수	775	653	603
	도우미 수	738	546	518
원격	학교 수	37	35	16
	학생 수	196	130	47
	도우미 수	25	21	14
합계	학교 수	116	102	69
	학생 수	971	783	650
	도우미 수	763	567	532

출처: 교육부 학생지원국(2019).[4]

4) 2019년 실적은 사업신청기준으로 최종 결과와 차이가 있을 수 있음.

② 장애대학생 교육지원인력 유형

대학에 재학 중인 장애학생의 교내 교육활동 편의를 위하여 교육지원인력(도우미)을 지원하고 있는데, 교육지원인력 유형은 두 가지로 나눌 수 있다.

① 일반: 대학 내 학습지원(강의 · 시험대필 등) 및 학습활동을 위한 이동 · 편의지원
② 전문: 수어통역사, 속기사, 점역사 등을 통해 학습 · 의사소통을 면대면 또는 원격으로 지원

이 제도의 운용효과로는 통합교육 현장의 비장애학생의 장애 이해의 증진과 근로장학금 수혜 및 장애학생을 비장애학생이 동료로 받아들이고, 상호 도움을 주고받음으로써 진정한 사회적 통합을 이루어 가는 데 있다고 하겠다.

③ 한계점 및 개선점

장애대학생 교육활동지원(도우미)제도의 한계점으로는 첫째, 대학의 장애대학생 지원을 위한 인식 부족 및 여건 마련이 미흡하다는 점이다. 즉, 장애인 등에 대한 특수교육법 제29조 및 제30조에 따라 설치 의무화된 '특별지원위원회' 및 '장애학생지원센터'의 형식적 운영 또는 전담인력 미배치를 들 수 있다. 장애학생 지원인력의 잦은 인사이동 등으로 인한 사업관리가 소홀하다는 점이다. 둘째, 일부 대학의 경우 도우미 교육을 형식적으로 운영하고 있다. 마지막으로 일부 대학의 경우 도우미 1인당 국고보조금 초과 사용, 대응투자 미흡 등 집행 위반 사례가 발생된다는 점이다.

장애가 있는 대학생들의 학습을 효과적으로 지원하기 위한 교육활동제도의 개선점으로는 장애학생 및 학습권 보장을 위한 대학 내 장애인 편의시설 설치 확대와 장애학생의 교내 활동 및 학습활동을 지원하는 대학 내 특별위원회 및 장애학생지원센터를 활성화시켜야 한다. 그리고 장애학생의 학습활동을 위한 점자도서, 전자도서 및 학습보조도구 등 다양한 교재, 교구 제작, 보급 및 대학 장애학생 교육프로그램 운영 개발, 보급을 확대해 나가야 할 것이다. 아울러 대학 장애학생에게 학습 지원활동을 제공함에 있어서 도우미들에 대한 전문적인 교육을 통하여 동료 장애대학생들에 대한 질 높은 서비스를 제공할 수 있도록 해야 한다.

6 장애인 평생교육 및 복지지원체계 구축

장애인의 교육은 삶의 질 수준을 결정하는 주요 요인이다. 장애인 실태조사에서 알 수 있듯이 교육의 기회를 갖지 못함으로써 장애인 개인은 물론 사회생활, 직업생활을 영위하는 데도 어려움이 커질 수 있다. 우리나라는 세계 어느 나라보다도 사회변화가 매우 빠른 속도로 진행되고 있으며, 이로 인해 평생교육의 필요성이 어느 때보다 강조되고 있다. 특히, 특수교육 등 정규교육을 받지 못한 장애인이 많다는 점에서 이들을 위한 교육이 확충되어야 할 것이다. 성인을 대상으로 한 교육은 주로 장애인복지관이나 장애인단체 등을 중심으로 이루어지고 있으나 개별적 또는 단편적으로 이루어지고 있어 효율적이지 못한 측면이 있다. 따라서 대학 등 전문교육기관을 통해 교육을 받을 수 있는 지원시스템이 필요하다(권선진, 2009).

2017년 장애인실태조사에 의하면, 성인장애인의 경우 평생교육 프로그램 참여 경험이 매우 부족한 것으로 나타났다. 평생교육 프로그램인 학력보완교육, 성인기초 및 문자해독교육, 직업능력 향상교육, 인문교양교육, 문화 · 체육 · 예술교육, 시민참여교육 등에 대해 참여 경험이 없다는 응답비율이 98.5% 이상으로 나타나 정부의 향후 장애인 평생교육 프로그램에 대한 홍보, 내실 강화 및 교육 대상 확대가 요구된다. 향후 참여하고 싶은 평생교육영역은 '없음'(72.2%)을 제외하고는 '문화 · 체육 · 예술교육'이 9.8%로 가장 많고 다음이 '직업능력 향상교육'(6.6%), '학력보완교육'(3.4%), '성인기초 및 문자해독교육'(3.3%) 등인 것으로 조사되었다.

평생교육 프로그램 참여를 위해 필요한 지원으로는 2017년 장애인실태조사에는 '프로그램 홍보의 강화'가 29.4%로 가장 많았다. 다음은 '학습 보조금 지원'(23.7%), '교육기관까지의 이동방법지원'(20.0%), '장애인을 위한 특별교육과정 운영'(17.7%) 등인 것으로 나타났다. 특히 지적장애인의 41.0%, 자폐성장애인의 44.4%가 '장애인을 위한 특별교육과정 운영'이 필요하다는 것으로 나타났다.

장애인에 있어서 교육은 삶의 질에 미치는 영향뿐만 아니라 사회 전반에 산재한 많은 차별과 부적응 문제를 해결하고 비장애인과 동등한 환경 속에서 사회통합의 길을

열어주는 중요한 기반이 될 수 있다. 장애인복지에서 보편적 권리로서의 교육과 장애로 인해 발생되는 특별한 욕구에 따른 교육적 지원이 반드시 고려되어야 한다.

표 9-11 향후 참여하고 싶은 평생교육영역 (단위 : %)

구분	지체 장애	뇌병변 장애	시각 장애	청각 장애	언어 장애	지적 장애	자폐성 장애	정신 장애	신장 장애	심장 장애	호흡기 장애	간 장애	안면 장애	장루 요루 장애	뇌전증 장애	전체
학력보완교육	3.7	3.0	4.3	3.1	0.7	4.1	3.6	0.6	2.5	0.0	0.0	3.6	0.0	6.9	0.0	3.4
성인기초 및 문자해독교육	3.9	2.4	2.8	2.8	0.8	5.5	7.4	0.1	0.0	1.1	1.8	7.3	0.0	2.7	2.8	3.3
직업능력 향상교육	5.1	6.7	7.7	3.7	11.6.	16.1	13.1	14.0	5.0	4.6	5.2	7.9	16.7	2.9	3.8	6.6
인문교양 교육	3.8	1.7	3.1	2.7	3.7	2.5	0.0	3.7	2.3	0.0	1.2	4.0	6.2	1.3	1.6	3.2
문화 체육 예술 교육	10.6	5.8	10.3	7.0	1.6	13.6	8.4	6.0	17.1	6.6	5.2	17.7	0.0	13.9	12.8	9.8
시민참여 교육	2.2	1.1	1.2	1.5	0.0	0.1	0.0	0.6	0.1	0.0	0.5	0.0	0.0	2.2	1.5	1.6
없음	70.7	79.2	70.5	79.2	81.6	58.1	67.5	74.9	72.9	87.8	86.1	59.5	77.1	70.1	77.4	72.2
계	100	100	100	100	100	100	100	100	100	100	100	100	100	100	100	100

출처: 보건복지부(2017).

7 장애인교육의 과제와 전망

모든 특수교육이 필요한 학생은 적절한 학교교육의 기회를 제공받아서 누구도 어떤 이유에서든 교육에서 배제되지 않고 교육을 받을 수 있도록 보장되어야 한다. 최근에는 장애범주와 장애관점의 변화로 인해 급격히 증가하는 장애인들의 교육적 욕구에 부응하고 장애인 교육의 중심을 역량강화와 장애인 중심으로 접근하기 위해 정부는 이미 2007년에 장애인 등에 대한 특수교육법을 제정하였다. 이 법은 장애아동 부모와 장애와 관련된 장애인인권운동단체들의 지속적으로 연대활동을 통해 제정되었으며, 향후 장애인 교육 패러다임을 전 생애의 발달과정에 필요한 교육적 접근이 가능하도록 하는 장애인교육의 기본 교육을 만들었다(나운환, 2008). 향후 장애인교육의 과제와 전망에 대해서 개괄적으로 살펴보고자 한다.

1) 조기교육의 확대를 통한 장애아동의 학습권 보장

장애 영유아의 조기교육을 확대하기 위해서는 장애인복지관이나 재활관련 전문기관이 사례관리 등의 아웃리치(out reach) 활동을 통해서 지역사회 내의 장애아동을 양육하고 있는 가정과 보육시설 및 유치원을 정기적으로 방문하여 장애아동을 조기에 발견, 진단함으로써 장애아동의 특성과 요구에 알맞은 적절한 교육이 제공될 수 있도록 해야 한다.

2) 통합교육을 위한 지원체계의 강화

아직도 우리 사회에서는 장애인에 대한 편견과 차별의식이 있어서 이들에 대한 처우나 지역사회 내에서 함께 살아가려는 노력보다는 분리와 배제하려는 경향이 있다. 장애인차별금지법, 장애인 등에 대한 특수교육법이 제정되어 있지만, 자신이 살고 있는 지역사회에 장애인거주(생활)시설이나 특수학교 건립을 반대하고 자신의 자녀가 다니는 학교에 장애학생들의 통합교육을 위해서 특수학급이나 일반학급에서 특수교육을 실시할 경우 불이익이 있을 것이라는 생각에 매우 부정적인 반응을 보이기도 한다. 이러한 뿌리 깊은 편견이 하루아침에 바뀌지는 않겠지만 교육당국은 장애인에 대한 인식개선 노력과 가능한 특수학교에서의 분리교육보다는 지역사회 내 일반학교에서의 통합교육을 실현하기 위해서 지속적으로 노력해야 할 것이다. 통합교육 내실화 기반 조성을 위해 특수교육대상자의 일반학급 배치 확대, 통합교육을 위한 일반학교의 학급당 학생 수 감축, 교원 증원, 일반교원의 특수교육 연수기회 확대 등을 통한 통합 여건을 마련하고 일반교사에 대한 적절한 인센티브 제공, 학교 내에 장애학생들을 지원할 수 있는 다양한 전문가 배치, 이들 전문가들 사이에 잘 협력할 수 있는 체계 마련, 통합교육의 극대화를 위한 특수교사의 증원과 보조교사제를 확대할 필요가 있다. 또한 방과 후 학교 운영 등 수요자의 욕구를 충족하기 위한 전달체계 개선 및 학교 내에 장애인편의시설 설치가 적극적으로 이루어져야 한다.

3) 장애학생 교육 기회 및 평생교육 기회 확대

장애인의 학력수준은 장애인복지의 수준과 상관이 있다고 볼 수 있다. 이러한 장애인들의 낮은 학력수준은 장애인 스스로 자신에게 산재한 문제를 제기하거나 스스로 해결해 나갈 수 있는 능력을 부족하게 한다. 그러므로 장애인의 고등교육 기회를 확대하고 복지와 재활관련 전문인력을 양성하는 것이 시급한 과제라고 할 수 있다. 현재 장애인특례입학제도가 실시되고 있긴 하지만 실제로 장애인들이 대학에 입학하는 비율이 매우 낮은 현실이다. 장애학생의 고등교육 기회를 확대하기 위해서는 장애가 있는 학생들이 대학입학 시 지원 거부나 차별을 없애고 대학 내에서의 장애인의 이동권 및 강의실 접근권 보장을 위해서 각종 편의시설 구축 및 재활장비를 구비하도록 해야 하며, 장애학생지원센터의 설치와 장애학생 학습권 보장을 위해 전담교수제 운영과 도우미 제도를 확대하고 강화해 나가야 한다. 또한 장애인에 대한 교육은 어떤 특정한 시기에만 이루어져서는 곤란하며, 빠른 사회 변화에 적응할 수 있도록 평생교육의 필요성이 어느 때보다 강조되고 있다. 특히 정규교육을 받지 못한 장애인이 많다는 점에서 이들을 위한 평생교육이 확충되어야 할 것이다.

4) 직업교육과 전환교육의 강화

특수교육의 핵심은 장애인이 교육을 통해 자신의 직업을 가지고, 재화를 얻어 자신의 힘으로, 자연스럽게 지역사회 안에서 자립적인 일상생활이 가능하도록 지원하는 데 있다. 장애인 등에 대한 특수교육법에서는 진로 및 직업교육을 특수교육 및 대상자의 학교에서 사회 등으로 원활한 이동을 위하여 관련 기관의 협력을 통하여 직업재활훈련, 자립재활훈련 등을 실시하는 것으로 규정하고 있다. 또한 중학교 과정 이상의 각급 학교의 장(長)은 특수교육대상자의 특성 및 요구에 따른 진로 및 직업교육을 지원하기 위하여 직업평가 · 직업교육 · 고용지원 · 사후관리 등의 직업재활훈련 및 일상생활적응훈련 · 사회적응훈련 등의 자립생활훈련을 실시하도록 규정하고 있으며, 진로 및 직업교육을 담당하는 전문인력을 두도록 명시하고 있다(제23조). 하지만 아직도 장애인들은 경쟁고용시장에 진입하지 못하고 평생 부모의 돌봄을 받거나 거주(생활)시설에서 생활하는 경우가 많은데 장애인교육은 장애인들의 잠재능력을 최대한 발휘하도록 지원하여 자신의 능력과 재능에 알맞은 직업활동을 통하여 자립생활이 가능할 수 있도록 체계적인 직업교육이 이루어져야 한다.

직업교육과 함께 전환교육이 이루어져야 하는데, 전환교육(transition education)이란 장애학생들이 학교생활을 마치고 성인사회의 생활로 옮아가는 과정을 순조롭게 하기 위해 마련하는 교육모형이라고 할 수 있다(특수교육학 용어사전, 2009). 전환교육에서는 중등 이후 교육, 직업교육, 취업(지원 고용 포함), 평생교육, 성인 서비스, 자립생활, 지역사회활동에 참여하는 데 필요한 기술과 기능을 가르치는 결과중심의 교육이어야 하며, 반드시 학생 개개인의 욕구나 기호, 취미를 반영한 교육이어야 하며, 필요에 따라서는 중증장애인의 일상생활 기능과 직업 기능 평가를 포함하는 교육을 의미한다. 현재 우리나라에서는 전환교육이 부분적으로 실시되고 있으나 자립생활이나 직업생활적응력을 개발할 수 있는 실용적인 교육이 되지 못하고 있다. 미국의 경우 장애인교육법(IDEA)에서는 16세부터는 반드시 개별화 교육과정(individualized education plan)에 전환교육계획을 포함시켜야 한다는 조항에 따라 전환교육은 고등학생을 대상으로 실시하는 좁은 의미로 한정할 수 있다. 그러나 클락(G. Clark)이나 실링톤(P. Sitlington) 등은 유년기부터 노년기까지의 수직적 전환과 분리교육에서 통합교육처럼 환경의 변화로 일어나는 수평적 전환까지 모든 변화를 미리 예견하고 학생을 준비하는 교육으로 넓은 의미로 정의하고 있다(특수교육학 용어사전, 2009). 여기에서 중요한 점은 장애학생이 성인으로의 삶을 준비하는 데 오랜 시간이 걸리고 또 어려서부터 교육하고 훈련해야 한다는 점이다.

우리나라에서의 장애인 전환교육과정의 실례를 살펴보면 나사렛대학에서는 주로 발달장애 대학생을 대상으로 재활과 자립을 지원하는 데 교육목적을 두고 장애학생들이 졸업 후 동·식물전문케어사, 행정업무보조원, 클린서비스종사자, 중증장애인·노인 간병, 재활보조원 등으로 취업할 수 있도록 지원하고 있다. 장애인에게 전환교육과 직업교육이 일찍부터 준비되고 실시된다면, 중증장애인들의 교양증진과 직업재활을 통해서 부모의 의존에서 벗어나 자신의 삶을 독립적으로 영위해 나갈 수 있는 자립생활역량을 갖는 데 크게 기여할 수 있다.

생각해 볼 과제

1. 장애인의 교육권과 관련된 법에 대해 논의해 보시오.
2. 장애인교육 현황을 살펴보고, 생애주기별 교육의 중요성에 대해 토의해 보시오.
3. 장애인교육의 문제점과 전망에 대해 토의해 보시오.

참/고/문/헌

강위영, 나운환, 박경순, 류정진, 정명현, 김동주, 정승원, 강윤주 (2009). **직업재활개론**. 나눔의 집.

교육부 학생지원국 (2019). 2020년 장애대학생 교육활동 지원사업 기본계획.

교육부 (2019). 특수교육통계.

교육부, 통계청 (2017). 초·중·고 사교육비 조사결과.

국립특수교육원 (2009). **특수교육학 용어사전**.

권선진 (2009). **장애인복지론**. 청목출판사.

김성희, 이연희, 오욱찬, 황주희, 오미애, 이민경, 이난희, 오다은, 강동욱, 권선진, 오혜경, 윤상용, 이선우 (2017). 장애인실태조사. 보건복지부(한국보건사회연구원).

김용환, 김성철, 유태완, 최금주, 허영숙 (2010). **장애인복지론**. 창지사.

김종인, 우주형, 이준우 (2007). **장애인복지론**. 서현사.

나운환 (2008). **장애학-통합재활적 관점**. 나눔의 집.

뉴욕타임스 (2018. 11. 11). 교육만랩.

보건복지부(2017). 장애인 실태조사.

장애인복지정보포털투위 2WE (2018. 3. 26).

「장애인 등에 대한 특수교육법」 개정을 위한 정책토론회 자료, 2013년 4월 9일. 국회의원 김세연, (사)한국특수교육총연합회.

황정보, 이선재, 안병주, 강경희, 김청하 (2007). 복지권으로서 교육권 보장을 위한 장애인 등에 대한 특수교육법. **특수교육연구**. 제14권, NO. 2.

Bailey, D. B., & Wolery, M. (1990). *Teaching infant and preschooler with disabilites*. New York: Merrill/Macmillan.

Chapter

10

장애와 의료보장

학습 목표

1. 장애인의 건강권과 의료보장의 중요성에 대해 이해한다.
2. 장애인 건강실태에 대해 살펴본다.
3. 장애인 보건 및 의료지원 시책을 파악한다.

핵심 용어

장애인 건강권, 장애인 건강실태, 장애인 보건 및 의료지원 시책

1 장애인 건강권과 의료보장

인권은 인간의 삶의 영역과 관련된 보편적 권리로서, 기존에는 시민권의 침해나 생존에 필요한 기본권에 관심을 기울였다. 그러나 인권의 범위가 확산되면서 시민적·정치적 권리뿐만 아니라 경제·사회·문화 등 삶의 질과 관련된 다양한 영역에서 담론을 형성하였고, 인권영역의 하나로 건강권에 대한 관심도 증대하고 있다.

인간다운 삶의 조건 중 하나로 의료 및 보건체계를 구축하는 것은 최소한의 건강권을 보장하기 위한 조치이며, 사회 전반의 위생문제, 의약품에 대한 접근, 정신적 장애, 모자보건, 풍토병, 건강불평 등도 건강권의 영역에서 다루어야 할 중요한 사안들이다. 이러한 의미에서 건강권은 인권의 최소주의적 접근이 아니라 최대주의를 지향하는 관점을 지향할 필요가 있다(김왕배, 김종우, 2012).

장애인의 건강권은 장애인이 신체적·정신적 손상을 치료하기 위한 최소한의 의료시설을 사회적으로 갖추는 것을 의미한다. 그러나 광의의 의미로 장애인의 건강권은 장애를 예방하기 위한 사회적 노력과 장애인의 의료접근성을 보장하는 것까지 포함할 수 있다. 장애인의 건강권과 의료보장은 장애인에게 필수적이며, 가장 기본적인 사회보장 중 하나로 인식된다. 이는 장애유형이나 장애의 원인에 관계없이 의료적 서비스가 우선적으로 필요한 경우가 많기 때문이다(이채식 외, 2014).

국내에서도 장애인의 인권에 대한 관심이 증대하면서 장애인의 건강권을 인권 차원에서 논의하고 있다. 장애인의 건강권에 대한 관심은 2015년 12월 장애인의 건강권 및 의료접근성 보장에 관한 법률을 제정하기에 이르렀으며, 본 법률은 '장애인의 건강권 보장을 위한 지원, 장애인 보건관리 체계 확립 및 의료접근성 보장에 관한 사항을 규정하여 장애인의 건강증진에 이바지하는 것을 목적으로 한다'고 명시되어 있다.

장애인의 건강권 및 의료접근성 보장에 관한 법률은 장애인의 건강권을 보장하고, 체계적인 지원을 위해 기본 이념으로 세 가지를 제시하고 있다. 첫째 장애인은 최적의 건강관리와 보호를 받을 권리가 있음을 천명하여, 장애인의 건강권을 권리로 인정하고 있다는 점이다. 둘째, 장애인은 장애를 이유로 건강관리 및 보건의료에 있어 차별

대우를 받지 아니한다는 점을 밝히고 있다. 셋째, 장애인은 건강관리 및 보건의료 서비스의 접근에 있어서 비장인과 동등한 접근성을 가질 권리를 가지며, 이를 위한 사회적 노력이 필요함을 강조하고 있다.

또한 본 법률에서 '건강권'은 질병 예방, 치료 및 재활, 영양개선, 재활운동, 보건교육 및 건강생활의 실천 등에 관한 제반 여건의 조성을 통하여, 최선의 건강상태를 유지할 권리를 의미하며, 보건과 의료서비스를 제공받을 권리를 포함'하는 포괄적인 개념으로 정의되어 있다.

이와 함께, 국가와 지방자치단체는 장애인의 건강권 향상과 장애 유무, 장애유형 및 정도, 모성보호, 성별 등의 특성에 따라 장애인과 비장애인 간 또는 장애인 간 건강수준의 격차 해소를 위하여 장애인 건강보건관리사업을 적극적으로 시행할 책무가 있음을 언급하고 있다. 이를 위해 보건복지부장관은 장애인정책조정위원회의 심의를 거쳐 장애인 건강보건관리종합계획을 5년마다 수립하도록 하고 있다.

장애인 건강관리사업은 장애인 건강검진사업, 장애인의 의료기관에 접근 및 이용보장, 장애인 건강보건연구 및 장애인 건강보건통계사업, 장애인 건강보건정보, 장애인과 가족에 대한 건강교육, 재활운동 및 체육, 장애인 건강 주치의, 국가 및 지방자치단체의 의료비 지원 등으로 제시하고 있다. 예를 들어, 장애인의 건강권을 보장하기 위해 국가와 지방자치단체는 장애인의 건강검진 시 장애인과 그 가족의 경제적 부담능력을 고려하여 검진에 소요되는 비용을 전부 또는 일부를 지원할 수 있도록 하였다. 또한 장애인이 진료, 재활 등을 위하여 보건소, 보건진료소, 지방의료원 등을 이용하는 경우 접근성을 보장하기 위한 이동 편의를 갖추고, 의료기관 등 이용하는 장애인의 장애유형 및 정도, 모성보호, 성별 등의 특성에 따른 적절한 편의를 제공할 수 있도록 하였다.

나아가 장애인의 의료기관 이용을 보장하는 방안의 하나로 의료기관 등을 직접 이용하기 어려운 장애인을 위해 장애인 거주지를 방문하여 진료하는 방문진료사업을 국가와 지방자치단체가 수행할 수 있도록 법률에 명시하였다.

이와 함께 장애인보건의료체계를 구축하기 위해 장애인이 이용하는 재활의료기관과 관련하여 보건복지부장관은 의료법 제3조 제2항 제3호에 따른 병원급 의료기관 중에 '재활의료기관'을 지정할 수 있고, 보건복지부령으로 정하는 시설, 인력, 장비 등의 기준을 충족하는 기관을 '중앙장애인보건의료센터'로 지정할 수 있도록 하였다. 또한 특별시장 · 광역시장 · 도지사 · 특별자치시장 · 특별자치도지사는 장애인 건강보건관리 업무를 수행하기 위해 보건복지부령으로 정하는 시설 · 인력 · 장비 등의 기준을 충족하는 의료기관을 '지역장애인보건의료센터'로 지정할 수 있도록 하여, 장애인의 건강권을 보장할 수 있는 전달체계를 구축하도록 규정하였다. 이러한 시도들은 장애인의 의료보장을 위한 인프라를 구축하고, 장애인의 의료기관 이용접근성을 높임으로써 장애인의 건강권을 보장하기 위한 국가와 지방자치단체의 역할과 책무를 명시한 것으로 볼 수 있다.

표 10-1 장애인 건강권 및 의료접근성 보장에 관한 법률

조항	내용
제1조 목적	장애인의 건강권 보장을 위한 지원, 장애인 보건관리 체계 확립 및 의료접근성 보장에 관한 사항을 규정하여 장애인의 건강증진에 이바지
제2조 기본이념	① 장애인은 최적의 건강관리와 보호를 받을 권리를 가짐 ② 장애인은 장애를 이유로 건강관리 및 보건의료에 있어 차별대우를 받지 아니함 ③ 장애인은 건강관리 및 보건의료 서비스의 접근에 있어 비장애인과 동등한 접근성을 가질 권리를 가짐
제3조 정의	건강권 : 제반 여건의 조성을 통하여 최선의 건강상태를 유지할 권리 및 보건과 의료서비스를 제공받을 권리
	재활의료 : 장애 최소화 및 장애인의 기능 회복과 유지에 필요한 의료행위
제4조 국가와 지방자치단체의 책무	① 장애인 건강권 존중 및 보호를 실현할 의무 ② 장애인 건강권 향상과 장애인 간/장애인과 비장애인 간 건강수준 격차 해소 ③ 장애인에게 적정한 진료 및 재활의료 제공 ④ 장애인이 건강을 위협받는 상황을 예방하기 위한 대책 수립 및 시행 ⑤ 장애인 건강보건관리사업을 장애인, 가족, 국민에게 적극 홍보
제6조 장애인 건강보건관리 종합계획 수립	보건복지부장관은 장애인정책조정위원회의 심의를 거쳐 장애인 건강보건관리종합계획(이하 "종합계획"이라 한다)을 5년마다 수립

조항	내용
第9条 장애인의 의료기관 등 접근 및 이용보장 등	① 국가와 지방자치단체는 장애인이 의료기관 등을 이용하는 경우 접근 보장을 위한 이동 편의 및 장애인의 특성에 따른 적절한 편의 제공 ② 국가와 지방자치단체는 의료기관 등을 이용하기 어려운 장애인을 위해 방문진료사업 수행
第13条 장애인과 그 가족에 대한 건강교육	국가와 지방자치단체는 장애인의 건강증진을 위하여 장애인과 그 가족을 대상으로 건강교육 실시
第16条 장애인 건강주치의	국가 및 지방자치단체는 중증장애인에 대하여 장애인 건강 주치의 제도 시행 가능
第17条 의료비 지원	국가와 지방자치단체는 장애인의 장애 정도와 경제적 능력 등을 고려하여 의료비 비용을 지급할 수 있음
제4장 중앙장애인 보건의료센터 등	• 재활의료기관의 지정 • 중앙장애인보건의료센터 지정 • 지역장애인보건의료센터 지정

출처: 장애인 건강권 및 의료접근성 보장에 관한 법률 재구성. (2015년 12월 29일 제정).

장애인의 의료보장은 장애로 인한 신체적·정신적 손상을 회복하고, 독립적으로 일상생활을 영위해 나갈 수 있도록 지원하는 역할을 한다. 따라서 장애인의 의료보장은 국민으로서 최소한의 생활수준을 유지하기 위한 소득보장과 함께 시민의 기본적인 건강권을 유지할 수 있도록 지원하기 위한 필수적인 사안이라고 볼 수 있다(최윤영, 이경준, 2013).

세계보건기구는 의료재활을 질병이나 사고로 인해 만성적인 장애로 이어지는 장애인의 잠재력을 촉진시키는 기술로 보고 있으며, 물리적·심리적 수단을 보충하는 의료적 조치라고 정의내리고 있다(강영실, 2008). 이러한 의미에서 장애인의 건강권 및 의료접근성 보장에 관한 법률은 장애인의 건강권을 인권 차원에서 다루고 있으며, 이를 보장하기 위한 국가 및 지방자치단체의 책무를 제시하고 있고, 장애인의 건강관리를 지원하기 위한 지원체계 구축을 명시하고 있다는 점에서 중요한 의의가 있다고 하겠다.

2 장애인 건강 실태

장애인은 장애유형과 관계없이 비장애인에 비해 지속적인 의료적 조치가 필요한 경우가 많다. 보건사회연구원에서는 3년마다 실시하는 장애인 실태조사에 따르면, 응답자의 82.3%가 치료나 재활, 건강관리를 목적으로 정기적으로 진료를 받고 있는 것으로 나타났다(보건복지부, 보건사회연구원, 2017). 이는 다수의 장애인들이 현재의 건강상태를 유지하거나 개선해 나가기 위해 지속적인 의료적 조치가 필요하다는 것을 보여주고 있다. 특히 신장장애, 심장장애, 간장애 등 내부장애와 뇌전증장애인은 응답자의 100.0%가 의료적 조치를 받고 있다고 응답하였고, 호흡기장애, 장루·요루장애, 뇌병변장애, 정신장애 등도 응답자의 90% 이상이 의료적 조치를 받고 있는 것으로 나타났다. 이에 비해 지체장애, 시각장애, 언어장애, 지적장애, 안면장애 등은 의료적 조치를 지속적으로 받고 있다고 응답한 경우가 상대적으로 낮았는데, 이는 이들 장애의 상태를 호전시키고, 개선하는 것이 의료적 조치로는 한계가 있기 때문이라고 볼 수 있다.

표 10-2 현재 치료, 재활, 건강관리 목적으로 정기적, 지속적 진료받고 있는지 여부 (단위: %, 명)

구분	지체	뇌병변	시각	청각	언어	지적	자폐성	정신	신장	심장	호흡기	간	안면	장루·요루	뇌전증	전체
예	81.3	92.2	81.3	78.8	75.3	62.7	71.4	97.8	100.0	100.0	100.0	100.0	75.5	92.2	97.0	82.3
아니오	18.7	7.8	18.7	21.2	24.7	37.3	28.6	2.2	-	-	-	-	24.5	7.8	3.0	17.7

출처: 보건복지부·보건사회연구원(2017). p. 224.

이와 함께, 평소 본인의 건강상태에 대해 어떻게 인식하고 있는지에 대한 응답에서는 '나쁜 수준'이라고 응답한 경우가 전체 응답자의 38.2%로 가장 높은 비율을 보이고 있으며, 건강상태가 '매우 나쁜 수준'이라고 응답한 경우를 포함하면 전체 응답자의 50.2%가 건강상태가 나쁘다고 보았다. 이에 비해, 전체 응답자의 33.6%는 자신의 건강상태를 '보통수준'이라고 인식하고 있었으며, 평소 본인의 건강상태가 '매우 좋다'고 인식하는 경우는 1.1%, '좋은 수준'은 15.1%로 응답자의 16.2% 정도가 긍정적인 응답을 하고 있다.

본인의 건강상태에 대한 인식을 장애유형별로 살펴보면, 심장장애, 호흡기장애 등 내부장애인 경우 다른 장애유형에 비해 상대적으로 건강상태를 나쁘게 인식하는 비율이 높았고, 언어장애, 지적장애, 자폐성장애 등 본인의 건강상태에 대해 긍정적으로 생각하는 비율이 다른 장애에 비해 상대적으로 높게 나타났다.

표 10-3 평소 본인 건강상태 (단위: %, 명)

구분	지체	뇌병변	시각	청각	언어	지적	자폐성	정신	신장	심장	호흡기	간	안면	장루·요루	뇌전증	전체
매우 좋음	0.3	0.2	1.3	1.5	9.6	4.6	10.9	1.9	0.0	0.0	0.0	3.7	0.0	0.0	0.0	1.1
좋음	13.9	5.5	18.5	14.1	26.9	35.8	51.9	12.9	4.8	6.4	0.0	17.9	12.7	8.1	18.6	15.1
보통	35.3	17.7	37.9	40.8	29.5	34.8	30.1	43.8	19.2	19.1	7.8	29.1	34.2	32.5	19.0	33.6
나쁨	41.0	45.8	34.2	34.8	31.0	20.0	2.7	34.2	50.5	57.6	38.4	29.6	51.4	37.3	43.2	38.2
매우 나쁨	9.4	30.8	8.1	8.8	3.0	4.9	4.4	7.2	25.5	16.9	53.8	19.6	1.7	22.1	19.2	12.0

출처: 보건복지부 · 보건사회연구원(2017).

건강상태에 대한 인식과 함께 필요한 경우 병 · 의원에 가지 못한 이유에 대한 응답에서는 장애유형에 관계없이 '경제적 이유' 때문이라고 응답한 경우가 39.2%로 가장 높은 비율을 보였다. 이는 장애인의 건강관리를 위한 의료적 조치들이 비장애인에 비해 장기적이고 지속적으로 이루어지기 때문에 치료비에 대한 부담감이 높게 나타난 것으로 보인다. 특히, 장애유형에 따라 차이가 있을 수 있겠으나 현재의 건강상태를 유지하고, 장애 정도를 개선하기 위해 지속적으로 병 · 의원 이용이 필수적인 경우가 발생할 수 있다는 점에 유의할 필요가 있을 것이다.

경제적 이유를 제외하고, 장애인이 병 · 의원에 가지 못한 이유로 '의료기관까지 이동의 불편함', '시간이 없어서', '동행할 사람이 없어서', '증상이 가벼워서' 등의 순서로 나타났다. 또한 장애유형별에 따른 차이에서 뇌병변장애는 '의료기관까지 이동의 불편함'이 56.1%로 가장 높았으며, 언어장애의 경우 '의사소통의 어려움'이라고 응답한 경우가 32.2%, 자폐성장애의 경우 '의료진의 장애에 대한 이해 부족' 36.5%, '의사소통의 어려움'이 34.2% 등으로 높게 나타난 것이 특징이다.

표 10-4 본인이 원하는 때 병·의원에 가지 못한 이유(1순위)

(단위: %, 명)

구분	지체	뇌병변	시각	청각	언어	지적	자폐성	정신	신장	심장	호흡기	간	안면	장루·요루	뇌전증	전체
경제적 이유	40.5	26.9	53.6	30.5	46.7	31.1	9.4	51.5	56.4	66.1	64.4	59.1	73.2	14.8	49.6	39.2
의료기관까지 이동의 불편함	23.9	56.1	20.4	22.7	2.1	3.1	6.0	13.5	19.9	33.9	27.5	25.1	0.0	8.0	27.5	25.0
의료진의 장애에 대한 이해 부족	0.4	0.0	0.3	1.6	0.0	0.4	36.5	0.0	0.0	0.0	0.0	0.0	0.0	0.0	0.0	0.9
의사소통의 어려움	0.0	1.0	1.3	9.7	32.2	7.3	34.2	9.5	0.0	0.0	0.0	0.0	4.7	0.0	0.0	2.5
시간이 없어서	19.5	2.3	14.3	9.4	0.0	5.6	0.0	0.0	0.7	0.0	0.0	0.0	0.0	0.0	0.0	13.7
의료기관의 장애 고려 의료시설 및 장비 불편	0.3	1.0	1.9	1.6	0.0	8.0	1.7	0.0	0.0	0.0	0.0	0.0	0.0	0.0	0.0	1.1
동행할 사람이 없어서	5.1	11.0	5.2	10.9	0.0	27.6	0.0	13.2	8.8	0.0	8.1	0.0	0.0	0.0	11.5	7.8
어떤 의료 기관에 가야 할지 몰라서	1.2	0.7	0.4	1.1	0.0	0.0	0.0	0.0	5.7	0.0	0.0	0.0	0.0	0.0	0.0	1.0
의료기관에 예약하기 힘들어서	0.0	0.0	0.2	0.0	0.0	0.0	12.2	0.0	0.0	0.0	0.0	0.0	4.9	0.0	11.4	0.2
증상이 가벼워서	7.9	0.6	1.3	10.8	19.1	13.7	0.0	1.0	0.0	0.0	0.0	8.5	0.0	77.2	0.0	6.9
의료기관에서 오래 기다리기 싫어서	0.4	0.2	0.0	1.6	0.0	3.2	0.0	9.5	8.4	0.0	0.0	3.6	0.0	0.0	0.0	0.9
기타	0.9	0.1	1.0	0.0	0.0	0.0	0.0	1.9	0.0	0.0	0.0	0.0	0.0	0.0	0.0	0.6

출처: 보건복지부 · 보건사회연구원(2017).

장애인의 건강수준을 향상시키기 위해 정부나 사회가 더 강화해야 할 것 1순위에서는 '장애관리 및 재활서비스'가 가장 높은 비율을 보였다. 또한 '만성질환 관리' 28.3%,

'건강상태 평가 및 관리' 22.9% 순으로 나타났다. 이와 함께 장애인 건강수준을 향상하기 위해 정부 또는 사회가 더 강화해야 할 것으로는 건강검진서비스, 일반진료 서비스, 예방접종 서비스 등으로 나타났다.

장애유형별 응답에서는 시각장애와 청각장애에서는 '만성질환 관리'에 대한 국가 차원에서의 개입이 우선적으로 필요하다고 보았으며, 심장장애, 간장애, 안면장애의 경우는 '건강상태 평가 및 관리'의 필요성을 높게 보았다. 또한 지적장애, 정신장애, 뇌전증장애의 경우 '정신보건서비스'를 강화해야 한다고 응답한 경우가 다른 장애유형에 비해 상대적으로 높게 나타났으며, 안면장애의 경우 '구강보건서비스'의 강화가 필요하다고 응답한 비율이 다른 장애유형에 비해 높게 나타난 점이 특징이다.

표 10-5 장애인 건강수준 향상을 위해 정부(또는 사회)가 더 강화해야 할 것 (1순위) (단위: %, 명)

구분	지체	뇌병변	시각	청각	언어	지적	자폐성	정신	신장	심장	호흡기	간	안면	장루·요루	뇌전증	전체
건강상태 평가 및 관리	23.5	22.6	24.6	23.4	21.2	19.3	18.7	18.4	19.6	41.5	20.9	31.8	43.0	27.3	18.4	22.9
만성질환 관리	29.0	25.4	39.1	34.1	27.0	11.3	9.5	14.0	41.3	19.1	32.9	28.2	0.0	19.1	20.7	28.3
장애관리 및 재활서비스	29.8	40.7	18.9	24.8	38.2	44.5	50.6	34.8	31.8	35.1	43.4	22.0	28.7	40.3	38.5	31.1
건강검진 서비스	7.0	4.8	7.4	6.6	1.5	6.4	6.7	4.4	4.3	0.0	1.2	1.7	6.5	2.9	1.6	6.4
예방접종 서비스	2.3	1.5	3.0	4.4	3.1	2.4	2.6	5.3	2.6	0.0	1.2	7.4	0.0	4.4	0.0	2.7
건강교육 및 건강교실	1.7	0.6	1.7	1.1	5.8	2.4	2.4	3.9	0.0	0.0	0.5	5.0	1.5	0.8	6.3	1.7
일반진료 서비스	3.6	2.8	3.0	3.5	2.8	3.4	2.9	1.6	0.3	0.0	0.0	0.0	0.0	2.9	2.3	3.2
구강보건 서비스	2.5	0.6	1.7	1.31	0.5	5.1	4.7	0.1	0.3	4.2	0.0	3.8	20.3	0.8	2.8	2.1
정신보건 서비스	0.6	0.7	0.6	0.7	0.0	4.9	2.1	17.4	0.0	0.0	0.0	0.0	0.0	1.5	9.4	1.7
기타	0.0	0.3	0.0	0.0	0.0	0.4	0.0	0.0	0.0	0.0	0.0	0.0	0.0	0.0	0.0	0.1

출처: 보건복지부 · 보건사회연구원(2017).

3 장애인의 보건 및 의료지원 시책

장애인의 보건 및 의료지원을 위한 중앙정부와 지방자치단체의 지원들은 다양하게 이루어지고 있다. 보건복지부 장애인복지사업안내(보건복지부, 2019)에 따르면, 등록장애인의 의료와 관련된 지원시책으로 주로 저소득 장애인의 의료비 지원과 관련된 지원시책들이 주를 이루고 있다. 구체적인 시책내용으로는 장애인 의료비 지원, 건강보험 지역 가입자의 보험료 경감, 장애인 등록진단비 지급, 장애검사비 지원, 발달재활서비스, 언어발달지원, 장애인 보조기기 교부, 보장구 건강보험 급여(의료급여) 적용, 장애인의료재활시설 운영, 여성장애인 출산비용 지원 등이 제공되고 있다.

1) 장애인 의료비 지원

장애인의 의료보장은 국가가 지원해야 할 기본적인 권리 중의 하나이다. 장애인은 장애와 관련하여 지속적인 치료가 요청되는 경우 경제적 부담이 클 수 있기 때문에 장애인의 의료비 부담이 과중한 경우 이들을 지원하는 정책이 요청된다. 우리나라의 경우 장애인의 의료지원은 국민건강보험과 의료보호제도를 통하여 이루어지고 있다.

장애인의 의료비 부담을 경감하기 위해 정부는 의료급여와 건강보험의 급여기간을 365일 상시로 확대하는 정책을 펼치고 있으며, 장애인의 재활에 필요한 재활병원과 의원을 전국 16개 시·도에 설치하였다. 재활병원과 의원의 경우 장애진단과 재활치료, 의료상담이 가능하다. 또한 국립재활원, 지역 재활병원, 거점 보건소 및 민간 병·의원 등에서 의료보장서비스가 제공될 수 있도록 의료서비스를 강화하고 장애인의 접근성을 높이기 위한 지원책을 모색할 필요가 있다(최윤영, 이경준, 2013).

장애인의 의료비 지원은 장애인의 의료보장을 지원하는 것을 목적으로 하고 있으나 장애인에게 경제적 지원이 이루어지기 때문에 소득지원 효과가 있다. 그러나 현행 국민건강보험은 장애인과 비장애인에게 동일한 조건을 적용하기 때문에 의료보호대상자는 국민기초생활보호대상자로 선정된 장애인에 한해 지원을 받을 수 있다. 의료보호대상자 중 1종은 외래 및 입원 시 전액 무료이나 의료급여 2종 대상자는 진료 및 약품 조제 시 본인부담금을 장애인도 직접 부담하여야 한다. 따라서 장애인 의료비 지원과 관련된 시책은 의료급여 2종 수급권자인 등록장애인과 건강보험의 차상위계층 본인부담 경감대상자인 등록장애인에 적용되며, 차상위계층 의료급여 2종 수급자인 만성질환자와 18세 미만 아동의 경우도 포함된다(이채식 외, 2014).

장애인 의료비 지원은 의료기관 이용 시에 발생하는 급여 항목에서 비급여부분을 제외한 본인부담금의 일부 또는 전액을 지원한다. 2차, 3차 의료기관 진료 시에는 의료(요양)급여 수가적용에서 본인부담 진료비를 15% 이내로 장애인의 상황에 따라 지원을 받을 수 있다. 이와 함께 장애인 의료비를 지원받기 위해서는 의료기관을 이용하는 장애인이 의료급여증과 장애인등록증을 의료기관에 제시하면 된다.

2) 장애인 등록진단비 지급

장애인 등록진단비 지급의 경우 국민기초생활보장법상 생계급여 또는 의료급여 수급자로 신규 등록장애인 및 재판정 시기가 도래한 장애인에게 지급된다. 지적장애인과 자폐성장애인의 경우 장애진단서 발급비용으로 4만 원을 지원받으며, 기타 일반장애의 경우 1만5천 원을 지원받을 수 있다. 그러나 장애판정을 위한 검사비용은 본인이 부담하여야 한다. 장애인 등록진단비는 시 · 도 및 시 · 군 · 구에서 의료기관에 직접 지원하거나 읍 · 면 · 동에 신청하는 절차를 따른다.

장애검사비 지원은 기존 등록장애인 중 장애인연금이나 활동지원서비스, 중증장애아동수당 신청 등으로 인해 서비스 재판정 및 의무 재판정 등으로 재진단을 받아야 하는 수급자 및 차상위계층인 경우에 적용된다. 지원내용은 생계급여, 의료급여수급자와 주거급여, 교육급여, 차상위계층에게 차등 지급되며, 지원 대상은 소요비용과 관계없이 일정 금액 한도 내에서 지원을 받을 수 있다.

이와 함께, 장애인 의료비지원의 내용 중 여성장애인이 출산한 경우 출산비용을 2012년부터 지원하는 사업이 실시되고 있다. 특히 2015년부터는 여성장애인 출산비용

지원 대상이 확대되어, 출산 이외에 임신기간 4개월 이상 태아가 유산되었거나 사산의 경우도 출산의 경우와 같이 지원을 받을 수 있게 되었다.

표 10-6 장애인 의료비 지원 관련 시책

주요사업명	지원대상	지원내용	비고
장애인 의료비 지원	• 의료급여법에 의한 의료급여 2종 수급권자인 등록장애인 • 건강보험의 차상위 본인부담 경감 대상자인 등록장애인 (만성질환 및 18세 미만 장애인)	• 의료기관 이용 시 발생하는 급여항목 본인부담금의 일부 또는 전액 지원(비급여 제외) - 1차 의료기관 외래진료 본인부담금 750원 일괄지원 • 2차, 3차 의료기관 진료 - 의료(요양)급여수가적용 본인부담 진료비 15%(차상위 14%, 암환자 5%, 입원 10% 등) 전액을 지원하되 본인부담금 식대 20%는 지원하지 않음	의료급여증과 장애인등록증 제시
장애인등록 진단비 지원	• 국민기초생활보장법상의 생계급여 또는 의료급여 수급자로서 신규 등록장애인 및 재판정 시기가 도래한 장애인	• 진단서 발급 비용 지원 - 지적, 자폐성, 정신장애 : 4만 원 - 기타 일반장애 : 1만5천 원 ※ 장애판정을 위한 검사비용은 본인 부담	읍 · 면 · 동 주민센터에 신청
장애검사비 지원	• 기존 등록장애인 중 장애인연금, 장애수당, 활동지원 및 중증장애아동수당 신청으로 인한 서비스 재판정 및 의무 재판정 등으로 재진단을 받아야 하는 수급자 및 차상위 계층인 자 • 행정청 직권으로 재진단을 받는 자	• 최대 10만 원 범위 내에서 지원	읍 · 면 · 동 주민센터에 신청
여성장애인 출산비용 지원	• 장애인복지법 제32조에 의한 등록 여성장애인 중 출산 및 유산 · 사산한 자 • 임신기간 4개월 이상 태아를 유 · 사산한 경우로 인공임신중절수술에 따른 유산은 제외	• 출산(유산, 사산 포함) 태아 1인 기준 1백만 원 지급	읍 · 면 · 동 주민센터에 신청

출처: 보건복지부(2020). 재구성.

3) 의료재활서비스 지원사업

장애인 의료보장의 일환으로 재활서비스 지원사업이 실시되고 있으며, 보건복지부에서는 발달재활서비스와 언어발달지원사업을 펼치고 있다. 발달재활서비스는 만 18세 미만 장애아동을 대상으로 하고 있으며, 뇌병변장애, 지적장애, 자폐성장애, 언어 및 청각장애, 시각장애아동이 해당된다. 다만 등록이 되지 않은 만 6세 미만 아동은 의사진단서로 대체 가능하도록 되어 있다.

재활서비스 지원액은 매월 발달재활서비스 바우처로 지급되며, 언어 · 청능치료, 미술 · 음악치료, 행동 · 놀이 · 심리치료, 감각 · 운동 등 발달재활서비스를 이용할 수 있으며, 지원대상이 이용서비스를 선택할 수 있다. 그러나 발달재활서비스의 지원대상이 모든 장애아동에게 해당되는 것은 아니며, 전국 가구평균소득 150% 이하에서 2019년은 기준 중위소득 180% 이하로 변경되었다.

언어발달지원은 만 12세 미만 비장애아동 중 한쪽 부모 및 조손가정의 한쪽 조부모가 시각 · 청각 · 언어 · 지적 · 뇌병변 · 자폐성 등록 장애인인 경우 지원이 가능하다. 지원대상의 기준은 전국 가구평균소득 100% 이하로 소득기준이 제한되어 있었으나 2019년에는 기준 중위소득 120% 이하로 변경되었다. 언어발달지원도 발달재활서비스와 같이 매월 언어재활서비스를 이용할 수 있는 바우처 형태로 지원되고 있으며, 이용할 수 있는 서비스는 언어발달진단서비스, 언어 · 청능 등 언어재활서비스, 독서지도, 수화지도 등으로 구성되어 있다.

표 10-7 재활서비스 지원

주요사업명	지원대상	지원내용	비고
발달재활 서비스	• 연령기준 : 만 18세 미만 장애아동 • 장애유형 : 뇌병변, 지적, 자폐성, 언어, 청각, 시각 장애아동 • 소득기준 : 기준 중위소득 180% 이하 • 기타 요건 - 장애인복지법상 등록장애아동 - 다만, 등록이 안 된 만 6세 미만 아동은 의사진단서(검사자료 포함)로 대체 가능	• 매월 14만원~22만원의 발달재활서비스 바우처 지원 • 언어 · 청능, 미술 · 음악, 행동 · 놀이 · 심리, 감각 · 운동 등 발달재활서비스 선택하여 이용	읍 · 면 · 동 주민센터에 신청

주요사업명	지원대상	지원내용	비고
언어발달 지원	• 연령기준 : 만 12세 미만 비장애아동(한쪽 부모 및 조손가정의 한쪽 조부모가 시각 · 청각 · 언어 · 지적 · 뇌병변 · 자폐성 등록 장애인) • 소득기준 : 기준 중위소득 120% 이하	• 매월 16만원~22만원의 언어재활 등 바우처 지원 • 언어발달진단서비스, 언어 · 청능 등 언어 재활서비스, 독서지도, 수화지도	읍 · 면 · 동 주민센터에 신청

출처: 보건복지부(2019). p. 21.

4) 장애인 보조기기 지원

장애인 의료보장의 시책으로 보장구 관련 지원을 살펴보면, 장애인에게 필요한 보조기기를 교부하는 것과 보장구 건강보험급여를 적용하는 방안이 있다. 장애인보조기기 교부는 등록장애인 중 국민기초생활보장법상의 수급자 및 차상위계층을 대상으로 지원하고 있다.

표 10-8 보조기기 관련 지원

사업명	지원대상	지원내용	비고
장애인 보조기기 교부	• 등록장애인 중 국민기초생활보장법상의 수급자 및 차상위계층 • 교부대상 : 서비스 지원 종합조사에서 보조기기 필요(적격)로 판정된 자	• 욕창방지용 방석 및 커버 : 심장장애인 • 와상용 욕창예방 보조기기 : 심장장애인 • 보행차, 좌석형 보행차, 탁자형 보행자 : 지체 · 뇌병변장애인 • 음식 및 음료섭취용 보조기기, 식사도구, 젓가락 및 빨대, 머그컵, 유리컵, 컵 및 받침대, 접시 및 그릇, 음식보호대, 기립훈련기 : 지체 · 뇌병변장애인 • 목욕의자, 휴대용경사로 : 지체 · 뇌병변장애인 • 이동변기 : 지체 · 뇌병변장애인 • 미끄럼 보드, 미끄럼 매트 및 회전 좌석 : 지체 · 뇌병변 · 심장 · 호흡기 장애인 • 음성유도장치, 음성시계, 영상확대 비디오, 문자판독기, 녹음 및 재생장치 : 시각장애인	읍 · 면 · 동 주민센터에 신청

사업명	지원대상	지원내용	비고
		• 장애인용 의복 : 지체 · 뇌병변 · 심장 · 호흡기장애인 • 휠체어용 탑승자 고정장치 및 기타 액세서리 : 지체 · 뇌병변 · 심장 · 호흡기장애인 • 변기 팔 지지대/등지지대, 환경조정장치 : 지체 · 뇌병변 장애인 • 대화용 장치 : 뇌병변 · 발달 · 청각 · 언어장애인	
보장구 건강보험 급여 (의료급여) 적용	• 건강보험 : 등록장애인 중 건강보험 가입자 및 피부양자 • 의료급여 : 등록자앵인 중 의료급여 수급권자 • 세부 대상 기준은 「국민건강보험법 시행규칙」 [별표 7] 및 「장애인보장구 보험급여 기준 등 세부사항(보건복지부 고시)」 [별표2] 참조	• 건강보험대상자 : 전동휠체어, 의지 · 보조기, 자세보조용구 등 88개 품목에 대해 지급기준 금액의 90%까지 국민건강보험공단에서 지원(차상위는 100%) • 의료급여수급권자 : 전동휠체어, 의지 · 보조기, 자세보조용구 등 88개 품목에 대해 지급기준 금액의 100%까지 의료급여 기금에서 부담 • 보험급여 대상 보장구 유형 및 기준액, 내구연한 등은 「국민건강보험법 시행규칙」 [별표7] 참조	• 신청기관 - 건강보험 : 국민건강보험공단(지사) - 의료급여: 시 · 군 · 구청 ※ 국민건강보험공단에 등록된 업소 및 품목에 대해 구입한 경우 급여지원 (공단 홈페이지 사이버민원센터 참조)

출처: 보건복지부(2020). 재구성.

장애인보조기기의 지원내용으로는 욕창방지용 방석 및 커버의 경우 심장장애인이 해당되며, 보행차, 자석형 보행자, 탁자형 보행자 등은 지체장애인과 뇌병변장애인 전체에게 해당되는 등 장애인 보조기기에 해당되는 장애유형에 따라 차이를 보인다.

보장구 건강보험 급여는 건강보험대상자인 경우 전동휠체어, 의지 · 보조기, 자세보조용구 등 88개 품목에 대해 지급기준 금액의 90%까지 국민건강보험공단에서 지원(차상위는 100%)하며, 의료급여수급자의 경우는 88개 품목에 대해 지급기준 금액의 100%까지 의료급여 기금에서 부담한다.

5) 건강보험 지역가입자 보험료 경감

장애인 의료보장의 하나로 건강보험 지역가입자의 보험료를 경감하고 있다. 이와 관련한 내용은 자동차분 건강보험료 전액 면제, 생활수준 및 경제활동 참가율 등급별 점수 산정 시 특례적용, 산출 보험료 경감, 장기요양 보험료 경감 등이며, 지원대상은 등록장애인을 대상으로 하고 있으나 장기요양보험료 경감의 경우 등록장애인 중 1~2급만 해당된다. 이와 함께 장애인의료재활시설을 운영하고 있으며, 모든 등록장애인이 이용할 수 있으며, 장애진단 및 치료, 보장구 제작 및 수리, 장애인의 의료재활상담 등을 실시하고 있으며, 의료급여 수급자 및 시 · 군 · 구청장의 무료진료 추천자는 의료재활시설기관을 무료로 이용할 수 있다.

표 10-9 기타 의료 및 재활지원

<table>
<tr><th>사업명</th><th colspan="2">지원대상</th><th>지원내용</th><th>비고</th></tr>
<tr><td rowspan="3">건강보험 지역 가입자의 보험료 경감</td><td>• 자동차분 건강보험료 전액 면제</td><td>• 장애인복지법 규정에 의해 등록한 장애인 소유 자동차</td><td>• 해당 자동차는 건강보험료 산정 시 제외</td><td>국민건강보험 공단지사에 확인</td></tr>
<tr><td>• 산출 보험료 경감</td><td>• 지역가입자 중 등록 장애인이 있는 세대로 소득이 360만 원 이하인 동시에 과표 재산이 1억 3천 5백만 원 이하</td><td>• 장애 정도가 심한 장애인(상이자는 1~2등급) : 30% 경감
• 장애 정도가 심하지 않은 장애인(상이자는 3~5등급) : 20% 경감</td><td rowspan="2">국민건강보험 공단지사에 확인신청</td></tr>
<tr><td>• 장기요양 보험료 경감</td><td>• 장애 정도가 심한 장애인이 장기요양보험가입자 또는 그 피부양자인 경우</td><td>장기요양보험료의 30% 감면</td></tr>
<tr><td>장애인 의료재활 시설 운영</td><td colspan="2">• 등록장애인</td><td>• 지원 내용
- 장애의 진단 및 치료
- 보장구 제작 및 수리
- 장애인 의료재활상담 등
• 의료급여수급권자 및 시 · 군 · 구청장의 무료진료 추천자는 무료, 그 외의 자는 실비 부담</td><td>의료급여증과 장애인등록증(복지카드) 제시</td></tr>
</table>

출처: 보건복지부(2020).

4 제5차 장애인정책종합계획(2018~2022년) 장애인복지·건강분야

장애인종합정책종합계획은 장애인복지법에 따라 5년마다 수립하는 범정부 계획으로 장애인단체, 관련 전문가 등의 다양한 의견을 수렴하고, 정부 관계부처와의 협의를 거쳐 확정된다. 제5차 장애인정책종합계획은 2018~2022년까지 "장애인의 자립생활이 이루어지는 포용사회"를 비전으로 설정하고, 복지 · 건강, 교육 · 문화 · 체육, 소득 · 경제활동, 권익증진, 사회참여 기반 등 5대 분야, 22개 중점과제, 70개 세부과제로 구성되어 있다.

제5차 장애인정책종합계획에서 장애인의 건강과 관련된 내용으로는 재활의료 전달체계를 구축 및 접근성 강화, 장애인 건강수준 향상을 위한 기반 마련이라는 비전을 제시하고 있다. 구체적인 계획으로는 장애인의 욕구와 환경에 맞는 맞춤형 서비스 지원을 위해 2019년 7월부터 '장애등급제'를 단계적으로 폐지하고, 종합판정도구를 도입한다는 내용이 포함되어 있다. 특히 장애등급제 단계적 폐지는 의학적 판정에 따라 장애등급을 결정하고, 이를 기준으로 장애인서비스 이용 자격과 제공내용을 제한하였던 기존 장애인복지정책 패러다임의 변화를 보여주고 있다. 장애등급제 폐지는 장애인의 권리보장을 위해 시도하는 정책이지만 장애인의 건강과 관련된 다양한 복지시책들도 수정되어야 함을 의미한다. 또한 '장애등급'은 '장애 정도'로 변경되며, 장애인에게 필요한 재활 및 각종 복지서비스 지원과 관련하여 찾아가는 상담, 장애인 전담 민관협의체 설치 등이 함께 진행된다.

이와 함께, 중증장애아동에 대한 재활치료를 위해 권역별 '공공어린이 재활의료기관'을 설립하고, '장애인 건강주치의제'를 도입하기로 하였다. 특히 2018년 시범사업으로 시작되는 '장애인 건강주치의제'는 중증장애인의 만성질환을 관리할 수 있는 인프라를 구축하는 데 기여할 수 있을 것이다. 이와 함께, 장애인의 건강관리를 위해 '장애인 건강검진기관'을 2021년까지 100개소로 지정 운영하도록 하였다.

표 10-10 제5차 장애인정책종합계획 장애인 복지·건강분야

분야	기존 정책	제5차 장애인정책종합계획
복지, 건강	• 의학적 장애등급(1~6급)에 따라 서비스 제공	• 장애등급제를 단계적으로 폐지하고, '종합적 욕구조사'에 따라 개인의 필요에 따른 맞춤형 서비스 제공
	• 중증장애인 자립생활지원센터 운영 지원('17년 62개소)	• 중증장애인 자립생활지원센터 확대('22년 90개소) • '탈시설지원센터' 설치, 공공임대주택 및 자립정착금 등 지원
	• 장애인 건강관리에 대한 전문기관 부재	• 장애인건강주치의제도 도입 • 장애인건강검진기관('22년 100개소) 지정

출처: 국무조정실(2018).

5 장애인 의료보장에 관한 개선과제

장애인은 장애 유형과 무관하게 지속적인 치료나 의료기관을 이용해야 하는 경우가 많다. 이는 장애인의 일상생활을 영위하는 데 지장을 초래할 뿐만 아니라 지속해서 경제적 부담감을 발생시킨다. 따라서 장애인의 의료보장은 확대될 필요가 있다. 장애인 실태조사에서도 나타나듯이 건강 상태에 대해 '나쁘다'라고 응답한 비율이 비장애인은 16.6%인 데 비해 장애인의 경우는 50%를 상회하고 있어, 장애인의 주관적 건강인식은 비장애인보다 약 3배 정도 나쁘게 인식하는 비율이 높았다(임종한, 2017; 이규범, 2019).

국내에서도 장애인의 의료보장을 법률적으로 보장하기 위해 「장애인 건강권 및 의료접근성 보장에 관한 법률」이 2017년 12월부터 시행되었으며, 보건의료전달체계의 확립과 의료기관 이용의 접근성을 높이기 위한 정책 차원에서의 노력도 지속하고 있다. 그러나 장애인의 건강권을 보장하기 위한 종합계획의 수립이 필요하고, 이를 지원할 수 있는 전달체계의 구축, 장애인 건강관리 서비스의 다양성 확보 등은 여전히 과제로 남아 있다. 이를 중심으로 장애인의 의료보장을 위한 개선이 요구되고 있다.

1) 장애인복지시책에서 의료보장영역 확대

장애인복지시책에는 장애인을 위한 다양한 복지시책들이 제시되어 있다. 그러나 장애인복지시책은 주로 경제적 지원과 관련된 내용이 주를 이루고 있으며, 의료보장과 관련된 영역은 부차적인 것으로 인식되어 온 것이 사실이다. 이에 장애인복지시책에서 의료보장영역의 확대가 요청되고 있으며, 이는 장애인 건강 불평등 개념을 도입하여 보완될 필요가 있다.

장애인의 건강 불평등은 장애인에 대한 건강권의 박탈과 사회적 차별로 인한 결과로 장애인은 비장애인과 비교해 상대적으로 보건의료 서비스 접근 및 이용에 있어 불공평한 처우를 받고 있다는 점에 주목하고 있다. 또한, 장애인의 건강 불평등은 이차 장애 예방 및 관리체계 부재 등의 제반 환경 조건에 대한 불리함으로 인해 나타나는 집단 간이나 장애인집단 내의 건강 상태의 차이로 정의할 수 있다(신유리, 김정석, 조혜진, 유동철, 2017).

장애인복지시책에는 장애인 의료 및 재활지원은 장애인 의료비 지원이나 건강보험료 경감, 장애인 등록진단비 지원, 장애검사비 지원 등 경제적 지원, 발달재활서비스 언어발달지원, 장애인의료재활시설 운영 등 재활사업 관련 지원시책, 장애인보조기기 교부 및 장애인보조기기 건강보험 급여지원 등으로 구성되어 있다. 따라서 장애인의 건강 불평등을 개선하기 위한 다양한 복지정책으로 보건의료서비스 접근성, 의료인의 인식개선 등을 높일 수 있는 정책, 이차 장애 예방을 위한 관리시스템 구축 등을 통하여 장애인의 의료보장권을 확대할 수 있는 정책개발로 이어질 필요가 있다.

2) 장애인건강보건관리지원을 위한 전달체계 구축

장애인의 건강과 보건관리를 위한 전달체계의 구축은 장애인의 의료보장을 위해 기본적으로 갖추어야 할 핵심적인 요소이다. 특히 5년마다 수립하게 되어 있는 장애인건강보건관리 종합계획에는 장애인건강보건관리 전달체계 수립을 위해 재활의료기관과 중앙장애인보건의료센터, 지역장애인보건의료센터를 지정하도록 되어 있다(이규범, 2019).

보건복지부는 보건의료 기반의 지역사회 장애인 통합돌봄을 위해 장애인보건관리 전달체계를 구축하고 있다. 이를 위해, 보건복지부 산하 중앙장애인보건의료센터를 설립하여 장애인 건강사업 개발과 통계 구축, 교육과정 개발, 건강정보 등을 제공하고, 광역시와 도를 중심으로 지역장애인보건의료센터, 시 · 군 · 구를 중심으로 보건소를 연계하도록 하였다. 특히, 장애인보건관리전달체계에서 지역장애인보건의료센터는 재활기관, 장애인주치의, 장애인건강검진기관 등에서 직접 서비스를 제공하도록 관리 및 지원하고, 유관기관 및 서비스 연계 · 조정 · 지원하는 역할을 수행하며, 검진 · 재활 등 의료서비스 제공, 여성장애인 임신 · 출산 지원, 의료종사자 교육을 주도하는 역할을 담당하도록 설계되어 있다. 또한, 보건소는 주치의 지원과 건강관리사업을 연계하는 역할을 수행함으로써 지역장애인보건의료센터와의 협력을 통해 장애인보건관리전달체계에 중요한 역할을 담당하고 있다.

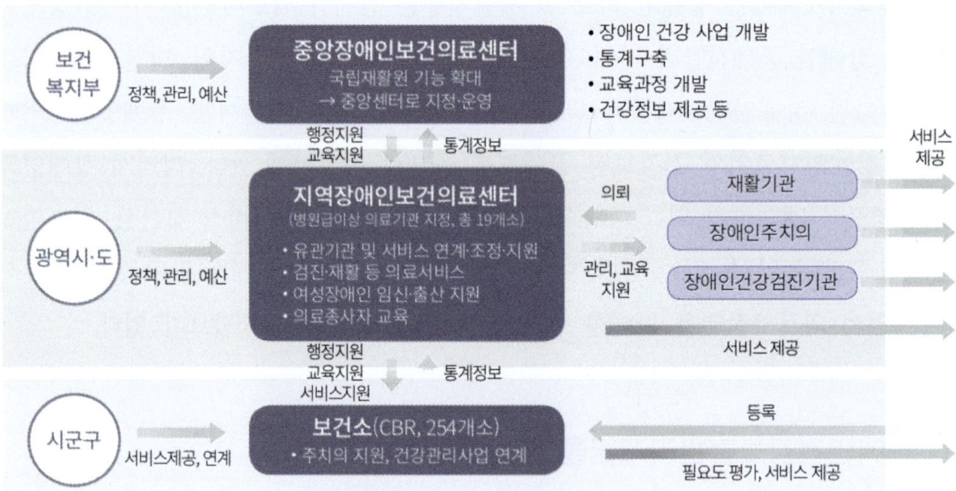

그림 10-1 장애인보건관리전달체계

출처: 국립재활원, 2019.

3) 장애인 건강관리서비스 제공의 강화

장애인의 의료보장을 위해서는 다양한 건강관리서비스가 요청되며, 점진적으로 건강관련 서비스를 강화하고 접근성을 높일 필요가 있다. 장애인 건강관리서비스는 「장애인 건강권 및 의료접근성 보장에 관한 법률」에 근거하고 있으며, 이와 관련된 사업으로는 장애인 건강검진사업, 장애인 건강주치의 사업, 재활운동 및 체육과 건강보건 연구, 건강권 관련 교육 등이 있고, 추후 장애인의 건강관리와 관련된 다양한 서비스의 개발이 요청된다.

(1) 장애인 건강검진사업의 활성화

보건복지부는 장애인의 건강검진사업을 지원하기 위해 장애친화 건강검진기관을 지정하고 있다. 특히 전국을 41개 중의료권으로 분류하고 의료권당 2~3개소를 지정해 2022년까지 약 100개 기관을 운영할 계획이나 2020년까지 16개소가 장애친화 건강검진기관으로 지정되어 있다. 그러나 상급종합병원의 건강검진센터에서 시설기준에 따른 공간을 마련하는 데 어려움을 겪고 있으며, 수어통역사의 배치, 중증장애인의 검진에 따른 추가적 시간 소요와 사고 위험성 등에 대한 우려 등은 장애친화적 건강검진을 어렵게 하고 있다. 이를 위해, 공공의료기관의 건강검진센터를 장애친화 건강검진기관으로 유도하거나 의무화하는 방안도 고려될 필요가 있다(이규범, 2019).

(2) 장애인 건강주치의 제도 확립

보건복지부는 2020년 장애인 건강주치의 2단계 시범사업을 실시하는 등 새로운 장애인 건강관리서비스 제공을 위해 노력하고 있다. 장애인 건강주치의는 '중증장애인이 거주 지역 또는 이용하던 의료기관의 의사 1인을 일반건강 관리의사 또는 주장애 관리의사로 선택하여, 만성질환(일반건강관리) 또는 장애 관련 건강상태(주장애관리) 등을 지속적 · 포괄적으로 관리받는 제도를 말한다.

장애인 건강주치의 서비스는 일반건강관리, 주장애관리, 통합관리로 구분할 수 있다. 일반건강관리의 경우 모든 장애 유형별 중증장애인이 의원급 의료기관에서 일반 케어플랜을 연 1회 실시하고, 교육 및 상담, 환자관리, 방문진료 및 간호서비스를 이용할 수 있다. 또한, 주장애관리를 위해서는 전문과목에 해당하는 장애 유형별로 의원이나 병원급에서 전문 케어플랜을 연 1회, 장애 유형별 전문교육 및 상담을 받을 수 있다. 통합관리는 의원급 의료기관의 해당 장애를 진단하는 전문의가 일반건강관리와 장애 유형별 주장애관리 서비스를 동시에 제공하는 서비스를 제공받을 수 있다. 2020년부터는 건강관리계획을 수립하는 케어플랜을 기존 연 1회에서 중간점검을 추가하여 연 2회 건강 및 장애 상태를 점검할 수 있도록 하고 있다.

표 10-11 장애인 건강주치의 서비스 개요

구분	일반건강관리	주장애관리	통합관리*
대상자	모든 장애 유형별 중증장애인	전문과목에 해당하는 장애유형	전문과목에 해당하는 장애유형
요양 기관	의원	의원 · 병원급 (상급종합병원 제외)	의원
서비스	일반 케어플랜 (연 1회) 중간점검	전문 케어플랜 (연 1회) 중간점검	일반 & 전문 케어플랜 (연 1회) 중간점검
	만성질환+일반장애 교육 · 상담 (연 8회) (비대면)환자관리 (월 1회) 방문진료 · 간호	장애유형별 전문 교육 · 상담 (연 8회) (비대면)환자관리 (월 1회) 방문진료 · 간호	일반건강관리 & 주장애관리 교육 · 상담 (연 8회) (비대면)환자관리 (월 1회) 방문진료 · 간호

* 의원급 의료기관의 해당 장애(지체, 뇌병변, 시각)를 진단하는 전문의가 일반건강관리와 장애유형별 주장애관리 서비스를 동시에 제공하는 경우

* 출처: 보건복지부. 2020. 보도자료(6월 8일)

이와 함께, 장애인 치과주치의는 치과진료가 어려운 중중장애인의 구강건강을 체계적으로 관리할 수 있도록 만든 제도로 중증장애인을 대상으로 연 1회 구강건강 상태,

구강관리습관 등을 평가하고 종합관리계획을 수립하도록 지원한다. 특히 장애인들의 본인부담금은 전체 비용의 10%로 하고 있으며, 의료급여 대상자 및 차상위계층의 경우 본인부담금이 없어 접근성을 높이고자 하였다.

따라서 장애인의 의료보장은 보건체계뿐만 아니라 지자체 등이 협력이 필요하며, 이를 위해 중앙정부의 적극적인 예산지원과 지자체의 관리 · 감독, 나아가 장애인 보건관리전달체계의 정착 등이 관건이며, 다양한 건강관리서비스의 개발과 제공도 함께 제공될 필요가 있을 것이다.

생각해 볼 과제

1. 장애인의 인권과 건강권의 관계에 대해 논의해 보시오.
2. 장애인복지 의료와 관련된 복지시책이 갖고 있는 문제들은 무엇인지 논의해 보시오.
3. 장애인 실태조사를 바탕으로 장애인의 건강상태에 대해 토의해 보시오.

참 / 고 / 문 / 헌

강영실 (2008). **장애인복지의 이해**. 신정.

국립재활원 (2019). 지역사회중심재활교육 재활실무과정.

국무조정실 (2018). 제19차 장애인정책조정위원회 보도자료.

법제처국가법령정보센터. (2017). “장애인 건강권 및 의료접근성 보장에 관한 법률”. http://law.go.kr/lsSc.do?menuId=0&subMenu=4&tabNo=7#Eundefined

보건복지부 (2019). 2019년 장애인복지사업안내.

보건복지부 (2020). 보도자료. “장애인 건강주치의 2단계 시범사업 시행”. 2020년 6월 8일자.

보건복지부, 보건사회연구원 (2017). 2017년 장애인 실태조사.

신유리, 김정석, 조혜진, 유동철 (2017). “장애인의 건강불평등(Health Inequality) 개념화를 위한 이론적 고찰. 비판사회정책, 56, 205-236.

이규범 (2019). “장애인 건강권 및 의료접근성 보장에 관하여”. **정책동향**, 13(5), 14-20.

이채식, 이은영, 이형렬, 김재익, 전영록 (2014). **장애인복지론**. 창지사.

최윤영, 이경준 (2013). **장애인복지론**. 신정.

Part

04

장애인복지의 핵심이슈와 과제

Chapter

11

장애인복지 전달체계

학습 목표

1. 장애인복지서비스 전달체계의 원칙에 대하여 알아본다.
2. 공공전달체계의 각 부처별 역할에 대하여 알아본다.
3. 민간전달체계의 장애인복지시설에 대하여 알아본다.

핵심 용어

전달체계의 개념, 전달체계의 원칙, 공공전달체계, 민간전달체계, 커뮤니티케어, 장애인복지 전문인력

1 장애인복지서비스 전달체계

1) 전달체계의 개념

장애인복지서비스 전달체계는 장애인복지서비스를 제공하고 있는 공공기관 및 민간기관과 이러한 서비스를 이용하는 장애인을 연결시켜 주기 위한 조직적 관계를 말한다. 즉, 장애인복지의 목표인 장애인의 완전한 자립과 사회통합을 달성하기 위해, 장애인의 욕구 해소를 위한 적절한 서비스를 제공하기 위한 조직적 체계를 의미한다.

Gillbert와 Terrell은 사회복지정책의 분석틀을 중심으로 전달체계에 대해 살펴보면 사회적 할당(social allocation), 사회적 제공(social provision), 제공의 전달을 위한 전략(the strategies if the delivery), 제공을 위한 재정조달 방법(the methods of finance)으로 구분한다.

즉, 장애인복지의 전달체계는 서비스에 대한 제공방법에 관한 조직적 체계라 할 수 있으며, 장애인복지정책과 서비스를 '누가 급여를 받을 것인가'에 관한 것으로의 사회적 할당, '무엇을 제공받을 것인가'에 대한 사회적 제공, '어떠한 전달체계를 통해 전달할 것인가' 하는 전달을 위한 전략, '어떻게 제공할 것인가' 하는 재정조달 방법으로 구성되어 있다.

이러한 조직적 체계는 공공전달체계와 민간전달체계로 나누어서 볼 수 있다. 공공전달체계의 중앙부처는 보건복지부, 고용노동부, 교육부 등이 있다. 고용노동부의 경우 독립적인 행정체계 즉, 한국장애인고용공단 및 지방노동사무소 등을 활용하고 있으며, 교육부의 경우에도 시 · 도 교육청 및 시 · 군 · 구 교육지원청을 통한 독립적인 행정체계를 가지고 있다. 이에 반해 보건복지부의 경우 사회복지에 대한 하위 전달체계를 독립적으로 가지고 있지 못하기에 행정안전부의 전달체계 및 지방자치단체의 전달체계에 의존하고 있다. 즉, 시 · 도 및 시 · 군 · 구와 읍 · 면 · 동사무소(행정복지센터)의 사회복지전담공무원을 통하여 그 전달체계를 구축하고 있다.

민간전달체계의 경우 보건복지부에서 시 · 도 및 시 · 군 · 구를 통하여 사회복지기관으로 전달되며, 이러한 사회복지기관을 통하여 장애인에게 서비스를 전달하고 있다.

또한 사회복지기관뿐 아니라 전국적인 조직을 가지고 있는 다양한 직능단체 및 민간 활동 단체 등이 있으나 공공전달체계에 비하여 구속력이 약하다고 볼 수 있다.

2) 전달체계의 원칙

장애인복지서비스 전달체계에 있어서 서비스 이용자인 장애인의 욕구 해소와 함께 만족도를 높이기 위한 효과성, 제한된 자원에 대한 배분과정에서의 중복과 누락을 줄이는 효율성을 모두 극대화할 수 있는 원칙이 제시되어야 한다.

장애인복지서비스 전달체계의 기본 원칙은 많은 학자들을 통하여 다양하게 제시되고 있다.

사회복지서비스 전달체계 개선을 위한 조건으로 사업의 조직, 인력, 서비스를 중심으로 비교 평가하는 것이 적절할 것이다. 그러기 위해서는 사회복지서비스 전달체계의 구축에 고려되어야 할 원칙들인 전문성의 원칙, 적절성의 원칙, 포괄성의 원칙, 지속성의 원칙, 통합성의 원칙, 평등성의 원칙, 책임성의 원칙, 접근용이성의 원칙들을 통해 평가해야 할 것이다.

Perlman은 사회복지 전달체계의 이상적인 네 가지 기능으로 투입 기능, 책임 기능, 서비스 제공 기능, 계획 및 통제 기능을 제시하고 있다. 즉, 효과적인 사회복지 전달체계 구축을 위한 기본 원칙으로 행정적 측면과 서비스 측면을 구분하여 제시하고 있다. 행정적 측면으로는 ① 기능분담의 체계성 원칙 ② 전문성에 따른 업무분담의 원칙 ③ 책임성의 원칙 ④ 접근용이성 원칙 ⑤ 통합조정 원칙 ⑥ 지역참여 원칙 ⑦ 조사 및 연구원칙 등을 제시하였다. 서비스 측면으로는 ① 평등성 원칙 ② 재활 및 자활목표 원칙 ③ 적절성 원칙 ④ 포괄성 원칙 ⑤ 지속성의 원칙 ⑥ 가족중심 원칙 등을 주장하고 있다.

Gillbert와 Terrell은 사회복지서비스가 필요한 사람에게 적절한 수준으로 제공되기 위해서는 ① 서비스가 통합되고 지속적이어야 하고 ② 서비스가 대상자에게 손쉽게 접근할 수 있어야 하며 ③ 전달체계는 그 활동과 결정에 대하여 책임성을 유지할 수 있어야 한다고 제시하였다.

현외성은 사회복지 전달체계의 기본 원칙으로 ① 복잡하고 다양한 사회복지서비스가 통합적으로 제공되어야 하며 ② 해당 복지 문제가 해결될 때까지 서비스가 지속적으로 제공되어야 되고 ③ 대상자가 복지서비스에 접근하기가 쉬워야 하며 ④ 전달체계가 주어진 역할을 제대로 수행하는지에 대해 책임성을 확보할 수 있어야 하고 ⑤ 사회문제를 해결하고 개인적 · 가족적 욕구를 충족시키기 위한 전문성을 갖추어야 하고 ⑥ 효과성에 효율성을 높은 수준으로 유지해야 한다는 점을 제시하였다.

오혜경은 장애인복지서비스 전달체계의 기본원칙으로 장애인의 특성을 고려하여 ① 접근의 용이성 ② 전문성 ③ 통합성을 제시하고 있다.

이상에서와 같이 여러 학자들은 이상적인 사회복지서비스 및 장애인복지서비스 전달체계의 여러 원칙을 제시하고 있다. 이와 같은 전달체계에 대한 다양한 원칙을 정리하여 제시하면 다음과 같다.

(1) 통합성의 원칙

장애인이 가지고 있는 욕구는 복합적이고 상호 연관성이 있기 때문에 이러한 욕구를 해결하기 위해서는 장애인복지 전달체계 및 서비스가 상호 연관되어 있어야 한다. 즉, 장애인의 욕구는 사회심리적 · 의료적 · 경제적 · 교육적 · 직업적 등 다양한 영역이 복합적으로 나타나고 있다. 이러한 복합적인 욕구를 해소하기 위해서는 다양한 서비스가 동시에 또는 연동되어 제공되어야 한다. 이를 위해 전달체계 또한 상호 간의 협조 및 조정을 통하여 원활하게 서비스가 전달될 수 있도록 해야 한다.

(2) 전문성의 원칙

장애인복지서비스의 제공은 업무 특성에 따라 전문가가 수행해야 하는 일과 일반적인 사회복지 업무영역으로 나누어서 볼 수 있다. 전문가는 체계화된 지식기반과 이론의 정립, 전문적 이론과 모델의 발전, 전문직에 대한 사회적 승인, 윤리강령, 전문적 가치와 규범 등을 기반으로 교육 · 훈련된 사람을 의미한다. 이들은 자신의 업무에 대한 권위와 자율성 그리고 책임성을 지닌다. 장애인복지분야에 있어서 전문가는 사회복지사, 장애인재활상담사, 재활의학 의사, 재활의학 간호사, 물리치료사, 작업치료사, 언어재활사 등이 있다.

(3) 책임성의 원칙

장애인복지 관련 기관은 국가로부터 장애인복지서비스를 전달하도록 위임을 받은 조직으로 장애인복지서비스 전달에 대하여 책임성을 가져야 한다. 즉, 서비스가 장애인의 욕구에 적절히 대응하는 것인가, 서비스의 전달체계가 적합한가, 서비스가 효과적이고 효율적인가에 관한 것 등에 대하여 장애인복지 전달체계는 책임을 가져야 한다.

(4) 적절성의 원칙

장애인복지서비스에 대한 양과 질 그리고, 제공되는 기간 등이 충분해야 함에도 불구하고 재정상 등 다양한 이유로 인하여 부족한 것이 현실이다. 즉, 장애인복지서비스 제공에 있어서 양과 질, 그리고 서비스 제공기간이 장애인의 욕구충족과 서비스 목표 달성에 얼마나 적절했는가를 의미한다.

(5) 지속성의 원칙

장애인의 이미 표출된 욕구나 문제를 해결하는 과정 중에 처음에는 표출되지 않은 잠재된 욕구가 표출됨에 따라 필요한 서비스의 종류 및 질이 달라지는 경우가 발생된다. 또한 욕구의 해소 이후에도 또 다른 욕구가 표출되기도 한다. 이에 장애인복지서비스를 제공하고 있는 전달체계는 이러한 변화된 또는 새롭게 표출된 욕구에 대응하기 위해 연속적이고 지속적으로 서비스를 제공할 수 있도록 전달체계 안의 조직과 서비스 간의 협력과 유기적 연계가 이루어져야 한다.

(6) 접근 용이성의 원칙

장애인복지서비스를 필요로 하는 장애인들이 누구나 쉽게 받을 수 있도록 접근이 용이해야 한다. 이러한 접근성은 장애인의 거주지와 서비스 제공 장소 간의 지리 접근성, 장애인복지서비스와 관련된 정보 취득에 대한 정보접근성, 장애인 차별 및 인권침해 등 심리적 접근성, 서비스 신청에 있어서 불편함 등 행정적 접근성, 그리고 자원 접근성 등으로 나누어서 볼 수 있다.

(7) 지역사회 참여 원칙

장애인의 욕구를 해소하기 위해서는 공식적인 전달체계의 서비스만으로는 그 양과 질이 부족하다. 이에 비공식적 전달체계인 지역사회 등의 참여가 필요하다. 또한 장애인복지의 궁극적 목표인 사회통합을 위해서는 지역사회가 장애인을 동등한 인격체로서 인식하여야 한다. 따라서 지역사회를 비롯한 비공식적 전달체계의 자발적이고 능동적인 참여를 통해 장애인의 욕구를 해소하여야 한다.

2 공공전달체계

장애인복지의 공공전달체계는 중앙정부의 장애인정책조정위원회, 보건복지부, 교육부, 고용노동부, 문화체육관광부, 국토교통부 등이 있으며, 지방정부에는 광역자치단체 및 기초자치단체 등이 있다.

1) 중앙부서

(1) 장애인정책조정위원회

장애인복지법 제11조에 의거하여 국무총리 산하에 장애인정책조정위원회를 두고 있다. 장애인정책조정위원회는 "장애인 종합정책을 수립하고 관계 부처 간의 의견을 조정하며 그 정책의 이행을 감독·평가"하는 기능이 있으며, 국무총리를 위원장으로 보건복지부장관을 부위원장으로 하며, 당연직 위원은 기획재정부장관, 교육부장관, 행정안전부장관, 문화체육관광부장관, 산업통상자원부장관, 고용노동부장관, 여성가족부장관, 국토교통부장관, 국무조정실장, 국가보훈처장, 법제처장 및 위원회의 심의사항과 관련되어 위원장이 지정하는 중앙행정기관의 장이 되며, 위촉위원은 장애인 관련 단체의 장이나 장애인 문제에 관한 학식과 경험이 풍부한 자 중에서 위원장이 위촉하되, 위촉위원 중 2분의 1 이상은 장애인으로 구성하도록 되어 있다.

장애인복지정책위원회는 다음의 사항을 심의, 조정한다.

① 장애인복지정책의 기본방향에 관한 사항
② 장애인복지 향상을 위한 제도개선과 예산지원에 관한 사항
③ 중요한 특수교육정책의 조정에 관한 사항
④ 장애인 고용촉진정책의 중요한 조정에 관한 사항
⑤ 장애인 이동보장 정책조정에 관한 사항
⑥ 장애인정책 추진과 관련한 재원조달에 관한 사항
⑦ 장애인복지에 관한 관련 부처의 협조에 관한 사항
⑧ 그 밖에 장애인복지와 관련하여 대통령령으로 정하는 사항

(2) 보건복지부

보건복지부는 장애인을 전담하는 장애인정책국 아래에 장애인정책과, 장애인권익지원과, 장애인자립기반과, 장애인서비스과를 두고 있다.

① 장애인정책과: 장애인복지 관련 종합계획의 수립 및 조정, 장애인복지 관련 정책의 수립 및 평가, 장애인복지 관련 법령에 관한 사항, 장애인등록 및 판정에 관한 사항, 장애인 복지업무 평가에 관한 사항, 장애인단체에 관한 사항, 한국장애인개발원 운영 지원, 장애예방과 발생에 관한 사항 총괄 및 조정, 외국인 장애인복지서비스에 관한 사항, 장애인차량 LPG지원 사업, 장애인복지 전문인력의 양성

그림 11-1 보건복지부 조직도

출처: 보건복지부 홈페이지.

및 지원, 그 밖에 국내 다른 과의 주관에 속하지 아니하는 사항에 대한 업무를 수행하고 있다.

② 장애인권익지원과: 장애인거주시설의 지원 및 육성, 장애인복지관 등 지역사회 재활시설의 지원 및 육성, 장애인 의료재활에 관한 사항, 장애유형별 재활프로그램의 개발 및 지원, 권역별 재활센터 지원 등 의료재활 서비스에 관한 사항, 장애인 자립생활센터 및 관련 서비스의 지원·육성, 국립재활원의 운영 및 지원, 장애인차별 관련 관리·운영 및 종합대책 수립, 장애인차별금지 관련 법령 및 제도 개선에 관한 사항, 장애인의 권익증진 및 사회적 인식개선에 관한 사항, 장애인의 권리에 관한 협약 등 국제협력에 관한 사항, 장애인의 사회참여 평가에 관한 사항, 장애인 편의증진에 관한 계획의 수립 및 평가, 장애인 편의증진 관련 법령에 관한 사항, 장애인의 이동편의 지원에 관한 사항에 대한 업무를 수행하고 있다.

③ 장애인자립기반과: 장애인의 직업재활 및 소득보장에 관한 계획의 수립 및 조정, 장애인 소득보장 관련 법령에 관한 사항, 장애인의 일자리 창출 관련 사항, 장애인직업재활시설의 지원 및 육성, 장애인직업재활 프로그램의 실시 및 평가, 장애인생산품의 판매촉진 및 우선구매제도에 관한 사항, 장애인의 창업 지원 및 자립자금의 대여사업 등 생활안정 지원에 관한 사항, 장애인직업재활 전문인력제도의 운영 및 지원, 장애인보조기기의 개발·보급 관련 서비스전달체계의 지원·육성, 장애인보조기기의 표준화, 품질관리 및 산업화 지원, 장애인연금 관련 법령 및 제도에 관한 사항, 장애인연금 운영에 관한 사항, 장애인연금 국비·지방비 부담 기준 관리 등 재정운영에 관한 사항, 장애인연금 수급자의 선정 및 적정관리에 관한 사항, 장애수당 및 장애아동수당 운영에 관한 사항, 장애아동 특별보호연금에 관한 사항, 장애인 자산형성 및 경제적 지원대책에 관한 사항에 대한 업무를 수행하고 있다.

④ 장애인서비스과: 발달장애인 지원 기본계획의 수립 및 평가에 관한 사항, 여성장애인 관련 정책의 개발 및 지원에 관한 사항, 장애아동 및 장애인가족 지원에 관

TIP 장애인 자립생활 및 지역사회 정착 모델(커뮤니티케어 선도 사업)

커뮤니티케어(지역사회 통합 돌봄)는 지난 2019년 보건복지부가 발표한 지역주도형 사회서비스 정책으로 케어가 필요한 주민(노인, 장애인 등)이 살던 곳(자기 집, 그룹홈 등)에서 개개인의 욕구에 맞는 서비스를 누리고 지역사회와 함께 어울려 살아갈 수 있도록 주거 · 보건의료 · 요양 · 돌봄 · 독립생활 지원이 통합적으로 제공되는 사회서비스 정책이다.

장애인, 노인, 노숙인, 정신질환자를 대상으로 하는 커뮤니티케어는 2026년 지역사회 통합 돌봄의 보편적 제공을 앞두고 지역의 실정에 맞는 다양한 모델을 발굴 · 검증하기 위하여 2019년 6월부터 2년간 선도사업을 실시하고 있다.

장애인 선도사업은 장애인이 거주시설을 벗어나 지역사회에서 자립하여 살아갈 수 있는 여건을 조성하는 데 목적이 있다. 사업 대상은 거주시설에 있는 장애인 중에서 지역사회에서 생활하기를 희망하는 장애인이다. 거주시설 퇴소 장애인에게 자립체험주택과 케어안심주택의 2가지 유형의 주거모델이 제공된다.

- 자립체험주택 : 장애인 2~3인이 생활(개별 거주, 공용 공간), 지원인력이 자립 훈련 등 지원(1~2가구당 1명), 이후 케어안심주택으로 전환 지원
- 케어안심주택 : 공공임대주택에서 거주, 지원인력이 정기 방문 · 지원

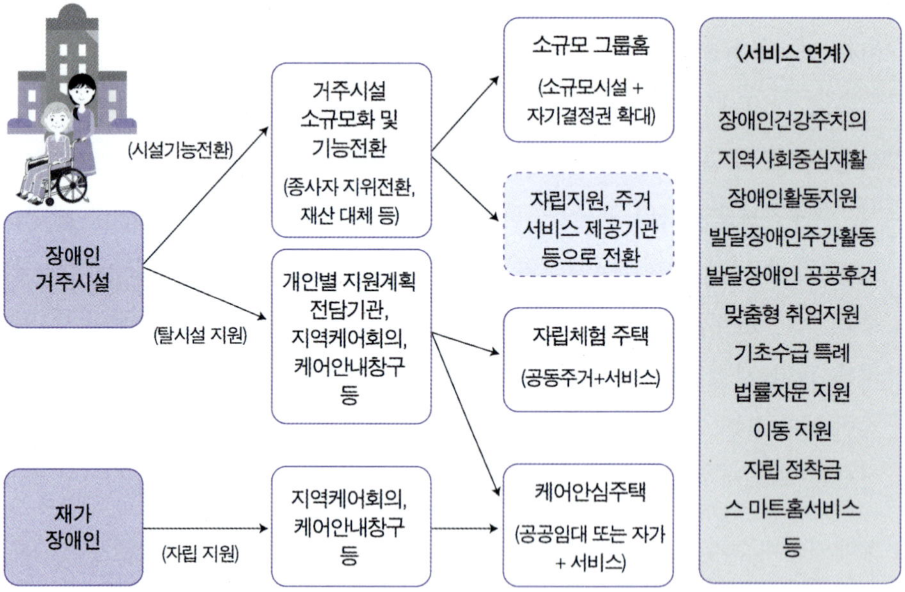

한 사항, 장애인 후견제도 지원에 관한 사항, 장애아동 돌봄 및 발달재활서비스에 관한 사항, 장애인활동지원 관련 법령 및 제도에 관한 사항, 장애인활동지원 수급자의 관리 및 지원정책 수립 · 조정에 관한 사항, 장애인활동지원급여의 기준 및 급여비용의 산정에 관한 사항, 장애인활동지원 관련 이용지원에 관한 사항, 장애인활동지원기관 운영 및 활동보조인 양성에 관한 사항, 장애인활동지원기관의 현지조사 및 관리 · 평가 등에 관한 사항, 장애인활동지원급여의 사후관리에 관한 사항, 장애인활동지원사업 관리기관의 관리 · 감독에 관한 사항, 장애인활동지원사업 국비 · 지방비 부담 기준 관리 등 재정운영에 관한 사항, 장애인활동지원사업에 관한 조사 · 연구 · 홍보 및 통계관리에 관한 사항에 대한 업무를 수행하고 있다.

(3) 교육부

교육부는 학생지원국에 특수교육정책과를 두어 장애인의 특수교육을 담당하고 있다. 자세한 업무를 살펴보면, 특수교육 관련 제도 개선 업무, 특수학교 설립, 특수교육지원센터 운영, 장애학생 진로평생교육 및 장애학생 진로직업교육 지원, 통합교육 지원, 장애인 평생교육 지원 등의 업무를 수행하고 있다.

(4) 고용노동부

고용노동부는 장애인고용과 관련된 업무수행을 위해 통합고용정책국 안에 장애인고용과를 두고 있다. 자세한 업무를 살펴보면 장애인고용기금 운영, 고용장려금 및 고용촉진지원금 제도 운영 및 장애인고용촉진 및 직업재활기금 운용 · 관리, 장애인 의무고용 이행 지도, 장애인 표준사업장 설립 및 운영지원, 장애인고용관리지원(근로지원인, 편의시설), 고용관리비 지원 등의 인적 편의 지원, 장애인 직업능력개발, 장애인 취업지원, 장애인 고용 인식개선, 장애인고용공단 지도감독 등을 담당하고 있다. 또한 고용노동부는 전국에 지방청 및 지청 등을 통하여 장애인고용촉진 및 직업재활법 관련 업무, 장애인고용 지도 등을 수행하고 있다.

(5) 문화체육관광부

문화체육관광부는 체육국에 장애인체육과를 두어 장애인 체육환경 조성의 업무를 담당하고 있다. 자세한 업무를 살펴보면, ① 장애인 체육진흥을 위한 장·단기 발전계획의 수립, ② 장애인 체육환경의 조성 및 지원체계 개선 등에 관한 사항, ③ 장애인 체육활동 프로그램의 개발 및 장애인 스포츠클럽 육성·지원에 관한 사항, ④ 장애인 스포츠지도사의 양성·배치 및 장애인체육 관련 전문인력의 양성, ⑤ 전국장애인체육대회·종목별 경기대회 등 장애인 체육활동의 지원, ⑥ 국가대표 장애인선수의 육성·지원에 관한 사항, ⑦ 대한장애인올림픽위원회 및 대한장애인체육회에 관련된 업무 등을 수행하고 있다.

(6) 국토교통부

국토교통부는 교통안전복지과에서 교통약자의 이동편의시설기준 운영, 저상버스 및 특별교통수단 제도, BF 인증제도 등의 업무를 담당하고 있으며, 주거복지정책과에서 장애인의 영구임대주택 지원, 주거약자 개량자금 지원, 농어촌장애인주택개조사업 지원 등의 업무를 담당하고 있다.

2) 지방자치단체

장애인복지정책 및 서비스에 대하여 중앙정부는 보건복지부가 그 역할을 수행하고 있으나 보건복지부 산하에 지방조직이 특별히 존재하지 않는다. 이에 보건복지부의 정책과 서비스를 전달하기 위해서는 지방자체단체인 시·도, 시·군·구를 활용하고 있다. 또한 장애인복지를 포함한 사회복지 전반에 걸쳐 복지체감도 제고, 복지사각지대 해소, 주민 주도의 지역 내의 문제해결을 위해 읍·면·동 복지허브화 사업을 행정안전부와 보건복지부가 시행하고 있다.

읍·면·동 복지허브화 즉, 맞춤형 복지의 지방자체단체의 역할을 살펴보면 다음과 같다.

(1) 시 · 도

① 읍 · 면 · 동 복지허브화 운영 지원, 읍 · 면 · 동 복지허브화 사업 운영실태 파악 및 지원체계 구축

② 광역단위 맞춤형 복지 특화사업 기획

③ 복지사각지대 발굴 우수사례 전파

④ 맞춤형 복지 전문성 향상을 위한 교육 및 컨설팅 제공 등

(2) 시 · 군 · 구

① 복지사각지대 발굴 · 지원체계 구축 기획 및 홍보(유관기관과의 업무협약 포함)

② 시 · 군 · 구 통합사례관리 실시 및 읍 · 면 · 동 통합사례관리 지원

③ 읍 · 면 · 동 간 자원배분 및 조정 등 자원관리 총괄

④ 읍 · 면 · 동 민관협력 활성화 및 인적안전망 구축 지원(방문형 서비스연계 협력 기획 포함)

⑤ 읍 · 면 · 동 맞춤형 복지 전문성 향상 교육 및 워크숍 등 운영

⑥ 솔루션회의 운영

(3) 읍 · 면 · 동

찾아가는 복지상담, 복지사각지대 발굴 · 지원, 통합사례관리, 민관협력 및 인적안전망 구축 · 운영, 지역자원 발굴 및 연계 등 맞춤형 복지사업 수행

3) 실천기관

(1) 한국장애인개발원

한국장애인개발원은 장애인복지의 종합적이고 체계적인 조사 · 연구 · 평가 및 정책개발, 복지진흥, 자립지원, 재활체육진흥 등을 수행함으로써 장애인 복지발전에 기여함을 목적으로 장애인복지법 제29조에 의거하여 1989년 12월 30일 보건복지부 산하기

관으로 설립되었다. 한국장애인개발원의 조직은 본부, 지부, 산하기관으로 구성되어 있으며, 본부는 경영본부, 사업본부, 정책연구실로 구성되어 있다. 지부는 4개소(대구, 광주, 세종, 강원)로 구성되어 있다. 또한, 산하기관으로 중앙장애아동발달장애인지원센터를 사업본부 안에 두고 있으며, 16개의 광역단체 발달장애인지원센터(인천광역시발달장애인지원센터의 경우 광역자치단체에서 직영)를 위탁운영하고 있다.

한국장애인개발원의 주요업무는 정책연구, 직업재활, 장애인인식개선, 장애아동·발달장애인지원 사업 등을 하고 있다.

① 정책연구 : 한국형 장애인복지 정책개발을 위하여 각종 장애인복지 관련 제도개선 및 주요 정책과제 등의 연구를 수행하고 있으며, 국내·외 장애인복지와 관련된 동향과 선진국의 사례 등을 조사, 분석

② 중증장애인직업재활 : 진단·평가, 교육·훈련 및 자립지원정책 등의 종합적인 직업재활서비스를 제공함으로써 중증장애인의 보호고용 또는 일반노동시장으로 취업을 지원하기 위하여 중증장애인 직업재활지원사업을 수행

③ 장애인일자리 개발 : 취업취약계층인 장애인에게 사회참여 확대 및 소득보장 지원을 위해 일자리를 제공하는 사업으로 보건복지부로부터 한국장애인개발원이 총괄 수행기관으로 지정받아 사업을 수행

④ 중증장애인생산품 우선구매사업 : 일반노동시장에 참여하기 어려운 중증장애인들을 고용하는 중증장애인생산품생산시설에서 만드는 제품, 용역·서비스에 대하여 공공기관이 연간 총 구매액의 1% 이상을 의무 구매하도록 하여 장애인의 일자리창출과 소득보장을 지원하는 사업

⑤ 장애물 없는 생활환경인증사업 : 어린이·노인·장애인·임산부뿐만 아니라 일시적 장애인 등이 개별 시설물·지역을 접근·이용·이동함에 있어 불편을 느끼지 않도록 계획·설계·시공 여부를 공신력 있는 기관이 평가하여 인증하는 제도인 장애물 없는 생활환경인증제도(BF : Barrier Free)사업

⑥ 중앙장애아동·발달장애인지원센터 : 전국 16개 발달장애인지역센터 위탁운영을 통해 장애아가족 양육지원사업, 장애아동 발달장애인 권익옹호, 장애아동·발달

장애인 복지지원 정보 제공, 발달장애인 공공후견지원사업, 발달장애인 권리구제사업 등을 수행

(2) 국립특수교육원

국립특수교육원은 장애인 특수교육 연구, 관련 정책 개발, 교육과정 및 교과서 개발, 담당 교원의 연수, 특수교육 정보화 사업 등을 수행하는 것을 목적으로 1994년 7월 20일 교육부 소속기관으로 설립되었다. 국립특수교육원의 조직은 4과 4팀 1센터로 구성되어 있다. 주요사업으로는 특수교육에 관한 실험·연구, 학습자료의 개발·보급, 특수교육담당 교원 등의 연수에 관한 사무, 장애인 평생교육 진흥에 관한 사무 등을 담당하고 있다.

① 연구사업: 특수교육 실태조사 및 기초연구 수행을 통한 정책 수립의 기초자료 제공, 국내·외 세미나 및 정기간행물 발간 등의 학술·홍보활동 추진
② 교육과정·교과서 개발 사업: 특수교육대상학생의 학습권 강화를 위한 특수교육 교육과정의 현장 안착 및 일반교육과정과의 연계성 강화, 특수교육 교과용 도서, 보조교과서 및 통합교육 교수·학습자료 개발
③ 연수사업: 교원 및 관련 인력의 전문성 신장을 위한 연수 운영
④ 인권·고등교육 지원사업: 장애학생 인권지원단과의 협력 및 지원, 인권관련 연구 및 교육자료 개발을 통해 장애학생 인권침해 예방 및 장애공감문화 정착, 장애학생 고등교육 관련 연구 및 사업 추진을 통한 장애인의 고등교육 기회 확대와 교육여건 개선 유도
⑤ 진로·직업교육사업: 장애학생 진로·직업교육 지원사업
⑥ 정보지원사업: 장애학생 교수·학습 지원 콘텐츠 개발·보급, 전국특수교육정보화대회 운영 등을 통한 장애학생 학습권 보장 및 정보격차 해소 지원
⑦ 국가장애인평생교육진흥센터 사업: 장애인의 평생학습 참여 기회 증진 및 접근성 향상을 위한 장애인 평생교육 운영 기반 조성·지원, 장애인 평생교육 프로그램 개발·보급 및 지원인력 양성, 발달장애성인의 지역사회 참여 확대를 위한 평

생교육 지원 및 의사소통 지원체계 구축

(3) 특수교육지원센터

교육부는 소속기관인 시 · 도 교육청과 시 · 군 · 구 교육지원청에 특수교육지원센터를 두고 특수교육대상자의 조기발견, 특수교육대상자의 진단 · 평가, 정보관리, 특수교육 연수, 교수 · 학습활동의 지원, 특수교육 관련서비스 지원, 순회교육, 장애학생인권지원단 운영 등을 담당하고 있다.

(4) 장애인고용공단

장애인고용공단은 장애인고용촉진 및 직업재활법 제43조 제1항에 따라 장애인이 직업생활을 통하여 자립할 수 있도록 지원하고, 사업주의 장애인고용을 전문적으로 지원하는 것을 목적으로 1990년 9월 고용노동부 산하기관으로 설립되었다. 장애인고용공단의 조직은 본부, 고용개발원, 20개 지사, 5개 직업능력개발원, 8개 훈련센터로 구성되어 있다. 주요사업을 살펴보면 다음과 같다.

① 장애인의 고용촉진 및 직업재활에 관한 정보의 수집 · 분석 · 제공 및 조사 · 연구
② 장애인에 대한 직업상담, 직업적성검사, 직업능력평가 등 직업지도
③ 장애인에 대한 직업적응훈련, 직업능력개발훈련, 취업알선, 취업 후 적응지도
④ 장애인 직업생활 상담원 등 전문요원의 양성 · 연수
⑤ 사업주의 장애인 고용환경 개선 및 고용의무 이행 지원
⑥ 사업주와 관계 기관에 대한 직업재활 및 고용관리에 관한 기술적 사항의 지도 · 지원
⑦ 장애인의 직업적응훈련시설, 직업능력개발훈련시설 및 장애인 표준사업장 운영
⑧ 장애인의 고용촉진을 위한 취업알선기관 사이의 취업알선 전산망 구축 · 관리, 홍보 · 교육 및 장애인 기능경기대회 등 관련 사업
⑨ 장애인 고용촉진 및 직업재활과 관련된 공공기관 및 민간기관 사이의 업무 연계 및 지원

⑩ 장애인 고용에 관한 국제협력

⑪ 그 밖에 장애인의 고용촉진 및 직업재활을 위하여 필요한 사업 및 고용노동부장관 또는 중앙행정기관의 장이 위탁하는 사업

(5) 국립국어원

국립국어원은 국민의 원활한 의사소통 증대를 위하여 국어 사용환경을 개선하고, 국어 정책 추진을 위한 조사, 언어와 언어 규범 보완 및 정비를 위해 문화체육관광부의 소속기관으로 설립되었다. 특히 국립국어원의 특수언어진흥과를 통하여 한국수어 및 점자에 대한 정책을 수행하고 있다.

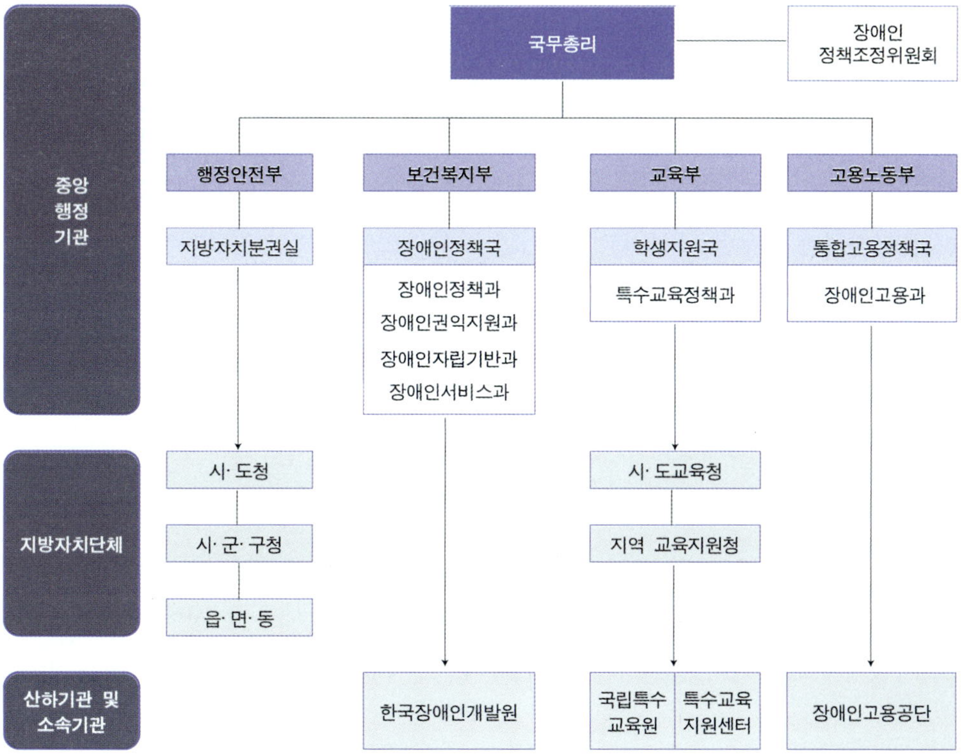

그림 11-2 공적전달체계 현황

3 민간전달체계

장애인복지의 민간전달체계는 장애인에게 직접적 서비스를 전달하고 있는 장애인복지시설과 장애인의 권익옹호 및 복지증진을 목적으로 하는 장애인운동단체 등으로 나누어서 볼 수 있다.

1) 장애인복지시설

장애인복지시설은 운영주체, 이용방법, 관련 법령에 따라 구분할 수 있다.

(1) 설립주체 및 운영주체

장애인복지시설은 사회복지사업법 제34조(사회복지시설의 설치)에 의하여 국가나 지방자치단체가 설치·운영할 수 있다. 필요한 경우 사회복지법인이나 비영리법인에 위탁하여 운영하게 할 수 있다. 국가나 지방자치단체가 아닌 법인이나 개인이 시설을 설치·운영하려는 경우에는 사회복지사업법 시행령으로 정해진 절차에 따라 시·군·구청장에게 신고하여야 한다.

(2) 이용방법

이용방법에 따라 장애인복지시설은 거주시설과 이용시설로 나눌 수 있다. 거주시설은 거주공간을 활용하여 일반가정에서 생활하기 어려운 장애인에게 일정 기간 동안 거주·요양·지원 등의 서비스를 제공하는 동시에 지역사회생활을 지원하는 시설이며, 이용시설은 장애인지역재활시설, 직업재활시설, 의료재활시설 등 장애인이 가정 또는 거주시설에서 거주하며 통원하게 하여 장애인복지서비스를 제공하는 시설을 말한다.

(3) 관련 법령

장애인복지시설은 장애인복지법에 의한 시설과 장애인복지 관련 법령에 의한 시설로 구분될 수 있다.

① 장애인복지법에 의한 시설

- 장애인복지시설 : 장애인복지법 제58조에 규정되어 있는 시설은 장애인거주시설, 장애인지역사회재활시설, 장애인직업재활시설, 장애인의료재활시설, 장애인생산품판매시설 등으로 구분할 수 있다. 세부적으로 살펴보면 장애인거주시설은 장애유형별 거주시설, 중증장애인거주시설, 장애영유아 거주시설, 장애인 단기거주시설, 장애인 공동생활가정이 있다.
  - 장애인지역사회재활시설은 장애인복지관, 장애인 주간보호시설, 장애인 체육시설, 장애인 수련시설, 장애인 생활이동지원센터, 수화통역센터, 점자도서관, 점자도서 및 녹음서 출판시설, 장애인 재활치료시설으로 구분된다.
  - 장애인직업재활시설은 장애인 보호작업장, 장애인 근로사업장, 장애인 직업적응훈련시설이다.
  - 이 외에도 장애인의 입원 또는 통원을 통하여 의료재활서비스를 제공하는 장애인의료재활시설, 장애인생산품의 판매활동 및 유통을 대행하는 장애인생산품판매시설 등이 있다.

- 장애인가족지원센터 : 장애인복지법 제30조의2에 의거하여 설립된 장애인가족지원센터는 ① 장애인 가족에 대한 인식개선 사업, ② 장애인 가족 돌봄 지원, ③ 장애인 가족 휴식 지원, ④ 장애인 가족 사례관리 지원, ⑤ 장애인 가족 역량강화 지원, ⑥ 장애인 가족상담 지원 등의 사업을 수행한다.

- 중증장애인자립생활지원센터 : 장애인복지법 제54조에 의거하여 설립된 중증장애인자립생활지원센터는 ① 장애인의 자립생활 역량강화 및 동료상담 등 장애인 동료에 의한 서비스 지원, ② 모든 유형의 장애인이 지역사회에서 참여적이고 통합적인 생활이 가능하도록 정보 제공 및 의뢰 등 다양한 서비스 제공과 이를 실현할 수 있는 지역사회의 물리적 · 사회적 환경개선 사업, ③ 장애인이 지역사회에 참여하고 생활하는 데 있어서의 차별 해소 및 장애인 인권의 옹호 · 증진, 중증장애

인에게 적합한 서비스를 제공한다.

- 장애인권익옹호기관 : 장애인복지법 제59조의11에 의거하여 설립된 장애인권익옹호기관은 ① 장애인학대의 신고접수, 현장조사 및 응급보호, ② 피해장애인과 그 가족, 장애인학대행위자에 대한 상담 및 사후관리, ③ 장애인학대 예방 관련 교육 및 홍보, ④ 장애인학대사례판정위원회 설치·운영하는 서비스를 제공한다.

② 장애인복지 관련 법령에 의한 시설

- 발달장애인지원센터 : 발달장애인 권리보장 및 지원에 관한 법률 제33조에 의거하여 설립된 발달장애인지원센터는 ① 발달장애인에 대한 개인별지원계획의 수립, ② 발달장애인을 위한 복지지원 정보의 제공 및 연계, ③ 발달장애인 가족 및 관련 서비스 종사자에 대한 교육지원, ④ 발달장애인에게 서비스를 제공하는 기관에 대한 정보의 축적 및 관리, ⑤ 발달장애 조기발견과 발달장애인에 대한 인식개선을 위한 지역사회 홍보, ⑥ 발달장애인 및 그 가족에 대한 상담 지원, ⑦ 성년 발달장애인 중 지방자치단체장이 보호자로 지명한 보호자에 대한 감독, ⑧ 민법에 따라 가정법원이 선임된 후견인에 대한 감독지원 및 후견업무의 지원, ⑨ 발달장애인에 대한 유기 등에 따른 현장조사 및 보호조치 등 발달장애인의 권리구제 지원 등의 업무를 담당한다.
- 장애인보건의료센터 : 장애인 건강권 및 의료접근성 보장에 관한 법률 제20조에 의거하여 설립된 장애인보건의료센터는 ① 장애인에 대한 건강검진, 진료 및 재활 등의 의료서비스 제공, ② 장애인 건강 보건의료 및 재활의료사업에 대한 지원, ③ 장애인 관련 의료 종사자에 대한 교육·훈련, ④ 여성장애인의 임신과 출산 시 장애유형에 맞는 전문의료서비스 제공 등의 업무를 수행하고 있다.

2) 장애운동단체

장애인은 장애인복지서비스 전달체계 안에서 자신의 삶에 대하여 결정권을 가지지 못하고 시혜와 동정의 대상으로 수동적으로 서비스를 제공받아 왔다. 그러나 장애인 복지의 패러다임이 재활패러다임에서 자립패러다임으로 전환되면서 장애인당사자주의가 부각되었다.

이러한 장애운동은 국제사회에 있어서도 1980년 캐나다 위니팩에서 열린 국제재활협회(Rehabilitation International) 세계대회를 기점으로 변화가 있었다고 볼 수 있다. 즉, 세계대회에 참여했던 소수의 장애인이 국제재활협회 의사회 의석수에 대하여 동수로 장애인에게 분할할 것을 제안했고, 국제재활협회 이사회는 이를 기각한다. 이에 장애관련 전문가들이 주도하는 RI에 대응하는 장애인당사자 주도의 국제기구 발족에 대한 필요성을 인식하고 1981년 세계장애인연맹(Disabled Peoples' International : DPI)이 발족한다.

우리나라의 장애운동단체는 다양하게 설립되어 운영되고 있다. 장애운동단체로는 한국DPI, 한국장애인단체총연합회, 한국장애인단체총연맹 등이 그 대표적인 단체라 볼 수 있다.

3) 민간활동단체

장애인의 권익을 옹호하기 위해 다양한 장애인복지 관련 민간활동단체가 활동하고 있다. 민간활동단체는 재단법인, 사단법인, 사회복지법인, 사회단체, 임의단체 등으로 다양하게 구성되어 있다.

장애인복지법 제63조에 의하면 장애인복지단체에 대하여 다음과 같이 규정하고 있다.

① 국가와 지방자치단체는 장애인의 복지를 향상하고 자립을 돕기 위하여 장애인복지단체를 보호·육성하도록 노력하여야 한다.

② 국가와 지방자치단체는 예산의 범위 안에서 제1항에 따른 단체의 사업·활동 또는 운영이나 그 시설에 필요한 경비의 전부 또는 일부를 보조할 수 있다.

또한 동법 제64조에 위하면 장애인단체의 활동을 지원하고 장애인의 복지를 향상하기 위하여 장애인복지단체협의회를 사회복지사업에 따른 사회복지법인으로 설립할 수 있도록 되어 있으나 현재 협의회는 구성되어 있지 않다.

우리나라의 민간활동단체로는 한국지체장애인협회, 한국청각장애인협회, 한국시각장애인연합회, 한국농아인협회, 한국지적발달장애인복지협회, 한국신장장애인협회, 한국장루장애인협회, 한국장애인부모회 등이 그 대표적인 단체라 볼 수 있다.

4 장애인복지 전문인력

장애인복지법 제71조에는 장애인복지 전문인력으로 의지·보조기 기사, 언어재활사, 장애인재활상담사, 한국수어통역사, 점역(點譯)·교정사 등으로 규정하고 있으나, 이 외의 전문가로 장애인복지 현장에서는 사회복지사를 비롯한 다양한 영역의 전문가가 활동하고 있다.

이러한 다양한 유형 중 대표적인 몇 가지 전문영역을 살펴보면 다음과 같다.

1) 사회복지사

사회복지사는 1970년대 사회복지사업종사자로 시작하여 1983년 5월 사회복지사업법이 개정되면서 사회사업가 또는 사회사업종사자의 명칭이 '사회복지사'로 규정되어 사회복지사 자격증이 발급되기 시작하였다.

사회복지사는 사회복지사업법 제11조에 의해 사회복지에 관한 전문지식과 기술을 가진 사람으로 보건복지부장관에게 사회복지사 자격증을 발급받은 사람으로 규정하고 있다. 또한 사회복지사의 등급은 1급과 2급으로 구분하고 있으며, 1급을 받으려는 사람은 국가시험에 합격하여야 한다고 규정하고 있다.

사회복지사는 장애인복지 현장에서 가장 많이 근무하고 있는 전문가 집단으로 장애인복지뿐 아니라 노인·여성·아동·청소년·다문화·학교 등 다양한 사회복지영역에서 활동하고 있다. 사회복지사업법 시행령 제6조 제1항에 의해 사회복지기관은 ① 사회복지프로그램의 개발 및 운영, ② 시설 거주자의 생활지도 업무, ③ 사회복지를 필요로 하는 자에 대한 상담업무를 수행하는 자로 사회복지사를 채용하도록 규정하고 있다.

2) 장애인재활상담사

장애인재활상담사는 1990년대 직업재활사로 시작하여 2015년 12월 장애인복지법이 개정되면서 그동안 민간자격증으로 발급되어 온 직업재활사가 국가자격증인 '장애인재활상담사 자격증'으로 발급되기 시작하였다.

장애인재활상담사는 장애인복지법 제72조의3에 의해 장애인의 직업재활 등을 지원하는 사업을 수행하는 전문가로, 1 · 2 · 3급으로 구분하여 보건복지부장관이 국가시험에 합격한 자에게 자격증을 발급하고 있다.

3) 장애인복지상담원

장애인복지법 제33조에 의해 장애인 복지향상을 위한 상담 및 지원업무를 맡기기 위해 시 · 군 · 구에 장애인복지상담원을 두도록 하고 있다. 장애인복지상담원의 자격은 ① 사회복지사업법 제11조에 따른 사회복지사 자격증의 소지자, ② 초 · 중등교육법 제21조에 따른 특수학교의 교사자격증 소지자, ③ 장애인복지 관련 직무 분야에서 근무한 경력이 3년 이상인 사람으로서 해당 지방자치단체의 규칙으로 정하는 임용예정 계급에 상당하는 경력기준에 상응하는 사람, ④ 임용예정 직급과 같은 직급에서 공무원으로 2년 이상 근무한 사람으로 되어 있으나 해당 지방자치단체의 인력 운영상 부득이한 경우 소속 공무원 중 사회보장급여의 이용 · 제공 및 수급권자 발굴에 관한 법률 시행령 제23조에 따라 임용한 사회복지전담공무원에게 상담원의 직무를 수행하게 할 수 있도록 하고 있어 대부분의 지방자치단체는 별도의 장애인복지상담원을 두지 않고 사회복지전담공무원이 겸직하도록 하고 있다.

4) 의지 · 보조기 기사

의지 · 보조기 기사는 신체 일부의 절단, 골절 등의 원인에 의한 손상으로 신체가 고유의 기능을 상실하였을 때, 결손된 신체가 본래의 기능을 수행할 수 있도록 의학 · 공학적 지식을 기반으로 제공하는 사람으로 의사의 처방에 따라 의지와 보조기, 휠체어 등 보조기구 전반을 제조 · 개조 · 수리 · 유통하는 업무를 수행하고 의지 · 보조기의 사용법 및 관리에 관하여 환자를 교육하고 훈련하는 역할을 담당한다. 의지 · 보조기 기사는 장애인복지법 제72조에 의거하여 별도의 급수 구분 없이 대학 또는 대학교에서 관련 교과목을 이수하고 졸업한 사람 중 국가시험에 합격한 사람에게 보건복지부장관 명의 자격증을 발급하고 있다.

5) 언어재활사

언어재활사는 1990년대 언어치료사로 시작하여 2012년 8월 장애인복지법이 개정되면서 그동안 민간자격증으로 발급되어 온 언어치료사가 국가자격증인 '언어재활사'로 발급되기 시작하였다.

언어재활사는 생애 중 발생할 수 있는 의사소통에 어려움이 있는 대상자들의 중재 및 재활을 담당하는 전문가를 말한다. 즉, 언어습득 과정이나 언어처리 과정에 결함을 보임으로써 다른 사람과 원활한 의사소통을 하기 어려운 사람들에게 전문적인 진단과 훈련을 실시하는 전문가를 말한다.

언어재활의 주 대상이 되는 의사소통장애는 다른 사람과 의사소통을 하는 데 어려움을 갖는 장애로 언어발달장애, 조음 · 음운장애, 유창성장애, 음성장애, 신경언어장애로 나눈다.

언어재활사는 장애인복지법 제72조의2에 의거하여 1급 및 2급으로 구분하여 보건복지부장관이 국가시험에 합격한 자에게 자격증을 발급하고 있다.

6) 한국수어통역사

수화통역사는 1997년 민간자격으로 시작하여 2006년 보건복지부로부터 국가공인 민간자격으로 인정받았다. 2016년 한국수화언어법이 제정됨에 따라 장애인복지법에는 한국수어 통역사로 명칭이 변경되었으나 현재 자격증은 수화통역사로 발급되고 있다.

한국수어 통역사는 농인과 청인의 의사소통상황에서 메시지를 전달하는 문화 중개자의 역할을 담당하며, 의미가 통하는 인습기호 · 몸짓 · 표지 · 수화를 사용하여 생각과 감정을 소통하는 체계적인 의사소통 촉진자의 역할을 수행하고 있다.

7) 점역(點譯) · 교정사

점역 · 교정사는 1998년 민간자격으로 시작하여 2002년 보건복지부로부터 국가공인 민간자격으로 인정받았다.

점역 · 교정사는 일반활자, 표, 그림, 기호 등을 점자로 변환하는 점역과 점역본과 원본을 대조하여 오기 · 왜곡 · 첨가 · 누락된 내용 또는 점자규정상의 오류를 바로잡는 교정 업무를 수행하고 있다. 즉, 시각장애인이 촉각을 활용하여 도서를 읽을 수 있도록 제판기, 타자기, 컴퓨터점자프린터기 등을 이용하여 점자도서를 제작하며, 점역자료를 직접 점자로 입력하거나 한글 워드프로세서로 입력하여 점역프로그램으로 변환작업, 도표나 그림 등을 시각장애인이 쉽게 이해할 수 있도록 점자로 변역 및 교정하는 업무를 수행한다.

5 전달체계의 문제점과 개선방안

우리나라의 장애인복지 전달체계는 공공기관과 민간기관에 걸쳐 다양한 기관들이 산재해 있음을 알 수 있다. 물론 이러한 다양한 기관의 연계성을 위해 국무총리 산하에 장애인정책조정위원회 등이 있기는 하나 장애인에게 효과적인 장애인복지를 제공하기 위해서는 공공기관 간, 민간기관 간 그리고 공공과 민간 간에 전달체계의 연계성 등이 강화되어야 할 것이다. 이러한 전달체계에 대한 문제점에 대해 다음과 같은 방안이 마련되어야 할 것이다.

1) 수직적 전달체계

장애인복지의 전달체계는 공공의 경우 보건복지부 등 중앙정부의 정책 결정에 따라 광역자치단체, 지방자체단체, 읍 · 면 · 동으로 수직적 전달체계의 성격을 가지고 있다. 그러나 장애인의 욕구는 지역에 따라서 다양하게 나타나고 있으며, 이러한 욕구는 즉각적으로 해소되어야 한다. 그럼에도 불구하고 이러한 수직적 전달체계에서는 지역적 특성과 장애인의 욕구를 반영한 복지서비스를 제공하는 데 한계점을 가지게 된다.

국가의 장애인정책을 총괄하고 있는 장애인정책조정위원회의 위상이 실제적이고 상설 조정기구로 전환되어야 할 것이다. 또한 장애인복지사업은 대부분이 지방이양사업으로 시행되고 있지만, 지방정부의 재정자립도 여건상 중앙정부의 예산 지원 없이는 많은 어려움이 있다. 이에 거시적이고 장기적인 정책수립과 재정지원에 대해서는 중앙정부가, 실질적인 서비스 제공은 지방정부가 맡는 중앙정부와 지방정부 간의 역할 분담에 대한 재정립이 필요하다.

2) 전문인력의 부족

장애인복지는 장애의 유형과 욕구에 따라 매우 세분화되고 전문적인 서비스가 요구되고 있다. 이에 이러한 다양한 욕구에 따라 전문인력이 종합적인 서비스를 제공해야 함에도 불구하고 장애인복지에 대한 전문적 지식을 갖추고 있는 전문인력이 매우 부족한 상황에 있다.

공공영역에 있어서 대부분의 장애인복지서비스는 시 · 군 · 구를 비롯한 읍 · 면 · 동을 통해 제공되고 있으나 담당공무원은 잦은 인사이동으로 인해 전문적인 지식을 습득하기에는 매우 어려운 상황이다. 특히 읍 · 면 · 동은 장애인복지를 전담하는 인력이 아닌 사회복지 전반에 걸쳐 업무를 담당하고 있기에 장애인이 전문적 서비스를 받기에는 역부족한 상태이다.

민간영역에 있어서도 대부분 사회복지사를 통하여 직접 서비스가 제공되고 있음에도 불구하고 사회복지사 교육기관인 대학(교)에서 장애인과 관련된 교육이 대부분 1~2개의 과목에 불과하여 장애인복지에 대한 전문성이 떨어진다고 볼 수 있다. 이에 대학(교)에서의 장애인복지에 대한 교육이 강화되어야 할 것이다.

3) 연계성과 통합성의 부족

장애인복지서비스는 대부분 민간기관이 사회복지기관을 통해 실시하고 있다. 그러나 장애인복지법, 장애인고용촉진 및 직업재활법, 장애인 등에 대한 특수교육법, 발달장애인 권리보장 및 지원에 관한 법률, 장애인활동지원에 관한 법률 등 다양한 법령에서 장애인복지 관련 기관 등을 규정하고 있다. 그러나 이러한 장애인복지 관련 기관 간에 역할과 기능이 중복되는 경우가 종종 발생하고 있다. 예를 들어 장애인복지관, 특수학교, 재활병원 등에서 의료재활과 관련된 서비스를 중복하여 실시하고 있고, 장애인복지관, 발달장애인지원센터, 장애인권익옹호기관 등에서 장애인의 인권 등에 대한 서비스를 제공하고 있다. 이러한 다양한 기관의 연계성과 통합성의 부족으로 인해 중복된 역할을 수행하고 있는 장애인복지기관 간의 기능과 역할이 재정립되어야 할 것이다.

생각해 볼 과제

1. 공공전달체계 중 중앙정부 소속 부서 간의 장애인과 관련된 정책의 유사성 및 중복성에 대하여 토의해 보시오.
2. 현재 수행

되고 있는 커뮤니티케어 선도사업 지역을 조사하고 선도사업 내용에 대하여 그 모델을 비교해 보시오.

3. 민간전달체계의 장애인복지시설 중 유사성 및 중복성에 대하여 토의해 보시오.

참/고/문/헌

강영실 (2008). **장애인복지의 이해**. 신정.

김미옥 (2003). **장애인복지실천론**. 나남출판사.

김미옥, 김용득, 이선우 (2006). **장애와 사회복지**. 학지사.

김용득, 김진우, 유동철 (2007). **한국장애인복지의 이해**. 인간과 복지.

김종인, 우주형, 이준우 (2004). **재활복지개론**. 인간과 복지.

보건복지부 한국보건사회연구원(2018). 2017년 장애인실태조사 결과보고서.

손광훈 (2007). **장애인복지론**. 학현사.

신현석 (2008). **장애인복지론**. 공동체.

이승기, 윤상용, 서동명 (2016). **장애인복지론**. 신정.

임종호, 이영미, 이은미 (2011). **장애인복지론**. 학지사.

정영숙, 이현지 (2008). **장애인복지론**. 학현사.

정일교, 김만호 (2008). **장애인복지론**. 양서원.

Chapter 12

장애인과 접근권

학습 목표

1. 장애인의 접근권에 대해서 알아본다.
2. 장애인들의 사회참여를 위한 접근권 확보 방안에 대해서 알아본다.
3. 우리나라 장애인 접근권 실태에 대하여 알아본다.
4. 장애인의 이동권에 대해서 알아본다.

핵심 용어

접근권, 이동권, 정보접근권, 사회참여, 장애물 없는 생활환경, U/D, B/F

1 장애인 접근권의 이해

장애를 가진 사람들이 인간다운 삶을 살아가기 위해 꼭 필요한 요소가 접근권이다. 접근권은 시설물접근권, 이동권, 정보접근권을 의미한다. 시설물접근권은 보통 편의시설이라고 표현하는 경우가 많은데 경사로, 장애인화장실 등 실내 활동을 위한 환경을 말하며, 이동권은 보행 및 교통수단을 의미한다. 정보접근권은 시각장애인 혹은 청각장애인, 언어장애인들의 정보접근과 의사소통 등의 권리를 말한다.

접근권은 장애인이 개인적 차원에서 장애를 수용하고 적응해서 살아가는 것 외에 장애인에 대한 차별과 배제라는 사회적 장벽으로부터 억압이 제거되어야 하며, 사회참여라는 목표를 달성하기 위하여 반드시 보장되어야 하는 정당한 권리이다.

UN의 장애인권리협약에도 장애인의 완전한 사회참여(full participation)를 위하여 정당한 편의제공(reasonable accommodation)이 제공되어야 한다는 내용을 담고 있다.

장애인이 접근하기 용이한 제반 환경을 장애인이 사회참여를 위한 가장 중요한 기본전제로 하고 향후 장애인정책의 가장 중요한 요소로 접근을 해야 한다.

장애인정책에서 사회환경에 대한 접근성 논의는 1993년 비엔나에서 개최된 세계인권대회의 '비엔나 선언 및 행동계획'에서 구체화된 이후 장애인정책의 국제회의나 강령 및 권고에서 지속적으로 제시되고 있다. '비엔나 선언 및 행동계획에서 접근성(accessability)이라는 용어를 처음으로 구체화하였다(정무성, 양희택, 노승현, 정진옥, 2018).

또한 이 대회에서 세계대회는 모든 인권과 기본적 자유는 보편적이며, 따라서 따로 규정을 두지 않더라도 장애인들을 포함하는 것임을 재확인한다. 모든 사람은 평등하게 태어나며 생명과 복지, 교육과 노동, 자립적인 삶과 사회 모든 측면에 대한 적극적 참여에 대하여 똑같은 권리를 가진다. 그러므로 장애인에 대한 어떠한 직접적 차별이나 기타 소극적인 차별적 처우에도 그 권리에 대한 침해이다. 세계대회는 각국 정부가 필요한 경우에는 장애인에게 이들 및 기타 권리에 대한 접근을 보장해 줄 입법을 채택하거나 체계화할 것을 촉구한다(정일교, 김만호, 2019).

장애인의 사회참여를 위한 노력은 1940년대 북유럽의 정상화 이념과 자립생활운동

등을 통해서 점차로 확대되어 왔다. 특히 UN의 CRPD는 장애인의 완전한 사회참여를 지향하고 있다. 장애인권리협약 제9조에는 접근성에 대한 내용을 담고 있으며, 제20조는 이동의 보장을, 제21조는 정보접근에 관한 내용을 담고 있다.

장애인에게 접근권은 재난·안전과 관련해서 화재, 지진, 장마 등의 재난 상황에서 대피를 하는 과정에서도 꼭 필요한 요건이다. 즉 생명권과 관련이 있는 매우 중요한 권리임과 동시에 식사를 하고, 화장실을 다녀오는 등 주거와 관련한 모든 영역에서 필수요소이다. 최근 국민소득이 높아지면서 장애를 가진 사람들의 여가, 문화예술 활동, 체육활동 등에 대한 욕구가 높아지고 있는데 이와 관련해서도 보조기기와 함께 접근권은 매우 중요한 선결과제이다.

장애인의 사회참여를 위해서 접근권은 매우 중요한 의미를 가진다. 접근권은 장애인의 교육, 직업, 여가, 문화생활, 건강 등 모든 영역에서 차별의 근원이 된다. 즉 인간다운 삶을 위해서는 인간의 기본권 보장의 측면에서 장애인접근권이 보장되어야 한다.

장애인의 접근권은 보조기기와 함께 장애인의 자립생활 및 사회참여를 위한 가장 기본적인 요건에 해당된다. 특히 장애문제를 장애인 개인의 문제로 보았던 개별적 모델(individual model)에서 장애문제를 장애인이 속한 사회의 환경적인 문제로 보는 사회적 모델(social model)로 패러다임이 변화되면서, 장애의 발생과 장애의 사회참여에 어려움을 겪게 되는 이유가 장애인의 사회참여에 장벽이 되는 물리적 환경, 장애인에 대한 사회 전반의 편견과 인식, 제도화된 억압 등 사회환경적인 요인으로 발생한다고 본다(고명수, 나혜숙, 이승현, 서진숙, 박연희, 신경희, 2019). 이러한 사회적 모델 관점에서 접근권은 장애인의 사회참여에 매우 중요한 요인이다.

접근권에 관한 법률들을 살펴보면 우선 UN의 장애인의 권리에 관한 협약(Convention on the Rights of Persons with Disabilities: CRPD) 제9조의 접근성(accessibility)에 관한 조항과 함께 접근권에 관한 국내 법률들을 살펴보면 우선 장애인복지법에서는 제22조와 제23조를 통해서 정보접근권과 시설물접근권 그리고 이동권에 관한 내용을 규정하고 있다. 또한 장애인차별금지 및 권리구제 등에 관한 법률 제18조, 제19조, 제20조에서 시설물접근권, 이동권, 정보접근권에서 차별을 금지하는 조항을 담고 있다.

장애인·노인·임산부 등의 편의증진 보장에 관한 법률 제4조에 접근권에 관한 내용을 담고 있다. 내용은 '장애인 등은 인간으로서의 존엄과 가치 및 행복을 추구할 권리를 보장받기 위하여 장애인 등이 아닌 사람들이 이용하는 시설과 설비를 동등하게 이용하고 정보에 자유롭게 접근할 수 있는 권리를 가진다'고 규정하고 있다.

교통약자의 이동편의 증진법 제3조에서는 '교통약자는 인간으로서의 존엄과 가치 및 행복을 추구할 권리를 보장받기 위하여 교통약자가 아닌 사람들이 이용하는 모든 교통수단, 여객시설 및 도로를 차별 없이 안전하고 편리하게 이용하여 이동할 수 있는 권리를 가진다'고 장애인의 이동에 관한 권리를 담고 있다.

마지막으로 국가정보화 기본법 제32조에는 장애인·고령자 등의 정보접근 및 이용보장에 관한 규정을, 제35조에는 정보격차해소교육의 시행을 담고 있다.

접근권은 장애인의 완전한 사회참여를 위한 기본권에 해당되며 이 기본권이 보장되지 못하게 되면 사회는 장애인에게 차별과 억압을 통해 사회참여를 어렵게 하는 것이 된다. 정일교와 김만호(2019)는 장애인의 접근권에 대한 원칙을 다음과 같이 제시하고 있다.

① 안전성의 원칙

장애인·노인·임산부 등의 편의증진 보장에 관한 법률 제1조 목적에는 임시적이고 형식적인 차원의 접근권이 아니라 영구적이고 편리하며 신변의 안전을 보호할 수 있는 접근권의 확보가 보장되어야 한다. 임시방편으로 편의시설을 설치함으로써 장애인의 생명과 안전에 위험을 초래하는 것은 생존권을 위협하는 행위이다.

② 편리성의 원칙

같은 법 제1조 목적에서는 편리성을 강조하고 있으며 제3조에서는 최단거리로 이동할 수 있도록 설치를 규정하고 있다. 신체적으로 혹은 정신적으로 불편한 장애를 가진 사람들이 편리하게 이용할 수 있도록 장애인의 접근권은 보장되어야 한다.

③ 유용성의 원칙

장애를 가진 사람들만 사용할 수 있는 시설이 아닌 보편적 수단으로서의 접근성이 보장되어야 한다. 특별한 방법으로 제공되어 결과적으로 장애를 가진 사람들의 선택을 배제하고 특별한 수단을 강제화하는 것은 또 다른 차별이 된다. 즉 장애를 가진 사람들의 접근권은 유용하게 모두가 제한적이지 않게 제공됨으로써 불편을 최소화해야 한다.

접근권(rights to accessibility)의 범위에 대해서는 김명수(2009)는 이동권, 시설이용권, 정보접근권으로 분류를 하였고, 이채식, 이은영, 이형렬, 김재익, 전영록(2017)은 정보접근권, 대상물접근권, 이동권으로 분류를 하였다. 또한 정무성, 양희택, 노승현, 정진옥(2018)은 물리적 접근권, 정보접근권, 문화접근권으로 구분하고 있다. 즉 문화접근권을 또 하나의 접근권으로 구분하고 있다. 접근권의 하위유형으로 정보접근권, 시설물접근권, 이동권으로 구분하여 정리해 보면 다음 [그림 12-1]과 같다.

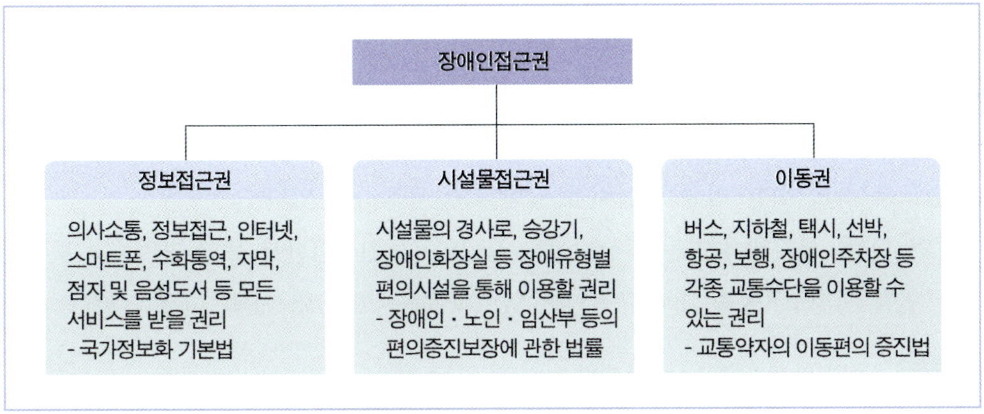

그림 12-1 장애인 접근권 분류

출처: 이채식 외(2017). 장애인복지론 재구성.

2 시설물접근권

시설물접근권은 장애를 가진 사람들이 일상생활과 사회적 활동을 수행하기 위하여 건축물에 아무런 장벽 없이 접근할 수 있거나 필요한 각종 편의를 제공받을 수 있는 권리를 말한다. 시설물접근권은 '건축물접근권', '대상물접근권' 등 학자들마다 용어를 달리하고 있기도 하며 '편의시설'이라는 용어도 사용한다. UN의 장애인권리협약 제9조의 접근성에 의하면 당사국은 장애인이 자립적으로 생활하고 삶의 모든 영역에서 완전히 참여할 수 있도록 하기 위하여, 장애를 가진 사람이 다른 사람과 동등하게 도시 및 농촌지역 모두에서 물리적 환경, 대중에게 개방 또는 제공된 기타 시설 및 서비스에 대한 접근을 보장하는 적절한 조치를 취하며 접근성에 대한 장애와 장벽을 식별하고 철폐하는 것을 포함하는 조치에 적용된다. 이에 따르면 학교, 주택, 의료시설 및 직장을 포함한 기타 실내·외 시설에서 접근성과 관련된 최소한의 기준과 지침을 개발, 공표하고 그 이행을 감시하며, 시설과 서비스를 제공하는 민간주체가 장애인의 접근성의 모든 측면을 고려하도록 보장할 것과, 이해관계자에게 훈련을 제공할 것, 건물과 기타 시설에 점자 및 읽고 이해하기 쉬운 형태의 공공표지판을 설치할 것을 권고하고 있다.

장애인·노인·임산부 등의 편의증진 보장에 관한 법률에 의하면 '편의시설'이란 '장애인 등이 일상생활에서 이동하거나 시설을 이용할 때 편리하게 하고, 정보에 접근할 수 있도록 하기 위한 시설과 설비를 말한다'고 규정하고 있다.

편의시설을 설치해야 하는 대상시설은 장애인·노인·임산부 등의 편의증진 보장에 관한 법률 시행령 [별표 1]에 규정되어 있으며 다음 〈표 12-1〉의 내용과 같다.

표 12-1 편의시설 설치 대상 시설의 범위

구분	대상 시설
공원	자연공원, 도시공원 및 공원시설
공공건물 및 공중이용시설	불특정 다수인이 이용하는 건축물, 시설 및 부대시설
공동주택	아파트, 연립주택(10세대 이상), 다세대주택(10세대 이상) 및 부대·복리시설, 기숙사
통신시설	공중전화, 우체통

출처: 보건복지부(2020). 장애인복지사업안내(2권).

편의시설을 설치해야 하는 대상 시설의 범위는 공원, 공공건물 및 공중이용시설, 공동주택, 통신시설 등이다.

다음 〈표 12-2〉는 편의시설을 설치해야 하는 공공건물 및 공중이용시설의 종류이다.

표 12-2 공공건물 및 공중이용시설의 종류

구 분	대상 시설	바닥면적
1종 근린 생활시설	슈퍼마켓, 일용품(식품 · 잡화 · 의류 · 완구 · 서적 · 건축자재 · 의약품 · 의료기기 등) 등의 소매점	300~1,000㎡
	이용원 및 미용원, 목욕장	500㎡ 이상
	지역자치센터, 파출소, 지구대, 우체국, 보건소, 공공도서관, 국민건강보험공단 · 국민연금공단 · 한국장애인고용공단 · 근로복지공단 및 그 지사 등	1,000㎡ 미만
	대피소, 공중화장실	
	의원 · 치과의원 · 한의원 · 조산소(산후조리원 포함)	500㎡ 이상
	지역아동센터	300㎡ 이상
2종 근린 생활시설	일반음식점, 휴게음식점, 제과점	300㎡ 이상
	공연장(극장 · 영화관 · 연예장 · 음악당 · 서커스장 등)	관람석 면적 300㎡ 이상
	안마시술소	500㎡ 이상
문화 및 집회시설	공연장(극장 · 영화관 · 연예장 · 음악당 · 서커스장 등)	관람석 면적 500㎡ 이상
	집회장(예식장 · 공회장 · 회의장 등)	500㎡ 이상
	관람장(경마장 · 자동차경주장 등)	
	전시장(박물관 · 미술관 · 과학관 · 기념관 · 산업전시장 · 박람회장 등)	500㎡ 이상
	동 · 식물원(동물원 · 식물원 · 수족관 등)	300㎡ 이상
종교시설	종교집회장(교회 · 성당 · 사찰 · 기도원 등)	500㎡ 이상
판매시설	도매시장 · 소매시장 · 상점	1,000㎡ 이상
의료시설	병원(종합병원 · 병원 · 치과병원 · 한방병원 · 정신병원 · 요양병원), 격리병원(전염병원 · 마약진료소 등)	
교육연구 시설	학교(유치원 · 초등학교 · 중학교 · 고등학교 · 전문대학 · 대학교 기타 각종 학교)	
	교육원(연수원 등) · 직업훈련소 · 학원(자동차학원, 무도학원 제외) 등	500㎡ 이상
	도서관	1,000㎡ 이상

구 분	대상 시설	바닥면적
노유자 시설	제1종 근린생활시설에 해당하지 아니하는 아동관련시설(어린이집 · 아동복지시설 등), 노인복지시설 및 기타 사회복지시설(장애인복지시설 포함)	
수련시설	생활권수련시설(청소년수련관 · 청소년문화의 집 · 유스호스텔 등)	
	자연권수련시설(청소년수련원 · 청소년야영장 등)	
운동시설	체육관, 운동장(육상 · 구기 · 볼링 · 수영 · 스케이트 · 롤러스케이트 · 승마 · 사격 · 궁도 · 골프 등)과 운동장에 부수되는 건축물	500㎡ 이상
업무시설	국가 또는 지방자치단체의 청사(제1종 근린생활시설 해당 시설 제외),	
	국민건강보험공단 · 국민연금공단 · 한국장애인고용공단 · 근로복지공단 및 그 지사	1,000㎡ 이상
	일반업무시설(금융업소 · 사무소 · 신문사 · 오피스텔 등)	500㎡ 이상
숙박시설	일반숙박시설 및 생활숙박시설(객실 수 30실 이상), 관광숙박시설(관광호텔 · 수상관광호텔 · 한국전통호텔 · 가족호텔 · 호스텔 · 소형호텔 · 의료관광호텔 및 휴양콘도미니엄)	
공 장	물품의 제조 · 가공 또는 수리에 계속적으로 이용되는 건축물로서 「장애인 고용촉진 및 직업재활법」에 따라 장애인고용의무가 있는 사업주가 운영하는 시설	
자 동 차 관련시설	주차장, 운전학원	
교정시설	교도소 및 구치소	
방송통신 시 설	방송국 · 전신전화국 등	1,000㎡ 이상
묘지관련 시 설	화장시설, 봉안당(종교시설에 해당되는 것 제외)	
관 광 휴게시설	야외음악당 · 야외극장 · 어린이회관 등	1,000㎡ 이상
	휴게소	300㎡ 이상
장례식장	장례식장(의료시설의 부수시설은 제외)	500㎡ 이상
공동주택	아파트	
	다세대주택, 연립주택	10세대 이상
	기숙사(학교 또는 공장에 부설된 시설로 30인 이상이 기숙하는 것)	

출처: 보건복지부(2020). 장애인복지사업안내(2권).

공공건물 및 공중이용시설의 종류는 슈퍼마켓 등 1종 근린생활시설, 일반음식점 등의 2종 근린생활시설, 공연장 등의 문화 및 집회시설, 종교시설, 판매시설, 의료시설, 교육연구시설, 노유자시설, 수련시설, 운동시설, 업무시설, 숙박시설, 공장, 자동차관련시설, 교정시설, 방송통신시설, 묘지관련시설, 관광휴게시설, 장례식장, 공동주택 등이다.

이 외에 이 법에서는 편의시설 설치기준과 대상 시설별로 설치하여야 하는 편의시설의 종류, 편의시설의 구조·재질 등에 관한 기준, 공공건물 등의 비치용품 및 법적 실효성 확보수단을 담고 있다.

3 이동권

이동권(rights to mobility)은 접근권(rights to accessibility)의 한 부분으로서 장애인의 이동할 수 있는 권리, 안전하고 자유로우며 동등하게 보행을 하고, 교통시설을 이용하며 원하는 목적지까지 갈 수 있는 권리를 말한다. 교통약자의 이동편의증진법 제3조에는 이동권을 교통약자는 인간으로서의 존엄과 가치 및 행복을 추구할 권리를 보장받기 위하여 교통약자가 아닌 사람들이 이용하는 모든 교통수단, 여객시설 및 도로를 차별 없이 안전하고 편리하게 이용할 수 있는 권리라고 규정하고 있다. 김명수(2009)는 장애인의 접근권 범위를 교육에 있어서의 접근권, 노동에 있어서의 접근권, 참정권에 있어서의 접근권, 문화적 접근권으로 구분하여 접근권의 보장이 장애를 가진 사람들이 인간다운 삶을 살아가기 위한 필수조건임을 설명하고 있다.

이동권이 보장되어야 교육의 기회를 가질 수 있고, 마찬가지로 노동, 참정권, 문화 등 인간의 모든 삶에서 이동권은 장애를 가진 사람들에게 매우 중요하다.

교육과 노동의 기회가 주어지지 않으면 소득이 없거나 부족하게 되어 가족이나 지인들에게 의존하거나 국가의 기초생활수급권자가 되어 살아가야 한다. 참정권에서도 대한민국 국민이면 당연히 가질 수 있는 권리를 이동권이 보장이 되지 않아서 행사할 수 없게 되는 상황이 된다. 문화예술의 창작권, 향유권에서도 이동권은 매우 중요한 요소이고 여가생활에서도 장애인의 이동권은 필수요소이다.

교통약자의 이동편의증진법에 의하면 장애인, 고령자, 임산부, 영유아를 동반하는 사람, 어린이 등 일상생활에서 이동에 불편을 느끼는 사람을 교통약자라고 하며, 버스, 철도, 항공, 선박 등을 교통수단과 여객터미널, 철도시설, 환승시설, 공항시설, 항만시설 등을 여객시설이라고 정의하며 비장애인이 이용하는 모든 교통수단, 여객시설 및 도로를 차별 없이 안전하고 편리하게 이동할 수 있는 권리가 장애를 가진 사람들에게 있다고 규정하고 있다.

교통약자의 이동편의증진법 제2조에는 특별교통수단에 대한 규정이 있다. 특별교통수단이란 이동에 심한 불편을 느끼는 교통약자의 이동을 지원하기 위하여 휠체어 탑승설비 등을 장착한 차량을 말한다. 흔히 '장콜'이라고 부르는 교통수단이다.

교통약자 이동편의시설 설치대상은 도시철도, 버스, 항공기, 여객선 등의 교통수단과 버스정류장, 철도역사 등의 여객시설, 인도 등의 보행환경으로 구분한다.

다음 〈표 12-3〉은 교통약자 이동편의시설 대상이다.

표 12-3 교통약자 이동편의시설 대상

구분	조사대상	비고
교통수단	'도시철도법' 제2조 제3호에 따른 도시철도의 운행에 사용되는 차량 광역전철 중 여객을 운동하기 위하여 사용되는 차량	도시철도 및 광역전철차량
	'여객자동차 운수사업법' 제3조 제1항 제1호 및 같은 법 시행령 제3조 제1호에 따른 시내버스 운송사업 · 마을버스 운송사업 · 농어촌버스 운송사업 및 시외버스 운송사업에 사용되는 승합자동차	버스차량
	'철도산업발전기본법' 제3조 제4호에 따른 철도차량 중 여객을 운송하기 위하여 사용되는 철도차량	철도차량
	'항공법' 제2조 제1호에 따른 항공기 중 민간항공에 사용되는 비행기	항공기
	'해운법' 제2조 제2호에 따른 해상여객 운송사업에 사용되는 선박	여객선

구분	조사대상	비고
여객 시설	'도시교통정비 촉진법' 제2조 제3호에 따른 환승시설	환승시설
	'도시철도법' 제2조 제3호에 따른 도시철도시설 중 역사 광역전철의 역사	도시철도 및 광역전철역사
	'여객자동차 운수사업법' 제2조 제5호에 따른 여객자동차 터미널	여객자동차터미널
	'여객자동차 운수사업법' 제3조 제1항 제1호에 따른 노선 여객자동차 운송사업에 사용되는 정류장	버스정류장
	'철도산업발전기본법' 제3조 제2호에 따른 철도시설 중 역사	철도역사
	'항공법' 제2조 제8호에 따른 공항시설(여객이 직접 이용하는 시설에 한정한다)	공항여객 터미널
	'항만법' 제2조 제2호에 따른 무역항에 설치되어 있는 항만시설 중 같은 조 제5호 나목에 따른 기능시설 중 여객이용시설 및 같은 호 라목에 따른 항만친수시설	여객선터미널
도로 (보행환경)	'도로법' 제2조 제1호에 따른 도로(같은 조 제2호에 따른 도로의 부속물을 포함한다)	보도(인도 지하차도 및 육교 등)
	'도로법' 제108조에 따라 '도로법'이 준용되는 도로	

출처: 국토교통부(2019). 2018 교통약자 이동편의 실태조사.

교통약자의 이동편의 증진법 시행령 제14조에 의하면 저상버스 등의 운행대수를 대통령령으로 정하도록 되어 있다. 특별시와 광역시는 버스 대수의 2분의 1이며 시와 군은 운행하려는 버스 대수의 3분의 1로 규정되어 있다. 또한 제3차 교통약자 이동편의 증진계획 2017~2021에 의하면 2021년까지 수평승하차가 가능한 저상버스를 전국 시내버스의 42%까지 보급하는 것을 목표로 하고 있다(국토교통부, 2019).

그러나 저상버스의 도입 현황을 보면 2018년 기준 보급률이 23.4%로 목표에 아직 많이 부족하다.

다음 〈표 12-4〉는 저상버스 도입 현황이다.

표 12-4 저상버스 도입 현황

(단위: 대, %)

구분	2017년		2018년	
	저상버스	보급률	저상버스	보급률
합계	7,556	22.4	8,038	23.4
서울특별시	3,112	43.6	3,332	45.0
부산광역시	528	21.0	557	22.1
대구광역시	473	31.1	526	34.6
인천광역시	379	16.3	423	17.9
광주광역시	200	19.2	213	20.5
대전광역시	247	24.3	279	27.5
울산광역시	93	12.6	96	11.6
세종특별자치시	45	24.5	54	23.0
경기도	1,316	13.0	1,343	12.7
강원도	193	29.3	193	34.8
충청북도	117	21.8	122	20.8
충청남도	57	7.2	61	7.0
전라북도	172	17.6	182	22.0
전라남도	80	10.9	87	12.1
경상북도	143	9.9	164	13.9
경상남도	333	20.2	318	18.7
제주특별자치도	68	17.4	88	22.6

출처: 국토교통부(2019), 2018년 교통약자 이동편의 실태조사보고서.

이동에 심한 불편을 느끼는 교통약자의 이동을 지원하기 위하여 휠체어 탑승설비 등을 장착한 차량을 특별교통수단이라고 한다. 즉 대중교통을 이용하기 어려운 장애 정도가 심한 장애인들의 이동을 위해 운행하는 교통수단을 말한다.

다음 〈표 12-5〉는 특별교통수단의 보급과 대체수단 도입 현황이다.

표 12-5 특별교통수단 보급률 및 대체수단 도입 현황(2018년) (단위: 인, 대, %)

구분		1~급 장애인 수	특별교통수단			대체수단				
			법정 대수	운행 대수	보급률	소계	임차 택시	바우처 택시	시각장애인 이동지원 차량	기타
합계		539,388	2,699	3,187	118,1	11,599	289	10,987	307	21
8개 특별·광역시	소계	220,495	1,104	1,116	101,1	9,760	195	9,361	191	12
	서울	85,955	430	437	101,6	8,208	50	8,000	158	-
	부산	36,727	184	128	69,6	937	-	914	15	8
	대구	25,787	129	140	108,5	260	-	260	-	-
	인천	28,350	142	145	102,1	150	-	150	-	-
	광주	15,357	77	116	150,6	37	37	-	-	-
	대전	15,935	80	82	102,5	100	90	-	8	2
	울산	10,157	51	55	107,8	68	18	37	10	3
	세종	2,227	11	13	118,2	-	-	-	-	-
9개 도	소계	318,893	1,595	2,071	129,8	1,839	94	1,621	116	8
	경기	113,816	567	949	167,4	110	45	47	17	1
	강원	30,520	102	110	107,8	1,588	-	1,554	34	-
	충북	30,615	104	90	86,5	35	14	-	15	6
	충남	26,518	134	120	89,6	31	-	20	11	-
	전북	26,473	149	149	112,0	25	-	-	25	-
	전남	28,435	141	125	88,7	8	-	-	8	-
	경북	35,848	180	159	88,3	5	-	-	5	-
	경남	38,792	195	328	168,2	2	-	-	1	1
	제주	7,876	39	41	105,1	35	35	-	-	-

출처: 국토교통부(2019). 2018년 교통약자 이동편의 실태조사보고서.

특별교통수단 보급률의 경우 교통약자 이동편의 증진법 시행규칙이 개정되기 이전의 기준은 1, 2급 장애인 200명당 1대로 산정했으나 개정된 법률은 보행상의 장애인으로서 장애 정도가 심한 장애인 150명당 1대로 기준이 변경되었다.

저상버스와 특별교통수단 외에도 철도, 항공, 선박, 인도 등의 장애인 이동권도 아직은 어려운 상황이다. 특히 시외버스, 고속버스 등의 장거리 교통수단은 이제 시범서비스를 실시하고 있는 실정이다.

4 정보접근권

현대사회를 정보화사회라고 하며 정보에 빨리 접근하려는 욕구가 매우 강하고 다양하다. 농업혁명과 산업혁명에 이은 또 다른 혁명으로서 정보화혁명을 이야기할 만큼 정보접근은 매우 중요하다. 특히 우리나라는 정보화가 빠르게 진행되고 있다. 컴퓨터, 스마트폰, 소셜네트워크 등의 발달은 개인의 삶에 많은 영향을 미치고 있다. 정보접근은 재난 · 안전상황에서 대피 등의 생존권과 함께 여가생활과 취미활동에도 영향을 주고 있다.

정보화사회는 헌법 제34조의 제1항 '모든 국민은 인간다운 생활을 할 권리를 가진다'라고 규정한 것처럼 누구나, 언제, 어디서나 원하는 정보를 얻을 수 있고 이를 활용하여 개인의 질적인 삶을 추구할 수 있어야 한다. 특히 스마트폰과 소셜네트워크 그리고 자동주문시스템 등의 발달은 장애를 가진 사람들에게 또 다른 장벽과 차별이 되고 있다.

장애인차별금지 및 권리구제 등에 관한 법률 제20조에는 '개인 · 법인 · 공공기관은 장애인이 전자정보와 비전자정보를 이용하고 그에 접근함에 있어서 장애를 이유로 차별행위를 하여서는 아니 된다'라고 규정하고 있다. 같은 법 제21조는 정보통신 · 의사소통 등에서의 정당한 편의제공 의무를 규정하고 있다. 또한 UN의 장애인권리협약과 장애인복지법 제22조 정보에의 접근, 방송통신발전기본법 제3조, 그리고 국가정보화기본법 제32조의 장애인 · 고령자 등의 정보접근 및 이용보장에 대한 내용을 담고 있다.

한국정보화진흥원에서 발간한 2018 디지털정보격차 실태조사에 따르면 이용 가능한 PC 보급률과 모바일기기 보유율에서 비장애인과 차이를 보이는 것으로 나타났다. 다음 [그림 12-2]는 이용 가능한 PC 보유 여부를 보여주는 자료이다.

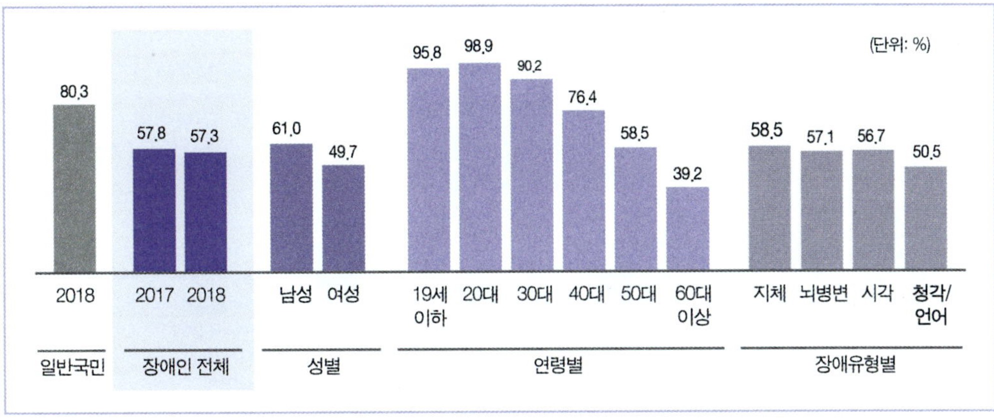

그림 12-2 이용 가능한 PC 보유 여부

출처: 한국정보화진흥원(2018). 2018 디지털정보격차 실태조사.

PC 보유율이 비장애인가정보다 낮으므로 당연히 인터넷 이용률에도 차이를 보인다. 다음 〈표 12-6〉은 장애인 디지털 정보 활용현황이다.

표 12-6 장애인 디지털 정보 활용 현황 (단위: %, %p)

구분	일반국민	장애인	차이(%p)
인터넷 이용률	91.5	77.4	14.1
검색 및 이메일, 콘텐츠 서비스 이용률	96.1	90.1	6.0
사회적 관계서비스 이용률	95.4	92.5	2.9
생활서비스 이용률	84.2	68.1	16.1
정보생산 또는 공유 활동률	65.5	47.4	17.1
온라인 네트워크 활동률	85.0	76.5	8.5
온라인 사회참여 활동률	42.5	33.3	9.2
온라인 경제활동률	59.1	40.0	19.1

출처: 한국장애인개발원(2019). 2019 장애인통계연보.

이 외에 인터넷 이용자 기준 장애인의 '생활서비스 이용률'에서도 비장애인의 경우 84.2%인 반면 장애인의 경우 68.1%로 16.1%가 낮다. 또한 정보생산 또는 공유활동률에서도 비장애인이 65.5%인 반면 장애인의 경우 47.4%로 18.1%가 낮았다.

그리고 온라인 경제활동률에서는 비장애인의 경우 59.1%인 반면, 장애인의 경우

40.0%로 19.1%가 낮았다. 다음 〈그림 12-3〉은 비자발적 인터넷 비이용 이유이다.

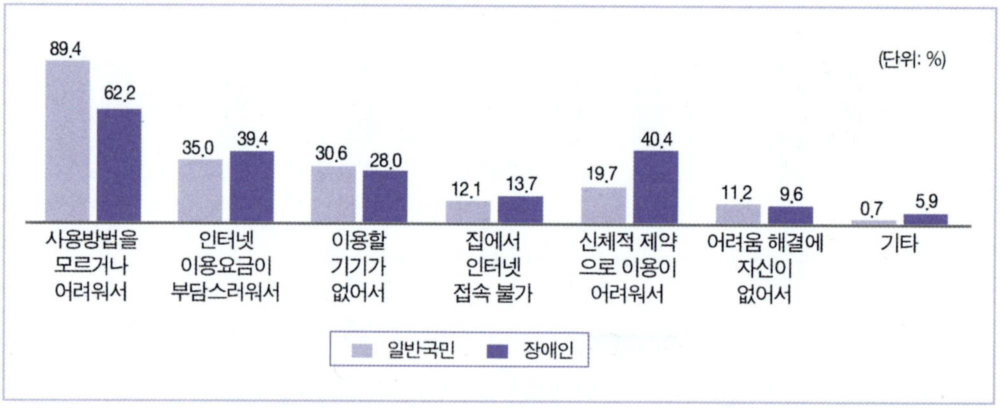

그림 12-3 비자발적 인터넷 비이용 이유(중복응답)

출처: 한국정보화진흥원(2018). 2018 디지털정보격차 실태조사.

비자발적 인터넷 비이용의 이유로 사용방법을 모르거나 어려운 경우는 비장애인들이 많았고, 장애인의 경우 인터넷 이용요금의 부담(39.4%), 신체적 제약으로 이용이 어려워서(40.4%)로 나타났다.

제5차 장애인정책종합계획(보건복지부, 2018)에 따르면 웹·모바일정보접근성을 보장하기 위하여 장애인을 위한 정보통신 보조기기를 개발·보급하고, 지식정보격차 해소를 위한 독서환경 구축, 그리고 차별 없는 방송접근 및 이용환경 보장을 계획하고 있어 장애인의 정보접근권은 확대될 것으로 기대된다.

5 장애인접근권의 과제

장애를 가진 사람들의 접근권 확보 방안으로 우선 법률개정이 필요하다. 장애인차별금지 및 권리구제 등에 관한 법률 제4조의 차별행위에 관한 내용 중에서 '장애인을 장애를 사유로 정당한 사유 없이 제한·배제·분리·거부 등에 의하여 불리하게 대하는 경우를 차별로 인정한다. 또한 정당한 사유 없이 장애를 고려하지 아니하는 기준을 적용함으로써 장애인에게 불리한 결과를 초래하는 경우와 정당한 사유 없이 장애인에 대하여 정당한 편의제공을 거부하는 경우를 차별 행위로 본다. 이 법을 통해서 접근권을 확보하기 위해서는 제18조 시설물접근권, 제19조 이동권, 제20조 정보접근권에 관한 조항을 개정할 필요가 있다. 특히 제18조 ④항과 제19조의 ⑧항의 경우 적용대상과 단계적 범위 등을 대통령령으로 정하도록 되어 있으며 시행령에는 장애인·노인·인산부 등의 편의증진보장에 관한 법률과 교통약자의 이동편의 증진법 시행령에 따르도록 하고 있다. 따라서 보편적 차별금지에 의한 비장애인과 동등한 접근권 확보가 어렵게 되어 있어 법률의 개정이 필요하다. 마찬가지로 교통약자의 이동편의증진법과 국가정보화 기본법, 장애인·노인·임산부 등의 편의증진보장에 관한 법률도 함께 개정이 되어야 한다.

이 외에도 접근권과 관련해서 유니버설디자인(Universal Design), 무장애 환경(barrier-free environment), 정당한 편의제공, 장애물 없는 생활환경(Barrier Free) 인증제도 등을 구체적으로 적용하는 것이 필요하다. 장애인의 접근권 보장을 위한 구체적인 방법으로 보통 유니버설디자인, 무장애 환경을 이야기한다.

유니버설디자인(Universal Design)은 미국 노스캐롤라이나 주립대학의 Center for accessible housing의 소장이었던 로널드 메이스(Ronald L Mace)가 중심이 되어 장애의 유무에 상관없이 누구에게나 보다 편리한 것, 사용에 있어 차별이 없는 것을 구체적으로 명시함으로써 사람들의 의식을 바꾸려고 한 것이다.

장애를 가진 사람들이 사회참여를 하는 것에 4가지 장벽이 있다. 첫째, 의사소통을 포함한 정보접근의 장벽, 둘째, 편의시설 등의 시설물에서의 장벽, 셋째, 보행권 등의 이동의 장벽이 있으며 넷째, 대중의 태도의 장벽이 있다. 법률의 개정을 통해서 환경적 장벽을 제거하더라도 대중의 장애와 관련된 인식의 장벽이 없이 접근권 확보는 어렵다.

마지막으로 이용자 관점의 접근권 보장 노력이 필요하다. 시설물과 교통수단 그리고 정보통신기기의 설계와 생산 및 시공에 이르기까지 이용자 관점에서 모든 것이 이루어질 필요가 있다. 경사로나 장애인화장실의 경우에도 기존에 설치된 시설을 실제로 장애를 가진 사람들이 편리하게 이용할 수 있는 곳은 많지 않다. 따라서 접근권과 관련된 설계, 생산, 시공에는 인간중심디자인(human-centered design)과 장애를 가진 이용자 관점이 필요하다.

생각해 볼 과제

1. 주변 환경에 휠체어를 이용하는 장애인이 식사를 위한 3가지 조건을 만족하는 식당을 찾아봅시다. 강의를 함께 듣는 학생 중에 휠체어를 이용하는 학생이 있다고 생각하고 이 학생과 함께 식사를 위한 첫째 조건은 식당에 출입하기 위한 계단이나 턱이 없어야 하고, 둘째 조건은 좌식 식탁이 아닌 입식 식탁이 있어야 하며, 셋째, 장애인화장실이 있어야 합니다. 학교 주변에서 위와 같은 3가지 조건을 다 충족하는 식당을 찾아봅시다.

참/고/문/헌

고명수, 나혜숙, 이승현, 서진숙, 박연희, 신경희 (2019). **장애인복지론**. 정민사.

국토교통부 (2019). 2018년 교통약자 이동편의 실태조사 보고서.

김명수 (2009). 장애인 기본권의 기초로서의 접근권에 관한 고찰. **세계헌법연구**, 15-1, 1-24.

보건복지부 (2018). 제5차 장애인정책종합계획(2018~2022).

보건복지부 (2020). 장애인복지사업안내(2권).

이채식, 이은영, 이형렬, 김재익, 전영록 (2017). **장애인복지론**. 창지사.

정무성, 양희택, 노승현, 정진옥 (2018). **장애인복지론**. 정민사.

정일교, 김만호 (2019). **장애인복지론**. 양성원.

한국장애인개발원 (2019). 2019 장애인통계연보.

한국정보화진흥원 (2018). 2018 디지털 정보격차 실태조사.

Chapter 13

장애인과 자립생활

학습 목표

1. 자립생활에 대한 개념을 이해한다.
2. 장애인자립생활센터의 기능에 대해서 이해한다.
3. 장애인자립생활운동의 배경이념을 이해한다.
4. 발달장애인의 자립생활지원에 대해서 알아본다.

핵심 용어

자립생활, 자립생활센터, 소비자 주권, 탈의료화, 탈시설화, 권익옹호, 동료상담

1 장애인자립생활의 이해

한 인간의 삶에서 자신이 아닌 타인의 결정에 의한 삶을 살아야 하는지 아니면 자기 스스로의 결정으로 삶을 살아야 하는 것인지에 대한 질문은 무의미할 수 있다. 그러나 장애를 가진 사람들이 스스로 결정하고 그 결정에 책임을 지는 자기결정권을 가지기 위해서는 많은 투쟁이 필요했다.

장애인의 자립생활(independent living)에 대한 논의는 장애인을 치료의 대상으로 보고 장애인의 선택과 비판으로부터 시작되었다. 이에 따라 자립생활패러다임은 장애인의 문제는 장애인당사자가 가장 잘 이해하고 있으므로 장애를 가진 사람이 자신의 삶을 영위하는 데 있어 전문가 등에 대한 의존성(dependency)에서 벗어나 스스로 선택과 결정, 그리고 주도적인 역할을 바탕으로 지역사회에서 살아가는 것을 목표로 하는 철학이다. 또한 장애인의 문제는 장애인이 가지고 있는 신체적 문제보다는 그러한 요소를 문제로 만드는 사회환경에서 비롯되므로 자립생활은 구조적 환경개선에 관심을 두는 강력한 권익옹호의 지향성을 담고 있다(한국장애인개발원, 2019). 장애를 가진 사람들의 삶의 방식과 지역사회 시민들의 인식의 변화를 가능하도록 한 것이 자립생활운동의 효과 중에 하나라고 볼 수 있다.

자립생활운동은 1960년대 미국에서 시작되었다고 할 수 있다. 1960년대 미국은 아프리카계 미국인(흑인)들의 공민권 운동과 시민의 권리회복운동의 절정기로서 특히 미국 내에서 일어나고 있던 여성운동, 멕시코계 시민의 권리회복운동과 베트남 전쟁의 반전운동, 대학생들의 학원민주화운동이 학내에서 뿐만 아니라 일반시민에게까지 확대되었던 시기였다(김재익, 김종인, 2014). 장애운동은 사회운동의 영향을 받아 시작되었다고 볼 수 있다.

1962년 가을 중증장애인이었던 에드 로버츠(Ed Roberts)가 이 시대 사회운동의 진원지였던 버클리 대학교에 입학하면서 미국 장애인 인권운동과 자립생활운동이 시작된 것으로 본다. 같은 시기에 일리노이대학에서 실시하고 있는 장애학생 프로그램이 신체장애인의 지역사회에서 생활하기 편리하도록 하는 최초의 프로그램이었으며, 1962년

4명의 중증 장애학생들이 캠퍼스에서 분리된 숙소에서 캠퍼스에 좀 더 가까운 숙소로 이사를 했으며 그 이후 장애학생프로그램은 중요한 자립생활 노력의 하나로 부상하게 되었고 이 학교를 장애인들에게 접근이 가능한 건물로 만드는 것에 일조를 했다(한국뇌성마비복지회, 1997). 중증장애인이 학업을 유지하기 위해서는 건축물의 편의시설과 이동권이 필요했기 때문이다.

최초의 자립생활센터(Center for Independent Living)는 에드 로버츠에 의해 1972년에 버클리 대학교 내에 설치되었고, 연방 재활국으로부터 예산을 지원받아 운영되었다(조영길, 김정미, 노경수, 2016). 이 센터는 동료상담, 권익옹호, 이동편의제공, 자립생활기술훈련, 활동지원, 건강관리, 주거지원, 보조기기 수리 등의 서비스를 제공했다. 버클리 자립생활센터에 이어 1974년 보스턴센터(Boston Center for Independent Living: BCIL)가 활동을 시작하였다.

최초의 자립생활운동은 1969년 버클리 대학교 내의 Cowell 병원 장기 입원 환자를 대상으로 한 주거지원 프로그램으로 시작되었다. 이후 학교 내 장애학생등교육지원프로그램(Physically Disabled Student Program: PDSP)에 이어 자립생활센터가 설치되었다. 이후 1973년 개정재활법과 1978년 개정재활법에서 자립생활은 구체화되고 제도화 되었다. 이후 1990년 미국장애인법(America Disabled Act: ADA)의 제정으로 이어졌다.

우리나라에 자립생활운동이 처음 소개된 것은 1997년 '서울 국제 장애인 학술대회'에서 일본 휴먼케어협회 자립생활센터 소장이자 일본의 대표적인 자립생활운동가인 나카니시 쇼우지가 일본의 자립생활운동을 소개하면서부터이다. 그 이후 1998년 정립회관에서 실시된 자립생활실천 세미나에서 자립생활 기념과 운동, 자립생활프로그램의 이론과 동료상담기법이 소개되었고, 2000년에 '동대문 피노키오 자립생활센터'와 '광주 우리이웃자립생활센터'가 설립되었다. 이후 전국장애인자립생활센터총연합회와 전국장애인자립생활센터협의회 그리고 2019년 한국장애인자립생활센터총연맹까지 설립되었으며 법률 등 제도적 성장보다는 운동과 자립생활센터들의 활동을 중심으로 발전되어 오고 있다.

Dejong(1979)은 자립생활에 대해서 '위험을 동반하는 존엄, 그것이 자립생활의 총체적인 개념의 정의'라고 말하고 있다. 즉 장애를 가진 사람이 스스로 자신의 삶의 전 영역에서 선택할 수 있어야 하며 스스로 선택한 삶에 대한 책임도 본인에게 있다는 의미이다.

미국자립생활협의회(NCIL)에서는 자립생활을 '삶에 대한 자신의 결정에 대하여 타인의 개입 또는 보호를 최소화하여 스스로 삶에 대하여 선택하고 결정하는 모든 과정에 장애인 당사자가 참여하는 과정'이라고 정의하고 있으며, 국제장애인협회(DPI)는 '자립이란 기술을 갖게 하는 도구를 활용하거나 하지 않거나, 타인의 원조를 받거나 받지 않거나, 자신의 행동에 책임을 지며 동시에 스스로의 능력에 맞는 생활을 자신이 선택하고 실천하는 것'이라고 하였다. 따라서 자립생활이란 일상적인 자신의 삶에 대한 통제권을 지닌 채 타인에 대한 의존을 최소화하면서 지역사회 내에서 자신에게 주어진 사회적 역할을 주체적으로 수행해 나가는 삶을 의미한다(정무성, 양희택, 노승현, 정진옥, 2018).

자립생활의 기본철학에 대해서도 Dejong(1979)은 소비자주권(consumerism, consumer sovereignty), 자기신뢰(self-reliance), 정치 · 경제적 권리(political and economical nights) 등을 제시하였다.

첫째, 소비자주권(consumerism, consumer sovereignty)은 장애를 가진 사람들이 장애가 중증의 경우라도 자기 스스로 자신의 삶의 모든 영역에서 자기결정권을 가지고 살아야 한다는 것이다. 장애관련 서비스나 프로그램 등에 대한 선택은 물론 장애인을 대신하는 서비스나 프로그램을 개발하고 제공하는 과정에서도 장애인의 자기결정권(self-determination)을 인정해야 한다는 것이다.

둘째, 자기신뢰(self-reliance)는 장애를 가진 사람 스스로가 자기 자신을 신뢰해야 하며 스스로의 자원이나 재능을 신뢰하는 것과 함께 권리와 이익도 스스로 쟁취해야 한다는 것이다.

셋째, 정치 · 경제적 권리(political and economical rights)는 장애를 가진 사람 스스로가 지역사회에서 정치적으로 또는 경제적인 활동에서 완전하고 자유롭게 참여하고 정치세력화해야 한다는 것이다.

자립생활의 핵심원리는 장애를 가진 사람들이 시민으로 살아가는 데 어려움을 겪게 하는 문제들이 장애를 가진 사람 개인에게 있지 않으며 장애인의 사회참여과정을 비롯하여 물리적 환경과 사회 전반에 존재하는 차별과 배제를 포함하는 환경에 있다는 것이며 이 핵심원리는 자기결정권(self-determination), 당사자주의(consumerism), 권익옹호(advocacy)를 강조한다(조영길, 김정미, 노경수, 2016).

여기에서 'consumerism'은 소비자주권으로 번역을 하기도 하고 당사자주의라고 번역을 하기도 한다. 자립생활운동이 우리나라에 처음 소개되었던 2000년에는 소비자주의, 소비자주권으로 번역을 했으나 그 이후 자립생활운동이 자리를 잡으면서 'consumerism'은 자립생활운동에서는 '당사자주의'라는 표현을 주로 사용한다.

자기결정권(self-determination)은 본인의 삶의 통제(control), 선택(choice), 변화(change), 역량강화(empowerment)에서 스스로 선택하고 결정할 수 있는 권리를 말한다. 자기결정권의 행동요소를 선택하는 것, 의사결정하는 것, 문제를 해결하는 것, 목표를 설정하고 성취하는 것, 스스로 관찰하는 것, 스스로 평가하고 강화하는 것, 스스로 통제하는 것, 효율성을 찾는 것, 자기인식을 하는 것, 자기를 이해하는 것에 영향을 미친다고 하였다.

당사자주의(consumerism)는 소비와 권리에 바탕을 두고 전문가주의와 상대적 의미로 사용되는 것이다. 당사자주의는 정책, 예산, 서비스 등에서 당사자의 선택적 개념으로 사용되고, 이는 동료상담, 동료지원, 권익옹호 등 자기관리와 네트워크 관점에서 이해한다. 당사자주의는 농민운동의 주체는 농민이, 여성운동의 주체는 여성이 중심이 되고 결정해야 한다는 주장이다. 장애당사자주의는 장애관련 서비스 제공 및 통제 등에 있어서 장애를 가진 사람을 일방적 수혜 관점에 머물게 하지 않고 장애를 가진 사람들이 서비스의 계획, 개발, 제공과정에서 개입할 계기를 마련하게 되었다. 장애를 가진 사람들에게 필요한 서비스에 대한 욕구는 장애를 가진 사람들이 가장 잘 알고 있다는 인식의 전환은 관련서비스를 결정하는 데 큰 영향을 미치게 되었다.

권익옹호(advocacy)는 자립생활의 선구자인 에드 로버츠(Edward Roberts)가 자립생활의 시작이자 끝이라고 표현할 만큼 자립생활의 실천원칙이자 지향점의 위치를 차지하고 있다. 외부적으로는 지역사회 건축물과 환경을 개선하는 데 앞장서고 이를 사회화하는 데 역량을 집중하는 것을 말한다. 이러한 지역사회에 참여하고자 하는 노력은 횡단보도와 인도 사이의 턱, 건물에 진입하고자 할 때의 계단, 경사로, 주차공간 등 모든 접근권과 관련된 영역에서부터, 선거를 위한 편의시설, 병원에 진료를 받기 위한 편의시설, 직업을 가지기 위한 편의시설 등 장애인의 삶 모든 영역에서 필요하다. 장애를 가진 사람들이 장애를 가지고 살아가면서 겪는 각종 억압과 차별, 편견과 동정, 의존적 상황, 전문가들이 개발한 부적절한 지원체계, 정치적 · 경제적 · 사회적 권리와 의무의 행사를 방해하는 물리적 · 환경적 장벽들과 법적 · 제도적 장벽들은 항상 존재해 왔고 지금도 존재하고 있다. 권익옹호의 핵심은 지역사회의 변화이며, 장애인과 비장애인이 더불어 살아가기 위한 조건이다. 장애인의 인권을 주장하고 지역사회 내의 합의를 끌어내며 지역주민을 동참시키는 것으로 자립생활은 결국 이러한 변화를 지향하는 지역사회중심의 운동이다.

'자립생활을 위한 전략(Strategies of Independent Living)'으로 불리는 모임을 통해서 에드 로버츠(Edward Roberts)는 장애인의 자립생활에 대한 철학을 다음과 같이 발전시켰다(고명수, 나혜숙, 이승현, 서진숙, 박연희, 신경희, 2019).

- 장애인의 욕구와 그 욕구를 어떻게 충족할지를 가장 잘 아는 사람은 바로 장애인 자신이다. 따라서 장애인은 '도움'을 '관리'해야 하는 지위에 있다.
- 장애인은 시설에 수용되는 것이 아니라 지역사회에서 생활해야 한다.
- 장애인은 치료받아야 할 환자도, 보호받아야 하는 어린이도, 그렇다고 숭배해야 할 신도 아니다.
- 장애인은 '장애' 그 자체보다도 사회적 편견의 희생양이다.
- 장애인의 욕구는 다양한 서비스를 망라하는 포괄적인 프로그램에 의하여 효과적으로 충족할 수 있다.

이러한 자립생활운동은 정상화, 탈의료화, 탈시설화, 사회통합, 소비자 운동 등의 영향을 받았다. 이러한 이론적 배경을 살펴보면 다음과 같다.

① **정상화**(normalization) **이념**

울펜스버거(Wolfensberger, 1983)는 정상화 이념에 대하여 정상적인 생활양식과 주류 문화에 대하여 설명하면서, 정상적인 행동양식을 갖고자 한다면 정상적인 환경에서 정상적인 생활방식에 근접해 살아야 한다고 주장하고 있다. 즉 가능한 사람들에게 가치 있는 사회적 역할을 습득, 정립, 유지시키기 위해 문화적으로 가치 있는 수단을 이용하고 사람들이 문화적으로 가치 있는 삶을 영위할 수 있도록 하기 위한 문화적으로 가치 있는 수단들의 이용이라고 정의하였다. 1940년대에 덴마크의 벵크 메켈센(Bank Mikkelsen)에 의해서 시작되었고 1960년대 스웨덴의 니르제(Nirje)에 의해서 정립된 이 이론은 정신장애인이 거주시설에서 생활하는 것보다 지역사회에서 생활하는 것이 그들에게 훨씬 인간다운 삶을 살 수 있고 삶의 질이 향상된다고 주장하였다. 이 정상화 이론은 이후 탈시설, 자립생활, 지역사회재활, 장애의 사회적 모델 등에 영향을 주었다.

다음 〈표 13-1〉은 정상화 이념의 등장과 이후의 변화에 대한 내용이다.

표 13-1 정상화 이념의 등장과 이후의 변화

변화 시기	산업혁명과 산업화 (18세기 후반)	1~2차 세계대전 (1914 ~1939)	세계인권선언 (1948)		(1980년대 이후) 정상화 이론의 확장
사회적 담론의 변화	• 노동의무 • 적자생존 • 우생학 • 노동미약자의 분리	• 전쟁 부상 장애인의 처우 • 장애에 대한 사회적 책임론	• 인권에 대한 각성 • 장애인 인권에 대한 각성	영향 ⇨	• 정상화 이념의 확산(북유럽) • Ordinary Life, Valuing People 등의 등장(영국 등) • Social Role Valorization의 등장(미국, 캐나다 호주 등) 당사자주의 등장 • 사회적 모델의 등장 • 자립생활운동의 등장
장애에 대한 구체적 결과	• 장애인의 분리 • 특히 발달장애인의 분리	• 장애문제에 대한 새로운 시각 제기	• 정상화 이념의 등장 • 지적장애인 권리 선언(1971) • 장애인인권선언(1975)		

출처: 김진우(2014), 발달장애인복지론.

② **시민권 운동**(civil rights movement)

시민권 운동은 인간의 인권운동과 그 맥을 같이 한다. 성인 남성 귀족중심의 사회에서 산업혁명과 민주주의가 성장하면서 시민의 권리의식이 높아지게 되면서 이후 여권운동과 미국의 경우 아프리카계 이주민(흑인)의 인권운동이 1960년대 발생되었다. 소수인종의 권익보장뿐만 아니라 불이익을 받는 집단의 권익옹호운동이기도 했다. 이후 장애를 가진 사람들의 자립생활운동이 활발하게 진행된 것은 인류역사로 보면 우연은 아니다. 장애영역에서의 시민권은 고용과 관련된 직업재활서비스에서 차별을 금지하는 분야로 진행되었으며 이후 1973년 재활법, 1978년 재활법을 통해 결국 1990년 미국 장애인법(ADA)에 반영되었다. 한국 장애인계에서의 시민권 운동은 장애인활동지원, 이동권, 탈시설운동 등으로 이어지고 있다.

③ **탈의료화**(demedicalization)

장애인의 삶에 관한 문제를 장애인 개인의 문제로 보는 것과 사회적 환경으로 보는 것에 따라 장애의 개인적 모델과 사회적 모델로 구분하기도 한다. 장애의 개인적 모델은 장애는 개인과 가족의 책임이며 가능한 비장애인에게 가깝게 하도록 하기 위하여 치료에 집중한다. 따라서 장애를 가지고 태어났거나 생애 중에 장애를 가지게 되면 치료를 하기 위한 노력을 하게 되며 장애를 가지고 살아가도록 하는 것에는 소홀하게 된다. 이때 장애를 치료하려고 노력하는 것을 의료모델이라고도 하며 병원에서 오랜 기간 생활하거나 수용시설에서 생활하도록 했었다. 정상화 이론과 지역사회재활에 이어 영국의 올리버(Oliver, 1996)의 사회적 모델에 의해 장애는 개인의 신체적인 문제가 아니라 환경의 문제라는 인식이 확산되면서 의료를 통해 치료를 해야 하는 것이 아니라 환경을 바꾸어서 장애를 가진 사람들의 사회참여를 확대하도록 하는 노력을 하고 있다. 장애인차별금지법의 정당한 편의제공은 이러한 이념을 담고 있다.

④ **탈시설화**(deinstitutionalization)

산업혁명 이후 장애를 가진 사람들은 산업현장에서 비장애인들과 함께 생산하는 과정에서 생산성이 떨어지고 가정에서 장애를 가진 사람들을 돌봐줄 인력이 부족해지면서 장애인을 거주시설에 집단으로 살도록 했다. 탈시설운동이란 가정이나 지역사회에서 분리된 채 수용시설에서 벗어나 가정과 지역사회로 되돌아오는 것을 의미한다. 1960년대 정상화 이념과 1970년대 지역사회재활(community based rehabilitation)이 선언되면서 탈시설이 시작되었다. 대부분 선진국들은 탈시설을 하였으나 아직 우리나라에서는 시작 단계이다.

탈시설 운동의 이유는 다음과 같다.

첫째, 수용시설은 필요악이기 때문에 원래 없는 것이 좋다.

둘째, 최소의 수용시설이라도 차선의 지역사회 내 가정보다 못하다.

셋째, 수용시설서비스는 열악하며 인간답고 문화적인 생활이 어렵다.

넷째, 시설에서의 수용보호는 인간의 기본적 권리인 자유, 인권, 사생활의 침해를 받기 쉽다.

다섯째, 수용시설은 관리적이며 비민주적이므로 시설이용자의 개성을 발휘하지 못한다.

⑤ **자조운동**(self-help movement)

1950년대 알코올 환자를 위한 자조집단(Alcoholic Anonymous) 중심으로 시작된 자조운동은 장애인의 자립생활에 있어 동료상담(peer counseling)으로 구체화된 자조의 표현이다. 자조운동은 장애인의 자립생활운동에서 뿐만 아니라 여성, 노숙자, 성폭력 피해자 등과 같은 모든 사회적 약자 문제에 대해 자조집단이 형성되고 자신의 집단의 권익과 보호를 위한 활동이 필요하다.

신체적 장애인의 경우 장애 유형별로 지역별로 관련 단체와 자조모임을 통해서 스스로 학습하고 서로 도움을 주고받으며 집단으로 스스로의 권리를 지켜나가고 있다. 우리나라의 경우 대표적인 예가 장애인체육회의 결성이며 지금도 이동권, 장애인예산 등에서 투쟁을 하고 있다. 이는 공식적인 사회복지전달체계가 부족할 때 더 활발하게 운동이 지속된다.

아쉽게도 정신적 장애 특히 발달장애인의 경우 장애당사자들의 자조운동보다는 발달장애인 부모의 자조운동이 활발하게 진행되었으며, 이는 발달장애인 권리보장 및 지원에 관한 법률제정으로 나타났다.

2 장애인자립생활서비스

우리나라는 장애인복지법 제53조(자립생활지원), 제54조(장애인자립생활지원센터), 제56조(장애 동료 간 상담)에 의거 장애인을 대상으로 포괄적인 자립생활 정보제공, 권익옹호 활동, 동료상담, 자립생활기술훈련, 개인별 자립지원, 거주시설 장애인 탈시설 자립지원 등의 서비스를 통하여 장애인의 자립생활 역량강화와 지역사회에서의 다양한 사회참여 활동을 지원하고 있다(보건복지부, 2020).

자립생활지원서비스는 자립생활센터(Center for Independent Living: CIL)라는 장애인 당사자에 의해 운영되는(Consumer Controled), 지역사회중심(Community Based)의 전 장애영역을 포괄(Cross-Disability)하는 비수용시설(non-residential), 비영리(non-profit)기관을 통해 제공된다(Nosek, 1988).

자립생활서비스를 지원하기 위한 자립생활센터는 몇 가지 자격요건을 필요로 한다. 아래 〈표 13-2〉는 미국연방정부의 보조금을 지원받기 위한 자립생활센터의 자격조건이다.

표 13-2 CIL센터가 연방정부의 보조금을 받는 자격조건

미국 자립생활센터의 자격요건		서비스 내용
1	운영위원의 50%는 장애인일 것	• 정보제공과 조회(활동지원이나 주택 등) • 동료상담 • 자립생활기술훈련 • 권익옹호운동
2	중요한 결정을 내릴 때 간부 중의 한 사람은 장애인이어야 할 것	
3	직원 중 한 명은 장애인일 것	
4	종합적인 서비스를 제공할 것	

출처: 고명수 외(2019). 장애인복지론.

정부는 장애인의 자립생활을 지원하기 위하여 시·군·구청장의 추천을 통해 각 시·도지사에 의해서 선정된 장애인자립생활센터(CIL)를 지원한다. 이때 센터의 모든 활동은 영리활동, 특정 종교활동 등에 연관되거나 이용할 수 없으며, 자립생활 이념에 기반을 두고 장애인의 자기선택권과 결정권을 최대한 존중하며 장애인의 참여를 최우선으로 한다.

또한 센터는 장애인차별금지법에 명시한 차별행위나 어떠한 활동에도 차별 없이 장애인에게 동등한 서비스를 제공해야 하며, 의사결정, 서비스 제공, 운영규정 등을 포함한 센터의 운영은 장애인이 중심이 되어야 한다. 동료지원(peer support)모델이 자립생활서비스 제공의 원리이며, 장애의 정도와 유형에 상관없이 모든 영역의 장애인들에게 동등한 서비스를 제공해야 한다.

자립생활센터의 운영에 있어서도 최고위원회나 이와 유사한 조직을 두어야 하며, 최고위원회는 구성원의 과반수 이상이 장애인이어야 한다. 또한 센터의 소장은 장애인이어야 하며 장애인복지 또는 사회복지분야에서 실무 또는 활동경력이 있어야 한다.

자립생활센터에서는 다음과 같은 주요기능을 중심으로 지역적 특성 및 개별 장애인들의 욕구를 고려하여 서비스를 제공한다. 다음 〈표 13-3〉은 보건복지부에서 예산을 지원하는 우리나라 장애인자립생활센터의 주요기능들이다.

표 13-3 우리나라 장애인자립생활센터의 주요기능

주요기능			주요사업(예시)
구분	대분류	중분류	
기본 사업	권익옹호 지원	차별예방 및 권리침해구제	• 차별대응 및 권리구제 지원 • 인권침해 긴급지원 및 자원연계 • 장애인권 및 권리옹호교육 • 차별 모니터링 및 구제활동
		지역사회 역량강화 활동	• 제도 및 서비스 개선 및 구축 활동 • 정책제안 및 모니터링 • 장애인권익향상 네트워크 활동

주요기능			주요사업(예시)
구분	대분류	중분류	
기본 사업	동료상담	동료상담 및 동료상담가 지원	• 정보제공 • 개별 및 집단 동료상담 • 동료상담가 양성 • 동료상담프로그램 개발
	개인별 자립지원	개인별 자립생활지원 및 자립생활기술훈련	• 개인별 자립생활지원 계획 수립 및 지원 • 모니터링 및 사후지원 • 자립생활기술훈련 지원
	거주시설 장애인 탈시설 자립지원	탈시설 장애인 자립지원 기획 및 관리	• 탈시설 계획 수립 및 홍보 • 탈시설 전환 간담회 및 교육 • 탈시설 관련기관 협력
		자립생활체험홈(실) 운영 지원	• 체험홈 등 자립지원 시설 관리 • 자립생활 서비스 지원
선택 사업	지역사회 서비스 지원	자립지원 서비스	• 활동보조서비스 • 이동서비스 및 보장구 지원 • 주거서비스(주택개조, 자립생활 주택 등) • 문화여가활동 • 평생교육 및 문해교육 • 응급안전서비스 • 자립자원 발굴(후원개발 등)

출처: 보건복지부(2020), 장애인복지사업안내(2권).

기본사업으로는 권익옹호 지원, 동료상담, 개인별 자립지원, 거주시설장애인 탈시설 자립지원이 있으며, 선택사업으로 지역사회서비스지원이 있다. 이를 다시 중분류로 나누어서 권익옹호기능에는 차별예방 및 권리침해구제, 지역사회 역량강화 활동이 있으며 거주시설 장애인 탈시설 자립지원의 기능에는 탈시설 장애인 자립지원 기획 및 관리, 자립생활체험홈 운영지원 등이 있다. 이때 중분류를 기준으로 1개 이상의 사업을 수행해야 한다.

자립생활센터에서의 권익옹호는 학습기회의 보장과 제공, 인권상담, 장애인학대상담, 지역사회 내의 네트워크와 연대, 정보와 실천, 지역사회옹호 등의 활동으로 이루어진다. 최근에 장애인복지법 제59조에 의해 장애인권익홍호기관이 설립되면서 장애인

자립생활센터와 함께 장애인의 권익옹호를 하고 있다. 이 외에 자립생활센터에서는 정보제공, 주거지원, 소득보장, 직업재활, 보조공학, 활동지원, 문화예술지원, 여가지원 등의 활동을 자조모임 등을 통해서 지원하고 있다.

3 발달장애인의 자립생활

1) 발달장애인에 대한 이해

발달장애인이란 '신체적 · 정신적 장애로 오랫동안 일상생활이나 사회생활에서 상당한 제약을 받는 자 가운데, 정신발육이 항구적으로 지체되어 지적능력의 발달이 불충분하거나 불완전하여 자신의 일을 처리하는 것과 사회생활에 적응하는 것이 상당히 곤란한 사람으로 정의되는 지적장애인과 소아기 자폐증, 비전형적 자폐증에 따른 언어 · 신체표현 · 자기조절 · 사회적응 기능 및 능력의 장애로 인하여 일상생활이나 사회생활에 상당한 제약을 받아 다른 사람의 도움이 필요한 사람'으로 정의하는 자폐성장애인을 말한다.

미국지적장애협회(AAMR)에서는 '지적장애란 현재 기능의 근본적인 한계로서 18세 이전에 발현되고 지적 기능에서 의미 있게 낮은 능력(IQ. 70 또는 75 이하)을 보이며, 동시에 의사소통, 자조, 가정생활, 사회적 기술, 지역사회 이용, 자기관리, 건강과 안전, 학습능력, 여가 그리고 일 등의 적응기술 영역에서 두 가지 이상 관련된 한계를 갖는 경우'를 지적장애로 정의하고 있다. 우리나라에서 발달장애에 대한 법적 용어는 1999년 장애인복지법 전부개정을 통하여 처음 사용되었는데 현재의 자폐성 장애를 의미하는 것으로 정의하였다.

또한 지적장애의 분류에 있어서도 간헐적 지원(intermittent support), 제한적 지원(limited support), 장기적 지원(extensive support), 심층적 지원(pervasive support) 등을 필요로 하는 경우로 나누어 구분하고 있다(보건복지부, 2017).

자폐성 장애의 경우 1999년 장애인복지법 개정 때부터 새로이 장애범주에 포함되었다. 공식적인 분류체계로는 DSM-Ⅴ, ICD-10의 두 종류가 있는데 전반적인 자폐성 장애(Pervasive Developmental Disorder: PDD)라 명명되었고, 기본적으로 전반적 자폐성 장애의 정의와 큰 차이는 없다.

지적장애인과 자폐성장애인은 장애등록률이 꾸준히 늘고 있다. 다음 〈표 13-4〉는 장애인 출현율이다.

표 13-4 장애인 출현율-연도별

(단위 :%)

구분	전체	지적장애	자폐성 장애
2011	5.61	0.28	0.01
2014	5.59	0.36	0.02
2017	5.39	0.38	0.03

출처: 한국장애인개발원(2019), 장애인통계연보.

〈표 13-4〉를 살펴보면 전체 장애인의 출현율은 2011년에 5.61%, 2014년에는 5.59%, 2017년에는 5.39%로 줄어드는 반면 지적장애와 자폐성장애의 경우 꾸준히 늘어나고 있는 것을 알 수 있다.

2) 발달장애인에 대한 서비스

발달장애인의 경우 장애인복지법에 의한 기본적인 권리 외에 의료와 재활치료, 사회적응훈련, 교육, 직업, 정보접근, 편의시설, 안전대책, 선거권, 주택보급, 문화예술 등에 대한 서비스를 다른 장애 유형의 장애인들과 함께 선택할 권리가 있다. 또한 장애인활동지원에 관한 법률에 의한 활동지원서비스와 장애아동복지지원법의 의료비 지원, 보조기구 지원, 발달재활서비스 지원, 보육지원, 가족지원, 돌봄 및 일시적인 휴식 지원, 지역사회전환지원, 문화·예술 등 복지지원, 취약가정 복지지원 등의 서비스를 지원받을 수 있다.

사회보장법의 사회보험, 공공부조 및 사회서비스 등을 받을 수 있으며 발달장애인을 위한 구체적인 발달장애인에 대한 서비스는 발달장애인 권리보장 및 지원에 관한 법률에 규정되어 있다.

다음 <표 13-5>는 발달장애인 권리보장 및 지원에 관한 법률에서 장한 발달장애인에 대한 서비스이다.

표 13-5 발달장애인 권리보장 및 지원에 관한 법률상의 서비스

구분		내용	법률조항
발달장애인 당사자	성년 후견제 이용지원	• 가정법원에 성년후견개시, 한정후견개시, 특정후견의 심판청구	제9조
	의사소통 지원	• 법령, 복지지원 등의 정책정보를 발달장애인이 이해하기 쉽도록 작성배포 • 학습에 필요한 의사소통도구 개발, 전문인력 양성 • 민원담당 직원의 의사소통 지침 개발 및 교육	제10조
	형사·사법 절차상의 권리보장	• 재판과 수사과정에서 신뢰관계에 있는 사람의 도움을 받을 수 있음	제12조
	발달장애인에 대한 전담조사제	• 검찰청, 경찰서 등에서 발달장애인 전담검사, 전담사법경찰관에게 조사 받을 권리 • 전담검사, 전담사법경찰관에게 발달장애에 대한 교육실시	제13조
	개인별지원계획수립	• 발달장애인 및 그 가족의 특성을 고려하여 복지서비스의 내용, 방법 등이 포함된 개인별 지원계획수립	제19조
	조기진단 및 개입	• 발달장애인의 조기발견을 위한 검사도구 개발 및 정보제공, 홍보 • 발달장애 정밀진단비용 지원	제23조
	재활 및 발달지원	• 적절한 재활치료와 발달재활서비스 제공 • 행동발달증진센터 설치·운영	제24조
	고용 및 직업훈련 지원	• 발달장애인의 직업생활을 영위할 수 있는 조치 • 발달장애인에게 특화된 직업재활시설 설치·운영	제25조
	평생교육지원	• 발달장애인 평생교육기관 지정 • 발달장애인을 위한 경비 지원	제26조
	문화·예술·여가·체육활동 등 지원	• 영화, 전시관, 박물관 등 관람·참여·향유 지원 • 시설, 놀이기구, 프로그램 및 장비 지원 • 발달장애인의 생활체육 활성화 지원	제27조
	거주시설·주간활동·돌봄지원	• 거주시설 지원 • 주간활동지원 • 돌봄지원	제29조

구분		내용	법률조항
보호자 및 가족	정보제공과 교육	• 발달장애인 보호양육과 관련된 정보제공 및 교육 • 필요한 경비 전부 혹은 일부 지원	제30조
	보호자 상담지원	• 전문적인 심리상담 서비스 제공 • 필요한 경비의 전부 또는 일부지원	제31조
	휴식지원 등	• 돌봄 및 일시적 휴식지원 • 형제·자매의 정서발달과 심리적 부담 해소를 위한 프로그램 운영지원	제32조

출처: 법제처, 발달장애인 권리보장 및 지원에 관한 법률, 재편집)

3) 발달장애인의 자립생활

발달장애인의 경우 20세 이전에 장애를 가지는 경우가 20세 이후에 장애를 가지는 경우보다 매우 높다. 보건복지부가 조사한 2017 장애인 실태조사에 의하면 지적장애인의 경우 20세 이전에 장애를 가지는 경우가 전체의 89.3%나 된다. 자폐성장애인의 경우도 대부분 만 9세 이전에 장애가 발생하는 것으로 나타났다. 이는 돌 이후에 장애를 가지는 경우가 97.6%이며, 만 20세 이전에 장애를 가지는 경우가 16.8%에 불과한 지체장애인의 경우와 정반대이다(보건복지부, 2017). 따라서 자립생활센터에서는 앞으로 발달장애인의 자립생활에 대한 서비스를 개발하고 확대할 필요가 있다.

발달장애인의 자립생활은 우선 지역사회 장애인의 자립생활과 거주시설 장애인의 자립생활로 구분하고, 생애주기별 지원서비스와 장애 정도에 따른 서비스를 개인에게 적절하게 지원할 필요가 있다. 즉 장애인서비스에서 꼭 필요한 개별화(individualization)와 사람중심계획(person centered plan)이 필요하다.

거주시설장애인의 경우 우선 개별자립생활계획이 필요하다. 장애를 가진 사람의 삶의 질과 안녕이 가장 중요하므로 성급한 탈시설은 개인의 삶의 안녕이라는 측면에서 적절하지 않다. 탈시설을 해야 하는 장애를 가진 사람이 탈시설의 필요성을 느끼고 본인이 시설을 나와 지역사회에서 살고자 하는 동기가 확실하고 자기선택에 의해서 시설을 나올 준비를 해야 한다. 자립생활에서는 심리적인 자립과 경제적인 자립이 중요하다. 자립생활센터의 서비스인 동료상담을 통해서 자립생활에 대한 확고한 신념과 의지가 필요하고 이후에 의사소통, 대인관계기술훈련, 지역사회적응훈련, 그리고 권익옹호, 경제활동 스스로 하기, 주거지원, 활동지원서비스에 대한 이용자의 권리 등 매우 다양한 서비스를 통해서 자립생활을 준비해야 한다. 이 기간은 자립생활센터가 임의로 정하는 것이 아니라 당사자주의에 입각해서 탈시설을 해야 하는 시설장애인의 속도에 따라야 한다.

지역사회 장애인의 경우 초기 장애의 조기발견과 주 양육자 및 가족의 장애수용, 재활치료, 그리고 발달재활서비스, 보육지원, 가족지원과 학습의 권리, 또래집단과의 인간관계 형성, 장애 정도에 따라 특수교육과 통합교육 등 다양한 계획이 필요하다. 이 중에서 선천장애인의 경우 주 양육자와 가족의 장애수용과 장애학습 그리고 장애인가족으로서의 장애정체성은 매우 중요하다. 선천장애인의 경우 장애의 경중에 따라 조금 다르게 나타나지만 주 양육자와 가족의 장애수용과 장애정체성에 많은 영향을 받기 때문이다. 또한 장애인가족과 주 양육자는 자녀의 장애에 대한 학습이 필요하다. 장애수용과 장애학습이 체계적으로 준비되지 않은 우리나라에서는 장애인 자녀를 둔 부모의 자조모임이나 개별학습과 상담을 통해서 준비해야 한다.

학령기가 끝나고 성인이 되면 장애 정도에 따라 직업을 선택해야 한다. 장애 정도에 따라 전공에 따라 경쟁고용에 합류할 수 있으면 가장 좋지만 그렇지 못할 경우에는 지원고용 및 보호고용제도를 활용할 필요가 있다. 장애인의 고용에 대해서 할당고용과 지원고용, 보호고용제도가 있으므로 장애인당사자에게 가장 적합한 직업을 가질 수 있도록 하는 것이 좋다. 장애를 가진 사람도 취미와 특기, 성격이 있으므로 흥미에 맞는 직업을 가지도록 노력할 필요가 있다. 발달장애인지원센터, 장애인고용공단, 장애인자립생활센터, 보호작업장, 표준사업장 등 아직은 많이 부족하지만 발달장애인의 직업과 관련된 기관들과 협력이 필요하다.

아직은 거주시설 장애인의 탈시설정책, 장애인고용정책, 가족지원, 최중증장애인의 국가책임제, 최저임금적용 제외 등 발달장애인의 자립생활에서 어려움은 있지만 장애 정도, 가족지원의 조건, 환경 등 개인과 환경의 고려를 통한 자립생활을 준비할 필요가 있다.

4 장애인의 권리와 인권

인권은 인간에게 가장 기본적이고 꼭 필요한 권리이며 국가나 사회 등 외부로부터 주어진 것이 아니라 인간이기 때문에 당연히 보장되어야 한다. 인간다운 삶을 영위하기 위한 보편적인 권리이다. 따라서 인권은 어떠한 상황에서도 누구에게나 차별 없이 평등하게 보장되어야 한다. 모든 특권에 대한 도전으로부터 인권은 인종, 성, 종교, 장애, 사회적 출신, 정치적 의견 또는 사상, 재산 등에 따른 어떠한 차별도 없이 누구나 보편적으로 누려야 할 권리이다. 그러나 장애를 가진 사람들은 아직도 교육, 직업, 의료, 보험, 결혼 등 인간으로 살아가야 하는 당연한 권리를 보장받지 못하고 살아가고 있는 것이 현실이다. 특히 접근권과 장애인 보조기기 지원이 부족한 우리나라에서 중증의 장애인들은 식사를 하거나 화장실을 가는 등의 인간의 가장 기본적인 측면에서도 차별을 받고 있는 것이 사실이다.

1) 장애인의 인권

1948년 유엔총회에서 채택된 세계인권선언문(Universal Declaration of Human Rights)을 채택했다. 이 세계인권선언문은 모든 인간은 태어나서부터 자유로우며 인간으로서의 존엄과 권리에서 평등하다는 자유와 평등의 원칙을 강조하였다. 이어 1975년 유엔에서는 장애인권리선언(The Declaration of the Rights of Disabled Persons)이 있었다. 장애인권리선언에는 인간으로서의 존엄과 가치를 가지며 행복할 권리와 사회구성원으로서 책임과 권리, 그리고 차별받지 않을 권리, 인간다운 삶을 누릴 수 있도록 보장받을 권리, 이에 따른 국가와 사회의 책임까지 다루고 있다. 1981년 '세계장애인의 해'를 계기로 장애인의 인권에 대한 실천방안들을 논의하기 시작했으며 1982년 세계행동계획(World Programme of Action Concerning Disabled Persons: WPA)의 채택에 이어 드디어 2006년 장애인권리협약(Convention on The Rights of Persons with Disabilities: CRPD)이 192개 참가국의 만장일치로 채택되었다. 우리나라에서도 2007년 비준하였고 2009년 1월부터 협약이 발효되었다.

장애인복지법 제8조에는 '누구든지 장애를 이유로 정치 · 경제 · 사회 · 문화생활의 모든 영역에서 차별을 받지 아니하고, 누구든지 장애를 이유로 정치 · 경제 · 사회 · 문화생활의 모든 영역에서 장애인을 차별하여서는 아니 된다'라고 명시하고 있으며 또 '누구든지 장애인을 비하 · 모욕하거나 장애인을 이용하여 부당한 영리행위를 해서는 아니 되며, 장애인의 장애를 이해하기 위하여 노력하여야 한다'라고 규정하고 있다. 또한 유엔장애인권리협약의 인준과 함께 2007년 장애인차별금지 및 권리구제 등에 관한 법률을 제정하였으며, 2015년 장애인복지법을 개정하여 제59조에 장애인의 학대금지 행위와 장애인의 학대의 예방과 방지의무, 장애인권익옹호기관의 설치 등에 관한 내용을 포함시켰다.

2) 장애인차별의 이해

장애차별(disability discrimination)이란 장애를 가진 개인을 장애인이 속한 장애인 집단과 동일시하여 장애인 집단이 가진 속성을 가졌다고 보고, 장애인 개인을 불리하게 구분하고 배제하고 제한하는 것을 말한다(정무성 외, 2018). 장애인차별금지 및 권리구제 등에 관한 법률 제4조에는 장애인을 장애를 사유로 정당한 사유 없이 제한 · 배제 · 분리 · 거부 등에 의하여 불리하게 대하는 경우와, 정당한 사유 없이 장애를 고려하지 아니하는 기준을 적용함으로써 장애인에게 불리한 결과를 초래하는 경우, 정당한 사유 없이 장애인에 대하여 정당한 편의제공을 거부하는 경우, 광고에 의한 차별, 장애인을 대리 · 동행하는 자에 대한 차별을 금지하고 있다.

유엔의 '장애인 인권보고서'에서는 장애차별을 경제적 · 사회적 및 문화적 권리규약에서 노동권, 여성장애인권리, 생존권, 건강권, 교육권, 문화향유권을 담고 있으며, 시민적 · 정치적 권리규약에서 장애를 이유로 하는 차별금지, 장애인지원서비스, 형사상의 권리, 시설장애인의 권리, 가족생활권, 참정권 등을 담고 있다.

다음 〈표 13-6〉은 우리나라 장애인차별금지 및 권리구제 등에 관한 법률상의 차별금지 영역이다.

표 13-6 장애인차별금지법의 장애인차별금지 영역

<table>
<tr><th colspan="2">항목</th><th>주요내용</th></tr>
<tr><td rowspan="6">차별
금지
영역</td><td>고용</td><td>• 차별금지, 정당한 편의제공의무, 의학적 검사금지</td></tr>
<tr><td>교육</td><td>• 차별금지, 정당한 편의제공의무</td></tr>
<tr><td>재화와 용역의 이용</td><td>• 재화・용역 제공, 토지・건물 매매 임대
• 금융상품・서비스, 시설물 접근・이용
• 이동 및 교통수단, 정보접근, 정보통신・의사소통
• 문화・예술・체육에서의 정당한 편의제공
• 개인정보보호, 국가 및 지방자치단체의 의무</td></tr>
<tr><td>사법・행정절차 등</td><td>• 차별금지, 정당한 편의제공</td></tr>
<tr><td>모・부성권</td><td>• 출산・임신・입양 시 장애로 인한 차별금지 및 실질적 평등보장</td></tr>
<tr><td>가족, 가정,
복지시설, 건강권</td><td>• 재산권 양육권, 친권 등에서 장애로 인한 불합리한 차별금지
• 복지시설 이용 시 장애로 인한 친권 향유, 가족면접, 외부소통, 차별금지
• 의료행위에서 장애를 이유로 제한・배제・분리・거부금지</td></tr>
<tr><td colspan="2">장애여성 및 장애아동</td><td>• 장애여성 및 장애아동, 정신적 장애인 차별금지
• 국가와 지방자치단체의 의무</td></tr>
</table>

출처: 정무성 외(2018), 장애인복지론. 재편집.

3) 장애인차별과 권익옹호

장애인에 대한 차별과 배제는 노동, 교육, 시설, 이동, 선거, 방송 등 모든 영역 생활 영역에서 팽배하게 자리 잡고 있어서 일일이 열거하기 어려울 정도이다(유동철, 2017).

장애인복지법에 의하면 '장애인 학대'란 장애인에 대하여 신체적・정신적・정서적・언어적・성적 폭력이나 가혹행위, 경제적 착취, 유기 또는 방임을 하는 것을 말한다.

권익옹호(advocacy)는 자신 또는 누군가를 위해 큰소리로 말하는 것을 의미한다. 더 구체적으로 설명하면 '사회정의를 확보・유지하기 위한 목적에서 하나 이상의 개인이나 집단 또는 지역사회를 대신해서 일련의 조치를 직접 주장, 방어, 개입, 저지, 추천하

는 행위'로 정의한다.

결국 권익옹호는 모든 사람은 존경받고 경청되어질 권리, 개인의 삶에 영향을 미치는 의사결정에 참여할 권리, 미래에 대한 꿈과 계획을 가질 권리, 동일 지역에 사는 다른 사람들과 동일한 기회와 기여의 가능성을 가질 권리 등이 있다는 원칙에 근거하여, 다른 사람에 의해 취약해졌기 때문에 위험에 처한 사람을 보호하는 활동 및 사회가 들으려 하지 않는 사람들을 위해, 또한 그들과 함께, 그들이 자신들의 견해를 표현하고 자신의 결정을 할 수 있도록 하는 활동을 의미한다(김진우, 2014).

다음 〈표 13-7〉은 권익옹호의 유형이다.

표 13-7 권익옹호의 유형

자기 스스로의 권익옹호	외부로부터의 권익옹호
• 자기옹호 (self-advocacy) • 집단옹호	• 시민옹호(citizen advocacy) • 동료옹호(peer advocacy) • 독립적인 전문가 옹호(independent. professional advocacy) • 법률옹호(legal advocacy) • 비지시적 옹호(non-directed or non-instructed advocacy) • 전자옹호(electronic advocacy, e-advocacy, net-advocacy)

출처: 김진우(2014), 발달장애인복지론. 편집.

베이트만(Bateman, 1995)은 권익옹호의 수행절차를 문제의 제시, 정보수집, 법률 검토, 해석 및 옹호 이용인에게 환류, 적극적인 협상과 옹호, 소송 등의 6개 단계로 구분하여 설명한다.

장애인의 권익옹호를 위한 활동을 장애운동의 역사로 살펴볼 수 있다. 우리나라 장애인운동의 역사는 1987년 민주화운동 시기까지를 장애운동의 태동기로 본다. 1960년대 학교의 장애인 입학거부에 대한 장애운동부터, 1980년대 공직 임용거부에 대한 운동 등이 있었던 시기였다. 이후 1990년대 중반까지 장애운동의 성숙기로 보는데 이때에는 장애인복지법 개정, 직업재활법 제정, 장애인교육권, 생존권확보투쟁 등을 통하여 장애인의 생존권, 노동권, 교육권 등의 확보를 위한 투쟁이 있었다.

이후 다원화기로 장애인단체 간의 갈등도 있었지만, 이동권 투쟁, 장애인차별금지법 제정 운동, 420장애차별철폐투쟁, 자립생활운동, 참정권확보투쟁, 장애여성인권확보운동, 장애등급제, 부양의무제 폐지 투쟁으로 이어오고 있다. 이러한 장애인운동은 결국 장애인들의 삶을 개선하고 있다. 활동지원서비스, 저상버스, 지하철의 승강기 등은 이러한 투쟁의 성과로 볼 수 있다.

또한 장애인복지법 제2조 제3항에서는 장애인학대에 대한 내용을 담고 있다. 이 법에 의하면 장애인학대의 유형에는 신체적 학대, 정신적 학대, 정서적 학대, 언어적 학대, 성적 폭력, 가혹행위, 경제적 착취, 유기 또는 방임 등으로 구분하고 있다. 신체적 학대는 장애를 가진 사람의 신체에 폭행을 가하거나 상해를 입히는 행위로 협박, 감금, 그 밖의 신체상의 자유를 부당하게 구속하는 수단을 말한다.

정신적 학대는 장애인의 정신건강 및 발달에 해를 끼치는 욕설 등을 말하며, 경제적 착취는 장애인의 자유의사에 어긋나는 노동을 강요하거나 장애인에게 구걸을 하게 하거나 장애인을 이용하여 구걸하는 행위 및 장애인을 위하여 증여 또는 급여된 금품을 그 목적 외의 용도에 사용하는 행위 등이다.

유기 및 방임은 자신의 보호·감독을 받는 장애인을 유기하거나 의식주를 포함한 기본적인 보호 및 치료를 소홀히 하는 방임행위를 말한다.

성적 폭력은 장애인에게 성적 수치심을 주는 성희롱·성폭력 등의 행위를 말한다. 이러한 장애인학대에 대하여 장애인복지법에서는 신고의무와 절차를 규정하고 있으며, 이를 위한 장애인권익옹호기관의 설치 및 피해 장애인 쉼터 등의 설치·운영에 대한 규정을 두고 있다.

장애인자립생활센터의 역할에는 장애인의 권익옹호가 있다. 특히 중증장애인, 여성장애인, 여성발달장애인, 발달장애인에 대한 장애인학대, 장애인인권침해 등에 대해서 적극적인 권익옹호활동이 필요하며 이러한 장애를 가진 개인에 대한 권익홍호 외에 다수의 장애인의 인권을 위한 국가와 지방자치단체 혹은 기득권 세력에 대한 법률투쟁을 통한 권익옹호도 필요하다. 예를 들면 장애인의 재난·안전권 확보를 위한 미국 장애인들의 법적 투쟁을 살펴볼 필요가 있다.

5 장애인자립생활의 과제

우리나라에 자립생활이 소개되고 최초의 자립생활센터가 설립된 지 20년이 넘었다. 그동안 자립생활운동은 장애인정책과 서비스의 패러다임을 변화시키고 중증장애인의 사회참여를 확대시켰으며, 이동권 투쟁, 활동지원서비스 투쟁 등을 통해서 중증장애인이 스스로의 권리를 찾고 쟁취하는 것에 상당한 효과가 있었다. 이는 결국 대한민국 장애인의 삶을 변화시킨 효과가 있었다고 볼 수 있다. 특히 중증장애인의 고용 측면에서 장애인자립생활센터의 역할은 크다고 볼 수 있다.

자립생활운동과 자립생활센터는 이러한 긍정적 측면 외에 부정적 측면을 되돌아보고 앞으로의 과제에 대해 고민해 볼 필요가 있다. 한국 자립생활의 과제는 다음과 같다.

첫째, 양적인 성장에 비해 정체되고 있는 공공의 지원과 정책적인 측면이다. 2000년 단 두 곳의 센터로 시작된 자립생활센터는 2020년 현재 250~300개에 이른다고 추정하고 있다. 중앙정부와 지방정부의 예산을 받고 있는 센터도 100여 곳에 이른다. 이는 아직 공식적인 예산을 받지 못하고 열악한 환경에서 센터를 운영하는 곳도 상당히 많다는 것을 예측할 수 있다. 사무실 임대료, 운영비, 인건비, 사업비 등 다양한 예산이 필요한 적절한 예산과 인력이 부족하면 양질의 서비스를 제공하는 것에는 한계가 있을 수밖에 없다. 또한 중앙정부와 지방정부에서 지원되는 예산도 물가상승률을 따라가지 못할 만큼 인상이 되지 못하고 있다. 결국 예산의 지원을 받는 센터도 열악하고, 예산을 지원받지 못하는 센터는 더 어려운 실정이다. 기업의 후원, 개인의 후원, 프로포절, 정부의 획기적인 정책 변화 등이 필요한 시점이다.

둘째, 자립생활센터의 역할에 대한 스스로의 고민이 필요하다. 자립생활센터는 자립생활센터의 서비스를 통해 장애를 가진 사람들이 자립생활을 할 수 있도록 지원을 하는 기관이다. 자립생활운동이 시작된 이후 한국의 거주시설과 거주시설 장애인은 더 많이 늘었다. 일부 탈시설의 실적이 없었던 것은 아니지만 탈시설의 실적보다는 더 많은 장애인들이 시설에서 생활하기 시작했고, 시설은 더 많이 늘었다. 또한 장애인체육회의 설립과 장애인의 문화예술활동이 활발해지면서 자립생활센터를 이용하는 장애인의 수는 더 늘지 않고 있다. 과연 장애인자립생활센터는 장애인들의 자립생활을 위한 어떠한 노력을 했고 그 효과는 어떠했는지 고민이 필요하다. 특히 동료상담사에 대한 민간자격증을 만들고 많은 동료상담사를 양성한 실적이 있는데 이 동료상담사는 현장에서 얼마나 활동을 하고 있으며, 이들의 활동을 통해 장애인의 자립생활을 얼마나 지원했는가에 대한 근본적인 고민이 필요하다.

셋째, 자립생활센터의 역할에 대하여 타 기관과의 중복된 서비스 제공에 대한 논의가 필요하다. 자립생활센터가 있는 지역에는 대부분 장애인복지관과 발달장애인지원센터, 장애인권익옹호기관, 장애인가족지원센터 등의 기관들이 있다. 이 기관들과 장애인자립생활센터의 사업과 서비스가 중복되는 경우가 많다. 이는 장애인자립생활센터의 정체성과 관련이 있다. 다른 기관과 다른 사업, 다른 서비스가 제공될 필요가 있다.

넷째, 자립생활운동은 미국에서 시작되어 일본을 거쳐 한국에 들어왔다. 미국에서 시작된 자립생활운동의 이념이 일본과 한국에서는 얼마나 토착화하였는지 우리는 20년이 지난 이 시점에서 고민해 볼 필요가 있다. 한국의 자립생활은 일본과 미국과 어떻게 다른지, 어떻게 달라야 하는지, 유럽과 뉴질랜드의 자립생활을 통해서 되돌아볼 필요가 있다. 즉 한국형 장애인자립생활센터의 이론과 정체성이 필요하다.

다섯째, 20년 전에 활동했던 자립생활센터의 활동가들이 여전히 앞장서서 활동을 하고 있다. 자립생활운동 1세대들이 아직 활동하고 있다는 것은 다행인 측면도 있지만 그 이후 세대들이 성장하지 못했다는 아쉬움도 있다. 또한 자립생활센터의 소장 이후에 자립생활 이론가가 되어서 대학에서 자립생활에 대한, 장애학에 대한 강의를 하거나 이론서를 집필하고 논문을 쓰는 학자를 배출했는지, 또는 장애주류화를 위해서 에드 로버츠(Edward Roberts)와 주디 휴먼(Judy Heumann)$$의 사례처럼 장애주류화를 위한 행정부로 진출을 한 사례가 있는지, 이들이 캘리포니아 주정부와 연방정부의 행정부로 진출했던 것을 한국의 자립생활에서는 교훈으로 삼을 필요가 있다.

생각해 볼 과제

1. 장애인자립생활센터와 장애인복지관의 역할과 서비스가 어떤 차이가 있으며 차이가 없다면 무엇이 문제이고, 차이가 있다면 이 차이가 나타나는 원인은 무엇인가?
2. 발달장애인의 권익옹호는 어떤 방식으로 하는 것이 가장 효율적이며 발달장애인 당사자에게 가장 효과적인가?

참 / 고 / 문 / 헌

고명수, 나혜숙, 이승현, 서진숙, 박연희, 신경희 (2019). **장애인복지론**. 정민사.

김재익, 김종인 (2014). **자립생활실천론**. 창지사.

김진우 (2014). **발달장애인복지론**. EM커뮤니티.

보건복지부 (2017). 2017년 장애인실태조사.

보건복지부 (2020). 장애인복지사업안내(2권).

유동철 (2017). **인권관점에서 보는 장애인복지**. 학지사.

정무성, 양희택, 노승현, 정진옥 (2018). **장애인복지론**. 정민사.

조영길, 김정미, 노경수 (2016). **장애인자립생활개론**. 학지사.

한국뇌성마비복지회 (1997). **신체장애인의 심리적·사회적 충격**(Robert P. Marinelli, Arthur E. Dell Orto, 1984 편저, 한국뇌성마비복지회 옮김).

한국장애인개발원(2019). 2019 장애인통계연보.

Bateman, N. (1995). *Advocacy skills: a handbook for human service professionals*. Ashgate.

Dejong, G. (1979). *The movement for independent living origins, ideology and implications for disability research*. East Lansing MI, Michigan State University.

Nosek, M. A. (1988). Independent Living and Rehabilitation Counseling. In S. E. Ruvinn & N. M. Rubin(Eds.), *Contemporary Challenges to the Rehabilitation Counseling Profession*. Paul H. Brookes Publishing Co.

Oliver, M. (1996). *Understanding Disability*. London: Macmilan.

Wolfensberger, W. (1983). Social Role Valorisation:A Proposed New Term for the Principle of Normalisation. *Mental Retardation*, 21(6).

웹사이트

법제처: 발달장애인권리보장 및 지원에 관한 법률

Chapter 14

장애인의 사회서비스

학습 목표

1. 사회서비스의 개념을 이해한다.
2. 장애인 사회서비스의 전달체계를 이해한다.
3. 장애인 활동지원제도에 대하여 알아본다.
4. 장애인의 가족지원에 대하여 알아본다.

핵심 용어

사회서비스, 장애인활동지원제도, 전달체계, 가족지원, 전달체계, 발달장애인지원

1 장애인과 사회서비스의 이해

사회서비스(social service)란 국가·지방자치단체 및 민간부문의 도움이 필요한 국민에게 복지, 보건의료, 교육, 고용, 주거, 문화, 환경 등의 분야에서 인간다운 생활을 보장하고 상담, 재활, 돌봄, 정보의 제공, 관련시설의 이용, 역량개발, 사회참여지원 등을 통하여 국민의 삶의 질이 향상되도록 지원하는 제도를 말한다(법제처, 사회보장기본법 제3조 제4호). 따라서 장애인에게 지원되는 사회서비스란 국가·지방자치단체 및 민간부문의 도움이 필요한 장애인에게 복지, 교육, 고용, 주거, 문화, 환경 등의 분야에서 인간다운 생활을 보장하고 상담, 재활, 돌봄, 정보의 제공, 관련 시설의 이용, 역량개발, 사회참여지원 등을 통하여 장애인의 삶의 질이 향상되도록 지원하는 제도를 말하는 것이 된다.

사회서비스의 유형과 범위는 크게 사회복지서비스와 보건의료서비스, 문화·예술서비스로 나누어진다. 사회복지서비스로는 보육, 아동, 장애인, 노인 돌봄 등과 보건의료서비스로 간병, 간호 등과 교육서비스로 방과 후 활동, 특수교육 등과 문화·예술 서비스는 평생교육, 여가지원, 문화생활 등으로 나눌 수 있다(이채식, 이은영, 이형렬, 김재익, 전영록, 2017).

장애인에게 지원되는 사회서비스에는 다음 몇 가지의 원칙이 필요하다.

첫 번째, 장애인 개인에게 제공되는 사회서비스가 장애를 가진 당사자의 신체적·정신적 장애와 더불어 장애인의 환경을 고려한 생태체계 차원의 접근이 필요하다. 특히 장애의 사회적 모델에 의하여 개인의 장애와 함께 장애를 가진 개인의 환경에 따라 장애의 경중이 다르게 느껴지고 사회참여의 방법과 질이 달라지는 상황에서 장애인에게 지원되는 사회서비스는 개인과 환경을 고려한 생태체계 차원의 접근이 필요하다. 최근 정보통신기술(information and communications technology)과 인공지능(artificial intelligence)의 산업발달과정에서 장애를 가진 사람들은 환경의 변화에 적응하는 것에 비장애인에 비해 어려움을 더 겪는 경우도 있고, 이와 관련된 산업의 발달로 인하여 장애의 사회적 장벽이 적어지기도 한다.

두 번째, 사람중심계획(Person-Centered Planning: PCP)의 서비스계획이 필요하다. 장애를 가진 사람에게 중요한 것이 무엇인지 찾고, 장애를 가진 사람이 원하는 삶을 결정하고 계획하며 지역사회에서 인간다운 삶을 살 수 있도록 지원과 자원을 할당하는 사람중심계획이 필요하다. 장애를 가진 사람에게 사회서비스가 지원될 때 장애를 가진 사람은 지원의 대상에 한정되는 것이 아니라 지원의 계획과 결정과정에서 주체가 되어야 한다. 이는 자립생활패러다임에서 자기결정권의 문제이며, 소비자중심주의, 이용자중심주의 전달체계가 되어야 하고 전문가 관점이 아닌 당사자 관점의 정책결정과 서비스전달체계가 되어야 함을 의미한다.

세 번째, 장애인에게 지원되는 서비스는 강점 관점으로 접근되어야 한다.

강점 관점 접근(strength-based approach) 방식은 문제보다 해결을 강조하는 데 의미가 있다. 전통적인 장애인서비스는 장애인의 약점을 찾고 약점을 보완하기 위한 서비스를 제공하는 것으로 지원되어 왔다. 또한 구조화된 사정도구를 가지고 사정을 통해 약점을 찾고 보완하는 것을 목표로 삼았다(유동철, 2017). 이에 강점 관점은 장애인을 각각의 개성을 가진 존재로 인식하고 다양성을 인정하며 장애인이 가진 단점과 약점보다는 장점과 강점에 초점을 두고 가능한 모든 자원을 활용하여 사회에 적극적으로 참여할 수 있도록 지원하는 것을 말한다. 특히 장애를 수용하지 못했거나 부정적 장애수용을 한 장애인에게 개인의 약점을 찾는 전통적인 서비스 제공방식은 장애를 가진 사람이 능동적으로 사회에 참여할 수 있도록 하는 동기부여가 될 수 있도록 하는 강점 관점의 접근방식으로 바뀌어야 한다.

네 번째, 장애를 가진 사람들에게 지원되는 서비스는 개별화(individualization) 접근방식이 필요하다. 장애인복지법상 장애의 유형을 15가지로 분류를 하며 개정된 장애인복지법에 따르면 다시 '장애 정도가 심한 장애인'과 '장애 정도가 심하지 않은 장애인'으로 구분한다. 이는 1~6급으로 구분하던 장애등급제를 보완한 것이다. 장애를 가진 사람들은 15가지의 장애 유형, 2가지 형태의 장애 정도 외에도 경제상황, 학력, 지역, 나이, 생애주기, 주거환경, 가족 유무, 이동수단, 보조기기 이용방법, 의사소통 방법 등 매우 다양하게 삶의 방식이 다르다. 같은 장애 유형의 같은 장애 정도의 장애인이라고 하더라도 삶의 방식이 매우 다르므로 이를 장애등급과 장애 정도만을 판단기준으로 하여 서비스가 지원될 때 장애를 가진 사람들의 만족도는 낮을 수 있다. 따라서 장애인에게 지원되는 서비스는 각각 삶의 방식이 다른 존재이므로 개별화된 접근으로 서비스가 지원될 필요가 있다.

다섯 번째, 장애를 가진 사람들에게 지원되는 서비스에는 의사소통이 매우 중요하다. 장애 특성상 의사소통이 어려운 장애인들이 있다. 청각장애인, 언어장애인, 뇌병변장애인, 지적장애인, 자폐성장애인 등의 장애 유형은 장애 특성상 의사소통에 어려움이 있는 장애인들이 있을 수 있다. 장애인에게 지원되는 서비스에서 의사소통은 매우 중요하다. 개개인의 욕구를 분명히 파악하고 지원된 서비스에 대한 만족도 평가 등은 차후에 지원되는 서비스를 위해서 매우 중요한 단계이다. 욕구파악과 만족도 평가에서 의사소통이 부족하거나 원활하지 못했다면 서비스의 질과 만족도는 낮아질 수밖에 없다. 따라서 장애를 가진 사람들과의 원활한 의사소통을 위해서 전문가들은 노력할 필요가 있다.

2 장애인 사회서비스의 전달체계

전달체계란 서비스의 제공방법에 관한 조직적 체계라고 할 수 있으며, 장애인정책과 서비스를 장애인에게(누구에게), 무엇을(서비스의 내용), 어느 정도로(서비스 수준과 비용), 어떻게 제공하느냐(전달체계)로 구성되며, 이러한 조직적 체계는 일반적으로 공공전달체계와 민간전달체계로 구분할 수 있다(정일교, 김만호, 2019).

또한 장애인에게 지원되는 사회서비스체계는 욕구체계와 자원체계 그리고 전달체계라는 세 가지 하위체계로 구성된다(임종호, 이영미, 이은미, 2016). 욕구체계란 서비스를 제공받는 사람에 대한 욕구 발생 및 욕구진단체계로서 복지욕구의 소재지라고 볼 수 있다. 자원체계란 욕구해결을 시도함에 있어서 필수적으로 요구되는 인적 · 물적 자원의 동원 및 확보의 기능과 관련된 체계를 말한다. 전달체계는 욕구체계와 자원체계의 연결고리를 말하는 것으로 사회서비스 제공기능과 직접적으로 연관되는 체계이다. 이처럼 욕구와 자원 간의 상호작용이 발생되는 장(setting)을 전달체계라고 한다.

전달체계는 공공전달체계와 민간전달체계로 구분할 수 있으며 공공전달체계는 다시 중앙정부행정전달체계와 지방정부행정전달체계로 구분되며, 민간전달체계는 장애인복지시설과 장애인관련단체, 민간활동단체, 국제활동단체 등으로 구분한다.

표 14-1 장애인 사회서비스 전달체계

장애인 사회서비스 전달체계		
	공공전달체계	민간전달체계
구분	중앙정부행정전달체계 지방정부행정전달체계	장애인복지시설 장애인관련단체 민간활동단체 국제활동단체

중앙정부행정전달체계에는 우선 국무총리 산하의 장애인정책조정위원회가 있다. 장애인복지법에 근거를 두고 있으며 장애인종합정책을 수립하고 관계부처 간의 의견을 조정하며 그 정책의 이행을 감독·평가하기 위하여 국무총리 소속하에 장애인정책조정위원회를 두도록 되어 있다. 장애인정책조정위원회의 위원은 국무총리가 되며 보건복지부장관은 부위원장이 된다. 위원회는 장애인복지향상을 위한 제도개선과 예산지원에 관한 사항을 미리 검토하고 관계기관 사이의 협조사항을 정리하기 위하여 위원회에 장애인정책조정실무위원회를 둔다. 또한 중앙행정기관의 장은 해당기관의 장애인정책을 효율적으로 수립·시행하기 위하여 소속공무원 중에서 장애인정책책임관을 지정할 수 있도록 되어 있다. 장애인정책조정위원회는 비상설조직이라서 장애인단체에서는 대통령 산하 상설 장애인정책조정위원회를 둘 것을 요구하고 있다.

중앙정부행정체계에서 장애인복지업무는 보건복지부가 담당하고 있다. 보건복지부에는 장애인정책국이 있으며 장애인정책국 산하에 장애인정책과와 장애인권익지원과, 장애인자립기반과, 장애인서비스과가 있다.

중앙정부의 보건복지부 외에 장애인의 직업과 관련하여 고용노동부가 있으며, 장애인 이동권과 관련한 국토교통부, 장애인체육과 관련한 문화체육관광부, 장애인교육과 관련한 교육부 등 각 부처에서 인간의 삶과 생애주기에 따른 장애인 관련 정책과 서비스를 지원하고 있다. 각 부처에 산하기관들이 있다. 보건복지부에는 한국장애인개발원, 국립재활원 등이 있으며, 고용노동부에는 한국장애인고용공단, 근로복지공단, 국민연금공단 등이 있고, 교육부에는 국립특수교육원 등이 있다.

지방정부행정체계에서는 장애인복지관련 사업의 기획 · 조사 · 실시 등을 하는 데에 필요한 사항을 심의하기 위하여 지방자치단체에 지방장애인복지위원회가 있다. 지방정부의 경우 행정안전부의 일반 지방행정조직인 지방자치단체의 시 · 도, 시 · 군, 읍 · 면 · 동의 행정조직을 통하여 장애인복지서비스를 지원한다. 각 지방자치단체는 사회복지과 혹은 장애인복지과 등의 명칭을 가진 조직에서 장애인복지서비스를 제공하며 사회복지직공무원이 이 업무를 담당한다.

민간전달체계로는 장애인복지시설과 장애인관련 단체들이 있다.

장애인관련 단체들로는 장애 유형별 단체와 장애인단체총연맹, 장애인단체총연합회, 장애인부모회, 장애인부모연대, 전국장애인차별철폐연대, 한국장애인인권포럼, 한국장애인연맹 등 다양한 장애관련 단체들을 통해 장애인에게 다양한 사회서비스가 제공되고 있다.

3 장애인의 사회서비스

장애인의 사회서비스는 행정부처별, 생애주기별, 장애 유형별, 장애 정도별, 장애 발생원인별 등 매우 다양한 전달체계를 통해서 지원된다. 따라서 장애를 가진 사람들이 장애인에게 제공되는 사회서비스를 필요할 때 필요한 만큼 적절하게 지원받는 것에는 어려움이 있다. 각 부처별, 법률별로 서비스 지원대상, 지원금액, 지원시기, 지원절차가 다르므로 이에 대한 정보제공이 매우 중요하다.

장애인에게 제공되는 각 서비스들은 장애 정도와 장애 유형에 따라 지원대상과 지원내용이 상이하다. 지원부서와 지원방식도 다를 수 있다. 따라서 장애분야의 전문가라면 이와 장애인과 관련한 사회서비스에 대해서 학습해 둘 필요가 있으며 관련 서비스들은 매년 서비스의 내용과 지원대상 및 지원내용이 변경될 수 있으므로 변경되는 내용을 숙지할 필요가 있다.

보건복지부에서 제공되는 장애인에 대한 사회서비스만 해도 매우 다양하게 제공되고 있다. 보건복지부에서 발행한 2020년 장애인복지사업내용을 재편집해 보면 다음 〈표 14-2〉와 같다.

표 14-2 장애인 사회서비스

구분	주요서비스명
1. 연금 · 수당	1-1. 장애인연금 1-2. 경증장애수당 및 장애아동수당
2. 보육 · 교육	2-1. 장애아 보육료 지원 2-2. 여성장애인 교육지원
3. 의료 및 재활지원	3-1. 장애인 의료비 지원 3-2. 건강보험 지역가입자의 보험료 경감 3-3. 장애진단서 발급비 지원 3-4. 장애검사비 지원 3-5. 발달재활서비스 3-6. 언어발달지원 3-7. 장애인보조기기 교부 3-8. 보장구 건강보험 급여 3-9. 장애인 의료재활 시설운영 3-10. 여성장애인 출산비용 지원
4. 서비스	4-1. 장애인 활동지원 4-2. 장애아 가족양육지원 4-3. 발달장애인 공공후견인 심판청구 비용지원 4-4. 발달장애인 공공후견인 활동 비용지원 4-5. 발달장애인 부모상담 지원 4-6. 발달장애인 가족휴식지원 4-7. 장애인거주시설 운영 4-8. 방송수신기 무료보급 4-9. 실비장애인거주시설 입소이용료 지원 4-10. 장애인 방송시청지원

구분	주요서비스명
	4-11. 장애인자동차 표지 발급 4-12. 공공주택 특별 분양 알선 4-13. 무료법률구조제도 실시 4-14. 장애인 운전교육사업
5. 일자리 융자지원	5-1. 장애인고용서비스 5-2. 장애인일자리 지원 5-3. 장애인생산품판매시설 운영지원 5-4. 중증장애인직업재활 지원 사업 수행기관 운영지원 5-5. 장애인직업재활시설 운영 5-6. 장애인 자립자금 대여
6. 공공요금 관련	6-1. 차량 구입 시 도시철도 채권 구입면제 6-2. 고궁, 능원, 국·공립방물관 및 미술관 등 요금 감면 6-3. 공영주차장 주차요금 감면 6-4. 철도·도시철도 요금 감면 6-5. 유선통신 요금감면 6-6. 이동통신 요금 감면 6-7. 시·청각장애인 TV수신료 면제 6-8. 항공요금 할인 6-9. 연안 여객선 여객운임 할인 6-10. 고속도로 통행료 50% 할인 6-11. 전기요금 할인 6-12. 장애인 자동차 검사수수료 할인
7. 세제혜택	7-1. 승용자동차에 대한 개별소비세 면제 7-2. 장애인용 차량에 대한 취득세 자동차세 면제 7-3. 승용자동차 LPG 연료사용 허용 7-4. 차량구입 시 지역개발공채구입면제 7-5. 소득세 공제 7-6. 장애인의료비 공제 7-7. 장애인 특수교육비 소득공제 7-8. 장애인 보험료 공제 7-9. 상속세 상속공제 7-10. 증여세 과세가액 불 산입 7-11. 장애인보장구 부가가치세 영세율 적용 7-12. 장애인용 수입물품 관세감면 7-13. 특허 출원료 또는 기술평가청구료 등의 감면

구분	주요서비스명
8. 지역사회 복지사업 및 기타	8-1. 주간보호시설 운영 8-2. 장애인복지시설 치과유니트 지원 8-3. 장애인복지관 운영 8-4. 장애인재가복지봉사센터 운영 8-5. 장애인체육시설 운영 8-6. 장애인특별운송사업 운영 8-8. 장애인 생활이동지원센터 8-9. 수화통역센터 운영 8-10. 장애인 재활지원센터 운영 8-11. 지적장애인 자립지원센터 운영 8-12. 편의시설 설치 시민촉진단 운영 8-13. 시각장애인 편의시설 지원센터 운영 8-14. 지체장애인편의시설 지원센터운영 8-15. 청각장애아동 인공달팽이관 수술비 지원

출처: 보건복지부(2020a), 장애인복지사업안내(1권).

장애인복지법상 15가지 장애 유형 중에서 지적장애인과 자폐성장애인에게 해당되는 발달장애인에 대한 사회서비스도 장애인복지법에 의한 기본적인 권리 외에 의료와 재활치료, 사회적응훈련, 교육, 직업, 정보접근, 편의시설, 안전대책, 선거권, 주택보급, 문화예술 등에 대한 서비스를 다른 장애 유형의 장애인들과 함께 선택할 권리가 있다. 또한 장애인활동지원에 관한 법률에 의한 활동지원서비스와 장애아동복지지원법의 의료비 지원, 보조기구 지원, 발달재활서비스 지원, 보육지원, 가족지원, 돌봄 및 일시적인 휴식지원, 지역사회전환지원, 문화·예술 등 복지지원, 취약가정 복지지원 등의 서비스를 지원받을 수 있다.

사회보장법의 사회보험, 공공부조, 및 사회서비스 등을 받을 수 있으며 발달장애인을 위한 구체적인 발달장애인에 대한 서비스는 발달장애인 권리보장 및 지원에 관한 법률에 규정되어 있다.

장애를 가진 사람에게 제공되는 많은 사회서비스 중에서 장애인활동지원서비스, 발달장애인지원서비스, 장애인가족지원서비스, 장애인권익옹호서비스 등 대표적인 사회서비스는 다음과 같다.

1) 장애인활동지원서비스

장애인활동지원에 관한 법률에 의하면 장애인활동지원제도는 신체적 · 정신적 장애 등의 사유로 혼자서 일상생활과 사회생활이 어려운 장애인에게 제공하는 활동지원급여를 제공하여 장애인자립생활을 지원하고 그 가족의 부담을 줄임으로써 장애인의 삶의 질을 높이는 것을 목적으로 한다.

장애를 가진 사람들이 사회참여를 위해서 일상생활과 사회활동에 대한 지원이 필요하지만 장애가 중증일수록 일상생활에서 어려움을 겪고 사회활동에서 많은 장애를 경험한다. 특히 장애의 사회적 모델 관점에서는 장애인의 자립생활을 위한 환경이 매우 중요하다.

우리나라 장애인활동지원서비스는 2000년대 장애인자립생활운동이 시작되고 전동휠체어 보급을 통해 중증장애를 가진 사람들의 사회활동이 활발해지면서 장애인활동지원에 대한 요구가 시작되었다. 2002년 서울시에서 '서울시 자립생활센터 시범사업'을 통해 활동지원사업이 시작되었으며(이채식 외, 2017), 중앙정부도 2005년부터 시범사업으로 지원이 시작되었다.

이후 중증의 장애를 가진 사람들로 구성된 장애인활동지원에 대한 투쟁이 더 활발하게 진행되었으며 2007년 장애인복지법 개정을 통해서 본격적인 활동지원서비스가 제공되었다.

이후 2011년에 장애인활동지원에 관한 법률이 제정되면서 장애인활동지원서비스는 정착되어 가고 있다.

법률에 의하면 장애인활동지원급여의 종류는 활동보조, 방문목욕, 방문간호로 구성되어 있다. 활동보조는 활동지원사가 수급자의 가정 등을 방문하여 신체활동 · 가사활동 및 이동보조 등을 지원하는 것이며, 방문목욕은 활동지원인력이 목욕설비를 갖춘 장비를 이용하여 수급자의 가정 등을 방문하여 목욕을 제공하는 것이다. 방문간호는 활동지원인력인 간호사 등이 의사, 한의사 또는 치과의사의 지시서에 따라 수급자의 가정 등을 방문하여 간호, 진료의 보조, 요양에 관한 상담 또는 구강위생 등을 제공하는 것을 말한다.

이때 활동지원인력의 범위는 활동지원사, 요양보호사 1급 자격을 가진 사람, 2년 이상 간호업무 경력이 있는 간호사, 3년 이상 간호보조업무 경력이 있고 요양보호사 교육을 이수한 간호조무사, 치과위생사를 말한다.

이 중에서 활동보조서비스의 구체적인 내용은 다음과 같다

표 14-3 활동보조서비스의 내용

구분		세부내용
신체활동 지원	개인위생 관리	목욕 도움(목욕 준비, 몸씻기 보조 등), 구강관리(양지질 도움, 틀니 손질 등), 세면 도움(세면 준비, 세면 보조 등), 배설 도움(배뇨 도움, 화장실 이동 보조 등), 옷 갈아입히기(의복 준비, 속옷 갈아입히기 등)
	신체기능 유지 증진	체위 변경(체위 변경 도움, 일어나 앉기 도움 등), 신체기능의 증진(관절 구축 예방활동, 기구사용운동 보조 등)
	식사 도움	식사 처리기, 식사 보조, 구토물 정리 등
	실내이동 도움	실내에서 휠체어로 옮겨 타기, 집안 내 걷기 도움 등
가사활동 지원	청소 및 주변 정돈	수급자가 주로 거주하는 장소(방, 거실) 및 화장실 청소, 쓰레기 분리수거, 내부 정리, 이부자리 정돈, 화장실·책장 정리, 옷장·서랍장 등 정리 등
	세탁	수급자의 옷, 양말, 수건, 침구류, 걸레 등의 세탁 및 삶기 등
	취사	식재로 준비, 밥 짓기, 국·반찬 하기, 식탁 청소, 설거지, 행주 삶기, 음식물 쓰레기 분리수거 등
사회활동 지원	등하교 및 출퇴근 지원	출퇴근 및 등하교 보조(부축, 동행 포함), 직장이나 학교 등에서 식사 및 화장실 이용 보조 등 신체활동 지원
	외출 시 동행	산책, 물품 구매, 종교활동, 복지시설 이용, 은행, 관공서, 병원 등 방문 및 귀가 시 부축 또는 동행, 외출 시의 신체활동 지원
그 밖의 제공서비스		수급자 자녀의 양육 보조(6세 이하 자녀 등 예외적인 경우에 한하며, 반드시 자녀 1인만을 대상으로 서비스를 제공하여야 함), 생활상의 문제 상담 및 의사소통 도움 등 위에 열거되지 않은 서비스 내용 기록

출처: 보건복지부(2020c), 2020년 장애인활동지원사업 안내.

장애인활동지원서비스에는 신체활동지원, 가사활동지원, 사회활동지원으로 구분한다. 장애 정도가 중증일수록 신체활동과 가사활동이 더 필요하고 직장생활 등 사회활동이 많을수록 사회활동지원서비스의 욕구가 많아진다. 이때 장애 정도가 중증일 경우 개인위생관리 등에서 장애인활동지원사의 경우 어려움을 호소한다.

그 밖에 자녀의 양육보조, 생활상의 문제 상담, 의사소통 등에 대한 서비스를 제공한다. 특히 여성장애인의 양육보조와 청각, 언어장애인의 의사소통지원은 장애를 가진 사람들의 사회참여를 위해서 매우 중요하다.

활동지원서비스를 이용하기 위해서는 우선 신청자격을 확인할 필요가 있다. 활동지원서비스의 신청자격은 만 6세 이상 만 65세 미만의 자로 혼자 일상생활과 사회생활을 하기 어려운 「장애인복지법」상 모든 등록 장애인이 신청자격이 있다.

신청방법은 주소지 읍·면·동 주민센터에 방문을 하거나 우편, 팩스, 온라인으로 신청이 가능하며 본인이나 가족, 친족 및 이해 관계인도 가능하다.

활동지원서비스 이용절차는 다음 〈그림 14-1〉과 같다.

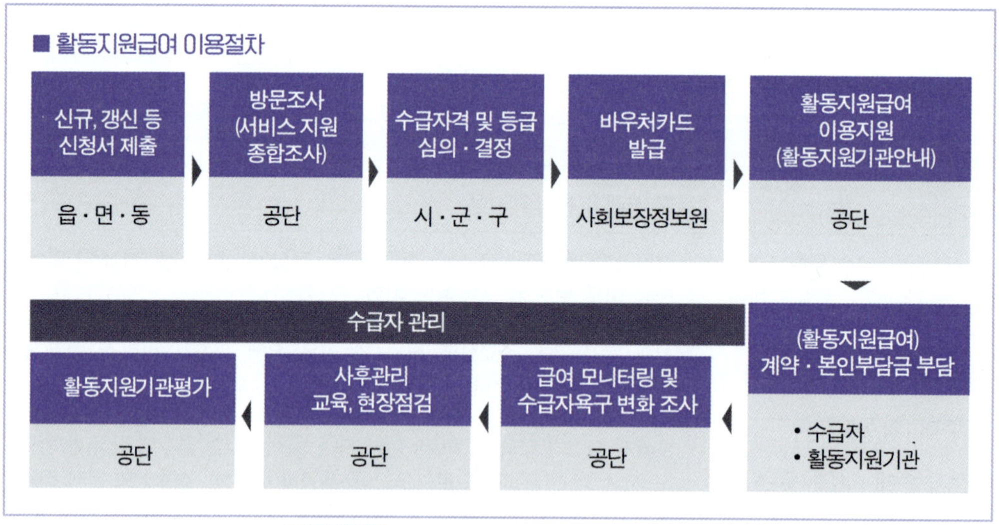

그림 14-1 장애인활동지원서비스 이용절차

출처: 장애인활동지원 공식홈페이지, http://www.ableservice.or.kr)

다음 〈그림 14-2〉는 장애인활동지원서비스 지원규모 및 활동지원사 활동내용이다. 2011년 장애인 활동지원에 관한 법률이 제정된 이후 활동지원서비스를 이용하는 인권과 활동지원사의 활동이 지속적으로 늘어나고 있음을 볼 수 있다.

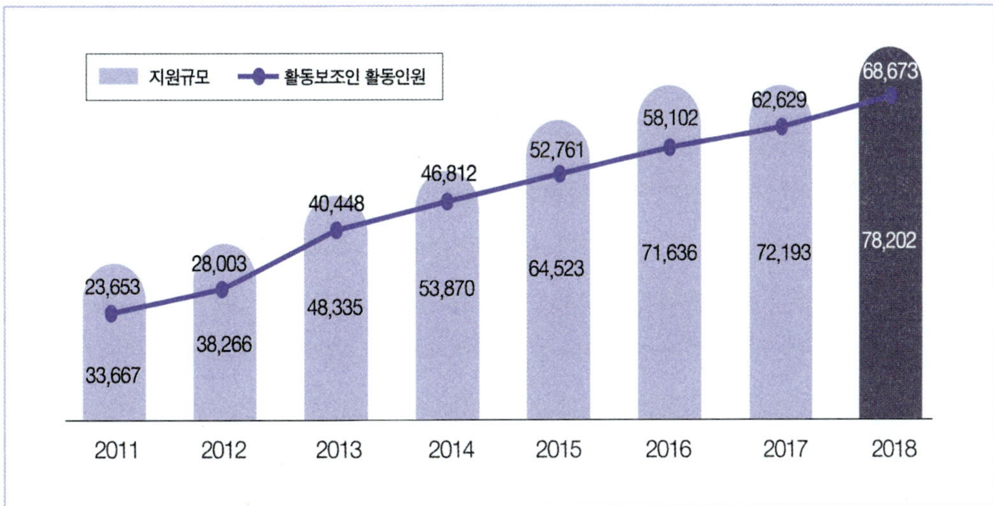

그림 14-2 장애인활동지원제도 지원규모 및 활동보조인 활동인원

출처: 한국장애인개발원(2019), 장애인통계연보

최근에 장애인의 일상생활과 사회활동을 지원하기 위한 장애인활동지원제도와 관련하여 독거 최중증장애인에게 24시간 활동지원 요구, 65세 이상 장애인에게 활동지원서비스 중단금지 요구, 장애인 본인부담금 감액 및 폐지 요구, 장애인가족의 활동지원 가능하도록 요구 등을 장애인당사자들과 관련단체에서는 요구하고 있다. 가족에 의한 활동지원서비스는 원칙적으로 제한이 되어 있으나 가족이 아닌 활동지원 인력으로부터 활동지원서비스를 제공받기 어렵다고 인정되는 경우에 한정해서 제공되고 있다. 가족에 의해 활동지원급여가 제공되는 대상은 수급권자가 섬, 벽지 등 활동지원기관이 부족한 지역에 거주하는 경우, 감염병 환자로 감염위험이 있음이 증명되는 경우, 천재지변 또는 이에 준하는 사유가 있는 경우 제한적으로 가족에 의한 활동지원서비

스가 제공되고 있다. 이와 관련하여 장애인활동지원에 관한 법률과 장애인활동지원 공식 홈페이지를 통해 확인이 가능하다(http://www.ableservice.or.kr/).

2) 발달장애인지원서비스

발달장애인이란 발달장애인 권리보장 및 지원에 관한 법률에 의하면 지적장애인과 자폐성장애인을 말한다. 정신발육이 항구적으로 지체되어 지적능력의 발달이 불충분하거나 불완전하여 자신의 일을 처리하는 것과 사회생활에 적응하는 것이 상당히 곤란한 사람을 지적장애인으로 정의하고 있으며, 소아기 자폐증, 비전형적 자폐증에 따른 언어·신체표현·자기조절·사회적응기능 및 능력의 장애로 인하여 일상생활이나 사회생활에 상당한 제약을 받아 다른 사람의 도움이 필요한 사람을 자폐성장애인으로 정의하고 있다.

사회보장법의 사회보험, 공공부조, 및 사회서비스 등을 받을 수 있으며 발달장애인을 위한 구체적인 발달장애인에 대한 서비스는 발달장애인 권리보장 및 지원에 관한 법률에 규정되어 있다.

발달장애인의 경우 원칙적으로 자신의 신체와 재산에 관한 사항에 대하여 스스로 판단하고 결정할 권리, 자신에게 법률적·사실적인 영향을 미치는 사안에 대하여 스스로 이해하여 자신의 자유로운 의사를 표현할 수 있도록 필요한 도움을 받을 권리, 자신과 관련된 정책의 결정과정에서 자신의 견해와 의사를 표현할 권리를 보장하기 위해서 발달장애인지원센터를 통해 지원을 한다.

발달장애인지원센터는 2011년 장애아동복지법 제정을 계기로 발달장애인 지원계획을 발표하고 2012년에 중앙장애아동·발달장애인지원센터가 설치되었다.

이후 2015년에 발달장애인 권리보장 및 지원에 관한 법률이 제정되면서 광역시도의 지역발달장애인지원센터가 설치되어 발달장애인의 통합적, 맞춤형 서비스 지원과 권익옹호를 목표로 운영되고 있다.

다음 〈그림 14-3〉은 발달장애인지원센터 전달체계이다.

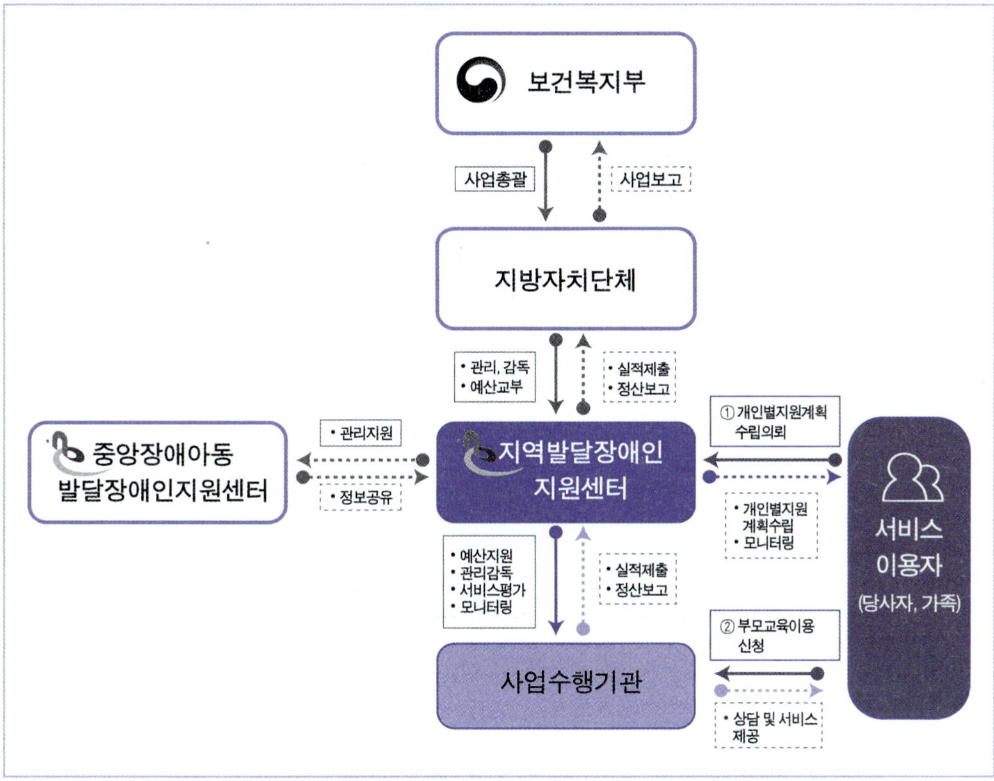

그림 14-3 발달장애인지원센터 전달체계

출처: 보건복지부(2020b). 2020년 발달장애인지원센터 사업안내.

발달장애인지원센터의 수행업무는 발달장애인 권리보장 및 지원에 관한 법률에 근거하여 다음 〈표 14-4〉와 같다.

표 14-4 발달장애인지원센터의 수행업무

중앙발달장애인지원센터	지역발달장애인지원센터
1. 발달장애인에 대한 연구수행 지원 2. 발달장애인이 이용 가능한 복지정보 데이터베이스 구축 및 정보 제공 3. 발달장애인 가족 및 관련 서비스 종사자에 대한 지침 · 편람 마련 및 교육지원 4. 발달장애인에 대한 인식개선 홍보 5. 발달장애인 지원 프로그램 개발 6. 지역발달장애인지원센터의 지원 7. 제9조 제3항에 따른 후견인 후보자의 추천 8. 발달장애인 권리침해의 모니터링 및 권리구제의 지원 9. 그 밖에 보건복지부장관이 필요하다고 인정하는 사항	1. 발달장애인에 대한 개인별지원계획의 수립 2. 발달장애인을 위한 복지지원 정보의 제공 및 연계 3. 발달장애인 가족 및 관련 서비스 종사자에 대한 교육지원 4. 발달장애인에게 서비스를 제공하는 기관에 대한 정보의 축적 및 관리 5. 발달장애 조기발견과 발달장애인에 대한 인식개선을 위한 지역사회 홍보 6. 발달장애인 및 그 가족에 대한 상담지원 7. 발달장애인 주간활동 서비스 및 청소년 발달장애학생 방과 후 활동서비스 사업 지원 8. 보호자에 대한 감독 9. 선임된 후견인에 대한 감독지원 및 후견업무의 지원 10. 현장조사 및 보호조치 등 발달장애인의 권리구제 지원 11. 그 밖에 보건복지부장관이 필요하다고 인정하는 사항 지원센터

출처: 법제처, 발달장애인권리보장 및 지원에 관한 법률, 제34조.

보건복지부(2020b) 발달장애인지원센터 사업안내에 따르면 발달장애인지원센터는 개인별지원계획, 권리구제지원, 공공후견지원, 발달장애인부모교육지원을 주요 추진 사업으로 안내하고 있다.

개인별지원계획이란 발달장애인 개인의 특성을 고려한 복지서비스를 제공받을 수 있도록 수립한 개인별 복지서비스에 관한 제공계획을 말하며, 시 · 도지사 및 시 · 군 · 구청장의 승인이 있을 때 지역발달장애인지원센터의 장이 주체가 되어서 수립한다.

이때는 다음과 같은 수립원칙에 의거한다.

첫째, 발달장애인중심의 계획수립

둘째, 강점 관점 기반의 계획수립

셋째, 발달장애인 참여보장

넷째, 발달장애인에게 적합한 의사소통 지원

다섯째, 개인별지원계획 내용에 대한 자기결정권 보장

여섯째, 지역사회 통합을 지향

일곱째, 지역사회서비스의 총체적 연계

여덟째, 개인별 지원계획 수립의 보편성이다

이때 서비스의 범위는 공적서비스, 바우처서비스, 민간서비스를 포함한다.

권리구제 지원은 발달장애인법에 따라 센터가 행하는 유기 등 발달장애인대상 범죄의 신고 접수와 조사, 보호조치를 의미한다. 권리구제의 경우 발달장애인의 권리실현, 당사자 중심, 신속성, 적법절차, 책임성, 비밀보장 등의 원칙이 적용되어야 한다. 발달장애인 대상 범죄의 주요 내용은 유기 또는 존속유기, 학대 또는 존속학대, 약취, 유인, 인신매매, 상해·치상, 살인·치사, 수수·은닉, 성폭력, 아동학대 등이며 발달장애인에게는 살인, 부녀의 촉탁 또는 승낙 없는 낙태, 성매매 알선 등의 행위의 처벌에 관한 법률위반, 가정폭력 범죄의 처벌 등에 관한 특례법위반 등이 특히 빈번하게 발생하는 범죄의 유형이다(보건복지부, 2020b).

공공후견지원은 의사결정능력 부족으로 자립적인 사회생활과 법률행위를 하는 데 어려움을 겪고 있는 성인 발달장애인에게 후견인을 두어 공공후견 서비스를 지원하는 것을 말한다. 공공후견의 경우에도 본인의사존중, 잔존능력의 존중, 필요성의 원칙, 보충성의 원칙, 정상화의 원칙에 의거하여 지원한다.

발달장애인부모교육지원의 경우 발달장애인이 생애 한 단계에서 머무르지 않고 성장하기에 부모 역시 변화에 맞춰 양육기술과 정보를 습득하고 성인기 자녀의 자립생활을 지원할 수 있도록 부모의 역량강화의 필요성에 따라 발달장애인지원센터에서 지원하고 있다. 특히 발달장애인의 경우 자기결정권, 자존감, 삶의 질 등의 측면에서 주양육자의 양육태도, 장애의 이해, 자녀장애의 수용, 장애정체성이 영향을 미치게 된다. 교육과정은 영유아기 부모교육지원, 성인전환기 발달장애인자녀진로상담 및 코칭, 성인권교육지원 등으로 구분된다.

발달장애인의 삶의 질은 여전히 비장애인과 신체적 장애인에 비해 열악하기만 하다.

특히 권익옹호와 정보제공 측면에서 발달장애인지원센터의 역할이 발달장애인의 삶에 중요하다.

3) 장애인가족지원서비스

발달장애인 권리보장 및 지원에 관한 법률 및 장애아동복지법 등에 의해 장애인가족에 대한 지원을 국가와 지방자치단체의 책무로 규정하고 있다. 특히 발달장애인 권리보장 및 지원에 관한 법률에서는 발달장애인 가족 및 보호자 지원에 관한 조항에서 보호자에 대한 정보제공과 교육, 보호자에 대한 상담지원, 휴식지원들을 하도록 규정하고 있다. 2020년 현재 17개 시 · 도에 설치된 장애인가족지원센터는 75개소이다(전국장애인가족지원센터협의회, http://www.bumo.or.kr/bbs/).

그러나 아직 발달장애인지원센터 등과 같이 장애인가족지원센터의 설치 및 운영에 관한 규정이 없다. 따라서 장애인가족지원센터의 경우 각 센터별로 사업이 특색 있게 운영되고 있다. 체계적이고 효율적인 장애인가족지원이 추진되기 위해서는 관련규정이 마련될 필요가 있다.

장애인의 경우 장애인의 삶이 곧 가족의 삶이 될 정도로 비장애가족과는 다른 형태를 가지게 된다. 장애자녀가 태어날 때, 가족 중에 한 사람이 장애를 가지게 될 때, 마치 중도장애인이 자신의 장애를 수용하고 장애인으로 정체성을 찾는 과정이 필요하듯이 장애인의 가족도 장애를 수용하고 장애인가족으로 장애정체성을 찾는 과정이 필요하다.

장애 정도가 중증일수록, 장애를 가진 사람이 나이가 어릴수록, 자기결정권, 의사표현이 어려운 장애 유형일수록 가족이 장애를 가진 사람의 삶에 미치는 영향이 크다. 따라서 장애인의 삶을 개선하기 위해서는 장애인가족이 건강한 가족이 될 수 있도록 지원할 필요가 있다.

장애인가족은 어려움은 신체적, 심리적, 경제적, 사회적 어려움을 가지게 되며 장애당사자의 생애주기별로 부모와 형제자매의 관심사항들이 다르게 나타난다.

다음 〈표 14-5〉는 장애인가족의 생애주기별 관심사를 나타내는 것이다.

표 14-5 장애인가족의 생애주기별 관심사

생애주기	부모의 주요 관심사항	형재자매의 주요 관심사항
영유아기 (0~6세)	• 정확한 진단을 받는 것 • 형제나 친지에게 알리는 것 • 서비스를 찾아다니는 것 • 장애에 대해 긍정적인 의미를 발견하는 것 • 낙인의 문제를 분명히 하는 것	• 형제들의 욕구에 대해 부모의 시간과 에너지 할애를 줄이는 것 • 관심이 줄어드는 것에 대한 질투의 감정 • 장애에 대한 잘못된 이해와 관련된 두려움
학령기 (7~12세)	• 가족기능의 수행 위해 일상생활을 조정하기 • 교육 관련한 여러 문제에 적응하기 • 일반학급통합과 특수학급분리의 문제 이해 • 개별화 교육회의에 참여하는 것 • 지역사회 자원을 찾고 활용하는 것 • 교과목 이외의 아동의 활동을 조정하는 것	• 신체적 보호에 대해 책임을 분담하기 • 여가를 위한 가족의 자원이 제한되는 것 • 친구나 선생님에게 장애형제를 알리는 것 • 동생이 장애형제자매를 앞지를 가능성 • 장애형제가 같은 학교에 다니는 문제 • 장애에 대한 기본적인 정보의 욕구
청소년기 (13~18세)	• 장애의 만성화 가능성에 대한 정서적 반응 • 성문제의 등장에 대한 이해 • 또래들의 거부와 배제에 대한 대처법 • 직업생활에 대해 계획하는 것 • 여가생활에 대해 계획하는 것 • 사춘기 신체적, 정서적 변화에 대처 • 학교교육 이후의 생활에 대해 계획하는 것	• 형제에 대한 과잉동일시 • 사람들 사이의 차이에 대한 폭넓은 이해 • 장애가 직업선택에 미치는 영향 • 낙인의 가능성에 대해서 대처하기 • 형제훈련 프로그램에 참여하는 것 • 형제 지지집단에 참여하는 것
성인기 (19세 이상)	• 후견인의 필요성에 대한 준비 • 성인으로서의 적절한 주거를 구상하기 • 가족 밖에서 사회화의 기회를 가지도록 대처 • 취업이나 직업훈련 프로그램을 시작하는 것	• 재정적 지원의 책임성에 대한 문제 • 유전적 문제와 관련된 걱정 해결하기 • 새로운 가족(결혼)을 장애가족에게 소개 • 직업, 주거문제에 대한 정보의 욕구 • 형제가 옹호인 역할을 분명히 하는 것 • 후견인 문제의 기능성

출처: 경기북부장애인가족지원센터(2015). 장애인가족지원센터 사례관리매뉴얼.

장애인가족지원은 가정방문이나 기관방문 또는 기관의뢰와 온라인을 통해 의뢰를 받고 다학문적 팀에 의해 사정을 한 이후에 위기가족, 지원가족, 일반가족으로 지원 방식을 구분하고 다시 기관연계, 전문적 가족중재, 직접서비스를 제공한 이후 평가와 환류를 하는 서비스 절차가 있다.

다음 〈그림 14-4〉는 장애인가족지원 서비스 흐름도이다.

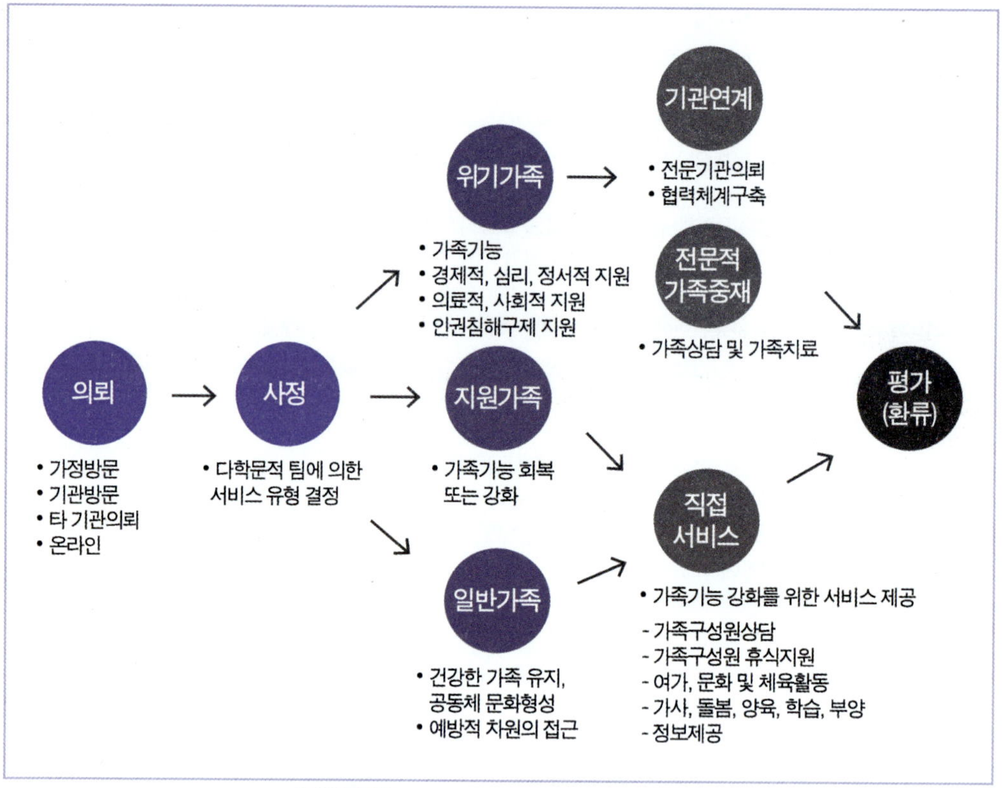

그림 14-4 장애인가족지원 서비스 흐름도

출처: 전국장애인가족지원센터협의회, http://www.bumo.or.kr/bbs/)

장애인가족지원센터의 주요사업으로는 장애인가족상담, 장애인가족사례관리, 장애인가족 멘토 지원단 운영, 장애부모역량강화교육, 장애인가족문화축제, 장애인가족 간담회, 장애인가족 욕구조사 및 실태조사, 장애인식 개선사업, 자립생활지원, 지역사회 네트워크 사업 등을 통해 장애인가족을 지원하고 있다.

4) 장애인권익옹호서비스

장애인복지법 등 법률과 정책으로 장애인의 인권과 삶의 질을 개선하고자 노력하고 있음에도 불구하고 계속해서 장애인의 차별, 학대 등은 끊이지가 않게 되어 2015년 장애인복지법 개정을 통해서 장애인의 학대 금지 및 장애인대상 성범죄신고의무절차를 마련하였다. 장애인 학대범죄 신고인에 대한 보호조치와 응급조치의무 등을 개정법에 담았고, 국가와 지방자치단체는 장애인학대의 예방과 방지의무를 가지게 되었으며 이를 위해 장애인권익옹호기관을 설치 · 운영하고 있다.

다음 〈표 14-6〉은 장애인에게 해서는 안 되는 학대금지행위이다.

표 14-6 장애인 학대금지행위

장애인복지법에 의한 학대금지행위
1. 장애인에게 성적 수치심을 주는 성희롱 · 성폭력 등의 행위 2. 장애인의 신체에 폭행을 가하거나 상해를 입히는 행위 3. 장애인을 폭행, 협박, 감금, 그 밖에 정신상 또는 신체상의 자유를 부당하게 구속하는 수단으로써 장애인의 자유의사에 어긋나는 노동을 강요하는 행위 4. 자신의 보호 · 감독을 받는 장애인을 유기하거나 의식주를 포함한 기본적 보호 및 치료를 소홀히 하는 방임행위 5. 장애인에게 구걸을 하게 하거나 장애인을 이용하여 구걸하는 행위 6. 장애인을 체포 또는 감금하는 행위 7. 장애인의 정신건강 및 발달에 해를 끼치는 정서적 학대행위 8. 장애인을 위하여 증여 또는 급여된 금품을 그 목적 외의 용도에 사용하는 행위 9. 공중의 오락 또는 흥행을 목적으로 장애인의 건강 또는 안전에 유해한 곡예를 시키는 행위

장애인권익옹호기관은 중앙장애인권익옹호기관과 17개 시 · 도장애인권익옹호기관이 설치되어 있다.

다음 〈표 14-7〉은 중앙장애인권익옹호기관과 지방장애인권익옹호기관의 주요업무이다.

표 14-7 장애인권익옹호기관의 주요업무

중앙장애인권익옹호기관	지방장애인권익옹호기관
• 지역장애인권익옹호기관 지원 • 장애인학대 예방 관련 연구, 실태조사 • 장애인학대 예방 관련 프로그램의 개발 • 장애인학대 예방 관련 교육 및 홍보 • 장애인학대 예방 관련 전문 인력 양성 • 장애인학대 예방 관련 정책의 개발 • 장애인학대 전산시스템 개발 • 협력체계 구축 및 교류 • 장애인권익옹호에 관한 국제교류	• 장애인학대 신고접수, 현장조사 및 응급조치 • 피해장애인의 보호 및 피해회복 • 장애인학대사례판정위원회 설치·운영 • 피해장애인 등에 대한 상담 및 사후관리 • 장애인학대예방 관련 교육 및 홍보 • 협력체계 구축 및 교류

출처: 중앙장애인권익옹호기관: http://www.naapd.or.kr/

법률상 '장애인학대'는 신체적 학대, 정서적 학대, 정신적 학대, 언어적 학대, 성적 학대, 경제적 착취, 유기·방임을 말한다. 이러한 장애인에 대한 학대가 발생하였을 경우 사회복지사업법 등 법률에 따른 기관에 종사자들은 장애인권익옹호기관이나 수사기관에 신고를 할 의무를 가지게 된다.

상담, 신고, 인지, 연계/이관에 의해 장애인의 학대 상황이 장애인권익옹호기관에 접수가 되면, 현장조사와 사례판정, 피해자 등 회복지원 등을 통해서 피해 장애인과 보호자/가족지원을 하게 된다. 지원은 상담/교육, 사법지원, 의료지원, 서비스연계 등이 있다. 또한 사례종결 이후에 사후모니터링도 서비스에 포함된다.

2019년 장애인학대 현황보고서(보건복지부, 2019)를 보면 신고접수도 꾸준히 늘고 있으며, 피해장애인도 학대행위자도 여성보다 남성이 많은 것을 알 수 있다. 학대행위자와 피해장애인의 관계는 장애인거주시설종사자, 지인, 부모 순으로 나타났다.

다음 〈표 14-8〉은 주 장애 유형별 학대피해사례이다.

표 14-8 피해장애인 주장애 유형 (단위: 건, %)

장애 유형	건수	비율
지체장애	67	7.1
뇌병변장애	58	6.1
시각장애	22	2.3
청각장애	13	1.4
언어장애	6	0.6
지적장애	623	65.9
자폐성 장애	37	3.9
정신장애	55	5.8
신장장애	1	0.1
심장장애	–	–
호흡기장애	–	–
간장애	–	–
안면장애		–
장루·요루장애	–	–
뇌전증장애	3	0.3
미등록	60	6.3
계	945	100.0

출처: 보건복지부(2019), 2019 장애인학대 현황보고서.

장애 유형별 학대사례를 보면 지적장애인이 65.9%, 자폐성장애인이 3.9%, 정신장애인이 5.8%로 결국 정신적 장애인의 학대피해가 전체 75.6%나 되는 것을 확인할 수 있다.

장애인학대예방을 위한 법률, 기관 등의 활동에도 불구하고 지속적으로 장애인에 대한 학대가 증가하고 있어 이를 위해 장애인의 인권에 대한 인식개선, 홍보, 신고 활성화 등의 지속적인 노력이 필요하다.

이 외에도 수어통역서비스, 장애인특별운송서비스, 장애인주간보호서비스, 장애인보조기기서비스, 장애인일자리사업서비스, 장애인고용서비스, 장애인주간보호서비스 등 다양한 사회서비스가 장애를 가진 사람들에게 제공되고 있다. 이러한 사회서비스는 법률 개정, 서비스 신설, 서비스 대상, 유형, 지원기간, 지원금액 등이 매년 바뀌고 있으므로 장애를 가진 사람들에게 적절한 정보를 제공하기 위해서는 변경되는 서비스 제도에 꾸준히 관심을 가질 필요가 있다.

생각해 볼 과제

1. 장애인사회서비스 전달체계에서 공공전달체계와 민간전달체계의 역할은 어떻게 다르고 다른 이유는 무엇일까요?
2. 다양한 장애인사회서비스에 대한 정보를 실제 장애인들은 잘 모르는 경우가 많습니다. 이와 관련 정보를 장애인에게 전달하는 효과적인 방법은 무엇이 있을까요?

참 / 고 / 문 / 헌

경기북부장애인가족지원센터 (2015). 장애인가족지원센터 사례관리 매뉴얼.

보건복지부 (2019). 2019 장애인학대 현황보고서.

보건복지부 (2020a). 장애인복지사업안내(1권).

보건복지부 (2020b). 2020년 발달장애인지원센터사업안내.

보건복지부 (2020c). 2020년 장애인활동지원사업안내.

유동철 (2017). **인권관점에서 보는 장애인복지**. 학지사.

이채식, 이은영, 이형렬, 김재익, 전영록 (2017). **장애인복지론**. 창지사.

임종호, 이영미, 이은미 (2016). **장애인복지론**. 학지사.

정일교, 김만호 (2019). **장애인복지론**. 양성원.

한국장애인개발원(2019). 2019 장애인통계연보

〈웹사이트〉

법제처: 발달장애인권리보장 및 지원에 관한 법률

법제처: 사회보장기본법

중앙장애인권익옹호기관: http://www.naapd.or.kr/

장애인활동지원제도: http://www.ableservice.or.kr/

전국장애인가족지원센터 협의회: http://www.bumo.or.kr/bbs/

찾/아/보/기

저자소개

석말숙 경북대학교 사회복지학 학사
뉴욕주립대학(Albany) School of Social Welfare 석사(M.S.W.)
이화여자대학교 대학원 사회복지학 석사, 동 대학원 사회복지학 박사
현) 나사렛대학교 사회복지학부 교수
〈주요 저서〉 사회복지개론(2007/2018)
중도지체장애인의 종교적 특성과 심리적 적응(2009)
사회복지실천론(2010/2014/2020)
인간행동과 사회환경(2016)
사회복지실천기술론(2017) 등

유영준 한양대학교 무역학 상학사
가톨릭대학교 사회복지학 석사
가톨릭대학교 대학원 사회복지학 박사
현) 대구가톨릭대학교 사회복지학과 교수
〈주요 저서〉 장애인가족지원(2010)
사회복지 조사론의 이해(2014)
가족복지론(2017)
건강가정론(2017) 등

송근창 성공회대학교 대학원 사회복지학 석사
전) 천안시장애인종합복지관, 예산군장애인종합복지관 관장
현) 사단법인 한국사회복지법인협회 사무총장

김행란 한국방송통신대학교 국어국문학사
광주대학교 대학원 사회복지학 석사
광주대학교 대학원 사회복지학 박사
현) 장애인직업재활시설 소화아람일터 대표
한국보건복지인력개발원, 한국자활연수원 외래강사
〈주요저서〉 발달장애인복지론(2014)
사회복지사의 인권(2016) 등

저자소개

박종균 한국방송대학교 법학학사
나사렛대학교 대학원 장애인복지학 석사
나사렛대학교 대학원 재활학 박사
현) 나사렛대학교 시간강사

신준옥 성결대학교 사회복지학과 학사
성결대학교 대학원 사회복지학 석사
성결대학교 대학원 사회복지학 박사
중앙대학교 대학원 박사
현) 성결대학교 사회복지학과 교수
과천시여성비전센터 센터장
<주요 저서> 사회복지실천론(2014)
사회복지실천기술론(2015) 등

김승돈 대구대학교 사회복지학 학사
숭실대학교 대학원 문학석사
대구가톨릭대학교 사회복지학 박사수료
전) 인천장애인종합복지관장 역임
현) 대구가톨릭대학교 사회복지학과 강사
<주요 저서> 형제자매(장애인 가족의 특별한 관계(역, 2000)
영성과 사회복지실천(역, 2007)
영성과 사회복지실천: 영성이론과 사례중심(역, 2011)
생애주기에서의 종교와 성, 심리치료(역, 2019) 등

정금숙 영남신학대학교 신학
영남신학대학교 신학대학원 교역학석사
영남신학대학교 사회복지대학원 사회복지학석사
대구가톨릭대학교 일반대학원 사회복지 박사수료
현) 세계사이버대학교 실습지도겸임교수
<주요 저서> 공예치료 활동집(2018) 등

장애인복지론

1판 1쇄 발행 2020년 9월 5일
1판 9쇄 발행 2026년 2월 10일

저　　자 | 석말숙 유영준 송근창 김행란
박종균 신준옥 김승돈 정금숙

발 행 인 | 박철용
발 행 처 | 양서원
주　　소 | 경기도 파주시 직지길 522 파주출판도시
전　　화 | 031-955-8000(代)
팩　　스 | 031-955-8005
홈페이지 | www.yswpub.co.kr
이 메 일 | yswgroup@naver.com
출판등록 | 1987년 11월 24일 제 406-2003-037 호

ISBN 978-89-994-1055-0

정가 22,000원

※ 저자와 협의하여 인지는 생략합니다.
※ 저작권법 제136조(권리의 침해죄)에 따라 위반자는 5년 이하의 징역 또는
5천만 원 이하의 벌금에 처하거나 이를 병과할 수 있습니다.